복음주의와 에큐메니칼운동의
세 흐름에 나타난 신학

The Evangelism of the 18~19th Century and The Three Streams of the Ecumenical Movement of the Twentieth Century

by

Hyung-Ki Rhee

Copyright©1999 by Hyung-Ki Rhee

1999

Publishing House
The Presbyterian Church of Korea
Seoul, Korea

책을 내면서

한국개신교회는, 18~19세기 유럽과 미국의 복음주의 부흥운동과 선교운동의 흐름 속에서, 주로 미국으로부터 19세기에 복음을 전해 받았기 때문에 대체로 복음주의 신학을 지향하고 있다. 그런데 우리 한국개신교회는 18~19세기 유럽과 미국의 복음주의 부흥운동과 선교운동과의 연속성에도 불구하고, 이 18~19세기의 기독교가 에큐메니칼운동으로 이어진 사실과는 단절을 이루고 있다. 그래서 본 필자는 본서의 제목을 「복음주의와 에큐메니칼운동의 세 흐름에 나타난 신학」이라고 하여, 그 연속성과 아울러 불연속성을 밝혔다. 에큐메니칼운동의 세 흐름이란 "신앙과 직제"운동, "삶과 봉사"운동 및 "세계선교"를 의미하는 것으로, 이 셋이 주로 에큐메니칼운동과 역대 WCC활동을 구축해 왔기 때문에, 우리는 여기에서 이 운동의 세 흐름을 논한 것이다. "교육"에 관한 부분은 본 저서에서 논의되지 않았지만 말이다.

"복음주의"를 지향하면서도, 어떻게 우리는 에큐메니칼운동에 참여할 수 있을까? 이것에 대한 대답이 본 저서의 내용 중 앞부분에 속한다. 그 대답의 일부를 소개한다면, 신앙과 직제전통이 "복음주의"가 매우 중요시하는 "복음", "삼위일체 하나님", "세례, 성만찬, 직제", "교회와 하나님의 나라", "선교와 전도" 등에 대한 신학적 주장들에 대해서 포용적(inclusive)이기 때문이다. 하지만, 우리는 18~19세기의 복음주의와 선교운동이 20세기 에큐메니칼운동의 세 흐름과 연속성에도 불구하고 불연속상에 있음을 확인하게 될 것이다. 이 에큐메니칼운동의 세 흐름은 예컨대 위의 주제들에 대한 신학적 주장들에 있어서 분명히 패러다임 이동(paradigm shift)을 보여 주고 있기 때문이다. 즉, 에큐메니칼 공동체의 이러한 주제들에 대한 신학적인 이해와 해석과 가치판단이 18~19세기 교파주의 교회 공동체들의 그것과 엄청나게 다르기 때문이다. 그런데 우리 한국 개신교의 신학은 이처럼 18~19세기의 교파주의적 신학에서 크게 벗어나지 못하고 있을 뿐만 아니라 20세기 초 미국의 개신교 근본주의의 영향하에 에큐메니칼운동과 WCC에 대해서 더욱더 거부반응을 가지고 있는 경향이다.

위의 세 흐름으로 대표되는 20세기 에큐메니칼운동은 요한복음 17 : 21("아버지께서 내 안에, 내가 아버지 안에 있는 것같이 저희도 다 하나 되어 우리 안에 있게 하사 세상으로 아버지께서 나를 보내신 것을 믿게 하옵소서.")과 에베소서 1 : 10("하늘에 있는 것이나 땅에 있는 것이 다 그리스도 안에서 통일되게 하려 하심이라.")에서 에큐메니칼운동의 비전을 발견한다. 다시 말하면, 교회일치의 목적은 선교와 하나님 나라건설에 있다는 말이다. 값비싼 교회일치는 선교 및 하나님 나라건설로 이어져야 한다. 개인의 회심과 개교회의 개척과 성장, 그리고 교파주의와 교파분열은 진정한 선교와 하나님 나라건설에의 저해요인들이다. 따라서 이 세 에큐메니칼운동의 흐름들은 결국 이와 같은 비전을 가진, 하나의 에큐메니칼운동이다. 우리는 과연 우리 한국 개신교인들과 개신교회들에게서 이와 같은 에큐메니칼 비전을 찾아볼 수 있을까?

1989년부터 1990년에 공산 동구권이 붕괴되고, 공산 구소련연방이 무너진 후, 1990년대에 들어서면서 "지구화"(globalization)라는 말이 자주 사용된다. 오늘날 우리는 시장경제의 지구화와 과학기술의 지구화로 국가적 다양성과 문화적 다양성을 상실해 가며, 공동체의 파편화와 환경파괴의 위협을 경험하고 있다. 오늘날 세계질서는 경제대국들을 중심으로 재편되고 있어서, 아프리카, 아시아, 라틴 아메리카 등이 정치, 경제, 문화적으로 소외되고 있고, 억압받고 있다. 세계화와 지역화(regionalization)의 긴장 속에서 이처럼 소외되고, 억압받는 지역들은 신자유주의 경제이념(the neo-liberal ideology)의 횡포에 맞서 인권이 살아 숨쉬고, 문화의 다양성을 꽃피우는 공동체를 갈망한다. 게다가 오늘날 우리는 "포스트 모더니즘"의 여러 가지 부정성에도 노출되고 있다. 즉, 우리는 다원주의와 상대주의, 개인주의와 공동체 해체론, 그리고 비기독교적 영성의 도전 앞에서 고민하고 있다.

이상과 같은 21세기의 상황에서 개인구원과 개교회주의, 그리고 교파주의와 교파분열을 벗어나지 못한 교파주의신학은 무력할 수밖에 없다. 따라서 우리는 21세기에 대응하는, 새로운 패러다임의 신학을 에큐메니칼운동의 세 흐름에서 찾으려는바, 이것이야말로 21세기에 예수 그리스도의 교회가 지향해야 할 하나의 에큐메니칼운동이요, 그것의 비전은 요한복음 17 : 21과 에베소서 1 : 10에 있다고 하겠다. 바라기는 21세기의 잘못된 지구화와 남북한의 분단 상황에 대응하여, 우리 한국 개신교회들은 이와 같은 에큐메니칼 비전을 가지고 하나의 에큐메니칼운동에 참여해야 할 것이다. 특히, 필자에게는 젊은 세대들의 에큐메니칼 참여가 더욱 활성화되었으면 하는 바람이 간절하다.

1999년 2월 일
장신대에서
이 형 기

복음주의와 에큐메니칼운동의
세 흐름에 나타난 신학

책을 내면서 / 3   전체 서론 / 11

I. 복음주의와 에큐메니칼운동 : 역사적인 연속성을 찾아서   15

서 론 / 15
1. 18세기의 경건주의, 복음주의 부흥운동, 그리고 선교활동 / 16
2. 19세기의 복음주의 각성운동, 선교활동, 그리고 교파별 및 교파 대 교파의 일치운동들 / 22
3. 20세기 에큐메니칼운동과 WCC, 그리고 1968년 웁살라 WCC 이후의 복음주의 세계대회들 / 27
결 론 / 34

II. 신앙과 직제 운동이 추구하는 교회일치 신학   37

서 론 / 37
1. 1948년 암스테르담 WCC / 38
2. 1954년 에반스턴 WCC / 41
3. 1961년 뉴델리 WCC / 44
4. 1968년 웁살라 WCC / 45
5. 1975년 나이로비 WCC / 52
6. 1983년 밴쿠버 WCC / 53
7. 1991년 캔버라 WCC / 57

8. 연합연구위원회(1990)의 교회론 / 59
9. 「교회와 세상 : 교회의 일치와 인류공동체의 갱신」(1990) / 63
결 론 / 68

III. 에큐메니칼 선교역사에 나타난 선교신학 73

서 론 / 73
1. 에든버러 세계선교대회(WMC) / 74
2. 선교신학의 패러다임 변화 / 81
3. 1928년 예루살렘 국제선교대회(IMC) / 98
4. 1938년 탐바람 국제선교대회 / 104
5. 1947년 휘트비 국제선교대회 / 113
6. 1952년 빌링겐 및 1957년 가나 국제선교대회 / 116
7. 1960년대의 *Missio Dei*와 복음주의자들의 반응 / 126
8. 1973년 방콕 CWME / 135
9. 1980년 멜버른 CWME / 157
10. 1982년 「선교와 복음전도 - 하나의 에큐메니칼 확언」 / 169
11. 1989년 산 안토니오 CWME / 174
결 론 / 191

IV. 에큐메니칼운동에 나타난 교회의 사회참여 신학 197

서 론 / 197
A. WCC 총회 분과보고서에 나타난 교회의 사회참여 - 1948년 암스테르담, 1954년 에반스턴, 1961년 뉴델리, 1968년 웁살라 및 1975년 나이로비 / 199
 1. 1948년 암스테르담 WCC / 199
 2. 1954년 에반스턴 WCC / 209
 3. 1961년 뉴델리 WCC / 224
 4. 1968년 웁살라 WCC / 229

5. 1975년 나이로비 WCC / 240
　결 론 / 253
　B. WCC 총회 분과보고서에 나타난 교회의 사회참여 - 1983년 밴쿠버,
　　 1990년 서울 JPIC, 1991년 캔버라 및 1993년 산티아고 / 260
　　 1. 1983년 밴쿠버 WCC / 260
　　 2. 1991년 캔버라 WCC / 271
　　 3. 1991년 캔버라 이후 / 280
　결 론 / 284

V. 교회론과 윤리학 - '신앙과 직제' 및 '교회와 사회'의 합류를 지향하는 1998년 제 8차 WCC를 바라보면서　　295

　서 론 / 295
　1. 1948년 암스테르담에서 1954년 에반스턴까지 / 296
　2. 1961년 뉴델리에서 1975년 나이로비까지 / 299
　3. 1983년 밴쿠버로부터 1990년 서울 JPIC까지 / 308
　4. 1991년 캔버라 이후 / 318
　결 론 / 332

VI. 한국장로교회를 위한 일치와 협력의 신학적 가능성　　337

　서 론 / 337
　1. 한국장로교회의 신앙고백(신학전통)에 있어서
　　 신학의 다양성과 통일성 / 338
　2. 에큐메니칼 교회공동체에 있어서 신학의 다양성과 통일성
　　 - 사도적 신앙과 다양한 신학전통들 / 345
　결 론 / 357

전체 결론 / 361

전체 서론

우리는 보쉬 및 한스 큉과 함께 제1차 세계대전을 계기로 신학 일반과 선교신학에 있어서 "패러다임 변화"(paradigm shift)가 왔다고 본다. 칼 바르트의「로마서 강해」(1921)와 슈펭글러(Spengler)의「서구문명의 몰락」(1922-1923)은 옛 패러다임을 청산하는 상징적 저작들이며, 1910년 에든버러 세계선교대회에 힘입어 1920년대에 본격화되기 시작한 신앙과 직제 및 삶과 봉사 운동은 21세기에 대응하는 새로운 패러다임의 신학들을 제시하였다. 이러한 에큐메니칼 신학은 오늘날 세계 교회가 경제정의와 사회정의, 그리고 창조세계의 보전 등 지구촌의 공동 문제들을 풀어 가는 데 있어서 없어서는 안 될 길잡이가 될 것이다.

에큐메니칼운동에는 세 흐름이 있다. 신앙과 직제운동, 삶과 봉사운동 및 세계선교운동이 그것이다. 본 저서는 이 세 운동 각각이 제시하고 지향해 온 공식문서들에 나타난 신학들을 소개하면서, 이들의 상호관계에 관하여 연구하였다. 신앙과 직제는 교파들의 다양성을 인정하면서도 예수 그리스도의 교회라고 하는 하나의 교회를 지향하며, 이들 교파들의 신학의 다양성을 인정하면서도 '복음'과 '삼위일체 하나님'과 같은 사도적 신앙에서 그 통일성을 찾고, 삶과 봉사는 '복음'과 '교회'를 역사와 창조세계에 참여시키는 일을 했으며, 세계선교는 18~19세기적 복음전도에서 한걸음 나아간 *Missio Dei*에 힘썼다.

그런데 우리는 이러한 세 흐름을 하나로 보아야 한다. 이 세 운동들은 하나의 에큐메니칼운동이기 때문이다. 모든 교파들은 하나의 예수 그리스도의 교회로서 동일한 복음을 선교하며, 동일한 복음을 역사와 창조세계 속에 다시 성육신시켜야 하기 때문이다. 따라서 우리는 본 저서에서 이 세 흐름의 상호연관성을 밝히는 데에 유의하였다. 특히 제 V장인 "교회론과 윤리학 – '신앙과 직제' 및 '교회와 사회'의 합류를 지향하는 1998년 제 8차 WCC를 바라보면서"는 1960년대 이래로 근접하기 시작한 이 두 운동의 합류과정을 논의하였다. 1927년 스톡홀름 제 1차 삶과 봉사 운동 세계대회에서 죄더블롬은 "교리는 교회를 분열시키고, 봉사는 교회를 연합시킨다."라고 하였고, 1968년 웁살라 WCC 총회에서 비세르트 후푸트는 사회문제에 대한(예컨대, 히틀러주의) 교회와 신학의 잘못된 태도와 행동을 가리켜 "도덕적 이단"(moral heresy)이라 하였거니와, 신앙과 직제운동은 삶과 봉사 운동과 긴밀히 연관되지 않으면 안 된다고 하였다. 그리고 세계선교 역시 선교 종주국들의 교파들을 피선교지에 심는 것이 아니라 하나의 예수 그리스도의 교회를 세워 동일한 하나님의 나라를 세우고 확산시키는 것인 한, 다른 나머지 두 운동과 긴밀히 연결되지 않으면 안 된다고 하였다.

그리고 본 저서가 처음 장에서 "복음주의와 에큐메니칼운동 : 역사적인 연속성을 찾아서"를 논한 이유는 18~19세기의 복음주의 부흥운동과 이 운동에 힘입은 18~19세기의 선교운동이 20세기 에큐메니칼운동의 전주곡이나 다름없기 때문이다. 우리 한국교회는 18~19세기적 복음주의와 선교는 따르고 있으나, 20세기 에큐메니칼운동에는 거부 반응을 일으키는바, 우리는 이 두 운동 사이의 연속성을 확인해야 한다. 위에서 지적한 패러다임 이동에도 불구하고 이와 같은 '복음주의'의 흐름은 오늘날까지 이어지고 있다 하겠다. 1960년대에 에큐메니칼운동이 지향하는 선교 개념과 교회의 사회참여 방법에 대하여 거부반응을 일으켜서 등장한 복음주의 지도자들의 세계대회들은 1974년 로잔 세계복음주의대회를 계기로 에큐메니칼 공동체가 지향하는 선교와 사회참여 개념에 매우 접근하고 있다.

끝으로, 장로교만 하더라도 100개 이상의 교단을 헤아리는 한국교회의 교파 분열의 상황에서 우리는 이상의 에큐메니칼운동에 조명하여 교회일치와 교회의 사회참여, 나아가서 에큐메니칼 선교에 대하여 논하였다. 한국 개신교의 '복음', '삼위일체 하나님', '구원', '교회' 개념들은 신앙과 직제 문서에 나타난 그것들에 전적으로 상응함에도 불구하고, 교회일치 노력에 있어서 매우 미흡하며, 나아가서 이 같은 개념들이 사회참여와 창조세계의 보전문제에 전혀 관련되고 있지 않는 것으로 보여진다. 개인 구원과 개교회주의를 지향하며, 세상으로부터 교회 안으로 움츠러드는 우리 한국 개신교에게 교회가 하나되어 하나의 복음을 선교하며, 하나의 복음을 역사와 창조세계 속에 성육신시켜야 한다는 에큐메니칼운동의 세 흐름에 대한 연구는 매우 유익할 것이다.

I

복음주의와 에큐메니칼운동 :
역사적인 연속성을 찾아서

서 론

유럽에서는 에큐메니칼운동에 반대하는 개신교 기독교인들을 "복음주의자들"(Evangelicals)이라 부르고, 미국의 경우는 그들을 대체로 "근본주의자들"(Fundamentalists)이라 부른다. 그러면 위의 제목의 '복음주의' 란 무엇인가? 우리는 본 논고에서 18~19세기의 복음주의 각성운동을 논하고, 이 복음주의 전통이 선교활동을 야기시켰고 에큐메니칼운동을 낳았다고 하는 역사적 연속성을 추적하려고 하는바, 이 '복음주의' 란 18~19세기 영국과 미국, 그리고 유럽대륙의 그것이다. 장로교와 감리교를 비롯한 한국 개신교는 19세기 말 세계적인 복음주의 각성운동과 선교활동의 흐름 속에서 미국의 복음주의자들에 의해서 한국에 이식되었다. 초기 장로교선교협의회가 하나의 장로교회를 한국에 심으려 했고, 초기 장로교와 감리교의 에큐메니칼 관계는 우리 나라에 들어온 초기 장·감 선교사들의 에큐메니칼 정신을 보여 주고 있다. 그런데 20세기 초 미국의 '근본주의' 전통이 한국 개신교로 이어지고,

1945년 이후 미국으로부터 들어온 복음주의 교파들의 영향으로 우리 한국교회의 대다수 개신교회는 에큐메니칼운동에 대하여 거부반응을 일으키는 경향이 있다. 물론 오늘의 예장(통합)과 기장과 감리교, 그리고 KNCC의 역사와 여기에 참여한 교단들의 에큐메니칼운동은 미약하나마 초기 장·감 선교사들이 지녔던 에큐메니칼 정신과 연속선상에 있지만 말이다.

따라서 우리는 1. "18세기의 경건주의, 복음주의 부흥운동, 그리고 선교활동"에서 현대 복음주의의 뿌리를 찾고, 2. "19세기의 복음주의 각성운동, 선교활동, 그리고 교파별 및 교파 대 교파의 일치운동들"에서는 '복음주의' 운동으로 야기된 선교활동과 교회일치운동이 곧바로 에큐메니칼운동으로 이어진다는 사실을 밝히며, 끝으로 3. "20세기 에큐메니칼운동과 WCC, 그리고 1968년 웁살라 WCC 이후의 복음주의 세계대회들"에서는 에큐메니칼운동과 WCC의 기본 성격을 논하고, 1960년대 말 에큐메니칼운동의 '하나님의 선교'(*Missio Dei*)와 첨예화된 사회참여에 반대하여 일어난 복음주의 세계대회들의 경향을 소개하려고 한다.

I. 18세기의 경건주의, 복음주의 부흥운동, 그리고 선교활동

서양 교회사의 18세기에는 이성을 계시로부터, 자연을 초자연으로부터, 그리고 철학을 교회와 신학으로부터 해방시키려는 계몽주의 운동(1648-1789)에 맞서, 독일의 경건주의 운동과 영미 계통의 복음주의 부흥운동과 선교활동이 활발히 전개되었다. 우리는 근대 복음주의의 기원을 경건주의에서 발견하며, 이 18세기 복음주의가 선교활동으로 이어진 것을 본다.

독일의 경건주의의 아버지인 쉬페너는 아른트(Johann Arndt)의 「진정한 기독교」(1606년)에 크게 감명받아 그의 설교집에 서론을 썼는데,

여기에 제시되어 있는 다음의 6가지 내용은 개인의 회심과 성화를 역설하고 있다. 첫째로 성경연구에 더욱 힘써 개인의 종교를 더욱 심화시킬 것, 둘째로 평신도를 교회일에 더욱 깊이 참여시킬 것, 셋째로 기독교인들은 무미건조한 신학이론이 아니라 실천적 일에 몰두해야 할 것, 넷째로 신학논쟁에 있어서 사랑의 정신을 보여 다른 사람들을 그리스도에게로 인도해야 할 것, 다섯째로 목사들의 도덕생활과 영성생활에 초점을 두고 신학교육을 시킬 것, 여섯째로 확신 있고 열정적인 설교로 사람들을 회심시킬 것.[1] 쉬페너는 프랑크푸르트에서 2주에 한 번 모이는 "경건한 무리"(collegia pietatis)라고 하는 작은 기도모임을 가지면서, 1675년 「경건한 열망」(Pia Desideria)을 저술했으니, 여기에서도 개인의 회심과 성화가 매우 강조되고 있음을 우리는 알 수 있다. 그의 "경건한 무리"는 기성교회의 교인들보다도 회심과 성화에 있어서 특출난 사람들의 모임으로서, 교회의 개혁적 요소인 "교회 안의 작은 교회"(ecclesiae in ecclesia)를 낳았고, 그의 「경건한 열망」이 제시하는 6가지 개혁방안들은 개인의 회심과 성화는 물론, 말씀과 성례전과 요리문답 중심의 개교회주의를 내포하고 있다. 우리는 아래에서 이 6가지 중 3가지만을 소개하려고 한다.

첫째 내용은 설교와 성경공부가 강조되고, 이신칭의와 영적 생활이 부각되는 개교회주의를 암시하고 있다.

우리들 사이에서 하나님의 말씀에 대한 보다 광범위한 사용이 있어야 한다. 우리의 본성 안에는 그 어떤 선한 것도 없다. 이 선한 것은 하나님의 말씀에 의해서 주어져야 한다. 이 목적을 위해서 하나님의 말씀은 능력 있는 수단이다. 그도 그럴 것이, 신앙은 복음에 의해서 불붙여져야 하고, 율법은 선행의 규범과 이 선행들에 도달하는 많은 자극들을 마련해야

---

1. 이형기, 「세계교회사」(서울 : 한국장로교출판사, 1994), pp. 303-304.

하기 때문이다.
　따라서 회중들은 마땅히 얻어야 할 유익을 위해서 예외 없이 모든 성경을 알아야 한다.…… 교인들은 정규적인 예배에서 설교되고 해석된 특정 구절들에 대한 지식 이외에 성경 전체의 뜻을 알 수 있는 기회를 갖지 못한다.…… 바울의 골로새서 3 : 16의 충고를 실천하면 큰 유익이 있을 것이다.
　…… 이 하나님의 말씀은 우리 안에 떨어져야 할 씨앗으로서, 이 씨앗으로 인하여 선한 것이 우리 안에서 싹트고 성장한다. 우리들이 교인들로 하여금 이 생명의 책에서 그들의 기쁨을 열심히 추구하게 하는 데 성공한다면, 이들의 영적 생활이 놀랍게 강화될 것이다.

둘째 내용은 개인의 성화를 힘주어 말한다.

　…… 기독교적 신앙내용에 대한 지식만으로는 부족하다. 기독교는 경건의 실천이기 때문이다. 우리의 사랑하는 주님은 반복해서 사랑을 그의 제자됨의 표지로 명하셨다(요 13 : 34 - 35, 15 : 12, 요일 3 : 10, 18, 4 : 7 - 8, 11 - 13, 21).
　진실로 사랑이란 믿음으로 구원 얻은 사람이 전생애를 통해서 행해야 할 과제이다. 이 구원 얻은 사람의 율법 수행은 사랑에 있다.

셋째 내용은 경건주의적인 내면성을 염두에 두면서 요리문답과 성례(세례와 성만찬)를 중심에 두는 개교회를 중요시한다.

　요리문답은 기독교 신학의 제 1차적 근본 원리들을 내포하고 있으니, 모든 기독교인들은 그들의 신앙을 여기에 근거시켜야 한다. 특히 어린이 기독교교육을 위해서 이 요리문답서의 말들의 보다 깊은 뜻을 풀어서 가르쳐야 한다. 설교자들은 이것을 싫증내어서는 안 된다. 우리는 말씀설교와 성례전이 내적 인간에 관계한다는 사실을 강조한다. 우리는 말씀을 외적인 귀로 듣는 것만으로 부족하다. 말씀이 성령을 통하여 우리의 마음에 와 닿아야 한다. 성령의 인치심과 말씀의 능력을 떨리는 정서로 느껴야 한다. 우리는 외적인 세례로 만족하지 말고, 세례에서 그리스도로 옷입어 우리의 내적인 인간이 계속해서 그리스도로 덧입고 우리의 외적인 삶에서 그를 증거해야 한다. 성만찬도…….[2]

위와 같은 쉬페너의 경건주의를 물려받은 프랑케는 한걸음 더 나아가 회심의 체험을 강조한바, 그는 할레 대학에서 강의하던 중 다음과 같은 체험을 하였다.

> 갑자기 하나님은 나의 말을 들어 주셨다. 나의 의심은 사라졌다. 나의 마음속에서 나는 예수 그리스도 안에 있는 하나님의 은혜를 느꼈다. 그후 나는 하나님을 단순히 하나님이 아니라 '아버지'라 불렀다. 슬픔과 불안이 나의 마음에서 사라졌다. 나는 갑자기 기쁨에 벅찼다. 그래서 나는 그와 같은 은혜를 베풀어 주신 하나님을 소리내어 찬양하고 높였다.[3]

이러한 아른트, 쉬페너, 프랑케의 활력에 넘치는 경건주의는 프랑케를 비롯하여 진젠도르프 중심의 모라비안 공동체에서 놀라운 선교의 꽃을 피웠고, 요한 웨슬리와 조나단 에드워즈 등 18세기 복음주의 각성운동과 윌리엄 케리로 시작되는 선교운동을 일으켰다.

경건주의 선교활동을 주도한 인물은 프랑케였다. 덴마크는 프랑케와 접촉하여 두 명의 선교사(Ziegenbalg and Plutschau)를 인도의 트랑크바르에 파송했다. 그리고 훗날 "덴마크-할레 선교회"가 탄생했다. 이들의 선교활동은 개신교 선교의 모델이 되었다. 특히 슈바르츠(Christian Friedrich Schwartz)는 할레에 의해서 파송된 60명의 선교사들 가운데

---

2. Philip Jacob Spener, *Pia Desideria*, tr. by Theodor G. Tappert(Philadelphia : Fortress Press, 1988, 제6판), pp. 87-89.
3. Justo L. Gonzales, *The Story of Christianity*, vol. ll(New York : Harper & Row, 1984), p. 207.

하나로서 48년 간이나 인도에서 일했다. 프랑케는 선교사들의 헌신에 감동하여 할레에 선교사 훈련원을 세우기까지 하였다. 1733년에는 모라비안들의 후원으로 그린란드에서 새로운 선교가 시작되었고, 1742년 경건주의의 영향하에 뮐렌베르크(Heinrich Melchior Muehlenberg)는 펜실베이니아의 루터교를 위해서 파송받았다.

요한 웨슬리는 사바나에서 목회를 하기 위하여 모라비안 선교단과 같은 배를 타고 항해하던 중(1735-1736 초) 질풍노도를 만났는데, 모라비안 교도들의 침착함으로부터 크게 감명을 받은 바 있고, 조지아 선교에 실패하고 영국으로 돌아온 후 무슨 일을 해야 할지 망설이다가, 런던에 설립된 모라비안 선교단체와 접촉하여 1738년 그의 생애를 바꾸어 놓는 회심 체험을 하였으니, 이는 경건주의 전통의 회심 체험 그것이었다.

> 어느 날 저녁에 나는 별로 마음이 내키지 않는 상태에서 엘더스게이트 거리에 있는 '모임'으로 갔다. 거기에서 나는 어떤 이가 루터의 「로마서 주석」 서설을 읽는 것을 들었다. 9시 15분경 그가 하나님께서 그리스도에 대한 신앙을 통하여 우리의 심령에 역사하시는 변화를 묘사하고 있는 동안, 나는 나의 마음이 뜨거워지는 것을 느꼈다. 나는 구원을 위해서는 그리스도에게 나의 마음을 전적으로 맡겨야 함을 확신했다. 그리고 그가 나의 죄를 도말하셨고, 나를 죄와 죽음의 법으로부터 구원하셨다고 하는 확신이 나를 사로잡았다(*Journal* May 24, 1738).[4]

요한 웨슬리는 그의 생애 후반부터 40,000번의 설교를 했고, 250,000마일을 말을 타고 여행했다. 그는 네덜란드, 독일, 영국의 섬들, 스코틀랜드, 웨일스를 여행하면서 전도하였다.

1735년 옥스퍼드의 "거룩한 모임"에 들어왔고, 그후 중병을 통하여

---

4. Gonzales, *op. cit.*, pp. 209-210.

역시 경건주의적 회심 체험을 한 횟필드(George Whitefield)는 1736년에 안수를 받고 매우 훌륭한 설교가가 되었다. 그는 그의 메시지에서 하나님의 사죄 은총의 복음, 신앙으로 그리스도를 받아 누리는 평화, 기쁨에 찬 봉사를 강조하였다. 칼빈의 신학을 따르는 웨슬리의 동료(a Calvinistic methodist)로서 그는 영국에서보다 미국에서 더 많은 설교를 했다. 그는 1737년부터 1741년까지 조지아 주에서, 1746년에는 뉴잉글랜드에서 큰 영적 각성운동을 일으켰다. 횟필드는 미국의 제 1차 대각성운동의 지도자인 조나단 에드워즈의 각성운동에 동참한 바도 있다.

경건주의, 웨슬리와 횟필드, 그리고 에드워즈는 모두 같은 흐름 속에 동일 귀속하는바, 이들 모두는 개인의 회심과 성화, 그리고 개교회의 개척과 성장을 강조한 사람들이었다. 미국의 복음주의 각성운동은 퓨리턴 제 3세들이 조상들의 신앙과 순종의 열정을 상실해 가는 상황에서 뉴저지의 네덜란드 개혁교회의 프레링후이젠(Theodore J. Frelinghuysen)에 의해서 일어났고, 이것이 1734년에서 1735년 사이에 뉴잉글랜드의 에드워즈에게로 불붙여졌다. 그리하여 이 미국의 대각성운동은 1740년에서 1741년 사이에 지리적으로 널리 확산되었다.

18세기의 경건주의와 복음주의 각성운동은 18세기의 선교운동을 낳았다. "해외복음전도협회"와 "할레-덴마크 선교"가 1701년에 각각 탄생하였다. 1732년에는 모라비안들이 눈에 띌 만한 선교활동을 하였고, 이즈음 퀘이커 교도들도 선교적 열정을 보였다. 그리고 영국의 쿡(James Cook) 선장의 태평양 탐험에 힘입어, 케리(William Carey)가 선교적 열정으로 불붙었고, 1792년에는 "이교도들을 위한 복음전도 침례교협의회"가 생겼다. 이어서 1795년에 초교파적 기구로서 "런던 선교협회"가 형성되었는데, 주로 회중교회의 목사인 보그(David Bogue)와 하웨이스(Thomas Haweis)의 노력에 의한 것이었다. 끝으로, 1799년에 벤(John Venn)과 스코트(Thomas Scott)의 노력으로 영국 국교의 복음주의 계열의 "교회선교협의회"(The Church Missionary Society)가 조직되었다. 그리고 "영국 웨슬리 감리교선교협의회"(1817-1818)와 "스코틀랜드의 교회선교국"(1825)은 19세기의 선교단체였거니와, 이상의 선교적 관심은 점차 다른 나라들에게도 영향을 주었다.

이상에서 서술한 18세기의 기독교는 모두 개인의 회심과 성화, 그리고 개교회의 개척과 성장을 매우 강조하는 전통이다.

2. 19세기의 복음주의 각성운동, 선교활동, 그리고 교파별 및 교파 대 교파의 일치운동들

19세기는 18세기의 복음주의 각성운동과 선교활동을 이어받아 그것을 더욱더 활성화시켰고, 교회역사상 유래가 없었던 기독교의 확장을 경험하였다.

19세기의 복음주의 부흥운동은 잉글랜드와 스코틀랜드, 유럽대륙의 경우는 독일, 스칸디나비아, 스위스, 프랑스 및 네덜란드에서 일어났고, 미국에서는 제 2차 대각성운동이 일어났다. 그리고 이처럼 복음주의 각성운동이 일어난 모든 나라들에서는 선교활동이 활발히 전개되었던 것이다. 우리는 우리가 이미 논한 18세기 복음주의 각성운동이 19세기로 이어지는 것으로 보기 때문에 19세기의 그 부분을 반복하지 않고, 영국(Great Britain), 유럽대륙 및 미국의 선교활동 상황만을 언급하려고 한다.

영국의 복음주의(British Evangelicalism)는 19세기 개신교 선교의 선봉에 섰다. 19세기의 개신교 해외선교는 급속히 확장되어서 지구촌 구석구석에 개신교를 심었는데, 이 엄청난 선교운동의 중심은 대영제국이었고, 그 배후에는 미국이 있었다. 특히, 19세기 영국에서는 복음주의 운동과 비국교도 운동에 힘입어 영국 국가교회와 관계 없는 자발적 선교단체들이 쏟아져 나왔다. 세계선교 운동은 여러 유명한 개척 선교사들에 의해서 전개되었는데, 이들은 근대 선교의 선구자인 영국의 윌리엄 케리의 모범을 따랐다. 영국의 선교사들은 주로 세계에 널려 있는 대영제국의 식민지들을 선교하였다. 마틴(Henry Martyn : 1781-1812)과 더프(Alexander Duff : 1806-1878)는 인도에, 마스든(Samuel Marsden : 1764-1838)은 호주, 뉴질랜드, 태평양 군도에 복음을 심었고, 모리슨(Robert Morrison : 1782-1834)은 "런던 선교협의회"에 의해서 1807년에 최초의 개신교 중국 선교사로 파송을 받았다. 19세기말로 오면서 일본, 한국, 필리핀도 개신교 선교를 받았다. 뿐만 아니라 테일러(Hudson Taylor : 1832-1905)는 1865년에 중국의 국내선교회인 초교파적 "믿음선교회"(Faith Mission)를 창립하기도 했다. 이 같은 선교적 노력은 세계 지도상의 종교적 분포도를 다시 그리게 했다. 특히 영어권 복음주의가 지구촌 곳곳에 확산되었다.

유럽대륙에서도 복음주의 각성운동에 의하여 솟아난 에너지를 선교활동으로 표출시키는 많은 선교단체들이 생겼다. 이들 가운데 두드러진 것만 해도 1815년에 생긴 "바젤 복음주의 선교회", 1821년의 "덴마크 선교회"와 "파리 선교회", 1828년의 "라인강 지역 선교회", 1836년의 "라이프치히 복음주의 루터 선교회"와 "북부 독일 선교회" 등이 있다. 이들은 무엇보다도 많은 선교사들을 외국으로 파송했다. 이들 대륙에서 파송받은 선교사들은 특히 네덜란드령 동인도에서 활발히 선교하였다. 극동지역과 남아프리카에 개신교 선교사가 집중적으로 파송된 것은 바로 이 동인도의 선교활동에서 비롯된 것이다.

미국의 경우, 19세기 초부터 제 2차 대각성운동(1787-1825)이 뿜어낸 에너지는 자발적 선교단체들을 표출시켰다. 처음에는 지역별로 자발적 단체들이 생겼고, 그 다음에는 주 단위의 단체들의 연합이 생기고, 나아가서 전국 연합이 생겼다. 이들은 국내외 선교에 힘썼는데 종종 교파적 노선을 배경으로 하기도 하였다. 예컨대, 1810년에는 회중교회 소속의 "외국 선교를 위한 미국 선교국"이, 1812년에는 "외국 선교를 위한 미국 침례교 선교총회"가 생겼다. 그리고 1817년에는 장로

교회가, 1818년에는 감리교가, 1820년에는 성공회(Episcopalians)가 각각 선교단체들을 조직했다. 나아가서 '연합계획'을 수행하기 위하여 "미국 국내 선교회"(the American Home Missionary Society)가 조직되었다.

교회사가인 라투레트(Kenneth S. Latourette)는 기독교 역사상 19세기를 "위대한 세기"(the Great Century)라 하였다. 그는 7권으로 된 그의 방대한 「기독교 확장사」(History of the Expansion of Christianity, 7vols., 1937-1945) 중 3권을 19세기에 할애하였다. 그 이유는 1815년부터 1914년까지 100년 동안에 기독교가 남북미, 호주, 아프리카, 태평양 군도, 한국을 비롯한 아시아권에까지 확장되었기 때문이다. 19세기 한 세기 동안 세상을 향한 선교활동에 의한 광범위한 영향은 1800년 동안의 - 기독교가 미쳐 온 - 영향을 능가할 정도였다. 미국 장로교 선교사 언더우드가 한국에 장로교를 옮겨 심은 때도 이 "위대한 세기" - 1885년 4월 5일 인천에 상륙 - 였다.

그러나 19세기의 선교활동은 교파주의적 색채를 띤 기독교 확장의 역사였다. 19세기에는 어느 나라, 어느 교파의 선교사나 선교단체가 어느 나라에 어떤 교파의 교회를 개척하여 성장시키느냐가 중요했다. 종교개혁 이래로 17세기의 교파 절대주의(confessional absolutism)를 거쳤고, 18세기 계몽주의를 거친 19세기의 개신교는 아직도 교파주의로 인한 어려움을 겪었던 것이다. 이 같은 기독교는 교파주의와 개교회의 성장주의의 이상을 볼 수 없었다.

하지만 복음주의 부흥운동과 선교활동으로 불타올랐던 19세기는 특히 피선교지역의 선교현장에서 교파들 간의 친교와 연합, 나아가서 선교단체들 사이의 친교와 연합의 필요성을 느끼기 시작하였다. 라우즈(Ruth Rouse)는 "선교와 에큐메니즘은 불가분리하다. 복음주의적 부흥운동, 선교, 기독교적 일치 추구는 필연적으로 연결되어 있다."고 했고, 브랜드레트(Henry Renauld Brandreth)는 19세기가 기독교의 놀라운 확장을 경험했다는 라투레트의 주장을 인정하면서, 19세기야말로 기독교 역사상 일찍이 없었던 각 교파의 세계적 연합기구의 확산과 교파 대 교파의 연합운동을 보았다고 주장한다.[5] 이는 교회의 지역화와 어느 정도 세계화라고 하는 새로운 패러다임의 교회일치운동이었다.

우리는 여기에서 브랜드레트가 제시하는 19세기의 교파 단위의 세계적 연합운동과 교파 간의 세계적 연합운동을 소개함으로써, 19세기가 단순한 기독교 확장의 "위대한 세기"일 뿐만 아니라 교회들의 일치 추구에 있어서도 그 이전에는 경험할 수 없었던 "위대한 세기"였음을 지적하려고 한다. 1. 람베드 주교대회(1867) 2. 세계개혁교회연맹(1875) 3. 미국 감리교 감독교회 총회(1876) 4. 세계의 구(舊) 가톨릭교회들의 위트레히트 연합(1889) 5. 제 1차 국제 회중교회 협의회(1891) 6. 제 1차 침례교 세계대회(1905).[6] 18세기의 경건주의 전통을 이어받은 18세기의 복음주의 각성운동과 선교활동, 그리고 18세기의 복음주의 부흥운동과 선교활동을 물려받은 19세기의 복음주의 각성운동과 선교활동은 개인의 회심과 성화, 그리고 교파별 개교회의 개척과 성장을 한결같이 강조하는 경향을 보이는데; 방금 언급한 19세기의 교파별 세계 연합기구들과 교파 대 교파의 연합 노력은 20세기의 에큐메니칼운동을 내다보는 새로운 패러다임의 교회의 세계화에로의 노력(에큐메니칼운동)을 보여 주고 있다.

우리는 이상과 같은 18~19세기 기독교의 역사적 흐름에서, 복음주의와 선교활동이 필연적으로 에큐메니칼운동을 낳았다고 하는 역사적

---

5. Ruth Rouse, "Voluntary Movements and The Changing Ecumenical Climate," in *A History of the Ecumenical Movement*, vol. Ⅰ, ed. by Ruth Rouse and Stephen Charles Neill(Geneva : WCC, 1986), p. 300. 그리고 Henry Renauld Turner Brandreth, "Approaches of the Churches Towards Each Other in the Nineteenth Century," in *Ibid.*, p. 265.
6. *Ibid.*, pp. 264 이하.

필연성을 발견한다. 그런데 20세기 초 오순절운동은 미국의 남북전쟁(1861-1865) 이후 침체된 미국교회를 부흥시키려는 운동들 가운데 하나로서 역시 18~19세기에 연이어 일어난 미국의 제 1, 2차 대각성운동을 이어받고 있다.

남북전쟁의 도전 앞에서, 그리고 미국의 급격한 도시화와 산업화에 따른 유럽인들의 홍수 같은 이민의 물결 앞에서 기성제도권 교회들은 상당히 무기력하였다. 오히려 19세기 중엽 영국에서 들어온 YMCA와 YWCA운동, 초교파적 주일학교운동, 그리고 대각성운동을 뒤잇는 무디(D. L. Moody) 중심의 복음주의 부흥운동이 미국교회에 활력을 불어넣었다. 특히 무디의 헐몬산(매사추세츠의 노스필드 근처) 성경공부 대집회를 통해서 결성된 SVM(Student Voluntary Movement for Foreign Mission)은 "이 세대 안에 전세계를 복음화하자."("The Evangelization of the World in this Generation.")라고 하는 표어를 내걸고 선교운동에 박차를 가하였다. 바로 이 집회에서 100명 이상의 대학생 선교 지망생들이 나타났고, 이 운동은 세계로 확산되어 1892년에는 이 운동의 국제기구(International Student Voluntary Missionary Union)가 생기기까지 하였다. 다른 한편, 19세기 중엽에 시작된 "기독학생운동"(Student Christian Movement)은 1895년에 "세계기독학생연맹"(the World Student Christian Federation)을 낳았다. 이러한 복음주의적 초교파운동은 에큐메니칼운동의 전주곡이기도 하였다. 그도 그럴 것이 모트(John Mott), 올드헴(J. H. Oldham), 템플(William Temple), 죄더블롬(N. Soederblom)과 같은 초기 에큐메니칼운동의 지도자들이 모두 기독학생운동의 지도자들이었기 때문이다.

이상과 같은 교회갱신과 선교운동의 맥락 속에서 미국 감리교 안에서도 갱신운동이 일어났으니, 영국으로부터 미국으로 건너온 구세군운동이 활발하였고, 20세기 초 "성화운동"(the Holiness Movement)의 흐름 속에서 성결교회와 나사렛교회와 오순절교회가 등장하게 되었다.

3. 20세기 에큐메니칼운동과 WCC, 그리고 1968년 웁살라 WCC 이후의 복음주의 세계대회들

에큐메니칼운동의 분수령은 1910년 에든버러의 "세계선교대회"(World Missionary Conference=WMC)였다. "1910년 이전까지만 해도 에큐메니칼운동이 문틈으로 들어오는 햇빛과 같았는데, 에든버러 이후는 그것이 활짝 열린 문으로 마구 쏟아져 들어오는 햇빛과도 같았다."[7] 이 세계선교대회가 제 8차 국제적 차원의 선교대회였고, 바로 10년 전에는 뉴욕에서 "the Ecumenical Missionary Conference"가 열린 것을 생각할 때, 우리는 에큐메니칼운동이 위에서 언급한 교파별, 그리고 교파 대 교파의 연합운동 - 이것도 사실은 선교운동의 소산이지만 - 에 크게 빚지고 있다는 사실을 알 수 있다. 그리고 20세기의 에큐메니칼운동은 19세기의 교파들의 확장과 성장을 전제한다. 따라서 18~19세기 기독교가 20세기 에큐메니칼운동을 낳았다고 주장해야 한다. 즉, 복음주의와 에큐메니즘은 연속선상에 있는 것이다.

1910년 에든버러가 폐막할 즈음, 미국 성공회의 주교로서 필리핀의 선교사인 브렌트가 '신앙과 직제'(Faith and Oder) 운동을 제안한 이래, 1927년 로잔에서 제 1차 세계대회가 열렸고, 1914년 제 1차 세계대전 직전에 죄더블롬이 제안한 '삶과 봉사'(Life and Work) 운동은 1925년에 스톡홀름에서 제 1차 세계대회를 가졌다. 그리하여 이 두 운동의 대표들은 1937년 WCC를 형성하고, 1938년 위트레히트에서 교회들의 세계화의 헌장인 WCC 교리헌장(WCC Basis)을 만들고, 제 2차 세계대전으로 10년을 기다린 다음 1948년에 암스테르담에서 제 1차 WCC 총회를 열었다. 그리고 "국제선교협의회"(International Missionary

---

7. Ruth Rouse, "Voluntary Movements ······," in *Ibid.*, p. 345.

Council : 1921년에 WMC로 바뀜.)가 1961년 뉴델리 WCC 때 WCC에 정식으로 합류하였고 - 물론 처음부터 WCC와 계속해서 긴밀한 관계를 가지고 지내 왔지만 - "기독교교육 세계협의회"(the World Council of Christian Education)는 1971년에 WCC의 지체가 되었다. 이상과 같은 20세기의 에큐메니칼운동과 WCC는 교회의 세계화를 가져옴에 있어서 교회사에서 그 유래를 찾아보기 힘든 새로운 패러다임이다.

그러면 WCC 교리헌장, '신앙과 직제', '삶과 봉사' 및 '세계선교와 복음전도'(IMC가 1960년대에는 CWME=Conference on World Mission and Evangelism)가 주장하는 교회일치와 교회의 사회참여와 선교 및 복음전도에 관하여 알아보자.

다음에 소개하는 WCC 교리헌장은 모든 교파들의 다양성을 열어 놓는 적극적인 통일성으로서, 1996년 현재 330여 교파들이 이 교리헌장 밑에 WCC의 구성원이 되어 있다. 이 같은 교회의 세계화는 역사상 그 유래를 찾아볼 수 없다.

> 세계교회협의회란 성경을 좇아 주 예수 그리스도를 하나님과 구세주로 고백하고, 한 하나님이신 성부, 성자, 성령의 영광을 위한 교회들의 공동의 소명을 함께 성취해 나가려고 노력하는 교회들의 코이노니아이다.[8]

'신앙과 직제'는 교회들의 신앙과 신학, 그리고 직제의 통일성과 다양성을 찾아내기 위해서 50년 이상의 협의회적 과정을 통한 결과물을 가져왔다. 즉, 1. 세상을 위한 교회의 메시지 : 복음(Lausanne 1927, 제2분과) 2. 교회의 본성(Lausanne 1927, 제3분과) 3. 우리 주 예수 그리스도의 은혜(Edinburgh 1937, 제1분과)에서 정의된 '은혜의 의미', '칭의와 성화', '하나님의 주권과 인간의 반응', '교회와 은혜', '은혜 : 말

---

8. *The New Delhi Report*, ed. by Visser't Hooft(New York : Association Press, 1962), p. 152.

씀설교와 성례전', '오직 은혜로' 4. '그리스도와 그의 교회'(Lund 1952, 제 1분과) 5. '성경, 전승, 전통들'(Montreal 1963, 제 2분과)[9]은 교리 싸움으로 얼룩진 교회사를 청산하고, 교회들의 통일성을 제시하는 동시에 다양성을 허용하고 있다. 우리는 이들 가운데서 1963년 몬트리올의 "Scripture, Tradition and traditions"에 관하여만 잠시 짚고 넘어가려고 한다.

위 몬트리올 문서는 교회의 세계화와 지역화를 함께 추구한다. 상론하면, 큰 글자 Tradition은 성경의 원천이기도 한 the Gospel Tradition으로서 로마 가톨릭, 동방 정교회, 성공회 및 모든 개신교회들이 공유하고 있는 통일성의 원리요, 작은 글자 traditions는 문화적 배경을 지닌 모든 교파들의 신학전통들이다. 우리는 여러 지역과 여러 종족의 여러 문화권 속에서 꽃피어난 신학전통들의 독특성과 다양성을 인정해야 한다. 하나의 복음전승(The Gospel Tradition)은 다양한 문화권에서 발전한 다양한 신학전통들을 통해서 표현된다. 전자는 후자를 통해서 표현되지만 후자를 초월한다. 하나의 복음전승의 씨앗이 로마 문화권에 떨어져 로마 가톨릭 신학으로, 희랍 문화권에 떨어져 동방 정교회의 신학으로, 독일 문화권에서는 독일 신학으로, 영미 계통에서는 영미 계통의 신학으로, 아시아와 아프리카와 중남미에서는 제 3세계 유형의 신학으로 꽃피어났다. 이처럼 에큐메니칼운동과 WCC는 교회와 신학의 지역화와 세계화를 동시에 추구하는 것이다. 우리는 교회의 지역화 차원에서 개인의 회심과 성화, 개교회의 개척과 성장을 인정해야 한다.

'신앙과 직제'가 1982년 페루의 리마에서 확정지은 BEM(Baptism, Eucharist and Ministry=세례·성만찬·직제) Text[10]는 개교회의 생명인

---

9. 이형기, "역대 신앙과 직제가 교회일치를 위해서 추구하는 사도적 신앙", 「장신논단」, 1994년, 제 10집, pp. 341 이하.

세례, 성만찬, 그리고 직제에 대한 신학과 실천의 일치를 추구한 것으로 개교회와 지역교회들의 다양성을 열어 놓고 있고, 1990년의 신앙과 직제 문서인 「하나의 신앙고백 : 세계 교회가 고백해야 할」(Confessing the One Faith : An Ecumenical Explication of the Apostolic Faith as it is Confessed in the Nicene-Constantinopolitan Creed, 381)[11]은 에큐메니칼적으로 해석된 하나의, 거룩한, 보편교회의 사도적 신앙으로서 각 개교회와 지역교회 역시 이 같은 사도적 신앙을 이미 공유하고 있음을 말한다. 1990년 로마 가톨릭과 WCC 대표들로 구성된 Joint Working Group의 「하나의 교회 : 개교회들과 보편교회」(The Church Local and Universal)[12]는 개신교의 개교회주의와 가톨릭(로마와 동방)교회의 보편교회주의를 넘어서서 교회의 지역화와 세계화를 함께 묶고 있다. 그리고 1993년 스페인의 산티아고에서 열린 '신앙과 직제' 제 5차 세계대회는 '코이노니아' 개념 속에 개교회와 지역교회들의 다양성과 연속성을 강조하고, 이 '코이노니아'의 한계를 다음과 같이 말한다.

예수 그리스도를 어제나 오늘이나 영원토록 동일하신(히 13 : 8) 하나님과 구세주로 고백할 수 없고, 성경이 선포하였고 사도적 공동체가 설교한 구원과 인간의 궁극적 운명에 대해서 함께 고백할 수 없는 다양성은 부당하다(S.11.17).

경전으로서의 성경은 복음진리(갈 2 : 5, 14)와 훗날 니케아-콘스탄티노플 신조 안에 제시되어 있고 부연된 가르침들 위에 교회의 통일성(the God-given Unity)을 기초시키고 있다. 이 통일성과 이 가르침들을 거부하는 사람들은 기독교인이 아니고, 교회가 아니다. 성경은 또한 다양성의 기초이다. 그도 그럴 것이, 성경은 다양한 메시지들과 가르침들을 제

---

10. 「BEM문서 : 세례·성만찬·직제」, 이형기 역(서울 : 한국장로교출판사, 1993).
11. 「세계 교회가 고백해야 할 하나의 신앙고백」, 이형기 역(서울 : 한국장로교출판사, 1996).
12. 참고 : 이형기, 「역사 속의 교회」(서울 : 도서출판 교육목회, 1995), pp. 361 이하.

시하고 있으며, 이 성경이 기록된 상황들이 다양하고, 이 성경에 대한 접근방법과 해석방법이 다양하며, ……[13]

이 같은 다양성의 한계는 교회들의 코이노니아를 위한 최소한도의 요청인데, 적극적으로 말한다면 개교회의 개척과 목양과 성장은 '복음'과 '성경', 니케아-콘스탄티노플 신조의 '삼위일체 하나님', '세례, 성만찬, 직제'를 사도적 전승으로 공유하고, 그 어떤 교파적 특성과 지역적 혹은 문화적 특수성을 지닐 수 있다.

이상과 같이 '신앙과 직제'는 교회의 지역화와 세계화를 지향하면서, '삶과 봉사'(1960년대에는 '교회와 사회', 1990년 이후는 JPIC=Unit Ⅲ), 그리고 '선교'(1910년의 WMC가 1921년에 IMC로, 1963년 이후로 CWME)의 세계화에 동참할 것을 모든 개교회들과 지역교회들에게 요구하고 있다.

끝으로, 우리는 *Missio Dei*가 절정에 달했던 1968년 웁살라 WCC와 1973년 방콕 CWME의 선교 개념에 거부반응을 일으킨 복음주의 세계대회들이 개인의 회심과 성화, 그리고 개교회의 개척과 성장을 강조하면서도, WCC가 지향해 온 *Missio Dei* 전통을 매우 존중하고 있음을 밝히고자 한다. 특히 방콕에 대응해서 열린 1974년 로잔 복음주의자들의 국제대회와 1989년 산안토니오 CWME에 대응하여 열린 1989년의 마닐라 제 2로잔 세계대회야말로 복음전도와 사회참여에 관한 그 이전까지의 복음주의 세계대회들의 이원론적 태도와는 달리, 하나의 선교개념에 복음전도와 교회의 사회봉사를 모두 포함시킴으로써, 복음주의 계열의 교회들이 개인과 개교회를 중요시하면서도 나름대로 교회의 세계화와 지역화를 지향하고 있다고 하겠다. 아래의 주장은 마닐라(1989)

---

13. *Towards Koinonia in Faith, Life and Witness*(Geneva : WCC, 1993), Section Ⅱ, Ⅲ.

의 선교 개념이다. 적어도 이 복음주의 계열의 세계대회들은 개인의 회심과 성화, 그리고 개교회의 개척과 성장을 강조하는 18~19세기의 기독교를 물려받았다.

　　복음전도가 우선이다. 우리의 주된 관심은 복음이기 때문이다. 이 복음전도의 목적은 모든 인간들이 예수 그리스도를 주님과 구세주로 받아들일 수 있는 기회를 갖게 하는 것이다. 그런데 예수님은 하나님의 나라를 선포하셨을 뿐만 아니라, 자비와 능력의 행위들을 통하여 하나님 나라의 도래를 보여 주셨다.

　　…… 우리 역시 겸허한 정신으로 하나님의 나라를 설교하고 가르쳐야 하며, 나아가서 병든 자들을 돌보고, 장애자들과 불이익을 당하는 자들을 도와 주어야 하고, 억압받는 자들을 구출해 내야 한다. 우리는 은사와 소명과 상황의 다양성을 인정하면서, 복음과 선행을 분리시켜서는 안 된다.

　　하나님 나라의 선포는 필연적으로 이 하나님 나라와 양립할 수 없는 모든 것에 대하여 예언자적 심판을 가한다. 악들 중에서 우리는 제도화된 폭력을 포함한 모든 파괴적 폭력을 반대하고, 정치적 부패, 온갖 종류의 인간 착취와 환경 착취, 임신중절, 마약 및 인권남용 등에 반대한다. 우리는 또한 가난한 자들에 대하여 관심을 갖고 우리들 자신이 세계의 틀 안에서 빚더미에 짓눌려 있다는 사실을 안다.……

　　진정한 선교는 항상 성육신적이어야 한다. 따라서 우리는 다른 사람들의 세계 속으로 파고 들어가 이들의 사회적 현실, 이들의 슬픔과 고통, 이들의 억압적 세력에 정의로써 항거해야 한다.[14]

---

14. "The Manila Manifesto : Calling the Whole Church to Take the Gospel to the Whole World," in *The Whole Gospel for the Whole World : Story of Lausanne ll Congress on World Evangelization*, Manila 1989, ed. by Alan Nichols(Lausanne Committee for World Evangelization and Regal Books, 1989), pp. 110 이하.

우리는 이미 WCC의 '신앙과 직제' 전통이 개인의 회심과 성화, 그리고 개교회의 개척과 성장을 결코 무시하지 않는다는 사실을 밝혔거니와, CWME가 WCC 중앙위원회에 제출한 "에큐메니칼 확언-선교와 전도"(Ecumenical Affirmation-Mission and Evangelism, 1982) 역시 개인의 회심과 성화, 그리고 개교회의 개척과 성장을 강조하고 있다.

복음의 선포는 그리스도의 구원하시는 주권을 인식하고 이것을 개인의 결단으로 받아들이라고 하는 초대를 포함한다. 그것은 성령의 매개에 의해서 살아 계신 그리스도와의 인격적인 만남을 경험함으로써 주님의 사죄를 받아들이고, 제자의 삶과 봉사의 삶으로의 부름을 개인적으로 받아들이라는 선언이다.

…… 신약성경에서는 이것을 새로 태어남(요 3 : 3), 메타노이아, 우리의 태도들과 삶의 스타일들의 변혁이라고도 불리운다.

모든 인간 공동체 안에서 개교회들을 증가시키는 것이 기독교적 선교의 중심에 있다. 복음의 씨앗을 심으면, 말씀과 성례전 주위에 회집하여 하나님의 계시된 목적을 선포하도록 부름받은 한 백성이 생겨난다.

교회들이 실제로 각 나라에 생겼다. 이것은 이 모든 시대에 있어서 제자들의 신실한 증거 덕분이다. 이러한 씨뿌리는 과제는 각 인간 공동체 안에서 하나님 나라의 한 세포, 즉 예수 그리스도를 고백하고 그의 이름으로 그의 백성을 섬기는 교회가 있기까지 지속될 필요가 있다. 각 장소에 교회를 세우는 일이 복음의 본질이다. 그리스도의 대리적 사역은 하나의 대리적 백성의 현존을 요구한다. 개교회는 교회(the Church)의 선교적 성취를 위한 필수불가결한 도구이다.[15]

---

15. *New Directions in Mission and Evangelization 1 : Basis Statements 1974-1991*, ed. by James A. Scherer and Stephen B. Bevans, S.V.D.(New York : Orbis Books, 1992), pp. 40, 44.

결 론

한국교회는 해방되던 해에 30~40만 명에 불과하던 기독교인의 수가 오늘에 이르러 1,200만 명 이상을 헤아릴 만큼 엄청난 성장을 경험하였다. 그리고 한국교회는 1980년대에 들어와 오늘에 이르러 4,400명 이상의 선교사를 135개국에 파송한 세계 5위 선교국으로 발돋움하고 있다.

하지만 대체로 한국교회는 개인의 회심과 성화, 개교회의 개척과 성장에 힘쓰고, 해외선교에 있어서도 각개 전투식 혹은 자영업식 선교에 머물고 있어, 교회의 세계화에는 아직도 크게 미치지 못하고 있다. 18세기의 경건주의, 복음주의 각성운동, 그리고 선교활동이 개인의 회심과 성화, 그리고 개교회의 개척과 성장에 엄청나게 기여했고, 19세기의 기독교는 이 같은 18세기의 기독교 전통을 이어받아 개교회의 성장을 포함한, 역사상 유래가 없는 기독교의 확장을 경험한 바, 우리 한국교회는 이와 같은 18~19세기 서양 기독교의 흐름과 맥을 같이하고 있다. 사실상 한국의 경우 교회성장에 이어 해외 선교활동이 활발히 전개되고 있는 것이다. 하지만 한국의 개신교는 18~19세기의 개인의 회심과 성장, 그리고 개교회의 개척과 성장을 강조하고 있으며, 게다가 선교 초기에 받아들인 19세기 말과 20세기 초 미국의 근본주의적 개신교 전통으로 말미암아 개교회주의와 교파주의의 색깔을 더하고 있다. 결국 한국교회는 18~19세기의 서양 교회사가 필연적으로 에큐메니칼운동으로 이어지고 있다는 사실에 아랑곳하고 있지 않다. 환언하면, 한국교회는 18~19세기의 복음주의 전통과 선교활동과는 연속성을 유지하지만, 이 18~19세기의 기독교 전통이 에큐메니칼운동을 낳았다는 사실은 도외시하고 있다.

한국 개신교는 서양 교회사에 있었던 교파별 연합추구와 교파 대 교파의 연합추구에 있어서는 매우 약하고, 20세기 에큐메니칼운동과

WCC가 추구해 온 교회의 세계화에는 더더욱 미치지 못하고 있는 형편이다. 즉, 우리는 개인의 회심과 성화, 그리고 개교회의 개척과 성장을 강조하는 18~19세기 기독교에 머물러 있으므로 교회의 개교회화와 지역화에는 공헌하고 있으나, 교회의 세계화에는 전적으로 실패하고 있는 형편이다. 우리는 본 소고에서 '신앙과 직제' 문서가 개교회들과 지역교회들의 다양성과 연속성을 매우 귀하게 여기면서 교회의 연합과 일치(세계화)를 추구하고 있으며, CWME의 문서인 "Ecumenical Affirmation - Mission and Evangelism, 1982"이 개인과 개교회의 기독교적 정체성, 그리고 심지어는 개교회 개척과 성장까지를 선교 개념에 포함시키고 있다는 사실을 언급하였다.

오늘날 세계는 급변하고 있다. 제 2차 세계대전 이전까지만 해도 서양(유럽과 미국)이 정치·군사적, 경제·문화적 지배권을 누렸으나, 1950년대 이후 우리는 힘의 다변화의 시대 혹은 다중심의 세계에 살고 있다. 1980년대 말에서 1990년에 이르면, 구 소련 공산연방과 동구 공산권의 붕괴로 탈이데올로기와 탈냉전시대가 등장하고, 다원화된 힘들의 균형 속에서 화해와 협력을 추구하는 시대가 열린다. 동시에 소련과 동구권에서는 다민족 국가들이 자신들의 핏줄과 문화의 고유성을 찾으려고 몸부림치고 있다. 뿐만 아니라 세계 경제의 블록화현상과 상호협력의 필요, 그리고 WTO 등 국제무역기구와 이데올로기를 넘어선 국제무역활동은 오늘의 세계를 하나의 지구촌 시장으로 만드는 동시에, 각 나라와 지역들은 시장경제 원리에 입각한 무한 경쟁체제에 돌입하고 있다. 즉, 오늘날 인류는 지역화와 세계화의 긴장 속에서 살고 있다. 또한 동서양을 막론하고, 오늘날에는 과학기술과 산업화가 문화의 기본적인 힘으로 작용하고 있고, 교통과 통신기술의 발달, 컴퓨터기술에 의한 정보화 지식의 증가 및 과학기술의 교류와 협력, 특히 인공위성과 멀티미디어는 오늘의 세계를 국경 없는 하나의 지구촌 가족으로 만들어 가고 있는 동시에 각 나라와 민족, 그리고 유럽권, 북미권, 태평양권, 아시아권 등 시장경제 원리에 의해서 재편된 초국가적, 초민족적 블록들은 다원화의 세계 혹은 지역화를 지향하고 있다.

한국 개신교는 지역화에도 불구하고 세계화를 지향하고 있는 21세기를 바라보면서, 교회의 지역화에만 머물러 있지 말고 세계화에 참여해야 할 것이다. 우리는 '신앙과 직제'의 전통을 따라 교회들의 통일성과 다양성을 추구하면서, '삶과 봉사' 전통을 따른 교회의 사회참여에 있어서, 그리고 '세계선교'(CWME)의 전통을 따른 교회의 선교에 있어서 각각 교회의 세계화를 추진해야 할 것이다. "하나의, 거룩한, 보편적, 사도적 교회"(니케아-콘스탄티노플 신조, 381)는 개인의 회심과 성화, 그리고 개교회의 개척과 성장을 결코 배제시키는 것이 아니다. 하나의 교회는 개교회적이고 동시에 보편교회적(The Church Local and Universal)이다. 보편교회는 개교회의 온전성을 통해서 나타난다. 진정한 개교회들 없이는 보편교회가 있을 수 없다. 개인의 회심과 성화, 그리고 개교회의 목양과 성장에만 관심을 갖는 사람들은 에큐메니칼 정신으로부터 빗나감으로써, 하나의 예수 그리스도의 교회를 부분적으로만 이루어 가고 있는 것이다.

한국 개신교의 다수를 차지하고 있는 복음주의 교회들은 서양 교회사 속에 나타난 복음주의와 에큐메니칼운동의 필연적인 역사적 연속성을 교훈삼아 에큐메니칼운동과 WCC에 적극적으로 참여해야 할 것이다. 에큐메니칼운동과 WCC에 반대하는 복음주의 전통 중 미국의 근본주의와 기타 복음주의는 18~19세기 영국과 미국과 유럽대륙의 주류 복음주의와 구별되지 않으면 안 된다.

II

신앙과 직제 운동이 추구하는 교회일치 신학

서 론

　1927년 로잔의 "신앙과 직제" 세계대회 이래로 1993년 8월 스페인의 "신앙과 직제" 세계대회에 이르기까지, "신앙과 직제"는 계속해서 세계 교회들의 신학적인 일치, 특히 교회론적인 문제해결을 위해서 애써 왔다. 1948년 암스테르담 WCC 이래로 이 "신앙과 직제"는 WCC 산하기구로서 일해 오고 있는바, 에큐메니칼 교회론 연구에 지대한 공헌을 하였다. 우리가 여기서 검토할 역대 WCC 총회의 분과보고서에 나타난 교회일치의 추구는 대체로 "신앙과 직제" 분과의 연구결과에 기초한 것이다.

　1990년 JWG(Joint Working Group=WCC와 로마 가톨릭교회의 연합연구위원회)는 제 2바티칸 공의회 이후 로마 가톨릭교회의 교회론과 WCC의 교회론의 에큐메니칼 대화를 교회일치 차원에서 소개하고 있다.

1. 1948년 암스테르담 WCC

1948년 암스테르담 WCC 총회는 "비교교회론"적 입장을 지향한다. 본 WCC의 총회 보고서는 그 앞부분에서 Gustaf Aulen의 *The Church in the Light of the New Testament*, Clarence T. Craig의 *The Church of the New Testament*, George Florovsky의 *The Church-her Nature and Task*, J. A. F. Gregg의 *One, Holy, Catholic, Apostolic Church*, Karl Barth의 *The Living Congregation of the Living Lord Jesus Christ*를 제시하고 있다. 본 WCC 총회는 다양한 교회론들을 그냥 나열하면서 S. I. II. "우리의 가장 심오한 차이점"에서는 무엇이 서로 다른가에 주의를 기울이고 있다. 다음의 긴 인용에 유의하자.

우리가 우리에게 가장 깊은 차이가 있음에도 불구하고, 그리스도 안에서 서로 사랑하고 오직 그분께 대한 신앙으로 걸으며 그 차이점에 대처할 수 있는 것은 바로 이러한 하나됨의 빛에서 가능한 것이다. 그것은 많은 형태와 깊은 뿌리를 가지고 있다. 그것은 또한 기독교 세계(Christendom) 내에서 많은 다른 강조점의 차이들 가운데 있다. 어떤 사람은 명확히 이해된 의미에서 가톨릭 신자이거나 혹은 동방 정교회 신자이다. 또 어떤 사람은 위대한 종교개혁의 신앙고백 이후 개신교 신자이기도 하다. 또 다른 사람은 각 지역교회(local congregation)나 '회집된 공동체'(gathered community) 혹은 '자유교회'(free church)라는 사상을 강조하기도 한다. 또 어떤 사람은 가톨릭과 개신교(혹은 복음주의)가 하나의 교회 안에서 일치될 수 있다고 깊이 확신하고 있다. 그러나 이러한 의미의 미묘한 차이 가운데서도 많은 길들을 통해서 우리가 언제나 다시 돌아가게 되는 한 가지 차이점에 특별한 주의를 기울이게 된다. 역사적으로 볼 때 그 차이점은 '가톨릭'(catholic)과 '프로테스탄트'(protestant) – 여기서 말하는 가톨릭은 로마 가톨릭(Roman Catholic)만을 의미하는 것으로 사용된 것이 아니며, 또한 대부분의 유럽에서 '프로테스탄트'(protestant)라는 말은 '복음적인'(evangelical)이라고 번역되는 것이 더 낫다 – 사이의 차이점으로서 막연히 표현되어 왔다. 우리는 이 양자 사이의 차이점을 너무 단순하게 말하기를 꺼리는 줄 알지만 말이다.

우리 상황의 핵심은 분열된 양측의 입장에서 기독교 신앙과 생활을 하나의 자기 모순 없는 전체로 본다는 것이다. 그러나 그 전체에 대한 우리의 이 두 가지 개념은 우리들 사이에서 일치되지 못하고 있다.

경향이나 강조점을 간략히 기술해 가지고는 그 차이점을 올바로 평가하기가 불가능하다. 그 차이점 내에서도 가톨릭과 프로테스탄트는 각기 상당히 다양한 강조점과 많은 '사상적 분파'를 갖고 있기 때문이다. 그러나 각각의 경우에서 우리는 기독교 신앙과 생활에 대한 이해의 전체 통합적 전통을 대면하게 된다. 흔히 '가톨릭'이라고 불리는 강조는 일차적으로 감독직의 사도적 계승에 있어서 교회의 가시적 연속성을 주장하고 있음을 포함한다고 말함으로써 이것을 설명할 수 있을 것이다. 반면에, 흔히 '프로테스탄트'라고 불리는 강조점은 일차적으로 하나님 말씀의 주권과 신앙의 응답을 역설하며, '오직 믿음으로만'이라는 칭의의 교리에 초점을 맞추고 있다. 그러나 가톨릭도 역시 믿음을 강조하며, 프로테스탄트 역시 어떤 형태로든 가시적 교회의 연속성을 역설한다. 뿐만 아니라 이러한 강조점의 차이는 많은 교파 간의 경계선들을 무색케 만든다. 이러한 전통들 간의 대화와 이해는 오직 자신들만의 표현양식에만 익숙해져 있는 많은 사람들, 다른 사람들의 전통에 대해서는 무지하고 종종 자신들과 다른 전통에 속해 있는 사람들은 본질(true situation)을 왜곡하는 자들이라는 믿음을 고수하고 있는 많은 사람들이 있음으로 해서 훨씬 더 어렵다. 그러나 서로를 깊이 신뢰하고 이해하는 사람들 간의 대화가 있을 때라도, 그리스도의 교회를 이해하는 다양한 총체적 방법들 사이에는 요지부동의 불일치가 있기 마련이다.

이러한 견해들 모두가 교회생활의 모든 부분을 전체적인 배경에서 보고 있으므로, 부분들이 유사하게 보이는 곳에서조차 그 부분들이 아직까지는 나머지 전체적 상황과 화해될 수 없는 상황에 있다. 과거에는 상당히 자주 우리는 서로 받아들일 수 있는 방법으로 우리 믿음의 전체성(wholeness)을 서로서로에게 제시할 수 없었다.[1]

---

1. Man's Disorder and God's Design, pp. 67-69. 아래서 사용되는 "S"는

본 WCC 총회는 결코 교파들의 가시적 일치를 추구하고 있지 않다. 다만 S.I.I. "우리에게 주어진 일치"는 이 세계의 거의 모든 교파들은 "예수 그리스도를 하나님과 구주"(WCC 교리헌장)로 믿는 믿음 안에서 하나됨을 지향한다고 말한다. 이 일치는 하나님께서 예수 그리스도 안에 있는 그의 백성에게 선물로 주신 일치 바로 그것이다. 이런 의미에서 모든 교파는 예수 그리스도 안에서 하나이다(S.I.I.). 본 총회는 "주어진 일치"(God-given unity)의 신학적인 근거를 다음과 같이 주장한다.

하나님께서는 예수 그리스도 안에 있는 당신의 백성들에게 우리의 성취가 아니요, 당신의 창조인 하나됨을 주셨다. 우리는 당신의 성령의 권능의 역사를 찬양하고 감사드린다. 성령의 권능의 역사로 말미암아 우리는 우리의 분열에도 불구하고, 예수 그리스도 안에서 하나가 되었음을 발견하도록 다같이 인도되었던 것이다.

무엇보다도 먼저, 많은 나라와 다양한 전통을 가진 기독교인으로서 우리는 그분의 선하심에 감사의 말을 올린다. 우리는 오랫동안 서로 오해하고 무시하며 잘못 알아 왔던 기독교회에서 왔다. 또한 우리는 자주 분쟁에 휩싸여 온 나라들로부터 왔다. 우리는 모두 죄인된 인간들이며, 우리 조상들의 죄의 상속자들이다. 우리는 하나님께서 우리에게 주신 축복을 받을 자격이 없다.

이 세상에서 펼쳐지는 하나님의 구원사역은 한 민족을 당신의 선민으로 부르심을 통해 이루어져 왔다. 하나님의 성육신하신 아들 예수 그리스도께서 죽으시고, 죽은 자 가운데서 살아나시며 승천하시고 성령을 보내사 당신의 몸되신 교회에 거하게 하셨을 때, 옛 계약은 새로운 계약 안에서 성취되었다. 우리를 하나로 모으는 것은 바로 그 교회에 대한 우리의 공통된 관심이요, 또한 바로 그 관심 속에서 우리는 교회의 주님이시요 머리되신 분과의 관계에 대한 우리의 하나됨을 발견하는 것이다.[2]

"Report of Section"(분과보고서)의 약어이다.
2. Ibid.

2. 1954년 에반스턴 WCC

1954년 에반스턴 역시 1948년 암스테르담에서처럼 기독론(복음)에 근거한 교회의 주어진 일치를 바탕으로 하고 있다. 우리는 아래에서 복음과 교회의 불가분리성을 본다.

신약성경은 그리스도 안에서 그의 백성들의 하나됨을 묘사하기 위해 그리스도와 그의 백성 사이의 관계를 많은 방법으로 이야기하고 있다. 교회는 한 몸 안에 많은 지체를 갖고 있다(고전 12 : 12). 그 여러 지체들은 몸의 머리되시는 한 분이신 주님께 속해 있다(엡 1 : 22, 4 : 25, 5 : 23, 골 1 : 18, 2 : 19). 교회는 그의 신부요 신랑되신 그분과 연합해 있다(막 2 : 19, 계 19 : 7, 마 22 : 2 이하, 25 : 10 - 11, 눅 12 : 36, 엡 1 : 22 이하도 참조하라.). 신자들은 그의 백성이다(벧전 2 : 9 - 10, 골 3 : 12, 롬 11 : 2, 11 - 12, 32). 그분은 참예배가 드려질 새 성전이며(요 2 : 19 이하, 4 : 21 이하도 참조하라.), 또 그분은 믿는 이들이 산 돌이 되어 이루어지는 단 하나의 건물이다(벧전 2 : 5, 엡 2 : 20, 고전 3 : 9도 참조하라.). 그분은 포도나무이고, 우리는 그의 가지들이며(요 15 : 1 이하), 또 그분은 목자이고 우리는 그의 양이다(요 10 : 1 이하).[3]

신약성경은 교회의 하나된 삶이 구원자되시고 주님되시는 예수 그리스도의 온전한 인격(위격)과 사역(the whole Person and work)으로부터 유래하는 것으로 생각하고 있다. 교회의 하나됨은 다음과 같은 사실에 그 근거를 두고 있다. 즉, 그분께서 우리의 본질(nature)을 취하셨다는 사실과 그의 나라의 권능과 삶을 분명히 드러낸 그분 자신의 말씀들과 사역들에, 그리고 인간들을 당신 나라의 교제 가운데로 부르는 부르심에, 또 열두 사도를 임명하사 당신의 메시야적 사역과 일을 함께 나누도록 한 것과 죄악을 최종적으로 정복하고 분열의 세력을 패배시킨 그의 고난과 죽음

---

3. *The Evanston Report*(New York : Harper & Brothers, 1954), p. 83.

에, 우리 모두가 자라 나아가야 할 새 사람(엡 4 : 11 이하), 즉 모든 인간적 분열이 사라진 새 사람(갈 3 : 28)을 밝히 보여 주신 그의 부활에, 모든 역사가 그의 권세 아래에 놓여지게 되는 그의 승천과 하늘의 통치에, 오순절날 모든 교회(the whole church) 위에 성령을 부어 주심으로 그 이후의 모든 세례의식에 가장 깊은 의미를 부여하신 사실에, 그리고 승리와 영광의 왕으로 다시 오시겠다는 약속에 근거하고 있다. 내주하시는 보혜사 성령, 교회를 모든 진리 가운데로 인도하시는 성령을 통해서 교회의 하나됨은 장차 있게 될 충만함을 현재에 미리 맛보는 것이다. 그 충만함이 이미 존재하고 있기 때문이다. 그러므로 교회는 지칠 줄 모르고 일할 수 있으며, 또 인내하며 소망을 갖고서 하나님께서 그리스도 안에서 모든 것을 완성하실 그 날을 기다릴 수 있다.[4]

하지만 1952년 룬드의 신앙과 직제대회가 기독론 차원에서 보다 적극적이고 가시적인 교회일치를 추구한 이래로, 1954년 에반스턴 WCC 총회는 교파들의 가시적 일치의 기독론적 기초를 확실히 하였다. S.Ⅰ.Ⅰ.B. "땅에 발을 붙이고 순례하는 교회의 일치"는 선물로 주어진 일치에서 한걸음 나아가 구체적이고 가시적인 일치의 추구를 말하고 있다. 이 분과보고서는 선물로 주어진 기독론적 일치에 머물러 있을 것이 아니라, 이 일치(선물)를 가시적이고 구체적으로 키워 나가야 할 것(과제)을 촉구하고 있다(S.Ⅰ.Ⅰ.B.5). 교회는 이 같은 가시적 일치추구의 과제를 충분히 수행할 수 있는 선물(은혜)을 받았다는 것이다(S.Ⅰ.Ⅰ.B.6).

처음부터 교회는 그리스도께서 그의 백성들과 자신을 동일시하심으로써 그리스도 안에서 끊어질 수 없는 하나됨을 부여받았다. 그러나 교회는 그 하나됨을 충분히 이루어 본 적이 없다. 처음부터 분열이 그리스도의 백성의 명백한 하나됨에 손상을 입혔던 것이다(눅 22 : 24 이하, 막 10 : 35 이하). 따라서 우리는 이 땅 순례길에서 교회의 하나됨이란 주어진 하

---

4. *Ibid.*, pp. 83-84.

나뉨으로부터 온전히 드러난 하나됨으로 성장하는 것(엡 4 : 3, 13)이라고 말할 수 있을 것이다. 각 개인 신자를 의인이자 죄인(simul justus et peccator)이라고 말할 수 있는 것처럼, 마찬가지로 교회도 그렇게 생각할 수 있을 것이다. 모든 기독교인에게는 이미 창조되었으나 날마다 입어야 할 '새 사람'(고후 5 : 17)과 그리스도와 함께 못박혔지만 날마다 극복되어야만 하는 '옛 사람'(골 3 : 1-5)이 모두 있다. 그러므로 교회는 그리스도께서 자신을 교회와 일치시킴으로써 그리스도 안에서 이미 하나가 되었지만(요 14 : 20, 15 : 1-5), 동시에 분열 극복을 통해 교회의 진정한 하나됨을 밝히 드러내기 위해서(엡 4 : 11-16) 그리스도 안에서 하나가 되어야 한다.[5]

사랑과 은혜의 그리스도께서는 그의 교회에게 교회가 (이미 주어진) 하나됨에서 (온전히 드러날) 하나됨으로 성장하는 데 필요한 은사들을 주셨다. 그 은사들은 각기 개별적이지만 합쳐서 보면 바로 그리스도 자신 이외의 아무것도 아니다. 그러나 각 은사는 주님께 순종하려 할 때, 교회생활에 있어서 나름대로의 위치와 기능을 갖고 있다. 그리스도는 평화와 사랑의 매는 줄이요, 모든 진리로 인도하시는 당신의 성령을 주셨다. 또 그리스도는 사도들과 예언자들, 복음전도자들, 목사들, 가르치는 자들을 보내 주사 몸의 하나됨이 계속해서 보강되게끔 하셨다. 그리고 그리스도는 성경과 말씀 전파(the preaching of the word), 세례와 성만찬 예식을 주셨으며, 이것을 통해서 교회가 죄사함을 선포하고, 성령의 능력 안에서 믿음이 촉진되며 돈독해지도록 하셨다. 그리스도는 교회에게 기도의 은사와 선물을 주셨으며, 이것을 통해 교회는 교회의 하나됨과 인간과 하나됨, 그리고 인간 상호간의 화해를 촉구할 수 있다. 그리스도는 교회에게 믿음과 소망과 사랑을 주셨기 때문에 교회의 삶 속에서 새로운 신적 일치가 행동으로 나타날 것이며, 교회의 세상에 대한 봉사는 하나됨의 표시인 동시에 요구가 될 것이다.[6]

---

5. *Ibid.*, pp. 84-85.
6. *Ibid.*, pp. 86-87.

3. 1961년 뉴델리 WCC

1960년 스코틀랜드 세인트 앤드류에서 모인 신앙과 직제대회 문서인 *One Lord, One Baptism*이 세례와 관련하여 삼위일체 하나님을 가시적 교회일치의 근거로서 강조하였고, 1952년 빌링겐의 IMC가 *Missio Dei*를 내세우면서 삼위일체 하나님을 역설한 이래로, 1961년 뉴델리 WCC 총회는 1954년 에반스턴의 기독론에 근거한 교회일치로 만족하지 않고 삼위일체 하나님 신앙에 근거한 보다 구체적이고 가시적인 교회일치를 추구하였다. 본 뉴델리 WCC 총회는 WCC 교리헌장에 기독론적인 내용 이외에 삼위일체 하나님에 관한 내용을 보완시키기로 했지만 말이다.

S.Ⅲ.I.1은 교회일치의 근거로서 삼위일체 하나님을 다음과 같이 제시하고 있다.

> 성령께서 하나되게 하시는 성부와 성자의 사랑은 삼위일체되시는 하나님께서 모든 인간과 피조물을 위해 바라시는 하나됨의 원천이요 목표이다. 우리는 만물 이전에 계시고, 그 안에서 만물이 하나되어 있는 예수 그리스도의 교회 속에서 이 하나됨에 동참하고 있음을 믿는다. 성부 하나님에 의해 몸의 머리가 되시는 오직 그분 안에서만 교회는 참된 하나됨을 갖고 있다. 이 하나됨의 현실이 성령의 은사를 통해 오순절날 드러났으며, 우리는 성령을 통해 이 시대에도 - 만물이 그리스도의 영광 속에서 그리스도에 의해 종말적으로 완성될 때만이 온전하게 알려지게 될 - 성자와 성부의 완전한 하나됨의 첫 열매들을 알고 있다. 마지막 날에 만물을 완전히 하나되게 하실 주님은 우리로 하여금 그분이 교회를 위해 원하고 계신 하나됨을 지금 여기 이 땅 위에서 추구하도록 명령하고 계신다.[7]

---

7. *The New Delhi Report*(New York : Association Press, 1961), p. 116.

S.Ⅲ.I.2는 가시적 일치를 위해서 요구되는 요소들을 열거하고 있다. 이 요소들은 교회들(교파들)의 가시적 일치의 징표들이기도 하다. 특히 "각 장소에 있는 모든 기독교인들"(S.Ⅲ.I.2)은 구체적이고 가시적인 개 교회와 지역교회를 의미하는 것으로서, 막연한 보편교회나 획일주의적인 하나의 교회를 지향하는 것이 아니라 살아 있는 구체적, 가시적 개 교회들의 정체성과 다양성을 지향하는 것으로 이해된다. 그리고 "모든 장소들과 모든 시대들의 전(全) 기독교적 코이노이아"(S.Ⅲ.I.2)는 1968년 웁살라 WCC 총회에서 논의되고 완성된다. 뉴델리의 본문을 읽어 보자.

> 우리는 하나님의 뜻이요 그의 교회에게 주시는 선물인 하나됨이 가시화되고 있는 중이라고 믿는다. 왜냐하면 예수 그리스도와 연합하여 세례를 받았으며, 그를 주님이시요 구세주로 고백하는 각 장소의 모든 기독교인들이(all in each place) 성령에 의해 완전히 헌신하는 하나의 교제로 인도되어, 하나의 사도적 신앙을 갖고 하나의 복음을 전하며, 하나의 떡을 떼고 함께 공동의 기도를 드리며, 공동체적 삶을 통해서 모든 사람들에게 증거와 봉사를 하는 과정 중에 있기 때문이며, 동시에 이들 기독교인들은 모든 장소와 모든 시대에서 교역자와 신도가 모두에 의해 받아들여지며, 또 모든 사람들이 하나님께서 자기 백성에게 요구하는 일을 위하여 상황이 요구하는 대로 함께 행동하고 함께 말하는 그런 방식으로 전적인 기독교적 교제(the whole Christian fellowship)와 일치되어 가고 있기 때문이다.[8]

4. 1968년 웁살라 WCC

1961년 뉴델리 WCC에서 동방 정교회가 정식 WCC 회원교회가 되

---

8. *Ibid.*

었고, 제 3세계의 신생교회들이 WCC에 가입하면서 교회의 다양성이 강조되었고, 1963년 제 4차 몬트리올 신앙과 직제 세계대회가 "Scripture, Tradition and traditions"라고 하는 주제에서 복음(the Gospel Tradition)과 삼위일체 하나님을 공유하고 있는 교파들의 다양성(traditions)을 강조한 이래, 1968년 웁살라 WCC 총회는 1961년의 개교회 혹은 지역교회들의 구체적이고 가시적인 정체성 확립으로 만족하지 않고, 다양한 개교회들과 지역교회들의 '보편성'(catholicity)을 주장하기에 이른다.

S.I.7은 교회의 보편성을 모든 인류를 위해서 살고 죽으며 부활하신 예수 그리스도의 보편적 구속사역에 근거시키면서, 모든 종류의 이기주의들과 자기 중심주의들과 대립시키고 있다. 이 보편성은 인류사회의 보편성 속에 침투하는 혹은 이것을 끌어안는 보편성이다.

교회 안으로 우리를 모으시는 동일한 성령께서는 이 세계가 무엇을 필요로 하는지를, 또 '탄식하며 고통하는 피조물'(롬 8 : 22)과의 연대의 필요성에 대해 우리가 더 자각하도록 하신다. 인종과 민족 간의 분규가 우리의 공통된 삶의 골격을 부수어 놓고 있고, 선진국과 개발도상국은 서로 간에 더욱더 소홀해지고 있으며, 이데올로기 투쟁과 종교 분쟁은 생존을 위하여 필사적으로 투쟁하고 있는 이때, 우리는 우리 시대의 충격과 혼란으로부터 떨어져 있을 수 없다. 인간의 참상은 배가되고 있다. 이러한 때에 우리에게 그리스도의 무한한 사랑을 함께 나누도록, 또 우리의 두려움과 반역에 대한 정죄를 받아들이도록 하시며, 자기를 위하여 모욕과 탄압과 명백한 패배를 감내하도록 부르시는 이는 바로 성령이시다. 현대사의 고뇌의 투쟁장 속에서 - 교회 신자들 사이에 상당히 자주 있었다 - 우리는 인간의 권리와 자유에 맞서 싸우는 악의 세력들의 활동을 보게 되며, 또한 하나님의 생명을 주시는 영의 활동도 본다. 우리는 이 인간 세상을 하나님께서 이미 만물을 새롭게 하시기 위하여 일하고 계신 장소로서, 또 하나님께서 우리에게 그와 함께 일하도록 부르시는 곳으로서 보아야 할 것이다.[9]

그러나 하나님께서 그의 교회 안에서 그리스도의 사역을 통하여 보편성(catholicity)을 만인에게 유용한 것으로 만드시는 것은 바로 이 세상 안에서이다. 그리스도의 목적은 모든 시대의 모든 인종, 모든 장소, 모든 상황 속에 있는 사람들을 성령으로 말미암아 그리스도 안에서 하나님께서 전세계의 아버지되심 아래에 모으시는 것이다. 이와 같은 하나됨은 단지 외부적 차원만을 의미하지는 않는다. 그것은 '보편성'이라는 단어에 의해서도 표현되고 있는 더 깊고 내밀한 차원도 역시 가지고 있다. 보편성은 하나님께서 이미 역사 속에서 시작하신 것이 궁극적으로 마감되고 성취될 때 그 완성에 이를 것이다.[10]

웁살라 WCC 총회가 말하는 교회의 보편성이란 이미 주어진 성령의 선물로서 추구되어야 할 과제인바(S.I.9), 교회의 예배와 참된 인간성 실현을 위한 교회의 증거와 봉사, 그리고 교회의 모든 요소들과 교회적 삶의 모든 측면들을 통하여 표현되어야 한다.

그리스도께서 모든 인류를 위하여 사셨고 죽으셨으며, 또한 다시 살아나셨기 때문에 보편성은 모든 종류의 이기주의와 파당주의와 반대된다. 보편성이란 그 보편성에 의해 교회가 그리스도 안에 있는 삶의 충만함과 온전함, 그리고 전체성을 표현하는 것이다. 교회는 교회의 모든 요소와 모든 삶의 측면, 특히 예배에 있어서 보편적이며 보편적이어야 한다. 교회의 신자들은 교회의 본질적 성격인 온전함과 전체성을 반영하도록 해야 한다. 교회의 내적인 하나됨의 척도는 신자들이 오직 한마음과 한뜻을 가졌는가이다(행 4 : 32, 빌 2 : 1-12). 여기에는 두 가지 요소가 있다. 성령의 하나되게 하시는 은혜와 자기 자신을 구하지 않고 이 세상을 위하여 믿음과 경배와 사랑과 그리스도께 대한 봉사로 연합된 신자들의 겸손

---

9. *The Uppsala Report* 1968, ed. by Norman Goodall(Geneva : WCC, 1969), p. 12.
10. *Ibid.*, p. 13.

한 노력이다. 보편성은 성령의 선물이지만, 동시에 과제요 요구이며 참여이다.[11]

교회는 성령을 주님과 생명의 시여자로 고백하는바, 이 성령은 아버지 하나님께서 그의 아들과 친교하고 있는 모든 믿는 사람들과 나누시는 영원한 생명이다(S.I.8). 바로 이 선물로 주어지는 성령께서 교회의 보편성을 위해서 요구되는 일들을 실현하신다. S.I.8은 이에 대해서 명쾌하게 말해 주고 있다.

교회는 성령을 주님이시요 생명을 주시는 분(giver of life)으로서 기꺼이 고백한다. 이것은 하나님께서 당신의 아들과 교제하는 사람이라면 누구와도 함께 나누시는 영생이다(요일 1:1-4). 그것은 그 아들의 왕국, 완전히 실재(實在)하지만 장차 그가 오실 때에 완전히 실현될 그 왕국의 상속이다. 이러한 생명을 주시면서 성령은,

- 회개와 세례를 통하여 죄악된 인간들을 용서받은 자들의 전세계적인 교제로 이끄신다.
- 교회를 통하여 복음의 진리를 증거하시고, 사람들이 그것을 믿도록 하신다.
- 말씀 선포와 성찬식 기념을 통하여 도처에 있는 교회를 강화시킨다.
- 예언자들의 목소리를 통하여 교회의 양심을 일깨움으로써 교회가 하나님의 자비와 동시에 심판 아래에 있도록 한다.
- 교회가 모든 세대, 모든 장소에 있는 하나님의 백성과의 교제와 연속성 속에 있도록 하신다.
- 인간의 삶의 풍요로움을 위하여 교회의 신자들에게 내리시는 각양 각색의 하나님의 은사들을 받아들이고, 또 사용하도록 교회를 준비시킨다.

---

11. *Ibid.*

- 교회가 하나되어 인류의 갱신과 하나됨을 위해 사회의 효소로서의 역할을 할 수 있게끔 권능을 부여하신다.
- 포로된 자에게 자유를, 소경에게 광명을 선포함으로써 이 땅에서의 하나님의 통치를 위한 길을 예비하도록 세상으로 사람들을 보내신다.
- 산 자와 죽은 자를 심판하시고, 모든 자기의 백성들에게 당신의 도성으로 들어가는 문을 여실 주님의 재림에 대비하도록 기독교인들을 깨우신다.[12]

그러나 웁살라가 주장하는 교회의 보편성은 교회의 다양성 추구를 전제한다(S.I.12). 교회란 예수 그리스도에 의하여 세상으로부터 불러냄을 받은 예배하는 공동체인 동시에, 예수 그리스도의 파송을 받아 세상 속으로 들어가는 역동적 실체로서 다양성을 갖는다(S.I.13). 이런 역동성 속에서 다양성은 성령의 카리스마로서 교회의 보편성을 풍요롭게 만든다.

보편성을 추구하다 보면 우리는 다양한 성령의 활동을 무시함으로써 하나님의 선물을 배반하는 것은 아닌가 하는 문제에 부딪치게 된다. 다양성은 보편성에 대한 왜곡일 수도 있지만 종종 다양성은 교회의 사도적 소명에 대한 진정한 표현이기도 하다. 이것은 신약성경에 설명되어 있는데, 우리는 신약성경에서 각기 다른 상황에 관련된 폭넓은 범위의 교리적, 제의적 형태들을 통해서 하나의 불변하는 사도적 전승을 발견하게 된다. 다양한 사도적 활동 뒤에서 우리는 이중적 이동을 발견하게 된다. 즉, 교회는 항상 세상 밖으로 나오도록 부름을 받으면서 동시에 세상 안으로 보내지고 있다(1962년 룬드 회의). 이러한 이중적 이동은 역동적 보편성의 기본이 된다. 이 두 가지 이동은 각각 다른 상황에서 다른 용어와 행동을 요하지만, 항상 이 두 이동은 하나이다. 이 이중적 이동의 구심점은 그리스도 자신이 부르시고 또한 보내시는 분이 되시는 공동체적

---

12. *Ibid.*, pp. 13-14.

예배(corporate worship)이다.[13]

여기서 우리는 또한 성령의 은사를 평가하는 기초를 알게 된다. 부름과 보냄을 방해하는 다양성은 악마적이다. 그러나 그 이중적 이동을 고무하고 진전시켜서 보편성을 강화하는 다양성은 다른 종류에 속한다. 신약성경에 있는 것처럼 고린도 전서 12~14장에 기술되어 있는 것 같은 각종 다양한 은사들이 있다. 복음을 선포하고 복음의 신비를 설명하는 데는 다양한 방법이 있다. 또한 교리적 진리들을 제시하고 성례전적, 제의적 사건들을 기념하는 데에도 역시 다양한 방법이 있다. 각기 다른 지역에 있는 교회들은 나름대로의 조직형태를 채택하게 된다. 이중적 이동에서 본질적인 그러한 다양성들을 통해서 성령은 우리를 완전히 보편적인 선교와 사역으로 가는 길로 인도하신다.[14]

S.I.14는 보편성의 시간적 차원인 교회의 연속성을 말한다(보편적 교회의 공간성에 대해서는 S.I.8에 나타나 있다.). S.I.14가 제시하는 교회의 연속성은 교회의 자기 동질성(自己同質性)이기도 하다. 교회는 성령 안에서 이런 연속성 내지는 자기 동질성을 유지할 뿐만 아니라, 역사의 파노라마 속에서 성령의 요구에 응답하여 항상 새롭게 되어야 한다(S.I.15). 그리고 S.I.15는 교회의 사도성을 보편적 교회의 연속성 차원에서 논하고 있다.

우리는 대대로 하나님의 백성의 삶의 연속성이 식별될 수 있다는 사실에 대해 감사를 드린다. 때에 맞추어 이 백성을 창조하신 성령께서는 세대를 통해 하나님의 백성의 예배를 보존하셨고, 그들이 세상에 하나님의 복음을 전하도록 하심으로써 그들과 계속 함께하셨기 때문이다. 교회는 그리스도의 한 몸으로서 만대에 있어 하나님의 한 백성으로서 계시되기

---

13. *Ibid.*, p. 15.
14. *Ibid.*

때문에, 그 연속성은 다음과 같은 점들을 통해서 실현된다.

- 성도들에게 주어진 신앙, 성경에 구현된 신앙, 교회에서 고백되는 신앙, 그리고 세상에 선포되는 신앙 속에서 실현된다.
- 교회의 제의적 삶, 즉 예배와 성례전 속에서 실현된다.
- 말씀과 성례전이라는 사도적 사역의 지속적 계승 속에서 실현된다.
- 세상 속으로 들어가 인간의 필요를 충족시키도록 하나님의 백성을 끊임없이 준비시킴으로써 실현된다.
- 예언자들과 순교자들, 그리고 성도들의 삶을 중단 없이 항상 증거함을 통해서 실현된다.

성령은 과거에만 교회를 지속시키신 것은 아니다. 지금도 계속해서 교회 안에 계셔서 교회의 내적 갱신과 재창조를 일으키신다. 하늘에 있는 교회는 사실 이 땅 위에 있는 교회와 함께 하나이지만, 이 땅 위에 있는 교회는 역사의 진행과정 밖에 서 있지는 않다. 하나님의 순례하는 백성으로서 교회는 매 순간 자신이 사람들의 다양한 희망과 문제들, 두려움, 또 변화하는 인간 역사의 형태들과 관련되어 있음을 발견한다. 교회는 두 가지 동시적 요구에 직면해 있다. 즉, 한 성령 안에서의 계속성과 인간 역사의 변화 가운데서 성령의 부르심에 응답하여 갱신하는 것이다.[15]

교회는 교회를 교회되도록 만드는 모든 것이 사도들을 통하여 그리스도로부터 유래하였다는 의미에서 사도적이다. 또 사도성은 예배행위, 증거, 그리고 세상 속에서의 인간에 대한 봉사를 통하여 모든 사람들과 모든 나라들에게 복음을 계속해서 전해 왔음을 의미한다. 교회는 사도들의 신앙과 선교에 계속해서 성실하기 때문에 사도적인 것이다. 우리는 지금 새롭게 회개하고 겸손하게 되어 전교회가 인정하는 하나의 사역과 신약성경 및 교회, 그리고 우리 시대의 필요에 보다 부응하는 사역에 대한 이해를 추구할 필요가 있다. 우리는 사도적 신앙을 흠없이 제시하도록 노력

---

15. *Ibid.*, p. 16.

해야 한다. 우리 자신 가운데서 보편성을 왜곡하여 기성 정치적, 종교적 제도를 맹목적으로 옹호하는 것을 정당화하지 않도록 정신차려야 할 것이며, 또 옛 이야기와 새 것을 혼동하는 사람들에 의한 사도적 신앙의 왜곡에 대해서도 경계해야 한다.[16]

끝으로, S.I.20은 교회의 보편성을 인류의 일치추구와 관련시킨다. 교회의 일치는 장차 올 인류일치의 징표요 도구라는 것이다. S.I.21은 기독교 신앙에 입각하여 인간의 하나됨을 창조론과 하나님 형상론 뿐만 아니라 예수 그리스도를 통한 구속론에 근거시키고 있다. 교회의 보편성이란 교회 자신을 위한 것이 아니라 인류공동체 전체를 위한 것이요, 삼위일체 하나님의 목적과 영광을 위한 것이다. 교회의 세계참여가 첨예화되던 1968년 웁살라 WCC는 교회의 세계참여 차원에서의 보편성을 매우 역설한다(S.I.4).

5. 1975년 나이로비 WCC

1971년 루벵의 신앙과 직제대회가 "협의회를 통한 친교"(conciliar fellowship)를 말했고, 1973년 살라망카의 신앙과 직제가 "Concepts of Unity and Models of Union"에 대하여 논하면서 "협의회를 통한 친교"를 다음과 같이 주장하였다.

> 예수 그리스도는 하나의 교회를 창설하셨지만, 오늘날 우리는 서로 분리된 다양한 교회들 안에서 살고 있다. 그러나 우리의 미래에 대한 비전은 우리가 다시 한번 갈라지지 않은 한 교회 안에서 형제와 자매들로 사는 것이다. 이 목표가 어떻게 묘사될 수 있을까? 우리는 다음과 같은 묘사를 교회들에게 제공하여 숙고하게 하고자 한다. 하나의 교회란 자신들

---

16. *Ibid.*

끼리 참으로 연합한 개교회들 혹은 지역교회들의 협의회를 통한 친교로 묘사될 수 있다. 이 협의회를 통한 친교에 있어서 각 개교회 혹은 지역교회는 타교회들과의 친교 속에서 완전한 보편성을 소유하고, 동일한 사도적 신앙을 증거하고, 타교회들이 그리스도의 동일한 교회에 속했고, 동일한 성령에 의해서 인도된다는 사실을 인정한다.……(S.Ⅱ.Ⅱ.3)[17]

교회들의 협의회를 통한 친교는 1961년 뉴델리가 제시한 교회의 가시적 일치의 징표들을 전제하며, 1968년 웁살라의 교회의 보편성을 더욱 구체화시킨다. 개교회들 내지는 지역교회들의 대표들이 협의회적 친교를 통하여 교회의 일치를 지향하는 것이다(S.Ⅱ.Ⅱ.4). "협의회를 통한 친교"는 개교회의 정체성, 교회들의 다양성, 교회들의 보편성을 더욱 고양시킨다. 협의회들은 지역교회들과 보편교회 사이에 가교 역할을 하며, 이런 협의회적 친교가 없이는 보편교회를 향하여 전진할 수가 없다. 그런데 "교회의 삶 속에 나타나는 진정한 협의회적 특성은 삼위일체 하나님의 협의회적 특성(conciliarity of the triune being of God)을 반사시킨다"(S.Ⅱ.Ⅱ.5). 1975년 나이로비 WCC 총회는 1968년 웁살라가 제안한, 장차 로마 가톨릭교회와 기타 WCC 비회원교회들까지 모두 포함하는 "진정으로 보편적인 에큐메니칼 협의회"(a genuinely universal ecumenical council)를 더욱 진전시켰다. 아마도 WCC까지도 이 협의회를 위한 준비단계에 불과할 것이다.

6. 1983년 밴쿠버 WCC

1982년 페루의 리마 신앙과 직제대회는 BEM(Baptism, Eucharist and Ministry=세례, 성만찬, 직제) TEXT를 통과시킨 후, 각 WCC 회원

---

17. *Breaking Barriers Nairobi 1975*(SPCK, 1975), pp. 59 - 61.

교회들에게 발송하여 그 반응을 모았다. 이 BEM 문서는 신앙과 직제의 역사 이래 교회일치에 있어서 항상 문제되어 오던 세례, 성만찬, 직제에 대한 신학적 수렴과정이요, 특히 에큐메니칼 성만찬 예전의 기본이 되었던 것이다. 1983년 밴쿠버 WCC 총회는 BEM TEXT에 근거하여 「리마 예전서」(Lima liturgy)를 만들고, 이것을 가지고 초대형 천막에서 성만찬 예배를 하였다.

세례, 성만찬, 직제에 대한 신학적 수렴과정은 1961년 뉴델리가 말하는 개교회들(all in place)의 일치, 1968년 웁살라의 교회의 보편성(all in all places and all ages) 및 1975년 나이로비의 "협의회를 통한 친교"를 더욱 구체적이고 가시적이게 한다. 그런데 세례와 성만찬의 의미가 보편적 세계의 정의와 평화 등 인류 사회의 문제들과 현실상부하다. 아래의 주장들은 신앙과 직제 운동이 삶과 봉사 운동으로 이어질 수밖에 없음을 보여 주고 있다.

"세례받은 신자들은 기독교의 신앙생활 속에서 성장함에 따라, 인류가 중생되고 자유케 될 수 있다는 것을 증명하고 있다.…… 마찬가지로 그들은 그리스도의 죽음과 합한 세례로서 이 세례는 윤리적 의미도 갖고 있음을 인정한다. 즉, 세례는 개인적 성화를 요구할 뿐만 아니라 기독교인으로 하여금 모든 삶의 영역에서 하나님의 뜻을 실현하도록 노력하는 동기를 부여한다는 것이다"(롬 6 : 9 이하, 갈 3 : 27-28, 벧전 2 : 21, 4 : 6).

마찬가지로 성찬식에 관한 그 문서는 오늘의 세계 속에서 정의, 평화, 그리고 자유를 위한 모든 투쟁의 한가운데서 이루어지는 성찬식적 삶의 양식을 분명히 지지하고 있다.

"성찬식은 삶의 모든 측면을 포용한다. 성찬식은 전세계를 대신하는 감사와 헌신의 대표적인 행위이다.…… 우리가 그리스도의 몸과 피에 동참할 때 모든 종류의 부정의, 인종차별, 인종분리, 그리고 자유의 부재는 근본적으로 도전을 받는다. 성찬식을 통하여 모든 것을 새롭게 하시는 하나님의 은혜가 인간의 인격과 존엄성을 침투하여 회복시키신다."[18]

밴쿠버 WCC 총회는 일치의 징표로서 3가지를 들고 있다. (1) 사도적 신앙의 공동 이해 (2) 세례, 성만찬, 직제의 상호인정 (3) 공동의 결의 방법과 권위있는 공동의 교도(敎道=teaching)방법(3.2.Ⅱ.5.7.8.)이다.

먼저 교회는 사도적 신앙에 대한 공통된 이해를 함께 나누어야 할 것이며, 이 메시지를 현대인들이 이해할 수 있고, 그들을 화해케 하며 또 자유케 하는 방식으로 다같이 고백할 수 있어야 한다. 교회는 이 사도적 신앙에 따라 함께 살아나감으로써 이 세상으로 하여금 피조물을 위하시는 하나님의 뜻을 실현하는 데 도움을 줄 수 있다. 두 번째, 사도적 신앙을 함께 고백함으로써 교회는 세례와 성찬식과 직제에 대한 충분히 공통된 인식을 함께 나눌 수 있을 것이며, 가시적 하나됨을 통해서 이러한 은사들이 가지고 있는 치유하고 하나로 만드는 힘이 인류의 분열 속에서 보다 명백하게 드러나게 되도록 할 수 있을 것이다. 세 번째, 교회는 의사결정에 관한 공통된 방법과 권위있는 가르침에 대한 방법에 동의할 수 있어야 하며, 분쟁의 세상에 치유의 빛을 던져 줄 수 있는 하나됨, 참여, 공동체적 책임감과 같은 자질들을 입증해 보일 수 있어야 할 것이다.[19]

이 셋 중에서 "사도적 신앙의 공동 이해"는 1983년 밴쿠버 이래로 수렴과정을 거쳐, BEM 주제와 함께 스페인의 신앙과 직제 제 5차 세계대회(1993)에서 거의 확정된 것이나 다름없다. 이미 1975년 나이로비가 사도적 신앙내용을 교회들에게 요구하였고, 1983년 밴쿠버 역시 사도신경이나 니케아 신조와 같은 갈라지지 않은 교회의 신조들로 표현된 사도적 신앙내용을 언급하고 있거니와(3.2.B.18), 나아가서 이 사

---

18. *Gathered for Life*, ed. by David Gill(Geneva : WCC, 1983), p. 49.
19. *Ibid.*, p. 45.

도적 신앙이 함께 '인정'(recognition)되고, 함께 '해석'(explication)되며, 함께 '고백'(confession)될 것을 촉구하였다. 그리하여 삼위일체 하나님을 내용으로 하는 신앙과 직제의 연구 문서인 Cofessing the One Faith : An Eucmenical Explication of the Apostolic Faith as it is Confessed in the Nicene-Constatinopolitan Creed(381)는 1993년 8월 스페인의 신앙과 직제에서 거의 확정된 문서가 된 것이나 마찬가지이다.[20]

끝으로, 밴쿠버는 BEM을 인류의 갱신과 교회의 사회참여와 연결시킨다(3.2.B.22). 그리고 1982년 페루의 리마에서 열린 신앙과 직제 이래로 "The Unity of the Church and the Renewal of Human Community"가 문제되어 온다. 즉, 교회는 인류공동체의 갱신을 위해서 가시적 일치추구를 해야 한다는 것이다. 그리하여 1983년 밴쿠버 WCC는 교회란 회복될 인류공동체의 표징이요, 인류공동체의 회복을 위한 도구라고 역설했고, 1985년 프랑스의 샹티유(Chantilly)에서 모인 "교회일치와 인류공동체 갱신"을 위한 신학협의회가 The Church as Mystery and Prophetic Sign을 비롯하여 계속해서 여러 문서들을 내놓았고, 1990년에는 이 여러 문서들을 총망라하여 Church and World : The Unity of the Church and the Renewal of human Community(Faith and Order Paper, No. 151)를 출간시켰으니(우리는 이것을 본 저서의 끝부분에서 다루었다.), 이 모든 문서들은 교회들이 인류의 갱신을 위해서 가시적으로 하나가 되어야 한다는 것을 말하고 있다. 역시 이러한 문서적 결과물들은 신앙과 직제 운동이 삶과 봉사 운동과 불가분리(不可分離)하다는 사실을 웅변적으로 말해 준다고 하겠다.

---

20. 비교 : 「세계교회가 고백해야 할 하나의 신앙고백」, 세계교회협의회 엮음, 이형기 역(서울 : 한국장로교출판사, 1996).

7. 1991년 캔버라 WCC

1991년 캔버라 WCC는 제 3분과 : "일치의 성령이시여! 당신의 백성을 화해시키소서."에서 코이노니아(koinonia)의 개념을 가지고 교파들의 다양성을 통한 일치를 설명한다. 삼위일체 하나님의 이름으로 세례를 받은 모든 기독교인들은 성령을 통하여 예수 그리스도의 몸의 지체들이 되고, 이 예수 그리스도를 통하여 하나님과 화해하여 삼위일체 하나님과 친교를 갖는다(S.Ⅲ.58). "성령 안에서의 코이노니아는 삼위일체 하나님의 삶에의 동참에 근거하고, 교회공동체의 삶에의 동참에 의하여 표현된다"(S.Ⅲ.61). 세계의 대부분의 교파들이 이 같은 수직적인 코이노니아와 수평적인 코이노니아를 공유하고 있다.

WCC가 지향하는 교회일치는 결코 획일적인 일치추구나 어느 한 교파로의 흡수통합 같은 일치추구가 아니다. "일치와 다양성은 기독교적 코이노니아에 있어서 한 쌍을 이루는 요소이다"(S.Ⅲ.62). 그러나 다양성은 한계를 갖는다. 적어도 WCC의 교리헌장이 제시하는 바, "예수 그리스도를 하나님과 구주"(S.Ⅲ.62)로 받아들이는 교회(교파)로서 S.Ⅲ.66에 나타난 조건들을 갖춘 교회라야 '하나의, 거룩한, 보편적, 사도적' 교회를 구축할 수 있다.

> 일치와 다양성은 기독교 코이노니아의 쌍둥이 요소이지만 그 다양성이 자체의 한계를 가져야 한다. 예를 들어서, 모든 다양함의 와중에서도 예수 그리스도는 어제나 오늘이나 영원히 변함없이 하나님이요 구세주라는 고백이 견지되어야만 한다. 또한 분열시키고 배척하며, 그리스도 몸의 생명을 파괴하는 다양성은 받아들일 수 없다.[21]

---

21. *Signs of the Spirit*, ed. by Michael Kinnamon(Geneva : WCC, 1991), p. 249.

복음은 많은 문화 속에서 자신의 역사적 표현을 발견하게 되는데, 이 문화들은 복음에 의해 변형되고 새로워지며 또 교정된다. 국가적, 민족적 정체성이 정당하기는 하지만 그 정체성 때문에 교회의 일치를 손상시키거나 혹은 비기독교적 요소들을 은폐하는 가면이 되어서는 안 된다.[22]

적극적으로 말한다면, 진정한 코이노니아는 다음과 같은 교회론적 요소들을 요청한다.

교회의 일치는 사도적 신앙에 대한 공통된 고백 속에서 주어지고 또한 표현된 코이노니아로써 구현된다. 이 코이노니아는 하나의 세례를 통해 시작되었고, 하나의 성찬식 교제 속에서 함께 기념되는 하나의 공통된 성례전적 삶이고, 또 타교파의 교회 회원권과 직제가 상호 인정되고 화해되는 공동의 삶이며, 또 하나님의 은혜의 복음을 만민에게 증거하고 모든 피조물을 섬겨야 할 공동의 사명이다. 충만한 친교를 추구하는 목적은 모든 교회가 서로 안에서 '하나의 거룩한 보편적 사도적' 교회를 충분하게 인정할 수 있을 때 실현된다. 이것은 행동을 촉구한다. 왜냐하면 특정한 조치를 함께 취하는 데 있어서 교회들은 기독교적 삶의 풍부함과 갱신을 표현하고 고무하기 때문이다.[23]

"교회론에 대한 에큐메니칼 시야를 발전시키고, 교회의 본성과 사명을 논의함에 있어서 코이노니아 개념은 가장 유용한 개념이다"(S. Ⅲ.61). 특히 1983년 밴쿠버 이래로 WCC 회원교회들이 BEM TEXT에 대한 각자의 입장을 분명히 하고 있는 오늘의 상황에서 이 Koinonia 개념은 더더욱 중요하다고 하겠다. "Koinonia"는 향후 에큐메니칼 교회론의 과제이다. 그래서 1993년 8월 스페인에서 열린 세계 제5차 신앙과 직제대회는 "Koinonia in Faith, Life and Witness"를 대회의

---

22. *Ibid.*
23. *Ibid.*, p. 250.

주제로 삼았다. 여기서 '신앙'이란 복음과 니케아-콘스탄티노플(381)의 삼위일체 하나님을 중심내용으로 하는 사도적 신앙이요, '삶'이란 BEM을 중심으로 하는 모든 기독교적 삶이요, '증거'는 교회의 복음선교와 사회봉사 및 창조세계의 보전이다.

끝으로, 진정한 코이노니아는 삼위일체 하나님과 인류 및 모든 나머지 피조물들이 함께 어우러지는 종말론적으로 완성될 코이노니아이다.

> 그 문서는 성경에 따른 하나님의 목적은 성령의 능력에 의하여 모든 피조물을 예수 그리스도의 주되심 아래로 모으는 것이라고 확신한다. 교회는 이러한 하나님과의 교제와 상호간의 교제의 미리 맛봄이다. 교회의 목적은 기도와 실천을 통해서 이러한 교제를 드러내는 것이며, 나아가서 하나님, 인류 또 모든 피조물과의 교제의 충만함을 그 나라의 영광을 바라보면서 지시하는 것이다. 교회는 하나님의 통치에 대한 징표로서, 또 모든 피조물에게 약속된 하나님과의 화해의 종으로 부르심을 받았다. 교회는 화해를 선포하고 치유를 제공하며, 종족, 성, 나이, 문화 혹은 피부색에 근거한 분열을 극복하고, 모든 사람들을 하나님과의 교제 속으로 불러들이도록 부르심을 받았다. 교회가 자신들이 이미 경험한 교제의 정도로부터, 에큐메니칼운동을 통해 이미 성취된 합의들로부터 자신의 삶을 위한 결과들을 이끌어 내지 못했다는 것은 애석한 사실이다.[24]

8. 연합연구위원회(1990)의 교회론

로마 가톨릭교회와 WCC는 제 2바티칸 공의회(1962-1965) 직후 "연합연구위원회"(Joint Working Group=JWG)를 형성하였다. 이 JWG는 밴쿠버 WCC(1983)와 캔버라 WCC(1991) 사이인 1985년에 두 주제에 관한 연구과제를 특별위원회에 맡겨 연구케 한 후, 1990년 제 6차

---

24. *Ibid.*

JWG에서 이 두 문서를 채택하였다. 교황 바오로 2세는 이 두 문서에 대하여 긍정적인 반응을 보였다. 이 두 문서 중 하나는 "The Notion of Hierarchy of Truths : An Ecumenical Interpretation"이요, 다른 하나는 "The Church : Local and Universal"이다.

"The Church : Local and Universal"은 최근에 문제되고 있는 에큐메니칼 교회론에 대한 양측의 수렴 문서이다. 교회론은 오늘날 에큐메니칼 대화에서 중심적인 것이 되었다. 현재 국제적, 교파적 양자간 대화의 초점은 교회론이다. 1982년 페루의 리마에서 나온 BEM (Baptism, Eucharist and Ministry) 문서는 교파 다자간 대화의 소산이요, 이 BEM에 대한 모든 WCC 회원 교파들의 반응 역시 교파 다자간 대화에 기여하는 것으로서, 현재와 미래의 에큐메니칼운동에서 교회론이 얼마나 중요한 것인가를 말해 주고 있다. 1993년 스페인의 산티아고에서 "Koinonia in Faith, Life and Witness"라는 주제로 모인 제 5차 "신앙과 직제" 세계대회 역시 교회론적 문제를 취급하고 있다.

그런데 본 문서는 산티아고보다 먼저 '코이노니아'[25]로서 "교회론"과 이 "코이노니아를 위해서 요청되는 교회론적 요소들"을 다음과 같이 주장하였다.

> 코이노니아(koinonia) 혹은 친교의 개념은 점점 더 하나의 교회일치 속에서 개교회들의 다양성을 이해하기 위하여 큰 가치가 있는 것으로 보인다. 코이노니아는 그리스도의 몸과 하나님의 백성과 성령의 전으로서

---

25. 참고 : 이미 1961년 뉴델리 WCC가 이 'koinonia'에 대해서 언급하였다. "'코이노니아' 라는 말이 선택된 이유는 그것이 교회의 본질을 묘사하기 때문이다. '코이노니아' 란 교회가 단순히 제도나 조직이 아니라는 사실을 함축한다. 그것은 성령에 의하여 부름받아 수세시 그리스도를 주님과 구세주로 고백하는 사람들의 코이노니아이다. 이들은 예수 그리스도와 상호간에 온전히 헌신하고 있다.……"(New Delhi Report, pp. 119 이하).

교회의 생활의 근원과 본질을 가리킨다. 특히 이 개념은 교회의 두 차원, 즉 교회의 지역성과 보편성을 분리된 실체로서가 아니라 한 실재의 통합된 두 가지 차원으로 붙잡도록 한다.

코이노니아의 신학적 의미는 풍부하다. 이것은 신약성경에서 19번 사용되었는데, 일차적 의미의 코이노니아는 성령 안에서 그리스도를 통하여 하나님의 삶에 참여하는 것을 의미한다. 코이노니아는 성령의 선물이다. 우리는 "성령의 교제"(고후 13 : 13)를 나눈다. 코이노니아는 하나님과 인류 사이의 심원한 인격적 관계성을 가리킨다(행 2 : 42, 요 1 : 3). 기업(基業) 혹은 언약 같은 구약의 주제들도 비슷한 개념을 나타낸다. 이스라엘은 주의 기업이고(출 34 : 9), 하나님과 그의 백성 사이에 계약이 존재한다(렘 24 : 7). 코이노니아는 친히 우리와 교제하시려는 하나님의 자유로운 선택에 근거해 있다. "우리는 그의 아들 우리 주 예수 그리스도와 교제하도록 부름받았다(고전 1 : 9). 세례를 통하여 신자들은 성령과 교제하도록 부름받는다. 그 결과 우리는 그리스도의 수난과 위로에 참여하며(고후 1 : 7, 빌 3 : 10), 또한 하나님의 성품에 참여한다(벧후 1 : 4). 사도 바울에서, 소유물의 나눔과 궁핍한 교회에 대한 재정적 도움은(롬 15 : 26, 고후 9 : 13의 코이노니아) 하나님의 삶 안에서 우리의 친교의 표징이다."

기독교 공동체는 우리와 하나님의 연합(koinonia)의 결과이므로, 기독교 공동체 또한 코이노니아로 불릴 수 있다. 신자와 하나님 사이의 코이노니아 혹은 연합의 끈은 신자 자신들 사이에 새로운 관계성을 확립한다. 이 관계성은 말씀과 성례전을 통하여 삼위일체 하나님의 삶에 참여할 때 인식된다. 교회는 바로 그 구성원들이 성령의 삶 안에서 갖고 있는 친교 때문에 코이노니아이다. 하나님과의 수직적 관계성은 동료 신자들과의 수평적 일치를 가능케 한다. 코이노니아는 우리를 그리스도의 한 몸 안에 묶는 역동적 실체이다. 삼위일체 하나님과의 친교와 성도들 사이의 친교는 전역사를 통해 발전될 것이고, 우리가 영광 속에서 하나님과 궁극적 연합에 이를 때까지는 결코 완전하게 실현되지 않을 것이다. 이레나이우스에 의하면, 구원사는 인류가 하나님과의 친교 안으로 점진적으로 받아

들여지는 것이다(*Adversus Haereses* IV. 14. 2).[26]

로마 가톨릭교회와 동방 정교회는 보편(catholic=universal)교회를, 종교개혁 전통과 자유교회 전통에서 유래한 개신교는 개교회를 강조한다. 하지만 최근 수십 년 간에 걸쳐 상호 접근현상이 일어났다. 즉, 제2바티칸 공의회는 교회의 보편성을 강조하면서도, 개교회 안에 '하나의, 거룩한, 보편적, 사도적 교회'가 참으로 현존한다고 하는 사실에 초점을 맞추었고, 동방 정교회는 최근 들어 "지역교회들의 협의회적 친교"(the conciliar communion of local churches)를 강조했고, 종교개혁과 자유교회의 유산을 물려받은 개신교들은 에큐메니칼운동 이래 교회의 일치와 보편성에 크게 유의해 왔다.

"서론 : 개교회와 보편교회의 친교로서 교회"와 I. "친교의 교회론"에서 우리는 양측이 성령을 통한 예수 그리스도와의 친교, 나아가서 삼위일체 하나님과의 친교와 성도들 상호간의 친교에서 의견이 일치하는 것을 발견한다. 양측은 또한 교회의 기독론적 근거와 성령론적 근거에서 일치한다. 양측이 모두 수직적인 코이노니아와 수평적인 코이노니아에서 동일한 내용을 공유하고 있다. 특히 우리는 이 같은 koinonia 개념의 성경적 근거에 대하여 양측이 일치하고 있음을 알 수 있다.

다음 II.1. "개교회"와 II.2. "보편교회"에서 우리는 로마 가톨릭교회와 WCC가 각각 개교회를 어떻게 강조하며, 어떻게 정의하고 있는가를 알 수 있으며, II.3. "우선순위의 문제"에서는 '개교회'와 '보편교회'가 동시적으로 기원했고, 같은 비중을 갖는다는 사실을 알 수 있다. "오순절 이래 교회는 '하나의, 거룩한, 보편적, 사도적 교회'로서 성만

---

26. *The Church : Local and Universal*, Faith and Order No. 150(Geneva : WCC, 1990), pp. 3-4.

찬을 축하하고 있다. 이 성만찬은 교회의 개교회성과 보편성 모두를 포함한다. 성만찬 축하에서 교회는 세상의 구원을 위하여 모든 교회들이 그리스도와 성령 안에 상호현존하고 있다는 사실을 확신한다"(Ⅱ.24).

끝으로 Ⅲ. "친교의 교회적 요소들"은 양측이 충만한 친교를 위해서 지녀야 할 교회적 요소들을 제 2바티칸 공의회와 WCC의 역사에 비추어 설명하고 있다. 여기에서 요청된 요소들은 5가지이다. 즉, (1) 사도적 신앙(니케아-콘스탄티노플 신조가 1993년 스페인의 산티아고 "신앙과 직제" 세계 제 5차 대회에서 수렴되었음.) (2) 성례전적 삶(세례받고 성만찬에 참여하는 삶이 양측의 공통 분모이나, 가톨릭측은 7성례전 중 세례와 성만찬을 우선순위 제 1위에 둠.) (3) 참으로 하나의 상호인정된 교역(직제에 대한 상호인정) (4) 협의회적 관계와 결정을 위한 구조 (5) 세계 속에서 공동 증언과 봉사(사회참여) 등이다.

이상의 WCC와 로마 가톨릭교회의 에큐메니칼 교회론은 동방 정교회에도 적용된다. 그 이유는 동방 정교회는 처음부터 (정교회는 1961년 뉴델리 WCC 총회 때 WCC의 회원교회가 되었으나, 그보다 훨씬 이전부터) "신앙과 직제" 운동에 참여해 오고 있기 때문이다. 교황의 베드로 승계와 수위권을 제외하고는 로마 가톨릭교회론에 가장 가까운 교회는 동방 정교회이기 때문에, 위의 JWG의 교회론이 동방 정교회의 교회론을 포함하고 있다고 판단하는 것이다.

9.「교회와 세상 : 교회의 일치와 인류공동체의 갱신」(1990)[27]

밴쿠버 WCC(1983)는 BEM 문서를 공식적으로 채택하고, 이 BEM을 인류의 갱신과 교회의 사회참여와 연결시켰다. 적어도 BEM 문서는 종

---

27. *Church and World : The Unity of the Church and the Renewal of Human Community*, Faith and Order No. 151(Geneva : WCC, 1990).

말론적인 하나님 나라의 시야를 가지고 교회의 사회윤리적 책임을 촉구하고 있다. 이미 논한바, 이것은 신앙과 직제 운동이 곧바로 삶과 봉사 운동으로 이어진다는 사실을 말해 주고 있다. 그리하여 1982년 페루의 리마에서 열린 신앙과 직제대회 이래로 교회의 가시적 일치와 인류의 갱신을 위한 여러 과정을 거쳐 「교회와 세상 : 교회의 일치와 인류공동체의 갱신」(Church and World : The Unity of the Church and the Renewal of Human Community, 1990 : 신앙과 직제, No. 151)이 출판되었다. 즉, 1983년 밴쿠버 WCC가 교회를 회복될 인류공동체의 표징이요, 이 인류공동체의 회복을 위한 도구라고 역설한 이래, 1985년 프랑스의 샹티유(Chantilly)에서 모인 교회일치와 인류공동체의 갱신을 위한 신학협의회가 The Church as Mystery and Prophetic Sign을, 1986년 싱가폴에서, 1987년 브라질의 Porto Alegre에서, 1988년 미국의 할렘에서 각각 모인 위의 신학협의회는 교회의 사회정의 실현을, 그리고 1985년 프라하에서, 1988년 Benin의 Porto Novo에서 모인 위의 신학협의회는 여성과 남성으로 구성된 보다 완전한 공동체 추구를 각각 연구하였다. 따라서 우리는 이 모든 것을 내포하고 있는 Church and World : The Unity of the Church and the Renewal of Human Community에서 교회의 가시적 일치와 인류공동체의 갱신에 대한 주장을 소개하려고 하는데, 특히 종말론적인 하나님 나라의 시야에서 보여진 교회의 사회적 책임에 대해서 말하려고 한다. 바로 이 내용을 잘 소개하는 문서는 The Church as Mystery and Prophetic Sign이다.

 The Unity of the Church and the Renewal of Human Community는 제 2장 "하나님의 나라에 비추어 본 일치와 갱신"에서 구약에서부터 신약(나사렛 예수의 생애와 교역 : 예수의 메시지와 행동들)에 이르는 하나님 나라에 대한 개념을 소개한 다음, 이 하나님 나라에 대한 반응으로서 회심, 신앙, 갱신 및 정의, 평화, 기쁨을 연속적으로 논한다. 특히

제 2장이 "하나님의 나라"(basileia)를 소개하는 이유는 교회와 인류공동체의 일치와 갱신을 미래지향적으로 논하기 위해서는 이 개념이 근본적인 것이기 때문이다. 여기서 우리가 알 수 있는 것은 하나님 나라와 복음이 교회를 낳았고 교회의 존재 이유와 존재 목적은 이 하나님 나라요 복음이라는 사실이다.

그런데 본 문서는 제 3장 "하나님의 나라, 교회, 인류"에서 우리가 논해야 할 The Church as Mystery and Prophetic Sign을 소개하고 있다.

   1. 교회론적 전제들 : 장차 올 하나님의 나라를 계시하는 예수 그리스도의 사건에서 전인류와 전창조의 세계가 하나님과 화해하였고, 코이노니아를 회복하였다는 사실을 우리(교회)는 믿는다. 그런데 교회란 구약의 하나님의 백성 및 이 종말론적인 하나님 나라에 대한 예수 그리스도의 복음과 연속성을 가지면서 그리스도의 피로 세워진 인류와의 새 언약(고전 11 : 25) 위에 기초하고 있다(Ⅲ.1.3). 바로 이 교회의 중심은 부활하시고 왕노릇 하시는 그리스도이시며, 이 그리스도께서 이 교회의 주님, 머리, 삶과 선교의 근원이시다. 이 그리스도는 성령을 통해서 그리스도의 몸인 교회 안에 현존해 계시고 활동하신다(Ibid.). 기독론적 바탕을 가졌고 성령에 의해서 살아가는 교회는 예수 그리스도의 신비체로서 예수 그리스도와 생명적인 코이노니아를 갖고 있고, 나아가서 사랑의 코이노니아 속에 있는 삼위일체 하나님에 그 뿌리를 내리고, 이 삼위일체 하나님에 의해 지탱된다. 그리하여 교회는 전인류의 구원과 갱신을 향한 삼위일체 하나님의 사역을 가리키며, 이 사역에 동참하는 신비와 표징이다(Ⅲ.1.5). 교회는 종말론적 하나님 나라의 신비요 징표요 미리 맛봄이며, 이 하나님 나라를 역사 속에서 실현시키는 도구이다.

   2. 하나님 나라와 교회 : 예수 그리스도는 복음, 곧 하나님 나라의 도래를 설교하셨고, 그의 삶과 십자가와 부활을 통하여 하나님 나라의 행동적인 현존을 실현시키셨고, 성령을 통해서 교회의 초석을 놓으셨다. 그래서 누구든지 이 하나님 나라의 복음을 성령의 역사로 믿고 세례를 받은 자들

은 그리스도의 교회이다(Ⅲ.2.6). 바로 이 교회는 하나님 나라의 신비, 징표, 미리 맛봄으로서 전인류를 하나님과 화해시키며, 이 인류의 일치와 갱신을 위해서 부름받은 에클레시아인 것이다. 특히 교회는 성만찬을 통하여 이 하나님 나라를 미리 맛보면서 이 하나님 나라의 도래를 간절히 간구한다(마 6 : 10, 눅 11 : 2, 고전 16 : 22, 계 22 : 17)(Ⅲ.2.7). 따라서 교회는 인류공동체 속에서 인류의 갱신, 정의, 공동체성 및 구원을 향한 하나님의 뜻을 증거하는 공동체이다(Ⅲ.2.8).

3. 교회와 인류 : 하나님께서 교회를 부르셔서 하나님의 백성, 종으로서의 백성, 성령의 살아 있는 전, 하나님의 아들인 예수 그리스도의 신부와 몸이 되게 하신 목적은 교회로 하여금 전인류의 구원과 갱신을 향한 삼위일체 하나님의 사역의 징표요 담지자가 되게 하기 위함이었다. 하나님께서는 이 목적 수행을 위해 교회가 가시적으로 하나가 되어 예배와 증거와 봉사의 공동체가 되기를 원하셨다(Ⅲ.3.10).

4. 신비로서의 교회 : 예수 그리스도를 통하여 전인류를 구원하사 전인류와 코이노니아를 갖는 것이 하나님의 원초적 의도인바, 이것은 신비이다(엡 1 : 9 - 10, 골 1 : 15 - 20). 그런데 교회는 이 신비에 참여하고 있기 때문에 교회 역시 신비에 속한다. 교회는 성부, 성자, 성령의 코이노니아에 뿌리를 내렸고, 이것에 의해 지탱되고 형성되기 때문에 그것의 경험적, 역사적 표현을 초월하는 신비적 차원을 갖고 있다(Ⅲ.4.17). 이 심오한 신비를 아는 사람은 성령의 힘을 입은 신앙인들이다(고전 2 : 7 - 10). '신비' 로서의 교회는 신약성경에서 증거되었다(Ⅲ.4.18). 특히 신-인으로서의 예수 그리스도께서 교회의 신비로서 하나님의 백성의 일체성과 공동체성의 초석이시다(Ⅲ.4.19). 교회는 그리스도의 몸으로서 하나님의 신비에 참여하고 있다. 교회는 신비로서 복음선포, 성례전의 집례, 새로워진 삶의 나타냄에 의하여 그리스도를 세상에 계시하며, 그리스도 안에 이미 현존하는 하나님의 나라를 기대한다(*Ibid.*). 그리고 교회는 창조세계의 갱신과 새 창조를 기대한다(Ⅲ.4.22).

5. 예언자적 표징으로서 교회 : '표징' 이란 하나님 나라의 시각에서 교

회와 인류 사이의 관계를 잘 표현할 수 있는 말이다(Ⅲ.5.24). 복음을 설교하고 복음을 따라 사는 것이 교회 안에서 행해져야 할 기독교인들의 역동적인 예언자적 교역인바, 이는 일반적인 예언자직의 핵심이다. 그런데 교회공동체 안에서 이 같은 예언자적 교역은 복음을 그 시대의 중요한 사건들과 쟁점들에 관계시키려고 한다. 교회의 예언자적 교역은 하나님 나라의 심판과 약속에 대해서 증거함으로써 인류에 대한 책임을 수행한다 (Ⅲ.5.32). 그런데 교회와 세상은 상호도전적인 관계 속에 있다. 삼위일체 하나님께서는 세상 속에서도 사역하시기 때문이다. 그래서 우리는 예수 그리스도 안에 나타난 하나님의 계시와 삼위일체 하나님의 총괄적인 구원계획에 비추어 교회와 세상 속에 나타나는 표징들을 읽고 이해해야 할 것이다(Ⅲ.5.33). 그러기에 교회는 예수 그리스도 안에 나타난 하나님의 심판과 구원을 가리키는 표징이 되어야 하는 소명에서 하나님의 진리를 세상에 전해야 하고 하나님의 사랑을 세상과 나누어야 할 것이다(Ibid.). 교회는 보편적이고 종말론적인 복음 진리를 성령을 통해서 모든 문화와 민족들에게 전해야 하고(Ⅲ.5.34-37), 예수 그리스도 안에 나타난 하나님의 고난받는 사랑을 역사 속에서 실천해야 하며(Ⅲ.5.38-40), 창조세계의 보전과 갱신, 그리고 인류의 일치와 갱신이 삼위일체 하나님에 의해 종말적인 하나님 나라에서 완성될 것이라고 증거해야 한다(Ⅲ.5.41-42).

6. 교회의 사명 : 교회는 성령을 통하여 예수 그리스도, 나아가서 삼위일체 하나님과의 코이노니아 및 믿는 사람들 상호간의 코이노니아 속에 있으면서 - 이 코이노니아 개념은 '신비', '표징' 등의 개념을 포괄하지만 - '하나의, 거룩한, 보편적, 사도적' 특성을 나타내고, 이 같은 전제하에서 예배와 증거와 봉사의 공동체가 되어야 한다(Ⅲ.6.43-56).[28]

본 문서에서 신앙과 직제 운동이 주장해 온 교회론이 매우 심화되고 있음을 우리는 알 수 있다. 우선 1. "교회론적 전제들"이 주장하는바,

---

28. Church and World : The Unity of the Church and the Renewal of Human Community, Faith and Order No. 151(Geneva : WCC, 1990), pp. 12-37.

복음을 통해서 계시되고 약속된 종말론적인 하나님의 나라, 인류의 회복과 창조세계의 회복까지 포함하는 보편구원론적 하나님의 나라에 대한 신앙과 소망 혹은 우주적 종말론적 코이노니아에 대한 신앙과 소망이 교회론의 대전제이다. 그래서 역사 속에 있는 교회는 성령을 통해서 예수 그리스도, 나아가서 삼위일체 하나님과의 코이노니아를 누리면서 이 복음을 통해 계시되고 약속된 삼위일체 하나님의 원대한 목표를 위해서 실존한다. 그래서 교회는 이 하나님 나라의 미리 맛봄이요, 징표요, 이것을 역사와 창조세계 속에 실현하는 도구라는 것이다. 그런데 바로 이 교회는 예수 그리스도를 통하여 전인류와 창조세계를 구원하사 전인류 및 창조세계와 코이노니아를 갖는 하나님의 신비에 참여하고 있다는 것이다(엡 1:9-10, 골 1:15-20). 또한 신-인으로서의 예수 그리스도께서 교회의 신비로서 하나님의 백성의 일체성과 공동체성의 초석이시기 때문에 교회는 신비이다. 본 문서는 예수 그리스도와 삼위일체 하나님과의 코이노니아에 뿌리내린 교회론적 신비를 전제하고, 교회의 예언자적 기능이 예배, 봉사 및 증거활동을 통해서 실현되어야 할 것을 주장함으로써 신앙과 직제 전통을 인류공동체의 갱신과 창조세계의 보전을 포함하는 '삶과 봉사' 전통의 활동으로 연결시키고 있다. 「교회와 세상 : 교회의 일치와 인류공동체의 갱신」(1990)이 신앙과 직제 및 삶과 봉사의 합동연구의 결과물인 1993년의 "Costly Unity"와 더불어 1993년 산티아고 신앙과 직제 제 5차 세계대회 문서 (Towards Koinonia in Faith, Life and Witness)에 기여했다는 사실은 이 두 운동의 합류를 예시하고 있는 것으로 보여진다.

결 론

20세기 교회론은 교회들의 가시적 일치, 선교 및 사회참여(봉사)에서 그 특징이 뚜렷하다. 18~19세기의 복음주의 부흥운동과 대각성운동은 선교활동을 불러일으켰고, 교회의 사회봉사를 촉구하였고, 결국 에큐메니칼운동을 일으켰다. 여러 다양한 "세계선교회의"들, "신앙과 직제" 운동, "생활과 봉사" 운동 등이 WCC를 탄생시킨바, 이는 20세기 교회론 형성에 큰 영향을 주었다. 그런데 우리는 여기서 WCC의 "교회일치" 측면에 대해서만 논했다.

1948년 암스테르담 WCC의 교회론만 하여도 여러 교회들을 그냥 나열하는 비교교회론에 머물러 있었다. 기독론에 입각하여 교회론들의 가시적 통일성을 추구한 것은 1954년 에반스턴 WCC였고, 삼위일체 하나님에 근거하여 각 지역의 모든 기독교인들(all in each place)의 일치와 이 개교회 혹은 지역교회들의 가시적 일치를 구축하는 징표들을 제시한 것은 1961년 뉴델리 WCC였다. 1968년 웁살라 WCC는 개교회 혹은 지역교회를 넘어선 교회의 보편성(catholicity)을 사회참여와 인류의 보편성에 관련시켜 논했고, 1975년 나이로비 WCC는 진정으로 연합된 개교회와 지역교회들의 "협의회를 통한 친교"(conciliar fellowship)로서 웁살라의 '보편성'을 더욱 구체화시켰고, 1983년 밴쿠버 WCC는 BEM 문서를 인정함으로써 개교회와 보편교회의 구체성을 더욱 내실 있게 하였다.

그리고 1991년 캔버라 WCC는 신앙과 직제의 연구보고서인 *The Unity of the Church as Koinonia : Gift and Calling*에서 Koinonia를 부각시킴으로써 BEM에 의해 확립된 개교회들과 보편교회의 정체성 차원에 머물지 아니하고 친교와 나눔과 참여로 나아갔다. 또한 1982년 리마(페루)의 신앙과 직제 이래 중요시되어 온 사도적 신앙의 공동고백인 "하나의 신앙을 고백하며 : …… 니케아-콘스탄티노플 신조(381)"(1990)는 BEM과 더불어 진정한 코이노니아를 위해서 결정적으로 중요한 요소가 되었다. 이처럼 우리는 "비교교회론"에만 머물러 있을 것이 아니라 '다양성을 통한 가시적 일치' 혹은 '화해된 다양성'(reconciled diversity)을 통한 가시적이고 유기적인 일체성을 위하여 복음을 증거하고 봉사해야 할 것이다. 우리는 이를 위해서 이미 나이로비(1975)가 바라보았던 "진정으로 보편적인 에큐메니칼 협의회" (a genuinely universal ecumenical council)를 향해 전진해야 한다.

1990년 JWG의 *The Church : Local and Universal*은 로마 가톨릭교회(동방 정교회 포함)와 개신교의 교회론이 공통분모를 가지고 있음을 보여 준다. JWG의 I. "코이노니아의 교회론"이 말하는 성령을 통한 예수 그리스도와의 코이노니아 및 나아가서 삼위일체 하나님과의 코이노니아는 제 2바티칸 공의회의 Lumen Gentium I과 동방 정교회의 교회론에 있어서도 공통분모이고, 제 2바티칸 공의회의 Lumen Gentium II(하나님의 백성) 역시 에큐메니칼운동의 공통분모이며, JWG의 II. "개교회와 보편교회" 역시 제 2바티칸 공의회와 동방 정교회의 교회론에서도 각각 나름대로 인정되고 있고, JWG의 III. "코이노니아의 교회적 요소들"은 오늘날 모든 에큐메니칼 교회들이 충만한 친교를 위해서 받아들여야 할 '교회적 요소들'이다.

1990년 *Church and World : The Unity of the Church and the Renewal of Human Community*(신앙과 직제, No. 151)는 종말론적인 하나님 나라에 대한 비전의 시각에서 교회와 인류의 관계를 다루고 있다. 오늘날 에큐메니칼 교회론은 *The Church as Mystery and Prophetic Sign*(1985)이 말해 주듯이, 교회는 종말론적인 하나님 나라라고 하는 '신비'에 참여한 신비요 표징으로서, 인류공동체 속에서 이 하나님의 나라를 실현해 가는 도구로 보는 것이다. 이 교회는 예수 그리스도를 통하여 전인류와 창조세계를 구원하사 전인류 및 창조세계와 코이노니아를 갖는 삼위일체 하나님의 신비에 참여하고 있으며, 또한 하나님의 백성의 일체성과 공동체성의 초석이신 신-인으로서의 예수 그리스도의 신비로운 몸이다. 본 문서는 예수 그리스도와 삼위일체 하나님과의 코이노니아에 뿌리내린 교회론적 신비를 전제하고 교회의 예언자적 기능이 예배, 봉사 및 증거활동을 통해서 실현되어야 할 것을 주장함으로써 신앙과 직제 전통은 인류공동체의 갱신과 창조세계의 보전을 포함하는 '삶과 봉사' 전통의 활동으로 이어지고 있다. 이 같은 종말론적 하나님 나라와 교회의 관계는 칼 바르트, 제 2바티칸, 한스 큉, 몰트만 및 *Church and World : The Unity of the Church and the Renewal of Human Community*(1990) 등 모두에게서 발견된다. 이들 모두에게 있어서 교회의 존재 이유와 목적은 종말론적인 하나님 나라 혹은 삼위일체 하나님의 인류와 창조세계의 구원계획에 봉사하는 데 있다고 하겠다. 그리하여 「교회와 세상 : 교회일치와 인류공동체의 갱신」 및 "Costly Unity"(1993)는 "Koinonia"를 바탕으로 1993년 8월 스페인에서 열린 신앙과 직제 제 5차 세계대회의 주제인 "Koinonia in Faith, Life and Witness"의 주요 내용을 구축하는바, 이는 신앙과 직제 운동을 삶과 봉사 운동에 연결시키는 끈과도 같다고 하겠다.

III
에큐메니칼 선교역사에 나타난 선교신학

서 론

바샴(Rodger C. Bassham)은 그의 「선교신학」[1]에서 1910년부터 1975년 나이로비에 이르는 선교신학의 변천과정을 5가지 주제를 가지고 분석하였다. 즉, 1. 선교의 신학적 기초 2. 교회와 선교의 관계 3. 복음전도와 사회적 행동 4. 기독교와 타종교의 신앙들 5. 선교와 일치가 그것이다. 그런데 본 논고는 1910년 에든버러 세계선교대회와 1928년 예루살렘 국제선교협의회 사이에 일어난 선교신학의 패러다임 이동을 중요시하면서, 각 시기의 중요 공식 선교문서에서 선교의 신학적 기초와 선교의 사회참여 측면만을 논구하였다. 그래서 우리는 아래에서 다음과 같은 에큐메니칼 선교역사의 여정을 따라 우리에게 주어진 주제들을 분석 검토할 것이다. 즉, 1. 1910년 에든버러 세계선교대회(World

---

1. Rodger C. Bassham, *Mission Theology*(California : The William Carey Library, 1979).

Missionary Conference=W.M.C.) 2. 선교신학의 패러다임 변화 3. 1928년 예루살렘 국제선교협의회(International Missionary Council=I.M.C.) 4. 1938년 탐바람 IMC 5. 1947년 휘트비 IMC 6. 1952년 빌링겐 및 1957년 가나 IMC 7. 1960년대의 *Missio Dei*와 복음주의자들의 반응 8. 1973년 방콕 세계선교와 복음전도대회(World Conference on World Mission and Evangelilzation=C.W.M.E.) 9. 1980년 멜버른 CWME 10. 1982년 "선교와 복음전도 - 하나의 에큐메니칼 확언" 11. 1989년 산 안토니오 CWME.

1. 에든버러 세계선교대회(WMC)

에큐메니칼운동의 분수령은 1910년 에든버러의 "세계선교대회"(World Missionary Conference=WMC)였다. "1910년 이전까지만 해도 에큐메니칼운동이 문틈으로 들어오는 햇빛과 같았는데, 에든버러 이후는 그것이 활짝 열린 문으로 마구 쏟아져 들어오는 햇빛과도 같았다."[2] 이 세계선교대회가 제 8차 국제적 차원의 선교대회였고, 바로 10년 전에는 뉴욕에서 "the Ecumenical Missionary Conference"가 열린 것을 생각할 때, 우리는 에큐메니칼운동이 18~19세기 선교운동과 19세기 후반 서양교회들의 교파별 및 교파 대 교파의 연합운동 - 이것도 사실은 선교운동의 소산이지만 - 에 크게 빚지고 있다는 사실을 알 수 있다.

해외선교를 논의하기 위해서 모인 초교파적 성격을 띤 세계선교대회는 이미 1854년부터 시작되었다. 그리고 근대 개신교 선교 100주년을 기념하는 큰 대회가 1888년에 열려 세계선교대회의 역사를 크게 진전

---

2. Ruth Rouse, "Voluntary Movements……," in *Ibid.*, p. 345.

시켰으니, 53개의 영국 선교단체들, 67개의 미국 선교단체들, 18개의 유럽대륙의 선교단체들 및 두 개의 식민지 선교단체들이 이 대회에 참석하였다. 더 중요한 세계선교대회는 에든버러 WMC가 열리기 10년 전인 1900년에 뉴욕에서 열린 "에큐메니칼 선교대회"(an Ecumenical Missionary Conference)였다. 이 대회가 "에큐메니칼"이라고 일컬어진 이유는 모든 교파들의 대표들을 총망라한 대회였기 때문이라기보다, "사람이 살고 있는 세계의 모든 곳에서 선교하는 선교단체들"을 포함하였기 때문이었다. 본 대회의 규모는 엄청나게 컸다. 미국과 캐나다에서 파송받은 공식대표들만 1,500명이었고, 영국과 유럽대륙 및 다른 선교단체들에서 온 대표들이 200명, 그리고 기타 해외선교사들이 600명이나 되었다. 세계선교대회의 이 같은 엄청나게 큰 규모는 훗날 세계선교와 WCC 형성에 지대한 영향을 약속하고 있다.[3]

1910년의 에든버러 WMC는 바로 1900년 뉴욕의 "에큐메니칼 선교대회"를 따르고 있다. 그런데 1888년과 1900년의 대회들은 "선교정보를 나누고, 선교교육에 힘쓰며, 선교의 열기를 과시하려는 선교적 시위들"이었다면, 에든버러의 그것은 '선교협의체'(a consultative assembly)였으니, 3가지가 에든버러의 특징이었다. 첫째는 모든 선교단체들의 공동 관심사인 불신자들에 대한 복음전도를 주제로 선정한 것이었고, 둘째는 그 중에서도 가장 화급하고 긴급한 내용을 주제로 삼았으며, 셋째로는 교리문제를 논외로 하자는 것이었다.[4] 에든버러의 8주제들은 다음과 같다. 1. 모든 비기독교 세계에 대한 복음전도 2. 피선교 지역의 교회 3. 피선교 국가의 기독교화와 관련된 교육 4. 기독교 밖의 종교들에 대한 기독교 메시지 5. 선교사들에 대한 준비훈련 6. 선

---

3. *World Missionary Conference, 1910 : The History And Records Of The Conference*(New York : Fleming H. Revell Company, WMC, 1910), pp. 3-5.
4. *Ibid.*, pp. 7-8.

교본부 7. 선교와 정부들 8. 협력과 일치추구. 그런데 이 8분과위원회의 목적은 복음을 불신의 나라들(주로 제 3세계)에 효과적으로 전하는데 있었다. 그리고 제 8분과위원회는 선교단체들 사이의 화해와 협력, 그리고 교회일치 추구를 위해서 중요하였다.[5]

"지구상에 있었던 하나님 나라의 역사에 있어서 에든버러보다 더 큰 회의는 일찍이 없었다."[6]고 할 정도로 에든버러는 큰 선교대회였다. 더군다나 선교단체들의 공식대표들이 골고루 참여하였고, 비용도 나누어 부담하였다. 500명의 대표들이 42개의 영국 선교단체들로부터, 500명 이상의 대표들이 60개의 미국 선교단체들로부터, 170명의 대표들이 41개의 유럽대륙 선교단체들로부터, 26명의 대표들이 12개의 남아프리카 및 오스트랄아시아(Australasia)로부터 왔다. 이때 일본, 한국, 중국, 아삼, 미얀마, 인도 및 세일론에서도 선교사들이 왔다.[7] 이는 선교역사상 유래가 없는 일이었다. 에든버러에서 최대의 관심은 영국, 유럽, 미국 등 선교 종주국들이 복음을 믿지 않는 '제 3세계'에 전하는 것이었다. 적어도 에든버러는 18~19세기의 복음주의 부흥운동에 힘입은 복음선교, 무엇보다도 19세기의 산업화에 따른 과학기술의 세계화와 제국주의적 식민지 팽창의 맥락 속에서 선교신학의 '패러다임 이동'(paradigm shift) 이전의 선교신학을 지향했다.

존 모트가 본 WMC의 회장이었고, 올드헴은 총무였는데, 제 8분과위원회는 본 대회의 이념과 정신을 계승하고, 유익한 방향으로 실천에 옮기기 위하여 "계속위원회"(a Continuation Committee)를 구성, 나중에 이것이 각 나라의 NCC의 기원이 되었다.

19세기 후반에는 영미 계통 뿐만 아니라 유럽대륙에도 복음주의 부

---

5. *Ibid.*, pp. 11-12.
6. *Ibid.*, p. 18.
7. *Ibid.*, p. 19.

흥운동과 선교의 바람이 불었고, 1886년에 SVM이 탄생하고, 1892년에 SVM 세계연합이 생기면서 "이 세대 안에 세계를 복음화하자."(evangelization of the world within this generation)라고 하는 복음전도의 역동적인 열정이 분출하였다. 이와 같은 역사적 배경을 가진 1910년 에든버러는 19세기의 낙관적인 인간관과 역사의 진보사상과 함께 낙관적인 복음전도와 이 복음전도에 의한 역사의 변화를 내다보았다. "에든버러 세계선교대회가 교회에게 보내는 메시지"는 다음과 같은 내용을 담고 있다.

우리는 세계 도처로부터 큰 나라들의 대각성운동에 대하여, 굳게 닫혔던 문들의 열림에 대하여, 그리스도께로 돌아올 새로운 세계를 동시다발적으로 교회 앞에 제시하는 운동들에 대하여 들었다. 앞으로 다가올 향후 10년은 거의 확실히 인류 역사의 대전환을 가져올 것이고, 인류 역사의 영적 진보를 결정함에 있어서 그 어느 세기들보다도 중차대한 중요성을 가질 것이다.[8]

그리하여 에든버러의 주된 관심은 개교회와 보편교회 모두의 복음전도에 대한 사명에 있었다.

우리는 세계 복음화를 위해서 하나님이 우리에게 맡겨 주신 위임에 대하여 깊은 책임의식을 절실히 느낄 필요가 있다. 이 위임은 어떤 특별한 방법으로 우리의 선교사들, 선교단체들 및 이 에든버러 세계선교대회의 구성원들에게만 맡겨진 것이 아니라, 교회 전체와 교회의 구성원들 각자에게 맡겨진 것이다. 마치 믿음, 사랑, 소망이 교인들 각자의 덕목이듯이 말이다.[9]

---

8. *Ibid.*, p. 108.
9. *Ibid.*, p. 109.

에든버러는 "개막 강연"에서 선교단체들 사이의 분열과 불일치를 안타까워하면서도, '위대한 선교 위임명령'(마 28 : 19 - 20)으로 일치를 이미 이루고 있다고 말했다. 다음과 같은 기독교의 근본적인 요소들은 선교단체들 뿐만 아니라 모든 교회들의 '주어진 일치'(God-given unity)에 해당한다.

> 하나님의 아버지되심, 아들의 사랑, 성령의 능력, 기독교적 삶의 순결함, 기독교적 소망의 찬란함은 우리의 공통지반이다. 우리는 상호간에 더 가까이 접촉하기를 원한다. 우리는 서로가 상대방의 선교방법론과 선교사역에 대하여 알아야 한다. 우리는 상호간의 성공에 대하여 함께 기뻐하고, 상호간의 실패와 실망들에 대하여 함께 슬퍼해야 한다. 무엇보다도 우리는 피차 상대방으로부터 배워야 한다.[10]

하지만 "교리와 교회의 직제"를 논외로 했던 에든버러는 아마도 각 선교단체들의 선교신학들을 수렴하려는 의도 없이, 다만 비교 선교신학적 입장을 유지했던 것같이 보인다.

에든버러는 구두로 선포하는 복음전도 이외에 19세기 독일의 자유주의 개신교, 예컨대 칸트에서 비롯되는 리츨의 "문화개신교"(Kulturprotestantismus)와 1910년 즈음에 일어난 미국의 라우센부쉬, 스위스의 라가츠와 쿠터 등의 종교사회주의의 영향하에, 이 땅 위에 윤리적인 하나님의 나라 건설을 선교 개념에 포함시켰다. 훗날 *Missio Dei* 전통에서 강조되는 넓은 의미의 사회참여가 '선교' 개념에 포함되는 것은 교회의 사회적 선행들(charity)을 강조하는 18~19세기 경건주의적 복음주의 전통 이외에 이 같은 19세기 혹은 20세기 초의 개신교 자유주의 전통에도 빚진 바 있다고 하겠다. 에든버러는 기독교의 윤리적 이상은 하나님의 나라를 실현하는 데 있다고 본다. "기독교 - 궁극

---

10. *Ibid.*, p. 143.

적이고 보편적인 종교"에서 다음과 같은 주장이 발견된다.

> 기독교는 자신의 윤리를 예수 그리스도 안에서 발견하는바, 이것이 종교이다. 기독교의 하나님은 예수님의 종교적 경험에서 계시된 하나님이시다. 영원히 그리스도와 같은 하나님이 바로 기독교의 하나님이시다. 기독교의 윤리적 이상은 바로 이 하나님의 나라를 실현하는 데 있다. 예수님은 이 하나님의 나라를 선포하셨고, 이것을 위해서 생명을 내주셨다. 이러한 하나님의 나라란 그리스도와 같은 하나님의 통치하에 있는 구속받은 사회질서인바, 이 나라에서는 모든 인간관계들이 그리스도를 닮았고, 각 개인들과 사회단체들은 - 가정들, 경제단체들 및 국가 - 섬김을 받게 되는 것이 아니라 섬기며, 하늘에 계신 아버지께서 완전하신 것처럼 완전하고, 인간 사회 전체가 일찍이 나사렛 예수 안에 성육신했던 하나님의 사랑을 성육신시키게 된다.[11]

에든버러는 기독교의 윤리적 이상이 타종교들과 선한 불신자들의 윤리적 이상들을 결국 흡수하고 완성한다고 봄으로써 그리스도와 문화, 교회와 세상, 신자와 불신자의 연속성을 강조하고 있다.

> …… 기독교적 윤리는 비기독교인들의 윤리에 적대적이 아니다. 그것은 비기독교인들의 윤리를 파괴하는 것이 아니라 완성한다. 그것은 힌두교와 불교, 공자와 마호멧의 윤리적 이상들에서 그리스도의 정신에 유사한 것들을 많이 발견한다. 이러한 율법들은 유대교의 율법처럼 우리들을 그리스도께로 인도하는 몽학 선생이다.[12]

저들의 윤리적 이상들이 지배했던 삶의 나라들이 우리의 하나님의 나라와 하나님의 그리스도의 나라가 될 때에, 저들의 윤리적 이상들의 모든 불순한 것들이 제거되고 순화된다고 한다. 기독교 윤리는 보편적이 되기

---

11. *Ibid.*, p. 164.
12. *Ibid.*, p. 167.

에 적합하다. 왜냐하면 그것은 다른 윤리적 이상들 속에 있는 가치 있는 모든 것을 보전하고 완전케 하기 때문이다.[13]

……우리들에게 있어서 예수님에게 계시된 윤리적 이상은 단순히 진화해 온 인간 본성의 최상의 소산일 뿐만 아니라, 영원하신 하나님의 본성의 노출이다.[14]

따라서 이 땅 위에서 가능한 교회와 그리스도인들의 윤리적 성취들은 곧바로 새 하늘과 새 땅으로 이어진다. 다음의 주장은 칸트의 '영혼 불멸'에 해당한다. 즉, 칸트는 인간이 실천이성의 요구에 따라 이 땅 위에 도덕적 왕국을 이룩하기 위해서는 영혼 불멸이 요청된다고 주장하였다.

"기독교적 이상은 그것의 실현을 위해서 영원을 요구한다. 영혼 불멸이란 그리스도처럼 되려고 기대하는 모든 사람들에게 하나의 필연적인 요청이다. 우리는 영원의 도상에 있다.…… 우리들은 피곤함이 없이 일하고 조용히 새 하늘과 새 땅을 기다릴 준비가 되어 있어야 한다. 거기에는 의(義)가 지배한다."[15]

에든버러는 19세기 독일의 자유주의 개신교 신학의 영향하에 인류의 최선의 윤리적 성취들을 새 하늘과 새 땅의 건축자재로 사용하는 데에만 관심하였다. 즉, 에든버러는 십자가에 계시된 세상에 대한 하나님의 가차없는 심판과 부활을 통한 새 창조의 세계(새 하늘과 새 땅)의 역동성에 대하여 알지 못했다. 19세기 복음주의 부흥운동과 선교운동 역시 낙관주의적 인간 이해와 산업혁명, 과학기술(science and technology)의

---

13. *Ibid.*, p. 168.
14. *Ibid.*, p. 171.
15. *Ibid.*

발전에 따른 낙관주의적 세계관의 영향하에 낙관적인 인간의 회심과 지상에서의 도덕적 왕국 건설을 기대했지만 말이다. 우리는 보쉬 및 한스 큉과 함께 제 1차 세계대전을 계기로 신학 일반과 선교신학에 있어서 '패러다임 변화'(paradigm shift)가 왔다고 주장하는바, 칼 바르트의 「로마서 강해」(1921)와 슈펭글러의 「서구문명의 몰락」(1922-1923)은 이와 같은 '패러다임 변화'의 상징적 저작들이다. 우리는 1928년 예루살렘 IMC의 문서를 검토하기에 앞서 이 '패러다임 변화'에 대하여 짚고 넘어갈 것이다.

2. 선교신학의 패러다임 변화

선교신학은 18~19세기적 선교 개념의 유산을 물려받은 1910년 에든버러 WMC의 그것과 1928년 예루살렘 IMC의 그것 사이에 패러다임 변화를 보인다. 전자는 유럽의 18세기 계몽주의의 유산과 19세기 낙관주의의 유산을 물려받은 모더니즘 패러다임의 선교 개념을, 후자는 제 1차 세계대전 이후 곧 포스트모더니즘의 선교 개념을 보이고 있다. 우리는 여기에서 1910년을 계기로 선교 개념의 엄청난 패러다임 변화가 온 것으로 보고, 1928년 예루살렘 IMC의 선교신학을 소개하기에 앞서 선교신학의 패러다임 변화를 짚고 넘어가야 한다. 따라서 우리는 모더니즘이 무엇인가를 규정한 후, 이와 특징들을 달리하는 포스트모더니즘에 대한 논의를 하고자 한다.

1) 모더니즘

일찍이 트뢸취가 그의 「역사주의와 그것의 문제들」(1922)에서 모더니즘의 본격적인 시작을 18세기 계몽주의 시대로 보았거니와, 우리는 몰트만, 큉 및 보쉬와 더불어 18세기 계몽주의로부터 부르조아 유럽의 몰락을 초래한 제 1차 세계대전(1914)과 1917년 러시아 공산혁명 직전까지를 모더니즘으로 본다.[16] 물론 공산 사회주의도 자본주의와 더불어 유럽의 모더니즘의 소산으로서, 1980년대 말 공산 소련의 붕괴 및 공산 동구권의 몰락으로 그것의 종식을 고하였지만 말이다. 따라서 우리는 여기에서 트뢸취와 같은 입장을 따르는 리빙스턴과 챠드윅 모더니즘을 소개한 후 보쉬의 주장들을 열거하려고 한다. 결국 18~19세기가 모더니즘에 해당한다.

리빙스턴은 *Modern Christian Thought : From Enlightment to Vatican II* (1971)에서 계몽주의를 절대주의적 교파주의 시대의 30년전쟁이 끝나는 1648년 웨스트팔리아 평화협정부터 프랑스혁명이 일어나던 1789년까지로 본다. 리빙스턴은 "자율, 이성, 자연, 객관적 낙관주의, 진보, 관용"[17]을 정의하고, 칸트가 정의한 계몽주의의 모토를 다음과 같이 소개하였다.

> 계몽주의란 인간이 스스로 부과한 노예상태로부터의 해방이다. 이 노예됨이란 인간이 자기 밖으로부터의 지도 없이는 자신의 이성을 사용하지 못하는 인간의 무능이다. 당신의 이성을 과감하게 사용하라. 이것이 계몽주의의 모토이다.[18]

리빙스턴은 18세기 계몽주의적 모더니즘에 대응하는 신학을 이신론(Deism=理神論)으로 보고, 이신론의 아버지 헐버트 경(Herbert of Cherbury : 1583-1648)으로부터 시작하여, 영국의 존 로크, 프랑스의 볼테르, 독일의 라이마루스와 레싱 등의 이신론자들을 논하고, 이 초기

---

16. 비교 : Jürgen Moltmann, *Theology today*(SCM, 1988), pp. 1-10 ; Küng, *op. cit.*, pp. 271-273; Bosch, *op. cit.*, pp. 350-351.
17. James C. Livingston, *Modern Christion Thought*(Macmillan, 1971), pp. 3-9.
18. Immanuel Kant, *What Is Englightenment?*, tr. and ed. by L. W. Beck(Chicago, 1955), p. 286.

이신론을 극복하려는 루소, 버틀러, 데이비드 흄, 칸트의 이신론을 논했다. 그리고 19세기로 넘어와서는 낭만주의와 독일의 관념철학의 대표인 헤겔, 그리고 우파 헤겔주의자들과 슈트라우스, 포이에르바하, 칼 맑스 등 좌파 헤겔주의자들을 취급한 후 다윈주의(Darwinism) 등 실증주의적 과학주의를 다루었다. 그리고 리빙스턴은 19세기적 모더니즘에 대응하는 신학으로서 쉴라이에르마허, 헤겔주의 신학자들, 리츨, 하르낙, 트뢸취등의 신학을 소개한 다음, "신정통주의"라는 제목하에서 요한네스 바이스와 알버트 슈바이처의 종말론, 종교사학파와 양식사비평, 그리고 키에르케고르를 소개하고 난 다음에 칼 바르트를 다루고 있다.[19]

그리고 18세기는 프랑스 백과사전학파의 왕정체제에 대한 비판, 존 로크의 「정부론」, 몽테스큐의 「법의 정신」 및 루소의 「사회계약론」 등을 통해서 민주주의를 싹트게 하였다.[20]

챠드윅은 그의 저서 「19세기 유럽 정신의 세속화」(1975)에서 과학, 역사, 윤리, 노동, 성직체제 등의 세속화를 논한다.[21] 이 같은 19세기 유럽의 세속화는 물론 초자연으로부터 자연이, 계시로부터 이성이, 그리고 신학으로부터 철학이 해방하려는 18세기 계몽주의의 유산으로서, 유럽의 정신과 삶을 계시와 교회와 신학으로부터 독립시켜 제 1차 세계대전을 초래하였던 것이다. 몰트만은 교회 없는 사회, 종교 없는 도덕, 신학 없는 과학, 하나님 없는 인간, 그리고 합리주의와 혁명을 18~19세기의 세속주의의 특징으로 보았다.[22] 그리고 18세기 말에서 19세기 전반까지의 산업혁명과 산업화와 도시화는 실증주의적 기술사회의

---

19. Livingstone, op. cit., pp. 1-300.
20. 이형기, 「세계교회사 Ⅱ」(서울 : 한국장로교출판사, 1994), pp. 273-279.
21. Owen Chadwick, The Secularization of the European Mind in the Nineteenth Century(England : Cambridge, 1975).
22. Jürgen Moltmann, op. cit., p. 16.

도래, 즉 인류에게 장미빛 미래를 약속하였다(Comte).

보쉬는 그의 *Transforming Mission : Paradigm Shifts in Theology of Mission*(1992)에서 지적하는 7가지에 달하는 계몽주의적 모더니즘의 특징들은 우리의 포스트모더니즘의 특징들을 이해하는 데 있어서 매우 중요하다. 그것을 다음과 같이 요약할 수 있다.

1) 계몽주의는 무엇보다도 이성의 시대이다. 데카르트의 "Cogito, ergo sum"은 인간의 사고가 모든 지식의 확실한 출발임을 뜻한다. 인간의 이성은 자연의 질서에서 온 '자연적'인 것으로서 전통들과 전제들로부터 독립한 만물의 척도요 규범이다.

2) 계몽주의는 주체와 객체의 도식을 가지고 인간과 자연을 이분화시켰고, 인간으로 하여금 자연을 과학적 객관성에 의하여 분석케 하였다. 자연은 더 이상 인간의 스승이 아니라 인간 이성의 분석대상이 되었다. 그래서 계몽주의는 전체보다 부분을 우위에 놓았다. 인간을 전인간적으로가 아니라 "사고하는 존재"(철학), "사회적 존재"(사회학), "종교적 존재"(종교학), "물리적 존재"(생물학, 생리학, 해부학, 기타 관련과학들), "문화적 존재"(문화인류학) 등 부분적으로 이해하였다. '사고하는 주체' ("res cogitans")는 원칙상 한계를 모른다. 인간은 이성의 능력으로 땅덩어리 전부를 용감하게 정복하고 굴복시킨다. 이 계몽주의적 인간은 6대주 5대양을 발견하고 식민지를 개척하였다. 그리고 그는 물리적 세계를 조작하고 착취한다.

3) 계몽주의는 목적의식을 과학적 인과관계(因果關係)로 대치시켰다. 인간의 생, 노, 병, 사가 신비적 차원을 상실하고, 단순히 생물학적-사회학적 인과관계론으로 바뀌었다. 이 자연과학적 인과관계는 모든 것을 설명하고 예측한다. 인간과 우주가 누구에 의해서 생겼고, 무슨 목적을 지향하며, 무슨 형이상학적 의미가 있는가는 문제되지 않는다.

4) 계몽주의는 진보사상을 갖고 있다. 계몽주의와 계몽주의 유산을 물려받은 사람들은 지구를 종횡으로 누비고 다니며 영토들을 발견해

냈고, 어두운 세계에 새 날이 동틀 가능성을 보고 기뻐하며 흥분하였다. 서양의 여러 나라들은 땅을 용감하게 소유했고, 식민지체제를 만들어 냈다. 이들은 자신들의 운명의 주인으로서 이 세상을 자신들의 형상을 따라 만들어 갔다.

5) 진보사상은 '발전계획들'로 표현되었으니, 서방의 여러 나라들은 제 3세계의 여러 나라들에서 '발전계획'을 실천하였다. 이 모든 계획들의 근본 동기는 물질적 소유, 소비주의 및 경제발전이라고 하는 범주들로 표현되는 서양의 기술발전 모델들이다.

6) 계몽주의 패러다임에 있어서는 원칙상 모든 문제들이 해결가능하다. 그리고 모든 것은 설명될 수 있거나 적어도 해명가능하다. 인간의 자연과학적 이성은 한계를 모른다. 자연과학적 지식이 축적됨에 따라 자연과학은 모든 다른 학문 분야들에까지 잠식하였다. 자연과학의 성장이 계속 앞을 향해 나아가고 위로 향해 올라갔다. 그래서 실증주의의 눈으로 볼 때, 인류의 지성사는 신학적, 형이상학적, 철학적 사변의 암울한 시대를 통과하여 실증과학들의 승리를 맞이하였다. 그래서 앞으로 산업사회가 인류의 행복을 약속한다는 것이었다.

7) 계몽주의는 해방된 인간, 자율적 인간을 말한다. 계몽주의는 개인들의 자유경쟁으로 개인들의 행복을 추구했고, 이로써 인류의 발전을 신앙했다. 개인은 자유인이요 자연인으로서 무한히 완전해지고, 자기 마음대로 발전할 수 있다는 것이다. 마음대로 살려는 무한한 자유의 욕망은 서양 민주주의의 박탈될 수 없는 인권으로 발전하였다. 절대적인 것은 아무것도 없다. 자유가 전부이다. 자본주의와 맑시즘은 인간을 하나님과 교회 없이, 그리고 그 어떤 초자연적 전거점도 없이 자율적 인간으로 보려는 이 같은 계몽주의적 비전에서 왔다.[23]

---

23. Bosch, *op. cit.*, pp. 264-267.

2) 포스트모더니즘

위에서 언급한 모더니즘의 여러 요소들이 포스트모더니즘의 핏속으로 들어와 흐르고 있기는 하지만, 후자는 전자와 완연히 구별되는 새로운 패러다임의 시대이다.

보쉬는 아인슈타인과 하이젠베르크와 같은 자연과학자들이 이미 자연학의 영역 자체 내에서부터 모더니즘을 극복하기 시작하였고, 이어서 인문사회과학 쪽에서도 이 같은 새로운 패러다임이 움트게 되었다고 본다. 보쉬는 제 1, 2차 세계대전(1914-1918, 1939-1945)이 옛 패러다임을 깨고 새로운 패러다임을 가져 온 전기로 보며, 신학에 있어서는 칼 바르트가 모더니즘의 소산인 자유주의 신학에 대응하여 새로운 신학적 패러다임을 제시하였으며, 역사철학에 있어서는 슈펭글러와 조로킨이 옛 패러다임의 몰락과 새로운 패러다임의 등장을 예고한 것으로 본다.

그리고 에큐메니칼운동과 WCC의 태동은 제 1차 세계대전이 끝난 1920년경에 본격화되었다. 삶과 봉사(Life and Work) 운동이 1914년 제 1차 세계대전 직전에 죄더블롬에 의해서 시발되었고, 1920년에는 제네바에서 세계대회를 준비하는 대회로 모였으며, 1910년 에든버러 이후로 미국 성공회의 브렌트 주교에 의해서 착수된 신앙과 직제(Faith and Order) 운동 역시 1920년 제네바에서 세계대회를 위해서 모였고, 바로 이 1920년에 동방교회의 중심지인 콘스탄티노플에서 열린 주교총회(Holy Synod)가 국제연맹(League of Nations)에 맞먹는 "교회들의 국제연맹"(League of Churches)을 제안하는 공식문서("encyclical")를 발표하였다. 그리고 1910년 에든버러의 WMC는 1921년 IMC(국제선교협의회)로 발전하여 활력을 크게 과시하였다. 그리하여 결국 삶과 봉사 세계대회가 1925년에, 신앙과 직제 세계대회는 1927년에 각각 열렸고, 이 두 운동이 합류하여 WCC를 형성하게 되었으며, IMC는 1947년 이래로 WCC와 긴밀한 협조관계를 유지하다가 1961년 뉴델리 WCC 때에는 WCC에 완전히 합류하였다.

따라서 개신교 주도의 20세기 에큐메니칼운동과 WCC의 형성과정과 초기발전은 제 1차 세계대전(1914-1918), 볼셰비키 혁명(1917), 나치즘(1935)과 파시즘(1922-1943), 그리고 제 2차 세계대전(1939-1945), 동유럽과 중국의 공산화 및 아시아, 아프리카, 중남미의 탈제국주의(1950년대), 그리고 제 3세계에 파고드는 맑시즘을 경험하였고, 바로 이같은 유럽의 격동기가 부르주아 유럽과 제국주의적(식민지주의적) 유럽의 종식을 고하였으며, 18~19세기의 모더니즘의 붕괴를 초래하였던 것이다. 바로 이 격동과 위기의 전환기를 통과하면서 옛 교회적 패러다임과 옛 신학적 패러다임은 붕괴되고, 교회와 신학의 새로운 패러다임이 동터 올랐다. 에큐메니칼 교회의 에큐메니칼 신학이야말로 포스트모더니즘 시대에 대응할 수 있는 새로운 패러다임인 것이다.

이미 지적한 대로, 보쉬, 큉, 그리고 몰트만은 모더니즘의 시대를 18세기 계몽주의로부터 제 1차 세계대전과 1917년 러시아 혁명까지로 보고, 1918년 이후, 특히 1945년 이후의 시대는 그 이전의 모더니즘 시대와 확실히 구별되는 포스트모던 패러다임을 보여 주고 있는 시대로 본다.[24]

그리고 보쉬, 몰트만, 한스 큉의 주장은 이상에서 언급한 포스트모더니즘에로의 전환기에 대하여 대체로 의견일치를 보이고 있다 하겠다.

그러면 포스트모더니즘의 특징들은 무엇인가? 이것에 관하여 우리는 보쉬가 지적하는 7가지 특징들과 1983년 튀빙겐에서 모인 "국제 에큐메니칼 심포지엄"이 제시한 9가지 "오늘날의 위기들"을 소개하려고 한다.

다음에 요약된 보쉬의 주장들은 주로 그가 이미 논한 모더니즘의 특징들에 대한 반제(反提)들이요, 탈모더니즘이요, 모더니즘의 극복이다.

---

24. Hans Küng, op. cit., p. 198.

(1) 합리주의 틀을 깨기

20세기에 들어와서 회교, 불교, 힌두교와 같은 세계 종교들이 부흥하고 있다. 기독교도 마찬가지이다. 오순절운동이 루터교, 개혁교회 및 성공회를 능가하는 영향력을 개신교 안에서 발휘한다. 옛 소련 연방과 중국에서조차 기독교는 생기를 얻고 있으며, 확장되고 있다. 폴란드의 로마 가톨릭교회가 근세 폴란드 역사에서 찾아볼 수 없을 정도로 국민의 지지를 받고 있다. 라틴 아메리카의 기초공동체들의 증가도 우리의 주의를 끈다. 그리고 아프리카의 교회 역시 부흥하고 있다. 이 같은 예들은 협소한 계몽주의적 합리주의의 틀, 과학적 객관주의의 틀, 과학적 축소주의의 틀이 21세기를 바라보면서 오늘을 살고 있는 현대인들에게 더 이상 힘을 쓸 수 없는 옛 패러다임임을 반증하고 있다. 그리하여 오늘날에는 '은유'(metaphor), '상징'(symbol), '의식'(ritual), '징표'(sign), '신화'(myth) 등이 회복되고 있으며, 신비감과 황홀감이 인정받고 있다. 그러나 포스트모더니즘은 합리적 설명이나 합리적 체계를 버리자는 것이 아니라, 오히려 종교적 경험을 총체적 실재 속에 합체시키려 하며, 종교와 과학의 조화를 추구한다.

(2) 주객의 도식을 넘어서기

인간은 데카르트 사고모델을 따라 이성과 자연을 이분화한 나머지, 자연을 분석의 대상으로 삼았고, 자연을 도구화하였으며, 착취하였다. 인간은 물리적 세계를 자신의 이성과 의지의 노예로 삼았다. 이처럼 데카르트 이래의 계몽주의의 세계관과 인식모델에 입각한 과학, 철학, 교육, 사회학, 문학, 기술 등은 인류와 자연을 모두 잘못 해석하였고, 특히 생태학적 위기와 환경파괴를 낳았다. 그리하여 포스트모더니즘은 분석적 사고보다 통전적 사고를, 분리와 분열보다 공동체성을, 몸과 정신, 주체와 객체의 이분법보다 통전성을, 그리고 인류와 자연의 공생을 지향하고 있다.

(3) 목적론적 차원의 재발견

계몽주의가 지향했던 과학주의적 인과론은 인생의 목적과 의미를 앗아 갔다. 적어도 19세기 유럽과 북미의 가진 자들은 진보를 보장하는 우주의 내적 힘을 믿었고, 자연 안에 내재하고 있는 생물학적 법칙성을 따라 개인들과 사회가 점점 더 진보한다고 하는 다윈의 진화론을 받아 들였다. 이런 식으로 서양의 가진 자들은 과학주의적 인과론에 의해서 모든 불가사의들을 풀어 나가고, 자연과 나아가서 전세계를 자신들에게 굴복시킴으로써 보다 더 큰 특권을 누릴 것을 믿었다. 그러나 다행히도 요한네스 바이스와 알버트 슈바이처의 종말론 이래로 등장한 종말론적 하나님 나라에 대한 설교와 신학은 인과론적 진보신앙을 깨고 인생의 의미와 목적을 재정위(再定位)시켰다.

(4) 진보사고에 대한 도전

계몽주의적 진보신앙은 식민지 확장정책을 낳았고, 온갖 '발전'(development)계획들을 가져왔다. 서양은 제 3세계의 모든 문제들을 '발전계획'에 의해서 해결하려고 했었다. 낙관주의가 지배적이었다. 그런데 서양은 제 3세계를 '발전' 시키는 과정에서 더욱더 부강해졌고, 제 3세계는 더욱더 가난해지고 힘을 잃어 갔다. 서양의 '발전계획'은 자신의 부와 힘을 결코 포기하지 않는 한에서 수행되었고, 이들의 모든 과학과 기술지원 역시 자신들의 부와 힘을 확장시키려는 것이었다. 바야흐로 계몽주의의 유산인 개발과 근대화의 모델은 '종속과 해방'이라는 도식으로 바뀌었다. 산업국가들이 식민지 시대를 통하여 비서양 나라들을 착취함으로써 부를 축적했으니, 결국 부유한 나라들이 있기 때문에 가난한 나라들이 있게 되었다고 하는 결론에 도달하였다. 물론 '해방'모델이 계몽주의적 낙관론을 지니고 있기는 하지만, 적어도 이상의 주장은 서양의 지배, 팽창주의 및 착취과정에 대한 항거인 것이다.

(5) 믿음을 전제하는 틀

계몽주의의 패러다임에 있어서 '사실'(facts)과 '가치'(values)의 이분화는 근본적 전제인데, 이 같은 구조가 이미 붕괴되기 시작하였다. 실증주의와 경험주의가 주체와 객체, 가치와 사실 사이에 쌓아올렸던 담은 이미 무너지고 있다. 실재에 대한 관찰은 관찰자의 관찰에 영향을 주고, 관찰자의 주관이 또한 실재이해에 영향을 준다. 모든 인식행위는 인식자의 주관적 평가를 포함한다. 히로시마와 나가사키의 사건은 가치와 과학의 이분법이 인류와 자연, 그리고 과학 자체까지 파멸시킨다는 사실을 보여 주었다. 과학은 서양의 문화적, 제국주의적 전제 위에 세워져 있고, 착취와 파괴의 도구로 사용되어 온 것이 사실이다. 따라서 '사실들 그 자체'(brute facts)가 아니라, 다만 '해석된 사실들'(interpreted facts)이 있을 뿐이다.

맑시즘, 자본주의, 파시즘, 민족주의적 사회주의 같은 서양의 큰 이념들은 객관적 이성을 강조하고, 모든 자연과학의 기술들을 사용하여 자신들이 진리임을 증명하고 확신시키려는 점에서 계몽주의의 과학주의와 맥을 같이하고 있다. 더욱 놀라운 사실은 이 같은 이념들이 '대체종교'(Ersatz Religion)로 기능한다는 사실이다. 그리하여 폴라니(Polanyi)는 "당신이 믿지 않을 것이면, 이해할 수도 없을 것이다."라고 하는 어거스틴의 말을 인용하여 자연과학을 포함한 모든 학문의 인식의 틀을 '객관주의적 틀'이 아니라 '믿음을 전제하는 틀'(fiduciary framework)로 보았다. 폴라니는 '참여'(commitment) 혹은 '개인적 지식'을 '객관적 지식'보다 우위에 놓았다.

(6) 한풀 꺾인 낙관론

계몽주의 세계관의 다른 요소들처럼, 원칙상 모든 문제들을 해결할 수 있다고 하는 신앙은 점점 더 큰 압력을 받고 있다. 서양의 거대한 대내적 계획들과 제 3세계에 대한 계획들은 성공을 거둘 수 없었다. 모든 사람들과 모든 나라들이 평화와 자유와 정의를 경험하게 될 통일된 세계에 대한 꿈은 갈등과 속박과 부정의의 악몽으로 바뀌고 있다. 1960년대와 1970년대 초에 있었던 갱신과 변화와 해방에 대한 무비판적 찬사는 더 이상 타당성을 갖지 못한다. 1970년대 이후 시야는 더욱 어두워지고 있다. 사람들은 인간들과 사회구조들 속에서 악의 실재를 더욱 절실하게 의식해 가고 있다. 하지만 우리는 계몽주의적 낙관주의와 반계몽주의적 비판주의를 넘어서야 한다. 우리 주변에는 삶의 새로운 의미를 찾는 이들이 있고, 현재에 빛을 던지는 종말론적 하나님 나라를 바라보는 이들이 있다.

(7) 상호의존을 향하여

계몽주의 신조는 각 개인이 다른 사람들이 생각하고 말하는 것에 아랑곳하지 않고, 자기 자신의 행복을 자유롭게 추구한다. 자기네들이 좋은 대로 자신들의 힘을 자유롭게 사용하는 현대인들은 자기 자신들 이외에는 전거의 틀을 갖고 있지 않고, 자신들의 자유를 공동선을 위해서 사용하지 않는다. 지난 몇십 년 동안 그렇게나 의기양양하던 개인의 자율은 타율로 끝나고 말았고, 자신이 믿고 싶은 대로의 믿음의 자유는 불신앙으로 끝났으며, 상호의존에 대한 거부는 자아로부터의 소외로 끝나고 말았다. 확신과 참여는 꼭 필요하다. 즉, 자신의 입장을 확실히 하면서 상호의존하는 일이 요청되는 것이다. 그래서 우리는 함께 살아가기, 상호의존성 및 공생(共生)을 회복시켜야 한다. 개인은 단자(單子)가 아니라 유기체의 구성원이다. 우리는 다른 사람들을 희생시키고는 나도 살 수 없는 하나의 세계 안에서 살고 있다. 이것은 인간에 대한 관계 뿐만 아니라 자연에 대한 관계에 대해서도 타당하다.[25]

---

25. Bosch, *op. cit.*, pp. 252-262.

그리고 1983년 "신학의 새로운 패러다임"이라는 주제를 가지고 튀빙겐에서 모인 "국제 에큐메니칼 심포지엄"에서는 여러 세계적인 신학자들이 "오늘의 위기"(the present-day crisis)를 9가지로 지적했는데, 이는 다름아닌 포스트모더니즘의 특징들이다.

(1) 서양(유럽과 미국)이 제 2차 세계대전 이후로 지난 400년 동안의 정치-군사적, 그리고 경제-문화적 지배권을 상실하자, 다른 정치-군사적, 그리고 경제-문화적 힘들의 중심들이 등장하였다(Gilkey) : 다중심주의(polycentrism : Metz).

(2) 서양과 심지어는 동양에서까지 인류 문화의 기본적인 힘을 구성하고 있는 과학, 기술, 산업화는 파괴적인 동시에 창조적이다. 기술-산업문명은 파괴를 향한 운명적 잠재력을 자체 내에 품고 있다. 핵무기를 통한 환경파괴와 인류의 자멸이 우리의 눈앞에 있다(Blank, Cobb, Gilkey, Metz, Moltmann, Schillebeeckx).

(3) 문화적 다중심주의와 더불어 경제적 착취와 억압, 인종주의와 성차별주의와 같은 사회적 대립갈등은 우리 세기에 있어서 신학, 교회, 그리고 사회에 대해 도전해 오고 있다(Boff, Carr, Cobb, Gilkey, Metz, Moltmann).

(4) 정치-사회적 진보의 신화는 물론, 과학적, 기술적, 산업적 진보의 신화도 몹시 흔들리고 있다. 자유민주주의 진영의 진보적 신학들과 사회주의적 맑스주의 세계의 진보적 이념들에 의해서 지지를 받던 낙관주의적 근대 역사관이 무너지고, 비관적인 방향상실과 절망, 그리고 미래 세계에 대한 불확실성이 등장하고 있다(Gilkey).

(5) 오늘날 책들, 대학들, 신학 및 공동체는 두 가지 압력을 받고 있다. 즉, 한편으로는 강한 모더니즘의 세분화와 전문화, 그리고 개별화와 다원화가 압력으로 다가오고, 다른 한편으로는 다양성을 억누르고 획일성을 지향하려는 반모더니즘적 반동 압력, 그리고 통전성에 대한

갈등과 전체주의적 경향(종교적이든 세속적이든)이 압력으로 다가오고 있다.

(6) 서양이 정치-군사적, 그리고 정치-문화적 주도권을 상실하자 '하나의 참되고', '축복받은', 혹은 '절대' 종교로서의 기독교의 주도권도 뒤흔들리게 되었다. 바야흐로 우리는 기독교와 타종교들의 만남을 동등한 원리를 가지고 증거하고 있으니, 이것이 의미하는 바는 제 7 항이다.

(7) 기독교인들은 아직까지도 기독교를 선험적으로 고차적인 문명(과학과 기술의 발전, 개인의 자유와 여성을 위한 동등권 및 가정의 안정 등의 발전을 이룩했기 때문에)이라고 보지만, 바로 위 항목에서 지적한 바 서양의 주도권의 상실과 아울러 기독교의 세계 지배권의 상실로 기독교인들과 "후기 세속적 기독교인들"(secular post-christians)은 신빙성을 상실해 가고 있다. 따라서 기독교인들은 기독교 문명의 우월성으로 자만하지 말고 타종교인들에게 귀를 기울이고 배울 준비가 되어 있어야 한다(Cobb, Dhavamony, Gilkey).

(8) 제 1, 2차 세계대전, 아우슈비츠, 히로시마, 소련 공산세계의 강제수용소 및 제 3세계의 기아는 실천(praxis)을 향한 신학을 요청한다. 관념적 신학체계가 아니라 이 같은 구체적인 인간의 고난의 역사들에 대응하는 신학을 요청한다(Metz). 이 같은 고난의 역사들을 통해서 우리는 가난한 자들 편에 설 것을("option for the poor") 선택해야 할 것이다.

(9) 다원적 고난의 역사들 속에는 수백만 명의 여성들의 고난의 역사도 포함되어 있다. 여성들의 정체성, 평등성 및 존엄성에 대한 이해는 옛 패러다임과 구별되는 새로운 패러다임이다.[26]

---

26. Hans Küng, op. cit., pp. 175-177.

그러면 모더니즘으로부터 포스트모더니즘으로 옮겨 오는 과정에서 선교신학의 패러다임 변화는 어떠한가? 보쉬는 지난 3세기 동안의 선교신학이 보수진영이든, 자유주의 진영이든 모두 계몽주의의 물을 마셨고, 계몽주의의 공기를 마셨다고 본다.

지난 3세기 동안의 서양의 선교운동 전부는 계몽주의라는 자궁에서 나왔다. 한편 계몽주의는 모든 사람들에 대한 관용의 태도와 모든 종류의 신앙에 대한 상대주의적 태도를 낳았고, 다른 한편 그것은 서양의 우월감과 편견을 낳았다. 이러한 정서는 '복음주의자들'과 '자유주의자들' 모두에게서 발견되므로, 이 점에서 이들 사이의 구별이 어렵다.......[27]

그러면 제 1차 세계대전 이후 에큐메니칼운동사에 나타나는 선교신학을 새로운 패러다임 혹은 포스트모던 선교신학으로 보는 보쉬에게 있어서 모더니즘시대의 선교신학적 특징들은 무엇인가? 보쉬는 8가지를 제시하고, 끝에서 이 모더니즘시대의 선교신학이 선호하던 성경구절들을 말하고 있다. 우리는 이 8가지에 대하여 간단히 요약적으로 소개하려고 한다.

(1) 하나님의 영광

보에티우스에서 에드워즈, 그리고 17세기 개신교 정통주의가 하나님의 주권과 하나님의 영광을 강조했으나, 18~19세기 초 복음주의 부흥운동과 선교활동은 인간의 자유를 무시하지 않는 방향으로 나가면서 '하나님의 애정'과 '그리스도의 사랑'을 강조하게 된다.

(2) "그리스도의 사랑이 우리를 강권하시는도다"(고후 5 : 14).

---

27. David J. Bosch, *Transforming Mission : Paradigm Shifts in Theology of Mission*(New York : Maryknoll, Orbis Books, 1992).

경건주의 전통과 웨슬리로 비롯되는 18세기의 복음주의 부흥운동과 세계선교는 세상을 사랑하사 그의 아들까지 아끼지 아니하시고 내어주신 하나님의 한없는 사랑에 대한 감사와 이 사랑에 대한 반응으로서의 이웃 사랑에 불타올랐는데, 이 같은 동기가 인간적인 동정과 휴머니즘적 인간애와 서양의 자기 우월적 이타주의로 변했다.

(3) 복음과 문화

보쉬는 18~19세기의 선교는 서양 문화의 우월감 속에서 국가를 등에 업고, 서양의 문화를 피선교지들에 강요하며, 교파분열을 정당화하고, 금전으로 선교를 밀고 나가는 경향을 보였다고 한다. 18~19세기의 서양은 모든 피선교지들이 어두움, 맹목적성, 미신 및 무지 속에 있는 것으로 보고, 문화제국주의를 지향했다.

(4) 선교와 명백한 운명

18세기보다 19세기 초, 즉 제국주의 혹은 식민지주의가 절정에 오르던 1820년부터 1920년 어간에, 서양은 하나님께서 자신들을 택하사, 땅 끝까지 이르러 복음을 전하신다고 하는 '명백한 운명'을 의식하고, 선교의 짐을 일방통행적으로 짊어지겠다는 오만에 사로잡혀 있었다. 프랑스 혁명 이후, 독일을 비롯한 유럽의 민족주의, 앵글로 색슨 우월주의를 내세우는 청교도주의, 대영제국으로부터 독립한(1776) 이후, 특히 19세기 미국의 애국주의 등은 모두 인간적 욕망을 선교적 동기 속에 갖고 있었다.

(5) 선교와 식민지주의

15~17세기에 시작된 유럽의 제국주의는 1880년에 그 절정에 도달하는바, 모든 선교단체들이 제국주의적 욕망에 동참했다는 사실은 의심의 여지가 없다. 제국주의 서양은 제국주의의 맥락 속에서 '백인의 짐'(the white man's burden)을 선교사들 및 선교단체들과 함께 나누어 짊어져야 한다고 생각했다. 아시아와 아프리카인들은 백인 후견인들의 지혜로운 지도와 편달에 의존했다. 물론 이 모더니즘 시기의 서양의 모든 선교가 제국주의와 식민지주의의 앞잡이는 아니었지만 말이다.

(6) 선교와 천년왕국

이 3세기 혹은 3세기 이상의 시기 동안 서양의 선교는 "역사 안에서 완성될 마지막 황금기에 대한 성경적 비전"을 밑에 깔고 있다. 역사의 제 3의 단계 혹은 끝단계에 교회가 가장 널리 확장되리라고 본 칼빈의 종말론이 청교도 전통과 함께 미국에 들어간 이래, 미국의 제 1차 대각성 이후 미국 개신교는 천년 왕국설에 대한 비전을 가지고 선교에 열을 올렸다. 청교도들은 유대인들의 회심과 이방인들의 충만한 수가 복음을 받아들이리라 믿고 매우 낙관적인 선교활동을 펼쳤다. 19세기 미국의 사회복음주의 역시 이러한 맥락 속에 있다. 그런데 1830년을 계기로 미래를 어둡게 보는 전천년설과 선교적으로 미래를 밝게 보는 후천년설로 나뉘면서, 전천년설은 예수 재림파(adventism), 성결교회운동(the holiness movement), 오순절운동(pentecostalism), 근본주의(fundamentalism) 및 보수파 복음주의(conservative evangelicalism)를 낳았다. 다른 한편, 1859년경에는 후천년설적 종말론이 일반적으로 받아들여진 미국 개신교의 교리가 되었으니, 이는 묵시적인 시간관과 진화적 시간관을 종합시킨 에드워즈와 홉킨스 등의 후천년설을 뒤잇는 것이었다. 20세기 초 근본주의는 진화론적 성경이해, 역사비평적 성경이해 및 사회복음주의에 대한 반작용으로 등장, 전천년설적 종말론을 지향했지만 말이다.

(7) 자발주의

18세기 말 개신교 안에는 교파적이든 초교파적이든, 비교파적이든 아니면 반(反)교파적이든 간에 수많은 선교단체들이 생겼다. 대영제국, 네덜란드, 스위스, 스칸디나비아의 나라들 및 미국의 개신교 안에는 자발적 사회단체에 맞먹는 많은 선교단체들이 생겨났다. 제국주의가 절정에 도달했던 1880년대에 오면 미국 개신교가 이와 같은 선교단체들을 가장 많이 갖게 된다. 이러한 계몽주의의 유산은 그 배후에 평등주의(egalitariansism)를 갖고 있는바, 여성과 평신도의 선교사역에 박차를 가했다. 19세기 중엽 앤더슨(R. Anderson)과 벤(Henry Venn)이 주창한 삼자(三自) 선교정책 역시 모더니즘시대의 '자발주의'(voluntarism)에 해당한다.

(8) 선교적 열정, 낙관주의 및 실용주의

진보사상은 17세기에 등장, 18세기에 이르면 인간의 모든 삶과 모든 학문 분야들을 지배하게 된다. 이것의 절정은 19세기와 20세기 초인데, 이 시기의 개신교 선교 역시 선교의 낙관주의와 미래를 향한 낙관주의적 정위(定位)를 피할 수 없었다. 보쉬는 7권으로 된 라투레트의 「기독교 확장사」의 교회사 기술이 그 전형적인 예증이라고 한다. 보쉬는 라투레트와 윈터의 낙관주의와 실용주의의 뿌리가 18세기 말에 있는 것으로 본다.[28]

끝으로, 보쉬는 18~19세기의 선교 양상들을 성경구절을 가지고 특징짓는다. 바울의 선교적 비전인 "마게도냐로 건너와서 우리를 도우라."(행 16:9)는 모든 다른 인종들과 종교들을 흑암과 절망 속에 있는 것으로 보던 서양 기독교인들의 선교적 비전이었고, "이 천국 복음이 모든 민족에게 증거되기 위하여 온 세상에 전파되리니 그제야 끝이 오

---

28. *Ibid.*, pp. 285-341.

리라."(마 24 : 14)는 전천년설적 종말론을 따르는 사람들의 선교적 비전이었다. 사회복음주의 계통의 선교를 지향하는 사람들은 "…… 내가 온 것은 양으로 생명을 얻게 하고 더 풍성히 얻게 하려는 것이라."(요 10 : 10)를 선호하였고, 이 시대의 대부분의 기독교인들은 16세기 종교개혁과 17세기 개신교 정통주의시대와는 달리 마태복음 28 : 18~19을 하나님의 위탁명령으로 받아들였다.[29]

그러면 우리는 이제 포스트모더니즘시대의 선교신학에 대해서 논하자.

3. 1928년 예루살렘 국제선교대회(IMC)

제 1차 세계대전이 끝나자, 1910년 에든버러와 "계속위원회"(Continuation Committee)가 구상하던 영구적인 국제선교기구를 탄생시키려는 계획이 추진되었다. 그리하여 뉴욕의 모홍크 호수가에서 1921년에 형성된 IMC(International Missionary Council)는 국가별 개신교 선교협의회들과, 유럽과 미국에 있는 개신교 선교단체들의 협의체들과 연합되어 있는 아시아, 아프리카, 라틴 아메리카의 NCC들을 연합시켰다. 20세기 에큐메니칼운동과 WCC 기원과 형성에 있어서 이 IMC의 역할은 매우 중요하였다. '국제적'이라는 말이 붙은 이유는 국가별 선교협의체들이 결정적 구성원들이었기 때문이다. 이 IMC에는 14개국에서 61명의 대표가 참석했는데, 선교 종주국인 서방 교회의 대표들이 압도적이었고, 신생교회의 대표는 7명에 불과하였다. 전쟁으로 독일 대표는 1923년 옥스퍼드 IMC 때부터 참여하게 된다.[30]

---

29. *Ibid.*, pp. 339-340.
30. 이형기, 「에큐메니칼운동사」(서울 : 대한기독교서회, 1994), pp. 119 이하 ; *Dictionary of the Ecumenical Movement*, ed. by Nicholas Lossky and others(Geneva : WCC publications, 1991), 참고 : "IMC."

우리는 1928년 예루살렘 IMC에서 어느 정도로 18~19세기적인 복음전도(evangelism)가 계속 이어지고 있으며, 어느 정도로 '선교' 개념이 넓은 의미의 교회의 사회참여를 포함하고 있는가를 살펴보려고 한다. 우리는 1910년의 복음전도의 열기가 여기에서도 계속 이어지고 있는지, 패러다임 변화에 따른 새로운 선교 개념이 무엇인가에 대하여 알아보아야 할 것이다. 본 IMC는 1927년 '신앙과 직제'의 "세상을 향한 메시지 : 복음"(제 2분과)을 '복음'의 객관적이고 보편적인 내용-종말론적 차원은 빌링겐에 가서 나타나지만-으로 삼음으로써, 세계 교회가 세상을 향하여 선교해야 할 기독교적 메시지를 확실히 하고 있다. 이는 분명히 19세기적 자유주의 신학이 이해했던 '복음'이 아니라 새로운 패러다임의 '복음'이었다. 이 로잔의 '복음'은 "중국의 그리스도의 교회"(the Church of Christ in China)의 헌장에도 포함되었다. 다음의 '복음'에 대한 정의는 향후 에큐메니칼운동에 있어서 '복음'이 무엇인가라고 하는 논의가 나올 때마다 길잡이 역할을 했다. 우리는 다음의 긴 인용에 유의하자.

세상을 위한 교회의 메시지는 예수 그리스도의 복음이요, 항상 복음이어야 한다. 복음은 현재와 미래를 위한 구속의 기쁜 메시지인 바, 예수 그리스도 안에서 죄인에게 주어진 선물이다. 성령은 온 인류 역사 속에서 활동하시사 그리스도의 오심을 준비하였고, 무엇보다도 구약 안에서 주어진 그의 계시를 통해서 그의 오심을 준비하셨는데, 때가 차서 하나님의 영원한 말씀이 성육신하사 인간이 되신 것이다. 바로 이 예수 그리스도는 하나님의 아들과 사람의 아들로서 은혜와 진리가 충만하신 분이시다.

이 예수 그리스도는 그의 삶과 가르침, 그의 회개에로의 부르심, 그의 하나님 나라의 도래와 심판에 대한 선포, 그의 고난과 죽음, 그의 부활과 하나님 아버지 우편에로의 승귀 및 그의 성령의 파송을 통하여 우리의 죄를 용서하여 주셨고, 살아 계신 하나님의 충만함과 우리를 향하신 하나님의 한없는 사랑을 계시하셨다. 예수 그리스도는 십자가에서 보이신 완전한 사랑에 호소하시사 우리들을 신앙에로 부르시고, 하나님과 인간을 섬기기 위한 자기 희생과 헌신에로 부르신다.

예수 그리스도는 십자가에 달리셨다가 부활하신 살아 계신 분으로서, 구세주와 주님이신바, 그는 사도들과 교회의 세계적 복음의 중심이다.……

복음은 죄인들을 하나님께 돌아오라고 부르는 예언자적 부름으로서, 그리스도를 믿는 사람들에게는 칭의와 성화의 기쁜 소식이다.……

복음은 사회적 중생을 가능케 하는 힘의 근원이다. 복음은 현재 사회를 짓밟고 있는 계층간 및 인종간 갈등으로부터 인류를 해방시켜, 국가별 행복과 국제적 우정과 평화를 누리게 하는 유일한 방법을 선포한다.……[31]

예루살렘은 바르트, 브룬너, 불트만, 고가르텐 등의 "신정통주의"의 영향하에 복음과 기독론에 집중하였다. 이와 같은 사실은 위의 인용에서도 잘 나타나고, 예루살렘의 "기독교의 메시지"(The Christian Message)에서도 분명하게 보인다. 다음의 인용은 예루살렘이 복음과 기독론에 집중하고 있음을 보여 준다.

…… 예수 그리스도는 그의 생애와 죽음과 부활을 통하여 우리들에게 하나님 아버지를 계시해 주셨으니, 이 하나님 아버지께서는 전능한 사랑으로서 십자가를 통하여 세상을 자신에게 화해시키시는 지존하신 실재이시다. 그래서 이 아버지 하나님은 죄악에 대항하여 싸우는 인간과 고통을 나누시고, 인간의 죄짐을 걸머지시고, 인간들이 사죄함을 받아 회개와 신앙으로 자신에게 돌아올 때 이 인간들을 용서하시며, 계속 성장하고 확장되는 영생을 위한 새 인간성을 창조해 주신다.[32]

---

31. *Documentary History of the Faith and Order Movement : 1927-1963*, ed. by Lukas Vischer(Geneva : WCC, 1963)), pp. 29-30.
32. The World Mission of Christianity : Messages and Recommendations of

그리스도께서 선교의 동기이시다. 따라서 기독교 선교들의 목적은 이 동기에 들어맞아야 한다. 선교의 목적이란 살아 계신 구세주이신 예수 그리스도에 대한 신앙과 이 분과의 연합을 통해서, 그리고 교회 안에서의 공동체적 삶을 통하여, 개인들과 사회와 국가들을 그리스도의 성품에 닮도록 하는 것 바로 그것이다. 그리스도께서 우리의 동기요, 우리의 목적이시다. 그 이상도 그 이하도 아니다.[33]

그런데 1952년 빌링겐 IMC에서 비로소 이 '복음'은 '삼위일체 하나님'과 관련된 *Missio Dei*에로 발전한다.

예루살렘은 그 동안 선교 종주국들이 넓은 의미의 교회의 사회참여를 선교 개념에서 제외시킨 것을 비판하면서 다음과 같이 말한다.

> …… 교회는 이제까지 인종 증오, 인종 질투, 인종 경멸, 혹은 사회적 질투와 경멸, 혹은 부(富)에 대한 욕심과 가난하고 약한 자들에 대한 착취 등에 대항하여 견고하고 효과적으로 정면대결을 해오지 않았다. 우리는 복음이야말로 인류를 계층간, 인종간의 증오와 갈등에서 해방시키는 유일한 방법임을 선포한다고 믿는다.[34]

"기독교의 메시지"의 결론 부분은 종전의 구두(口頭)로 하는 복음선포로 만족하지 않고, 사회와 역사를 변혁시키는 것을 포함하는 복음선포를 주장한다.

> …… 복음은 또한 단순하고 사랑에 넘치는 삶에 의해서 표현되어야 하고, 말과 행동과 삶에 의해서, 공의와 사랑에 의해서, 정의와 동정과 애정에 의해서, 인간의 필요들과 세상의 심오한 결핍을 채우는 교역에 의해서

---

the Enlarged Meeting of the IMC held at Jerusalem, March 24 - Apri 18, 1928(New York : 419 Fourth Avenue, IMC, 1928), p. 8.
33. *Ibid.*, p. 11.
34. *Ibid.*, p. 12.

사람들의 지성과 마음에 제공되어야 한다.[35]

예루살렘은 "인종관계", "아시아와 아프리카의 산업화에 따른 문제들과 관련된 기독교 선교의 문제", "아시아와 아프리카의 농촌문제에 관련된 기독교 선교"와 같은 제목들에서 교회의 대(對) 사회적 책임을 '선교' 개념에 포함시킨다. 우리는 이러한 제목들에 나타난 주장들 가운데 몇 가지 요점을 인용하려고 한다.

"인종관계"에서 우리는 다음과 같은 주장을 읽을 수 있다.

하나님의 부성과 인격의 성스러움은 그리스도 안에서 계시된 핵심적 진리들인바, 이는 모든 기독교 공동체들이 삶의 모든 관계들에 있어서 행동으로 옮겨야 할 것들이다. 하지만 이 같은 진리들이 인종간 관계들에 있어서 빈번히 부정되고 무시된다. 반목과 의심, 질투, 욕심, 교만, 그리고 두려움은 인류의 인종들 사이에서 사랑, 기쁨, 평화, 오래 참음, 부드러움, 선량함, 신실함, 온유함, 절제 등과 같은 성령의 열매들을 자라나지 못하게 한다.[36]

경제적으로 보다 강한 인종과 보다 약한 인종 사이의 접촉들은 종종 착취를 낳고, 그 결과 광범위한 부정의와 고난이 뒤따른다. 기독교인들, 특히 직접적으로 관련된 분야에서 일하는 사람들은 여론을 만들고, 여론을 알리며, 여론으로 영향을 발휘함으로써, 나아가서 해당 책임당국 앞에 건설적인 계획을 제시함으로써, 그리고 필요한 경우에는 법적인 행동을 밀고 나감으로써 이 같은 억압적 상황을 종식시켜야 한다.[37]

"아시아와 아프리카의 산업화에 따른 문제들과 관련된 기독교 선교

---

35. *Ibid.*, p. 16.
36. *Ibid.*, p. 40.
37. *Ibid.*, p. 41.

의 문제"는 그리스도인이 "사회, 경제적 체제"를 "3가지 단순하고, 근본적인 표준"에 의해서 판단할 것을 말하고 있다. 첫째는 "인격의 성스러움에 대한 그리스도의 가르침", 둘째는 "형제애에 대한 그리스도의 가르침", 그리고 셋째는 "공동체적 책임성에 대한 그리스도의 가르침"이다.[38] 그리고 이 주제는 다음과 같이 결론을 내렸다.

······ 그러므로 교회의 과제는 그리스도의 메시지를 개인 영혼 안으로만 운반할 뿐만 아니라 모든 인간들이 그 안에서 완전한 영적 성장에 이를 수 있는 하나의 기독교적 문명을 창출해 내는 것이다. 교회는 그러한 성장을 저해하는 조건들을 제거할 수 있는 지식을 획득해야 하고, 그러한 성장을 함양시키는 조건들을 확립해 나가야 한다. 교회는 사회, 경제적 부정의에 대항하여 겁없이 말하며, 행동해야 한다. 교회는 말과 행동으로써 사회관계, 산업조직체들 및 경제생활이 이루어지는 세상 속에서 하나님 나라의 확립을 더욱 앞당기는 모든 세력들을 지지해야 한다.[39]

끝으로, "아시아와 아프리카의 농촌문제에 관련된 기독교 선교"는 농촌문화의 기독교화를 선교 개념에 포함시킨다.

선교현장에서 해야 될 농촌사역은 동서를 막론하고 모든 곳에 있는 교회에게 요청되는 봉사의 한 유기적 부분이다. 즉, 교회는 속알맹이에 있어서까지 기독교화된 농촌문명을 건설하도록 노력해야 한다. 교회는 농촌인구를 잘 교육시키고, 잘 조직하고, 인도하며, 이들로 하여금 세상사에 전적으로 참여하고, 기독교적 정신에 의해서 감동되고 영감받는 사람들의 무리들을 계속 증가시켜야 할 뿐만 아니라 경제적, 정치적, 사회적 해방을 함께 나눌 수 있게 해야 한다.[40]

---

38. *Ibid.*, p. 47.
39. *Ibid.*, p. 48.
40. *Ibid.*, p. 55.

우리는 이상에서 1928년 예루살렘 IMC문서에서 선교신학의 패러다임 이동을 발견할 수 있다. 신정통주의 신학이 제시한 '복음' 개념과 기독론에 집중하는 선교신학, 그리고 복음의 대사회적인 관련성이 그것이다. 무엇보다도 예루살렘은 "인종관계", "아시아와 아프리카의 산업화에 따른 문제들과 관련된 기독교 선교의 문제", "아시아와 아프리카의 농촌문제에 관련된 기독교 선교"와 같은 제목들에서 교회의 대(對) 사회적 책임을 '선교' 개념에 포함시킨다. 예루살렘 IMC의 '복음'과 선교 개념은 18~19세기의 그것과 패러다임의 변화를 보여 주고 있다.

4. 1938년 탐바람 국제선교대회

본 선교대회의 중심주제는 "신생교회들이 역사적, 보편적 기독교 공동체(the historical universal Christian community)에 속한다."고 하는 것에 주안점을 두었다. 이런 의미에서 본 대회는 선교대회의 역사상 가장 많은 '제 3세계' 선교단체들의 대표들을 모았다. 본 대회가 모든 기독교적 운동에 있어서 '교회 그 자체'에 대한 생각이 가장 중요한 것으로 본 것은 이러한 맥락에서였다. 즉, "교회의 생명인 신앙, 교회의 증거의 본질, 교회의 삶과 확장의 조건들, 교회가 사회환경에 대하여 유지해야 할 관계 및 교회 내에서의 협력과 일치의 증진"이 주된 관심이었다. 그런데 탐바람은 이 주제를 선택함에 있어서 에큐메니칼운동의 나머지 두 운동, 즉 '신앙과 직제'(1937년, 에든버러), 그리고 '삶과 봉사'(1937년, 옥스퍼드) 세계대회의 관심사를 감안하였다. 전자는 보편교회의 선교를 염두에 두면서 "신조, 직제, 성례전"과 같은 에큐메니칼 교회론적 문제에 부심하였고, 후자는 "새롭게 등장하는 거짓 종교적 충성심"(예컨대, 히틀러의 민족사회주의)에 대응하여 "교회의 고유한 삶과 선교와 메시지"를 부각시켰다.

1928년 예루살렘이 새로운 패러다임의 선교를 지향하기 위하여 '복음'의 정체성을 밝히면서, 교회의 복음전도와 넓은 의미의 교회의 사회참여를 역설했다면, 1938년 탐바람은 '교회'의 정체성 확립에 몰두하였다. 왜냐하면 1917년 이래의 국제 공산주의, 1922년 이후의 이탈리아 뭇솔리니와 1933년 이래의 히틀러의 발호, 1936년 즈음 일본 등의 파시즘에의 합류, 1939년경 스페인의 프랑코의 파시즘 및 1938년 제 2차 세계대전의 전야의 도전 앞에서 '신앙과 직제'는 교회론의 중심인 "신조, 교회의 직제 및 성례전"을 주제로 하였고, '삶과 봉사'는 "교회, 사회, 그리고 국가"(Church, Community and State)라는 주제하에 교회의 정체성 확립에 총력을 집중하였기 때문이다.

우리는 탐바람의 분과들과 소분과들의 주제들을 통해서 본 대회의 성격을 짐작할 수 있다. 탐바람은 5분과로 나뉘어 토의되었는데, 제 1분과는 "신앙"이라는 주제하에 제 1소분과는 "신앙", 그리고 제 2소분과는 "교회의 본질과 기능"을, 제 2분과는 "증거"라는 주제하에 제 1소분과는 "완성되지 않은 복음전도", 제 2소분과는 "기독적 증거와 타종교들 및 문화들과의 관계", 제 3소분과는 "복음전도에 있어서 교회의 자리매김", 제 4소분과는 "복음전도 과정에서 일어나는 기타 실천적 문제들"을 다루었다. 제 3분과는 "교회의 삶과 사역"이라는 주제하에 제 1소분과는 "예배, 기독교 가정과 노인들과 젊은이들의 훈련"을, 제 2소분과는 "교회 교역직(안수례를 받았든지 평신도든지 간에)의 훈련"을, 제 3소분과는 "교회의 전체적 삶 안에서의 제도 – 교육적, 의료적, 사회적 – 의 자리매김"을, 제 4소분과는 "선교사의 자리매김, 기능 및 훈련"을, 끝으로 제 5소분과는 "꼭 필요하면서도 소홀히 되고 있는 기독교 문서선교"를 취급하였다. 다음, 제 4분과는 "교회의 환경"이라는 주제하에, 제 1소분과는 "교회의 경제적 기반"을, 제 2소분과는 "교회의 사회 및 경제질서에 대한 관계"를, 제 3소분과는 교회의 국제질서에 대한 관계"를, 그리고 제 4소분과는 "교회와 국가의 관계"를 논했다. 끝으로, 제 5분과는 "교회들 간의 협력과 일치"라는 주제만을 토의했다.

우리는 위에서 언급한 주제들에서 세 가지 점에 유의해야 하겠다. 하나는 교회의 신앙과 교회의 본질 및 그 기능이요, 다른 하나는 18~19세기적 복음전도요, 셋째는 제 4분과가 지향하는 넓은 의미의 교회의 사회참여이다. 우리는 여기에서 "교회의 생명인 신앙", "교회의 본질과 그 기능", "완성되지 않은 복음전도의 과제", "복음전도에 있어서 교회의 자리매김", "교회와 변화하는 사회, 경제적 질서"에 대해서만 소개하려고 한다. 왜냐하면 우리는 복음과 교회의 정체성, 그리고 복음전도와 나아가서 넓은 의미의 교회의 사회참여에 관심하기 때문이다.

탐바람은 "복음의 심장"(S.1.2)에서 예루살렘의 '복음' 이해에서 진일보하여 삼위일체적 틀 안에서의 복음과 하나님의 나라를 역설한다. 1952년 빌링겐 IMC의 *Missio Dei*에 나오는 삼위일체 하나님의 선교가 이미 여기에서 엿보인다.

> 우리는 우리 주 예수 그리스도의 아버지이신 하나님에 대한 신앙으로 산다. 이 지존자이신 아버지의 창조의 목적인 그의 거룩한 뜻이 모든 것 위에, 모든 것 안에, 그리고 모든 것을 통하여 있다. 이 세계는 그분의 것이요, 그분이 이 세계를 창조하셨다. 이 하나님은 사람들의 목적들을 통하여 통치하시고 역사하시면서, 인간들의 고집세고 반항적인 권력의지를 무화시키시지만, 또한 이들의 신실한 행동들을 그의 나라를 이 땅 위에 실현하는 데에 사용하신다.
>
> 인간은 하나님의 형상으로 지음받은 그의 자녀들이다.…… 인간은 하나님으로부터 소외되어 자신의 구원을 발견할 수 없는 곳에서 찾는다.……
>
> 누가 인간을 구원할 것인가? 하나님 아버지께서 우리 주 예수 그리스도를 통하여 인간을 구원하신다. "하나님이 세상을 이처럼 사랑하사 독생자를 주셨으니 이는 저를 믿는 자마다 멸망치 않고 영생을 얻게 하려 하심이니라"(요 3:16). 이것이 기독교적 복음의 핵심이다. 이것이 바로 우리가 선포해야 할 복음이다.

하나님께서는 그의 무한한 사랑 가운데에서 인간의 구원을 위해서 행동하셨다. 그는 성육신하신 말씀, 나사렛 예수 안에서 인간을 찾아오셨다. 하나님께서는 이 예수님 안에서 죄와 죽음의 권세를 정복하셨다. 이 예수 그리스도는 그의 가르치심들과 완전한 사랑의 삶을 통하여 본래 하나님이 목적하신 대로의 그 인간이 되도록 다시 부르시며, 이 하나님의 기대를 배반한 사실에 대하여 부끄러움을 느끼게 하신다. 인간은 이 예수 그리스도의 신앙과 완전한 사랑을 통하여 유일하게 참되신 하나님을 신뢰하게 된다. 그의 고난과 갈보리상에서의 죽음은 인간으로 하여금 죄의 끔찍한 죄성과 하나님의 용서를 확신케 한다. 그의 부활은 죄와 부패에 대한 거룩함과 사랑의 승리이다. 예수 그리스도께서 부활하시고 살아 현존하심으로써, 자신들의 의지들을 이분에게 헌신하는 사람들은 이분과 함께 영생에의 참여자가 된다.……

그리스도에게 있어서 하나님의 나라는 중심에 있다. 그는 그를 따르는 사람들에게 하나님의 나라와 그의 의를 구하라고 부르셨다. 정의와 진리와 형제애를 이 땅 위에 증가시키기 위하여, 인간은 고난받는 사랑에 대한 그의 부름을 받아들이고 하나님의 도우심을 신뢰함으로써 그분의 동역자로 부름받은 것이다. 그의 나라는 이 세상 안에, 그리고 이 세상 너머에 있다. 그의 나라는 하나님의 사랑과 의의 영광스러운 통치가 마지막으로 확립될 때 완성되는데, 이 때에는 죄와 죽음이 더 이상 주장하지 못하는 새 하늘과 새 땅이 도래할 것이다.

하나님께서는 그리스도를 선물로 주신 데 이어, 성령을 교회 안에 선물로 주셨다. 그리스도의 참 교회란 하나님에 의하여 흑암으로부터 놀라운 빛으로 나온 사람들의 공동체이다. 성령의 인도하심과 능력이 교회에 주어진 것은 교회가 이 세상에서 그리스도의 구원사역을 계속하기 위함이다.……[41]

---

41. The World Mission Of The Church : Findings and Recommendations of the IMC, Tambaram, Madras, India(December 12th to 29th, 1938)(New York and London, IMC, 1939), pp. 14 – 15.

그러나 본 보고서는 위의 복음과 삼위일체 하나님에 대한 신앙을 역사와 사회로부터 격리시키지 않고, "민족주의, 공산주의 및 타종교들"과의 관계에서 하나님 나라 건설에 대한 교회의 소명을 펼치고 있다.[42)]

본 보고서는 삼위일체 하나님의 틀 안에서 복음의 정체성을 소개한 다음, "교회-그 본질과 기능"에서는 교회의 정체성에 대하여 바람직하게도 '신앙과 직제'(1937)의 교회정의를 그대로 사용하고 있다.

> 교회란 그리스도의 몸이요, 하늘에 있든지 땅에 있든지 성도의 교제로서 모든 믿는 사람들의 축복받은 무리들이다. 교회란 창조와 구속에 나타난 하나님의 은혜로운 목적을 계시함과 동시에, 그리스도 안에 나타난 하나님의 은혜를 성령의 역사로 계속해서 매개시키는 기관이다. 이 성령이야말로 교회를 지배하는 생명이시요, 항상 교회의 모든 부분들을 거룩하게 하신다.[43)]

그리고 본 보고서는 이어서 교회에 관하여 다음과 같이 말한다.

> 한편, 교회는 사도들과 예언자들의 터 위에 세워진 하나의 분리되지 않은 교회요, 성령의 가르침을 받아 진리와 바른 삶의 스승이다. 이러한 교회는 믿음의 대상이다. 그런데 다른 한편 교회는 하나님의 뜻을 실현하려는 인간적인 시도로서 불완전하고 죄를 범한다. 그래서 교회는 인간 본성의 제약성과 불완전성을 함께 나누고 있다.……[44)]

그러면 이와 같은 교회의 본질적 과제는 무엇인가? 본 보고서는 첫째로 18~19세기적 복음전도의 과제를 언급하면서, 마태복음 28 : 19~20을 인용하였다. 즉, "그러므로 너희는 가서 모든 족속으로 제자를

---

42. Ibid., pp. 17-21.
43. Ibid., p. 22.
44. Ibid.

삼아 아버지와 아들과 성령의 이름으로 세례를 주고 내가 너희에게 분부한 모든 것을 가르쳐 지키게 하라. 볼지어다, 내가 세상 끝날까지 너희와 항상 함께 있으리라 하시니라." 그런데 이 과제가 집중되어 있는 장소는 개교회 혹은 회중이라고 하여 개교회의 선교적 사명을 역설한다. 나아가서 본 문서는 보편교회 차원의 선교를 의식하면서 교회일치가 선교를 위해서 꼭 필요한 것으로 본다. "죽은, 혹은 분열되어 있는 교회가 이와 같은 교회의 과제를 수행하는 데 있어서 가장 큰 장애물이기 때문에, 살아 있는 교회들이야말로 이 과제를 성취해 내기 위하여 하나님에 의해 사용되는 가장 중요한 대행기관들이다"(26). 그래서 개교회의 복음전도의 책임을 힘주어 주장하고 있고, 교회의 분열을 복음전도의 가장 큰 장애물로 보고 있다고 보여진다.

교회의 정체성 확립에 힘쓰는 본 문서는 루터와 칼빈에 의해서 대표되는 종교개혁 전통이 주장하는 두 가지 교회의 표지(標識), 즉 "말씀 설교와 성례전 집례" 이외에 6가지 정도를 더 언급하고 있다. 즉, 기도와 중보기도, 교회구성원들의 규칙적인 예배, 자신들 사이에서의 희생적이고 개변시키는 사랑, 형제애에 넘치는 권징, 사회에 대한 헌신적인 봉사, 성경공부, 선교적 정신이다.[45]

그리고 본 보고서는 교회의 두 번째 과제로서 교회의 역사와 사회와 문화에 대한 책임에 해당하는 하나님 나라 건설에 대하여 힘주어 말한다. 이러한 주장은 1928년 예루살렘 이래로 형성된 교회의 역사와 사회와 문화에 대한 책임이다.

> 교회의 본질적 과제는 그의 나라를 선포하는 그리스도의 대사가 되는 것이다. 교회는 보편적으로 타당한 정치적 혹은 경제적 프로그램을 갖고 있지는 않지만, 국가와 사회 안에서의 실존 자체를 통해서, 사회생활에

---

45. *Ibid.*, p. 26.

있어서 기독교적 원리들을 강조하는 깨어 있는 양심으로서 봉사하지 않으면 안 된다.……[46]

교회는 예배와 증거하는 활동들에 있어서 하나님의 영원한 나라에서의 궁극적 성취에 대한 소망에 의해서 지탱되어진다.[47]

본 문서는 이어서 "복음전도에 있어서 교회의 자리매김"에서 18~19세기적 복음전도야말로 교회의 본성에 속한다고 보면서도, 이것은 곧바로 "정의, 자유, 평화"의 사회적 실현을 동반하는 것으로 본다. 역시 여기에서도 18~19세기로부터의 패러다임 이동이 엿보인다.

세계 복음화는 하나님으로부터 받은 교회의 과제이다. 교회는 예수 그리스도께서 그의 생애와 가르침을 통하여 시작하셨고, 그의 죽으심과 부활을 통하여 완성하신 사업을 이 세상에서 계속하도록 하나님에 의하여 창조된바, 이 세계 복음화는 바로 그리스도의 몸으로서의 교회의 본성 안에 본유적으로 있는 것이다. 세상을 향한 선교사로서의 교회 개념은 신약성경 안에 주어져 있다.……[48]

그리스도의 복음은 사회적 변혁에 대한 비전과 소망, 즉 정의, 자유, 평화와 같은 목적들의 실현에 대한 비전과 소망을 가져온다. 살아 있는 교회는 사회적 여건들에 관한 예언자적이고 실천적인 활동들과 무관할 수가 없다.…… 인간 사회를 섬기려는 적극적인 노력과 이 인간 사회를 구속하고자 하시는 하나님의 능력과 의지에 대한 믿음은 복음 안에서 맺어지는 하나님과의 새로운 관계의 불가피한 결과들이다. 사회 프로그램들은 복음에서 파생되어 나오는 것이다. 이러한 프로그램들 가운데 그 어떤 것도 기독교 메시지의 내용이라고 주장할 수는 없지만 말이다.[49]

---

46. *Ibid.*, p. 26.
47. *Ibid.*, p. 27.
48. *Ibid.*, p. 35.
49. *Ibid.*, p. 38.

다음에 우리는 "교회와 변화하는 사회적, 경제적 질서"에 나타난 교회의 정치와 사회와 경제와 과학에 대한 책임을 알아보자. 본 보고서는 도시사회와 농촌사회 등 모든 사회가 세속화되어 가고, 도덕적 재가에 대하여 반항하며, 이웃에 대한 책임을 상실하는 사회문제, 공동체적 경제가 아니라 개인주의적 경제와 농업의 상업화로 인하여 혼란을 겪고 있는 경제문제, 백성의 필요에 적절히 대응하지 못하고 인종차별 정책을 고집하고 있는 정치문제, 도덕적 발전을 동반하지 않고 발달하는 과학기술의 문제, 그리고 교회공동체 안에 야기되는 혼란스러운 문제들을 언급한 다음에, 교회를 통한 하나님 나라의 실현에 대하여 역설하고 있다.

예수님께서 가시는 곳에는 하나님 나라의 능력이 방출된다. 예수님은 하나님 나라의 주님이셨고, 주님이시다. 그는 교회라는 사회를 창설하시사 각 세대에게 하나님 나라의 신적 사회성의 본질에 대하여 해석해 주도록 하셨다. 교회는 성령의 능력에 힘입어 사는 한 이런 일을 수행하고, 자신의 삶 속에서 하늘나라의 원칙들을 중시한다.[50]

하나님의 나라는 역사 안에 있고, 역사를 초월하여 있다. 우리는 그 어떤 특정 체제를 하나님 나라와 동일시할 수 없으며,……[51]

다른 한편, 우리는 하나님 나라를 역사 밖으로 밀어내 버려서도 안 된다. 하나님의 나라는 영원한 나라이지만, 그것이 시간 속에, 그리고 이 세상 안에서 실현되게 하는 것이 하나님의 목적이다. "당신의 나라가 임하옵시며, 당신의 뜻이 하늘에서 이루어진 것같이 땅에서도 이루어지이다." 이 하나님의 나라는 이 세상으로 난 것이 아니요, 이 세상으로부터 그것의 권위를 도출해 낸 것이 아니지만, 그것은 이 세상의 구조들 속에서 누

---

50. *Ibid.*, p. 108.
51. *Ibid.*

룩과 다이나마이트로 행동한다.[52]

끝으로, 본 보고서는 하나님의 나라는 개인들의 회심만 가지고는 실현될 수 없음을 주장하면서 구조악의 개선을 촉구하고 있다. 18~19세기적 개인의 회심과 경건이 '구조악'을 개선시키는 운동으로 이어져, 이 둘이 서로 맞물려야 한다고 주장한다. 역시 여기에서도 패러다임의 이동이 보인다.

우리들이 하나님의 나라를 실현하기 위해서 개인의 회심 혹은 사회적 변혁, 이 둘 중에 어떤 것을 중심에 두어야 하는가의 문제에 대하여, 우리는 우리가 둘 다 해야 한다고 대답한다.…… 우리는 개인들의 회심에 관심하면서 동시에 사회적 변화를 요구한다. 왜냐하면 우리는 개인의 의지와 집단적 의지 모두에 악이 내재하고 있다는 사실을 밝히 보기 때문이다. 악한 영혼이 있듯이 악한 체제가 있다.……[53]

인간은 고립이 아니라 공동체 속에서 살기 때문에, 인간이 보다 풍성한 삶을 갖기를 원한다면, 오직 교회가 사랑의 말들을 사랑의 행동들로 해석함으로써 그리스도의 애정을 사회문제에 관계시켜야 한다.……[54]

우리는 개인이 변하면 사회가 필연적으로 변한다고 말하는 것으로 부족하다.…… 변화된 개인들을 조직화하여 집단행동을 통해 사회적 악들에 대하여 광범위한 정면공격을 하지 않는다면, 개인들의 회심은 사회변화를 가져올 수 없다. 사회적 변화가 개인적 변화로부터 오려면, 사회적 변화의 내용이 개인적 변화의 개념과 사실 속에 들어가야 한다.[55]

---

52. Ibid.
53. Ibid., p. 197.
54. Ibid.
55. Ibid.

변화된 개인들이 필연적으로 사회적 변화를 산출할 것이라고 말하는 것이 반쪽 진리를 말하는 것처럼, 사회적 변화가 필연적으로 개인적 변화를 산출할 것이라고 말하는 것도 반쪽 진리를 말하는 것이다. 우리는 새 사람들 없이는 새로운 사회질서를 지탱하거나 산출해 낼 수 없기 때문이다.[56]

우리는 이상의 주장에서 어떤 점들이 예루살렘으로부터의 패러다임 이동인가를 말해야 한다. 예루살렘의 복음이해가 탐바람에서는 삼위일체론의 틀 안으로 들어왔고, 교회의 본성론이 부각되지 않았던 예루살렘과는 달리 탐바람은 파시즘과 히틀러주의 등 1930년대의 세계사적 도전들에 대한 응전으로서 교회의 본성(삶과 봉사 세계대회는 'Let the Church Be the Church'에 집중하였음.)을 신앙과 직제의 교회론적 진술에 의거하여 정립하였다. 그리고 탐바람은 18~19세기의 복음전도 개념에 따라 개교회의 선교적 책임을 말하면서도 교회일치를 향한 보편교회 차원의 선교를 역설하며, 나아가서 교회가 일치하여 정치, 경제, 사회 및 과학기술의 차원에서 하나님 나라를 이 땅 위에 실현할 것을 강조하고 있다. 그리고 가장 특기할 만한 것은 18~19세기적 개인의 회심과 경건을 '구조악'의 개선을 위한 기독교운동들과 연결시킨 점일 것이다.

5. 1947년 휘트비 국제선교대회

휘트비 IMC는 1945년 제 2차 세계대전이 끝난 지 2년 후에, 전쟁으로 인하여 여러 해 동안 고립되었던 선교 협력관계를 반성하며, 전쟁이 선교활동과 세계 교회 전체에 끼친 영향을 숙고하고, 비극적으로 타격을 입은 세계에 복음을 책임적으로 전하고 증거하기 위하여 모였다. 본

---

56. *Ibid.*

대회는 4분과로 나뉘어 토의되었는데, 그 주제들은 다음과 같다. 즉, Ⅰ. 혁명적인 세계 속에서의 기독교적 증거 Ⅱ. 순종하는 동반자들 Ⅲ. 선교의 초국가적 성격(Suptranationality of Missions) Ⅳ. IMC의 기능들. 우리는 본 대회의 결과물이 우리의 주제들(선교신학, 복음전도 및 교회의 사회참여)에게 그렇게 크게 기여한 바가 없기 때문에 간단히 짚고 넘어가려고 한다.

본 문서는 제 1분과에서 '복음'(The Given Word)을 논하기 바로 직전에 그리스도의 세계 참여에 유추하여 교회의 세계 참여를 말하고 있다.

> 교회란 자기 자신의 삶을 갖고 있으나 이 세계의 삶과 여러 측면에서 접하고 있으며, 이 세계로부터 분리되고 싶어도 분리될 수 없다. 그리스도께서 죄만을 제외하고 모든 점에서 인류의 삶과 하나가 되셨듯이, 교회 역시 이 세계의 연약함들, 비참한 일들 및 황폐함을 함께 나누고 이것들에 대하여 애정을 갖도록 부름을 받았다. 교회는 이런 것들을 치유하기 위하여 이 세상에 파송받은 것이다.[57]

1948년 암스테르담 WCC 총회의 보고서 제목(*Man's Disorder and God's Design*)에서 보여지듯이, 휘트비는 전쟁으로 빚어진 세계의 혼란과 무질서를 돌이켜보면서 "성경으로 돌아가며, 성경 안에 있는 모든 진리의 주님이신 예수 그리스도"[58]에게로 돌아갈 것과 교회를 통한 하나님 나라의 구현을 호소하고 있다. 다음의 인용은 복음과 성령을 통한 교회의 복음사역에 대하여 주장하고 있다.

> 하나님께서 자기 자신을 어떤 아이디어들이나 명제들로써 나타내신 것이 아니라, 역사와 사건들과 한 인격 안에서 나타내셨다고 하는 것이 성

---

57. *Witness of a Revolutionary Church*, Whitby, Ontario, Canada July 5-24, 1947, in International Missionary Council, 1947(New York, London), p. 12.
58. *Ibid.*, p. 14.

경적 주장이다. '말씀이 육신이 되어 우리 가운데 거하신다.' 교회의 가장 오래된 신앙고백은 예수 그리스도께서 주님이시라고 하는 것이다. 이것이 최초의 복음이요, 복음의 핵심이다. 이것이 오늘날 교회가 전해야 할 복음의 핵심인바, 교회는 하나님의 나라가 능력으로 임할 때까지 이 복음을 선포해야 한다(67).

복음은 하나님의 행동으로 시작하지만, 거기에서 끝나는 것이 아니다. 그리스도께서 가능케 하신 것은 하나님과의 새로운 관계가 인간과의 새로운 관계로 표현되는 새로운 유형의 삶이다. 믿는 자는 성령의 교제, 곧 모든 것이 사랑에 의하여 질서가 잡혀지고 제어되는 사회 속으로 들어간다.[59]

본 문서는 이상과 같이 '복음'과 '교회'를 간결하고 단순하게 정의한 다음, 교회의 전도에 관하여 18~19세기적인 복음전도에서 진일보한, 상황에 대응하는 전도, 그리고 교회의 사회참여를 역설하고 있다.

······ 이전의 그 어느 때보다도 더욱 우리는 그리스도의 충분성을 확신한다. 전도란 무의미한 것처럼 보이는 고난의 비극에 의해서 당황하고 있는 세계를 향하여 그리스도의 십자가를 선포하는 것을 의미하며, 삶을 갈망하지만 소망 없는 죽음에로 떨어지는 것 같은 세계를 향하여 그리스도의 부활을 선포하는 것을 의미한다.[60]

우리는 두 개의 커다란 필요에 대한 의식으로 고민하고 있다. 하나는 이 세계가 그리스도를 결사적으로 필요로 하는 것이요, 다른 하나는 그리스도께서 이 세계에 대해서 끝없이 열망하시는 그것이다. ······ 우리는 그리스도인들로서 배고프고 빈곤하며 필요 가운데 있는 모든 사람들에게 봉사해야 하고, 부정의와 억압을 제거하려는 모든 운동을 지지하고 지원하도록 헌신되었다. 하지만 우리는 이런 일들이 매우 좋은 일들이지만 이

---

59. *Ibid.*, p. 15.
60. *Ibid.*, pp. 18-19.

것이 복음전도의 전부라고 생각하지 않는다. 왜냐하면 우리는 이 세계의 슬픔의 근원이 영적이어서, 부활하신 그리스도께서 이 세상의 모든 삶의 차원으로 침투해 들어가셔야 이 세계의 치유가 가능하다고 확신하고 있기 때문이다.[61]

본 문서는 "IMC의 기능들"에서 "기대되는 복음전도에 대한 적극적인 격려를 본 협의회의 제 1차적 기능으로" 전제하면서 6가지 기능을 나열했는데, 그 중 첫째와 둘째는 18~19세기적 복음전도에 대한 것이요, 셋째는 교회의 일치와 사회참여에 관한 것이다. 즉, "교회는 자신의 삶과 활동으로 보편적 교제의 실재를 드러냄으로써 국제간 및 인종간 정의와 평화추구에 힘써야 한다."[62]고 기록되어 있다.

이상 휘트비 IMC의 새로운 것은 무엇인가? 휘트비는 그 이전 선교대회들로부터 진일보한 선교신학을 보여 주고 있지 못하다. 휘트비는 '복음' 이해에 있어서 1938년 탐바람의 삼위일체적 틀을 유지하지 못하고 있으며, 교회의 역사와 사회참여와 관련이 있는 하나님 나라 사상 역시 전혀 발전된 모습을 보여 주고 있지 않다. 다만 확실한 것은 1928년 예루살렘 이래의 국제선교대회들에서처럼 '복음전도'(evangelism)가 단순히 18~19세기적인 것이 아니라 새로운 패러다임의 사회참여를 포함하고 있다는 점이다.

6. 1952년 빌링겐 및 1957년 가나 국제선교대회

제 2차 세계대전이 끝나고 1948년 암스테르담의 "책임적 사회"에 걸맞게 UN은 1948년 12월에 "인권선언"을 확정, 발표하였다. 하지만 세계는 1949년 중국이 공산화되는 사건을 계기로 동서 냉전체제로 접어

---

61. *Ibid.*, p. 19.
62. *Ibid.*, p. 38.

들었고, 1950년 우리 한국전쟁, 1953년 베를린 혁명, 그리고 1956년 헝가리 혁명은 그 동안 쌓여 온 긴장의 폭발이었다. WCC는 이와 같은 냉전체제에 대하여 반응하였다. 1949년의 "사회 속에서의 기독교적 행동에 관한 WCC 연구위원회"는 이상과 같은 이데올로기적 위기상황에 대한 대응으로서, 암스테르담의 "책임적 사회"를 시금석으로 하여 '자유와 정의'를 긴밀히 연결시켰다. 즉,

> 책임적 사회가 발전하기 위해서는 두 가지 확신이 필요한데, 하나는 자유가 경제정의와 결합되지 못하면 그 내실을 상실할 것이라는 것과, 다른 하나는 경제정의 추구가 정치적이고 영적인 자유에 대한 관심과 집요하게 연결되지 않으면 새로운 형태의 억압을 자아낸다는 것이다.[63]

위 위원회는 1949년 그 보고서의 명칭을 "책임적 사회"라고 하고, 자본주의와 공산주의를 비판적으로 넘어선 '자유와 정의'의 조화를 이룬 사회를 내다보았다. WCC는 1949년에서 1954년까지 여러 신학협의회들을 통하여 이데올로기적 양극화를 비판하였고, 교회들로 하여금 냉전체제를 반대할 것을 촉구하였다. 예컨대, 1949년 방콕에서 열린 WCC와 동아시아 NCC들로 구성된 협의회는 "정의를 추구하는 사회혁명"과 "정의를 말살시키는 전체주의 이데올로기"를 구별하는 보고서를 내놓았고, 1949년 CCIA(the Commission of the Churches on the International Affairs)는 "이데올로기적 갈등과 이것으로 인한 국제적 긴장"을 협의회의 제목으로 삼았다. 히로시마 이후 WCC의 주된 관심은 '군비축소'였고, 1949년 CCIA는 "수소폭탄에 대한 국제적 제어기구"를 제안하기도 하였다. 그리고 한국전이 터진 지 9일 만에 토론토에서 열린 WCC 중앙위원회는 "우리는 정의를 확장하고, 싸우고 있는 양

---

63. Marlin van Elderen, And So Set Up Signs : The WCC's first 40 years(Geneva : WCC, 1988), p. 40.

대 세력의 화해를 시도함으로써 평화를 추구해야 한다고 하면서 세계 질서의 도구인 UN으로 하여금 한국에 관여(police action)할 것을 공인하였다." 그리고 WCC 실행위원회는 1951년 세계의 정치적 갈등 이면에는 심오한 경제문제가 도사리고 있다는 사실을 밝혔다. 이러한 WCC의 태도와 행동에 대하여 못마땅하게 생각한 중공은 WCC를 탈퇴하여, 향후 40년 동안 WCC와 별거해야만 했다(1991년 캔버라에서 다시 WCC에 가입).[64]

1952년 "오늘의 경제적 상황에 있어서 도덕문제"(Denys Munby)는 훗날 "기독교와 경제문제"로 확장된바, 이는 WCC 차원에서 "경제정의"와 "사회정의"를 다룬 것으로 에반스턴 WCC에 의하여 수용되었고, 1955년에서 1961년 사이의 "급격한 사회변화"(Radical Social Change) 연구와 1966년 제네바의 "교회와 사회 세계대회"(Life and Work이 1960년대에는 Church and Society로 바뀜.)로 이어졌다. 끝으로, 1952년 인도의 루크노우(Lucknow)에서 열린 에큐메니칼 연구대회는 동아시아에서의 책임사회를 논의했는데, 특히 "토지 소유제의 과격한 개혁 – 동아시아에 있어서 사회정의를 위한 프로그램"이 다루어졌다. 이 대회는 1) 정치제도의 발전 2) 토지개혁과 농촌의 발전 3) 산업발전 4) 인구문제 5) 독립과 상호의존의 책임들에 관하여 논했다.[65]

이상과 같은 세계사적 상황과 세계 교회의 대응구도 속에서 빌링겐의 IMC는 그 전체 주제를 "십자가를 걸머지는 선교"(Missions Under The Cross)로 하여 그 당시 교회와 교회의 선교가 어떠한 도전을 받고 있었는지를 말해 주고 있으며, 왜 정치, 경제, 사회 등 인간의 모든 삶의 현장 속에서 하나님의 선교가 일어나야 할 것을 역설했는지를 보여주고 있다. 빌링겐은 교회가 하나님의 선교에 참여하기 위해서 이 세상

---

64. *Ibid.*, pp. 24-25, 40-41.
65. *The Evanston Report*(New York : Harper & Brothers, 1955), pp. 124-125.

속으로 파송되었음을 매우 강조한다.

> 우리가 참여하고 있는 선교운동의 근원은 삼위일체 하나님 자신이다. 아버지 하나님께서는 우리를 향하신 그의 한없이 넘치는 사랑으로부터 그 자신의 사랑하는 아들을 파송하사, 인간과 만물을 자신에게 화해시키셨으니, 그 목적은 우리들과 모든 인간들이 성령을 통해서 아들 안에서 아버지 하나님과 하나되는 데 있다. 이 같은 엄청난 사랑은 하나님의 본성 자체이다.[66]

아버지 하나님께서는 "세상을 이처럼 사랑하사"(요 3 : 16) 그의 영원하신 유일한 아들을 이 땅 위에 파송하셨고, 성령을 파송하셨다(요 14 : 16, 15 : 26). 선교(missio)란 파송을 뜻하는데, 그 근원이 성부의 성자 파송과 성령 파송에 있다. 그래서 하나님의 아들이신 예수 그리스도는 이 땅 위에 파송된 첫 선교사요, 십자가에 달리셨다가 부활하신 주 예수 그리스도의 첫 증인들인 열두 사도들('사도'=apostello는 '내가 파송하다'를 뜻함), 바울을 비롯한 나머지 사도들 및 처음 사도적 공동체는 첫 선교사들이다. 하나님의 성육신하신 아들로서, 성부와 동일 본질이신 예수님은 "아버지께서 나를 보내신 것같이 나도 너희를 보내노라. …… 성령을 받으라."(요 20 : 21-22)고 하셨고, 오순절날 성령을 파송하사, 예수 그리스도의 교회가 이 땅 위에 생기게 하셨으며, 그의 교회를 통하여 이 땅 위에 선교의 역사를 펼치셨다. 따라서 "하나의, 거룩한, 보편적, 사도적 교회"(니케아-콘스탄티노플 신조, 381)는 이 세상 속으로 파송된 선교공동체이다. 이것이 교회의 '사도성'(파송)이다. 이처럼 빌링겐의 IMC(1952)는 삼위일체 하나님께서 선교의 근원이시요, 추진자이시요, 완성자임을 주장는바, *Missio Dei* 신학의 선구자였다.

---

66. *Mission Under The Cross*(IMC and Edinburgh House Press, 1953), p. 189.

위의 삼위일체 선교신학은 1961년 뉴델리 WCC 총회가 채택한 WCC 교리헌장의 삼위일체 신학의 전주곡이 될 것이며, 다음의 삼위일체 신학에 입각한 하나님의 선교신학에 대한 주장은 빌링겐 이후 시대의 선교신학을 위한 초석이 될 것으로 생각된다.

i. 하나님께서는 만물과 모든 인간을 창조하시사, 그의 사랑의 영광을 이를 통해서 반사시키기를 원하셨다. 따라서 그 무엇도 그의 구속하시는 사랑의 손길로부터 제외될 수 없다.
ii. 모든 인간은 하나님으로부터 함께 소외되었으니, 그 누구도 자신의 노력으로 이것을 피할 수 없다.
iii. 하나님께서는 모든 잃은 자들을 찾아 구원하시려고 한 구세주, 한 목자를 이 땅 위에 파송하셨다. 바로 이분은 그의 죽으심과 부활과 승천을 통해서 인간과 하나님 사이의 장벽들을 무너뜨리시고, 충만하고 완벽한 구속을 완성하시며, 자신 안에 하나의 새 인류를 창조하신바, 이것은 승귀하시어 만물을 통치하시는 예수 그리스도를 머리로 하는 그의 몸이다.
iv. 하나님께서는 이와 같이 완성된 사역에 기초하여 그의 영이요, 예수의 영이신 성령을 파송하시사, 우리를 하나님 안에 있는 그리스도의 한 몸으로 모으시고, 모든 진리에로 인도하시며, 신령과 진정으로 아버지를 예배케 하시고, 그의 증인들과 대사들로서 그분의 선교를 지속할 수 있게 하신다. 이처럼 교회의 증인됨과 대사됨은 하나님의 선교의 첫 열매들이요, 담보이다.
v. 우리는 성령에 의하여 그리스도의 대사들로서 전진할 수 있게 되었으니, 우리는 모든 인간을 하나님께 화해시키고, 끝내는 그의 사랑이 승리한다고 하는 사실을 확신을 가지고 기다리게 해야 한다. 그리스도께서는 이 승리에 대한 확실한 약속들을 주셨기 때문이다.[67]

빌링겐의 IMC(1952)는 위와 같은 선교신학적 근거와 비전을 가지고

---

67. *Ibid.*, p. 189.

18~19세기적 복음전도 뿐만 아니라 다차원적 선교적 과제("The Total Missionary Task")를 위한 교회의 파송(missio)을 역설하였다.

교회는 사람들이 살고 있는 이 세상의 모든 영역으로 파송받는다. 그 어느 곳도 너무 멀거나 가깝지 않다. 기독교인들의 각 집단은 하나님의 사절로서 가장 가까운 이웃들에게 파송받는다. 그러나 그의 책임은 그의 이웃에게만 국한된 것이 아니다. 그리스도께서는 왕 중의 왕이시요, 세상의 구세주이시기 때문에 기독교인들의 각 집단은 지구의 가장 먼 곳에까지 그리스도의 왕권을 선포해야 할 책임이 있다.

교회는 멀든 가깝든 간에 인류의 각 사회적, 정치적, 종교적 공동체에게로 파송받는다. 교회는 그리스도의 통치를 거부하거나 이것에 대항하는 모든 사람들에게 파송받는다.…… 그리스도에 대하여 신실하고 충실하다는 것은 자신이 그 곳으로 파송받은 사람들의 사회적, 정치적, 경제적, 문화적 삶에 대면하는 것이다.

교회는 모든 순간과 모든 상황에서 그리스도의 통치(하나님의 나라)를 선포하도록 파송받는다. 이것은 교회의 선교란 우리 시대의 사건들 앞에서 표류하거나 도피하는 것을 의미하지 않는다.[68]

빌링겐은 이러한 파송의 논리를 따라 예수 그리스도께서 자신을 이 세상과 동일시하시고, 이 세상을 사랑하시기 위하여 이 세상에 파송받으신 것처럼 교회 역시 그렇게 해야 하며, 나아가서 교회는 세상의 정의와 평화추구와 연대할 것을 역설한다.

교회의 말과 실천, 교회의 모든 선교적 삶은 하나님이 그리스도 안에서 하신 것, 하고 계신 것, 하실 것에 대한 증거이다.…… 교회는 세상 안에

---

68. *Missions Under the Cross*, p. 190.

있고, 교회의 주님이 자신을 인류와 완전히 동일시하셨듯이 교회도 또한 그렇게 해야 한다. 교회가 주님께 가까이 갈수록, 교회는 세상에 더 가까이 간다. 그리스도인은 세상 안에 있는 하나님의 백성이다.

…… 교회는 세상의 당혹과 고뇌, 세상의 죄책과 슬픔 뿐만 아니라 세상의 진정한 사랑과 정의의 행위에 있어서 - 이 세상의 사랑과 정의의 행위들은 종종 교회를 부끄럽게 한다 - 자신을 세상과 동일시하도록 요구받는다.……[69]

끝으로, 빌링겐에 있어서 교회는 *Missio Dei*의 대행자(the agent)이다. 빌링겐은 교회를 대행자로 하는 삼위일체 하나님의 선교가 예수 그리스도의 초림과 재림 사이의 긴장 속에서 하나님의 나라를 실현하는 것으로 본다. 비로소 빌링겐에 와서야 하나님의 선교가 종말론적 시야에서 이해되고 있다. 본 보고서(2. A Statement on the Missionary Calling of the Church)의 끝부분인 V. "시대의 표징들을 분별하면서"는, 교회는 삼위일체 하나님의 선교의 대행자(the agents)로서 예수 그리스도의 초림과 재림 사이에서 하나님의 나라를 실현해야 할 것을 말한다.

우리 주님께서는 그의 제자들에게 시대의 징표들을 분별하라고 명령하셨다. 인간의 눈에는 지금은 흑암과 혼돈의 시대이다. 하지만 십자가에 달리신 분에 의해 열려진 눈은 어둠과 혼돈의 시대에서 하나님의 주권적 통치의 확실한 징표들을 분별할 것이다.……

모든 것이 무너지고, 익숙한 경계들이 흐려지고, 전쟁과 소용돌이가 우리를 삼키고, 모든 인간의 교만과 허영이 겸손해질 때, 우리는 십자가에 못박히시고, 부활승천하신 주님이 감추인 형태로 다스리는, 주님의 은폐

---

69. *Ibid.*, p. 191.

된 통치를 새롭게 선포한다. 우리는 모든 기독교인들이 …… 새로운 확신을 가지고 모든 것을 사로잡아 그리스도에게 인도하고 그리스도의 재림을 위해 모든 땅을 준비시키는 일을 하도록 촉구한다.[70]

그리고 빌링겐의 보고서 중, 그 당시 총회에서 아직 통과되지 않은 잠정보고서(an Interim Report)는 이 같은 종말론적 시야를 더욱 힘주어 언급하고 있다.

…… 교회는 종말적 최종 완성을 향해서 간다. 예수 그리스도야말로 참 종말(the true Eschaton)이요, 교회는 바로 이분의 몸이다. 교회는 이 땅 위에서 자신이 선포하는 하나님의 나라에 참여하고 있다. 이 종말론적 소망은 교회의 선교적 메시지의 본질적 부분이다.[71]

…… 계급 없는 사회를 소망하고 나가는 세속화된 종말론으로부터 파생된 맑스주의의 선교적 추진력은 선교적 메시지에 있어서 종말론적 요소를 소홀히 하고 있는 우리 기독교인들에 대한 심판이라는 사실은 누구나 동의하는 주장이다.[72]

그리하여 이와 같은 종말론적 시야와 전망은 1954년 에반스턴 WCC 총회에서 더 확실해진다. 에반스턴은 IMC 전통을 수용하는 "제 2분과-복음전도 : 교회의 교회 밖 사람들에 대한 선교"에서 파송과 소망의 신학을 논하고, 끝으로 종말적 전망과 긴장을 가진 교회의 하나님 선교에의 참여를 말한다.

예수 그리스도는 우리가 선포하는 복음이다. 아니, 그분 자신이 복음전

---

70. *Ibid.*, p. 192.
71. *Ibid.*, p. 244.
72. *Ibid.*, p. 245.

도자였다. 그분은 세상을 구속하시기 위하여 이 세상에 파송된 하나님의 사도(히 3 : 1)였다. 아버지 하나님께서 그를 파송하시듯이, 그분은 우리를 파송하신다. 그분은 우리를 부르신다. 우리는 그분에게 순종해야 한다. 그분이 우리를 파송하신다. 우리는 가야 한다.[73]

우리는 우리의 삶과 이 삶 속에서의 우리의 자리매김에 대하여 소망이 없었다. 그분이 우리에게 소망을 주셔서 우리의 삶을 의미로 충만하게 하셨다. 우리는 죄 가운데에서 소망이 없었으나, 그분이 우리에게 소망을 주셨다.…… 우리는 죽음 앞에서 절망하고 있다. 즉, 우리는 무화(無化)에 대한 두려움과 미래에 있을 형벌에 대한 두려움 사이에서 두려워 떨고 있다. 그러나 죽음의 날카로움을 극복하신 그리스도께서 하나님 나라의 문을 우리에게 활짝 열어 주셨다.[74]

끝으로, 에반스턴은 제 2분과를 Ⅵ. "주 예수여 어서 오시옵소서!"로 끝내고 있다.

성령을 통해서 자신의 머리이신 예수 그리스도의 삶에 참여하는 교회는 이 머리되시는 예수 그리스도께서 그의 사역을 완성하실 것을 확신한다. 그리스도의 한없는 은총의 메신저는 하나님 나라의 최종적 완성을 바라보는바, 이 하나님 나라에서는 그리스도의 구속하시는 사랑이 그 의도를 완전히 성취할 것이다.…… 복음전도의 시간이 기다림의 시간인 것처럼, 기다림의 시간은 복음전도의 시간이다. 우리의 심판주로 오시는 그분은 또한 우리의 구속주이시기 때문이다.[75]

1952년 빌링겐 IMC는 1928년 예루살렘 IMC 이래로 *Missio Dei*의 의미에서 교회의 사회참여를 가장 강조하는 선교 개념을 제시하였다.

---

73. *The Evanston Report*, pp. 98–99.
74. *Ibid.*, p. 91.
75. *Ibid.*, p. 107.

빌링겐은 1948년 암스테르담에서 1954년 에반스턴에 이르는 "책임적 사회"에 걸맞는 Missio Dei를 역설했다. 1938년 탐바람을 잇는 삼위일체론적 복음이해와 무엇보다도 삼위일체론적 기독론 중심의 파송의 신학(Missio Dei)은 18~19세기의 복음전도 개념을 훨씬 넘어서서 정치, 경제, 사회, 문화 등 삶의 모든 차원을 선교의 대상으로 삼았다. 그리하여 빌링겐은 개인의 회심과 개교회의 개척과 성장을 소홀히 할 정도여서, 1982년 "선교와 복음전도 – 하나의 에큐메니칼 확언"에 오면 이에 대한 큰 수정이 있게 된다. 끝으로, 에큐메니칼 선교신학에 있어서 빌링겐부터 종말론적 시야가 확보되어, 1954년 에반스턴 WCC 총회는 그 전체 주제를 "예수 그리스도 – 세상의 소망"이라 하였다.

1957년 가나 IMC 문서는 우리의 주제에 관한 한 별로 진전을 보이지 않았기 때문에, 우리는 이것에 관하여 간단히 짚고 넘어가려고 한다. 가나의 아크라에서 모인 IMC는 4년 전에 모인 1954년 에반스턴 WCC에 의해서 지배되었다. 하지만 가나 IMC는 중요하다. 가나는 Blauw의 「교회의 선교적 본성」과 나일즈(D. T. Niles)의 Upon The Earth로써 1952년 빌링겐에 의해서 제기는 되었지만, 해결은 되지 않았던 이슈들을 다루었다. 하지만 더 중요한 것은 가나의 준비작업으로 IMC가 1961년 뉴델리 WCC 총회에서 WCC에 합류되었다는 점이다. 이로 인하여 IMC는 '협의적 역할'(consultative role)를 넘어서서 교회 차원에서 선교활동과 신학활동을 할 수 있게 되었다. 휘트비와 빌링겐이 교회들(the Churches)을 '선교기관들'(mission agencies)로 보게 하는 데에 기여하였으나, 가나는 IMC를 1961년 뉴델리 WCC에서 WCC에 합류케 하는 데에 직접적으로 기여하였다. 이제 선교에 있어서 선교단체들보다 교회의 본성에 따른 교회의 역할이 더 중요하게 되었다.[76]

---

76. Roger E. Hedlund, *Roots Of The Great Debate In Mission : Mission in Historical and Theological Perspective*, Revised and Enlarged(India :

가나는 1952년 빌링겐의 *Missio Dei* 전통을 이어받아, "예수 그리스도의 선교"를 표준으로 선교단체들의 선교를 반성하고 있다.

기독교적 세계선교는 우리의 선교가 아니라 그리스도의 선교이다. 우리의 모든 노력들과 활동들 이전에, 그리고 우리의 모든 봉사와 헌신의 은사들 이전에 하나님께서는 그의 아들을 이 세상 속으로 파송하셨다. 그리고 그분은 종의 모습으로 오셨다. 그는 십자가의 죽음에 이르기까지 고난을 당하신 종이시다.

이러한 확신이 기독교적 선교의 유일하게 참된 동기요 유일한 표준이다. 바로 이 같은 동기와 표준에 의해서 우리는 기독교 선교단체들의 정신과 방법과 양상들을 판단해야 한다. 우리는 이와 같은 심판과 자비의 말씀이 자유롭게 역사하여 현재 우리의 선교기관들이 깨끗해지고 속량되어야 하는 것이 급선무라고 믿는다. 그렇지 않으면 우리의 활동들에서 나타나는 인간적인 교만으로 말미암아 *Missio Dei*가 이 세계 속에서 자유를 펼칠 수 없게 될 것이다.[77]

7. 1960년대의 *Missio Dei*와 복음주의자들의 반응

적어도 19세기 선교 개념은 성령을 통한 '복음전도'(evangelism)로서 믿지 않는 사람들을 '회심'(conversion)시키는 데에 그 초점을 두었다. 그러나 1928년 예루살렘의 IMC에서부터 19세기적 선교 개념으로 만족하지 않고, 교회의 사회참여 측면을 선교 개념에 포함시켰으니,

---

Bangalore, Theological Book Trust, 1993), pp. 124-125.
77. International Missionary Council(Ghana, December 28, 1957, to January 7, 1958), Minutes of the Assembly…(London and New York : IMC, 1958), p. 89, 재인용 : Classic Text In *Mission and World Christianity*, edited with introductions by Norman E. Thomas : A Reader's Companion to David Bosch's Transforming Mission(New York : Orbis Books, 1995), p. 88.

1952년 빌링겐의 IMC는 "하나님의 선교"(Missio Dei)를 내세웠고, 1961년 뉴델리 WCC에 와서는 WCC와 합류하여 Missio Dei를 보다 더 세계 교회 차원에서 수행하였다. 그리하여 1968년 웁살라 WCC에서는 교회의 사회참여가 가장 첨예화된다. 1960년대는 혁명의 시대였다. 1960년대에는 케네디와 킹 목사의 암살, 신맑스주의의 등장, 월남전쟁, 학생운동으로 얼룩진 격동의 시기로서 이 같은 맥락에서 1963년 멕시코 CWME, 1966년 제네바의 교회와 사회 세계대회(Christians in the Technological and Social Revolutions of our Time), 1968년 베이루트대회 및 SODEPAX(Conference on the Social Development and Peace)가 열렸다.

19세기 복음주의적 각성운동의 선교 개념을 이어받은 복음주의 지도자들의 세계대회들이 에큐메니칼 교회들의 선교 개념을 비판하기 시작한 것은 바로 이 1960년대 후반부터였다. 예컨대, 1966년 미국에서 열린 휘튼 세계선교대회(Congress on the Church's Worldwide Mission)와 역시 1966년 베를린에서 열린 복음전도 세계대회(World Congress on Evangelism)는 1963년 멕시코의 CWME와 WCC의 제네바 "교회와 사회 세계대회"에 대응하여 열렸고, 1974년 로잔 복음주의자들의 세계선교대회는 1973년 방콕 CWME(The Conference on World Mission and Evangelism)에 맞대응하여 열렸다. 그리고 1980년의 파타야의 COWE(Consultation on World Evangelization)는 1980년 멜버른의 CWME에 대해서, 1982년의 미시간의 CRESR(Consultation on the Relation of Evangelism and Social Responsibility)은 1982년의 "선교와 복음전도-하나의 에큐메니칼 확언"(Mission and Evangelism-An Ecumenical Affirmation)에 대하여, 그리고 1989년의 마닐라(제 2로잔 복음주의자 세계대회)는 같은 해 산 안토니오 CWME에 대해서 각각 반응하였다.

우리는 1960년대의 복음주의자들의 세계대회들과는 달리, 1970년대의 복음주의 세계대회들이 18~19세기적인 복음주의적 복음전도 개념을 고수하면서도 그들의 '선교' 개념에 넓은 의미에서 교회의 사회적 책임을 포함시키고 있다는 사실을 지적해 내고자 한다. 그래서 우리는 1974년 로잔의 선교 개념과 1989년 마닐라의 선교 개념에 대한 소개를 1973년 방콕의 CWME보다 먼저 하려고 한다.

(1) 1974년 로잔 복음주의자들의 세계선교대회
(the International Congress on World Evangelization)

"로잔 언약"(The Lausanne Covenant)은 모두 15항목을 제시하고 있다. 로잔은 제 1항 : "하나님의 목적"과 제 7항 : "교회와 복음전도"에서 1952년 빌링겐 이래의 삼위일체 하나님의 선교(*Missio Dei*)를 주장하고 있다.

> 우리는 그의 의지의 목적을 따라 모든 것을 통치하시는 세상의 창조자시요 주님이신 한 영원하신 하나님, 곧 성부, 성자, 성령에 대한 우리의 신앙을 확언한다. 이 삼위일체 하나님께서는 이 세상으로부터 자신을 위하여 한 백성을 불러내고, 또한 세상 속으로 파송하시사 그의 나라를 확장시키고, 그리스도의 몸을 세워 나가며, 그의 이름을 영화롭게 하게 하기 위한 자신의 종들과 증인들로 삼으신다.……[78]

> 우리는 아버지 하나님께서 그의 아들을 파송하시듯, 그리스도께서도 그의 구속받은 백성을 파송하시사 교회로 하여금 이 세상 속으로 값을 치르면서 깊숙이 파고들어갈 것을 요구하신다는 사실을 확언한다. 우리는 우리의 교회 울타리(our ecclesiastical ghettos)로부터 빠져 나와 비기독교적 사회 속으로 스며들어 가야 한다.……[79]

---

78. *World Evangelization*, Summer 1989, vol. 16, no. 62, p. 36.
79. *Ibid*.

본 로잔은 제 2항 : "성경의 권위와 능력"을 복음의 내용을 담고 있는 제 3항 : "그리스도의 유일무이성과 보편성"과 제 4장 : "복음의 본성"보다 앞세우고 있으나, 제 1항의 *Missio Dei* 때문에 어느 정도는 성경주의(biblicism)를 극복하려는 듯하다. 그런데 결정적으로 중요한 것은 제 4항 : "복음의 본성"에서 18~19세기적 복음전도를 언급하고, 이어서 제 5항 : "기독교의 사회적 책임"을 제시하고 있다는 사실이다. 다음의 인용은 로잔이 에큐메니칼 선교 개념인 *Missio Dei*와 '삶과 봉사'(Life and Work) 전통의 영향하에 넓은 의미의 교회의 사회적 책임을 매우 강조하고 있다 하겠다.

우리는 하나님이 모든 인간의 창조자시요 심판자이심을 믿는다. 그래서 우리는 하나님께서 인간 사회 속에 실현하시려는 정의와 화해에 대한 하나님의 관심에 동참하며, 사람들을 온갖 종류의 억압들로부터 자유케 하시려는 하나님의 관심에 동참해야 한다. 인간들은 하나님의 형상으로 지음을 받았기 때문에 각 개인은 인종, 종교, 피부색, 문화, 계층, 성(性) 및 연령에 관계 없이 본래적인 존엄성을 지니고 있기 때문에 존경받아야 하고, 섬김을 받아야 하고, 결코 착취를 당해서는 안 된다는 것이다. 또한 우리는 여기에서 복음전도와 사회참여를 서로 배타적인 것으로 여겨, 사회참여를 소홀히 해온 사실을 참회한다. 비록 인간들 간의 화해가 하나님과의 화해가 아니고, 사회적 행동이 복음전도는 아니며, 정치적 해방이 구원은 아니지만 우리는 복음전도와 정치, 사회적 참여가 모두 우리 기독교인들의 의무임을 믿는다. 이 두 가지는 모두 하나님과 인간에 대한 교리의 필연적인 표현이요, 우리의 이웃 사랑과 예수 그리스도에 대한 우리의 순종의 필연적 표현이다. 구원의 메시지는 모든 형태의 소외, 억압 및 차별에 대한 심판을 함축하기 때문에, 우리는 두려움 없이 악과 부정의가 있는 곳에서마다 그것들을 고발해야 한다. 사람들이 그리스도를 영접할 때 중생하여 그의 나라 안으로 들어가고, 불의한 세계 한복판에서 그 나라의 의(義)를 나타낼 뿐만 아니라 확산시키려고 해야 한다. 우리가 주장하는 구원이란 개인적이든 사회적이든, 우리의 모든 책임영역들에 있어

서 우리를 변혁시키는 것이다.[80]

끝으로, 선교의 종말론적 비전에 관하여도 로잔은 1952년의 빌링겐과 1954년 에반스턴 이래의 하나님의 선교의 종말론적 전망에 의하여 크게 영향받았다.

> 우리는 예수 그리스도께서 그의 구원과 심판을 최종적으로 완성하기 위하여 개인적으로, 그리고 가시적으로 권능과 영광 가운데 다시 오실 것을 믿는다.

> 그의 재림에 대한 이 같은 약속은 우리의 복음전도를 자극한다. 왜냐하면 우리는 복음이 우선 모든 족속들에게 전해져야 한다는 그분의 말씀을 기억하기 때문이다. 우리는 그리스도의 승천과 재림 사이의 중간 기간이 종말이 오기 전에는 멈출 자유를 가질 수 없는 하나님의 백성의 선교에 의해서 채워져야 한다.…… 우리 기독인들의 양심은 하나님께서 그의 나라를 완성하실 것을 믿으며, 긴장된 기대감을 가지고 그날을 바라보며, 의(義)가 거하고 하나님이 영원토록 지배하실 새 하늘과 새 땅을 기다린다.……[81]

(2) 1989년 마닐라 제 2로잔 세계선교대회
(the Lausanne II Congress on World Evangelization)

우리가 이미 논한 제 1로잔과 이제 다루려는 제 2로잔 사이에는 15년의 기간이 흘렀는데, 이 기간 동안에 "복음과 문화", "복음전도와 사회적 책임", "단순한 삶의 스타일", "성령" 및 "회심"에 대한 소규모 신학협의회들이 있었다. 그리하여 마닐라 성명(the Manila Manifesto)은 이러한 협의회의 총결산으로서 본 대회의 두 주제에 대한 논의의 결실을

---

80. *Ibid.*
81. *Ibid.*, p. 37.

정리한 것인바, 하나는 "그리스도께서 재림하실 때까지 그를 선포하라."와 다른 하나는 "전교회가 온전한 복음을 온 세상에 가져가도록 하라는 부름"(Calling the Whole Church to take the Whole Gospel to the Whole World)이었다. 그런데 전자는 21개의 확언들로 되어 있고, 후자는 12명제들로 되어 있는데, 특히 후자는 "로잔 언약"과 함께 연구하고 행동하도록 교회들에게 추천되었다.

본 성명은 역시 '복음'(제 3항)보다 성경주의(제 2항)를 앞에 놓았다. 하지만 제 8항, 제 9항, 그리고 제 18항은 18~19세기적인 복음전도 이외에 교회의 넓은 의미의 사회참여를 역설하고 있다.

> 우리는 의와 존엄성과 식량과 거처를 빼앗긴 사람들을 돌봄으로써 하나님의 사랑을 가시적으로 나타내야 한다는 사실을 확언한다(제 8항).[82]

> 우리는 정의와 평화의 하나님 나라에 대한 선포가 개인적이든, 구조적이든 모든 부정의와 억압들에 대한 고발을 요구한다는 사실을 확언한다. 우리는 바로 이와 같은 예언자적 증거로부터 움츠러들어서는 안 된다(제 9항).[83]

> 우리는 우리가 살고 있는 사회의 구조들 및 가치들과 필요들을 이해하고 적절한 선교전략을 발전시키기 위하여 우리가 몸담고 살고 있는 우리의 사회를 연구해야 하는 우리의 의무를 확언한다(제 18항).[84]

그리고 12명제는 A. "온전한 복음"(the Whole Gospel), B. "전교회"

---

82. The Whole Gospel for the Whole World : Story of Lausanne ll Congress on World Evangelization, Manila 1989, ed. by Alan Nichols(California : A Division of GL Publication Ventura, 1989), p. 111.
83. Ibid.
84. Ibid.

(the Whole Church) 및 C. "온 세상"(the Whole World)으로 나뉘어 나열되었는데, A. "온전한 복음" 안에 들어 있는 4. "복음과 사회적 책임"은 제 1로잔 언약보다도 교회의 사회참여를 더 강도 높게 주장하고 있다.

    복음전도가 우선이다. 우리의 주된 관심은 복음이기 때문이다. 이 복음전도의 목적은 모든 인간들이 예수 그리스도를 주님과 구세주로 받아들일 수 있는 기회를 갖게 하는 것이다. 그런데 예수님은 하나님의 나라를 선포하셨을 뿐만 아니라, 자비와 능력의 행위들을 통하여 하나님 나라의 도래를 보여 주셨다.

    …… 우리 역시 겸허한 정신으로 하나님의 나라를 설교하고 가르쳐야 하며, 나아가서 병든 자들을 돌보고, 장애자들과 불이익을 당하는 자들을 도와 주어야 하고, 억압받는 자들을 구출해 내야 한다. 우리는 은사와 소명과 상황의 다양성을 인정하면서, 복음과 선행을 분리시켜서는 안 된다.

    하나님 나라의 선포는 필연적으로 이 하나님 나라와 양립할 수 없는 모든 것에 대하여 예언자적 심판을 가한다. 악들 중에서 우리는 제도화된 폭력을 포함한 모든 파괴적 폭력을 반대하고, 정치적 부패, 온갖 종류의 인간 착취와 환경 착취, 임신 중절, 마약 및 인권 남용 등에 반대한다. 우리는 또한 가난한 자들에 대하여 관심하면서 우리들 자신이 세계의 틀 안에서 빚더미에 짓눌려 있다는 사실을 안다.……

    진정한 선교는 항상 성육신적이어야 한다. 따라서 우리는 다른 사람들의 세계 속으로 파고들어가 이들의 사회적 현실, 이들의 슬픔과 고통, 이들의 억압적 세력에 정의로써 항거해야 한다.[85]

바샴은 그의 *Mission Theology*에서 1970년대에 이르면 로마 가톨

---

85. *Ibid.*, p. 115.

릭교회와 복음주의 교회들과 에큐메니칼운동이 선교에 관한 5가지 주제(1. 선교의 신학적인 기초 2. 교회-선교의 관계 3. 복음전도와 사회적 행동 4. 기독교와 타신앙들 5. 선교와 일치)에 있어서 상이성들에도 불구하고 기본적인 공통점을 갖고 있는 것으로 결론을 내린다. 이 5가지 주장들은 새로운 패러다임 혹은 포스트모던 패러다임의 선교 개념들로서 18~19세기 선교 개념과 크게 다르다 하겠다. 이제 우리는 여기에서 우리의 주제와 직접 관련된 1. "선교의 신학적인 기초"와 3. "복음전도와 사회적 행동"에 대하여만 소개하려고 한다.

바샴은 1. "선교의 신학적인 기초"를 삼위일체 하나님(Missio Dei)으로 보고, 이에 따른 선교신학적 소주제들을 논한다. 그리고 1948년에서 1975년에 이르기까지 선교의 신학적 기초에 관하여 발전된 가장 중요한 점은 교회 중심적 선교의 본성이해에서 삼위일체론적 선교의 본성이해에로의 변화이다.[86] 따라서 바샴에 의하면, 오늘날의 기독교는 18~19세기적 선교사 파송 일변도를 넘어서 전교회가 이 세상을 위해서 이 세상 속으로 파송받아, 삼위일체 하나님의 선교에 참여한다고 본다. 즉, 선교는 특정인들을 특정 지리적 지역으로 파송하는 교회의 과제의 일부로 이해하는 데로부터 전세계를 통하여, 하나님의 목적달성에 참여하는 모든 하나님의 백성들을 포함하는 전교회의 과제로 인식되었다.[87] 구약에서 하나님의 목적들이 이스라엘과 이방 나라들에 의하여 성취된 것처럼, 삼위일체 하나님의 우주적 선교는 교회와 이 세상을 도구로 하여 성취되어진다고 한다.[88] 이런 의미에서 이 세상 전체가 선교의 장이다.

---

86. Rodger C. Bassham, *Mission Theology : 1948-1975 Years of Worldwide Creative Tension Ecumenical, Evangelical, and Roman Catholic*(California : William Carey Library, 1979), p. 333.
87. *Ibid.*
88. *Ibid.*

바샴에 의하면 새로운 패러다임의 선교는 삼위일체 하나님의 선교를 주장하는 맥락에서 성육신과 성령을 강조하는 선교를 의미한다. 즉, 성육신은 "교회가 따라가야 할 이 세상에의 참여를 가리키고", "하나님 나라의 도래를 알리기 위한 인간에 대한 교역"을 말한다.[89] 그리고 성령은 평신도를 포함한 모든 하나님의 백성들에게 하나님의 선교에의 참여를 위한 은사들을 베푸시며, "정의, 평화, 해방 및 인간화"를 위한 운동을 일으키셨다고 한다.[90]

그리고 종전에는 주로 마가복음 16 : 15의 '위대한 선교명령'을 구두 복음전도로 이해해 왔으나, 최근에는 삼위일체 하나님의 선교신학에 근거하여 마태복음의 삼위일체적 틀과 성부께서 성자를 파송하시고 성자가 그의 제자들을 파송하신다고 하는 요한복음에 주의를 기울인다. 끝으로, 제 2바티칸 이후 대부분의 교파들은 '교회'를 모든 사람들을 위한 하나님의 구원계획을 성취하는 '징표와 도구'로 이해하는 경향이다.[91]

이어서 바샴은 3. "복음전도와 사회적 행동"에서 복음주의 세계대회들과 에큐메니칼 세계대회들은 넓은 의미의 교회의 사회참여에 관하여 일치된 의견을 보였다고 결론적으로 다음과 같이 요약하였다. 에큐메니칼운동들에서 나온 문서들과 복음주의 세계대회의 문서들은 복음전도와 사회적 행동 모두가 교회의 선교에 포함된다고 하는 일치점을 보인다. 하지만 에큐메니칼 관점은 선교의 포괄적 이해 안에서 이 둘의 보완적 성격을 강조하고, 복음주의 입장은 복음전도와 사회적 행동을 전적으로 분리된 행동들로 보면서 복음전도를 더 선호하고 강조한다.[92] 바샴에 의하면, 에큐메니칼운동은 복음전도(evangelism)를 포괄

---

89. *Ibid.*, p. 334.
90. *Ibid.*
91. *Ibid.*, p. 336.
92. *Ibid.*, p. 344.

적으로 정의하여, 복음전도와 사회적 행동을 교회의 선교(misson)의 통전적 측면들로 보지만, 복음주의자들은 복음전도를 주로 "복음에 대한 구두선포"(the verbal proclamation of the Gospel)로 이해하는 것으로 본다. 하지만 바샴의 주장과 달리, 우리가 이미 논한 1974년 로잔 언약과 1989년 마닐라 성명은 1960년대의 복음주의 세계대회들과는 달리 '복음전도'(evangelism)를 교회의 사회적 책임과 이분(二分)화하지 않는다.

이상과 같이 1960년대 말 WCC를 통한 에큐메니칼운동의 선교 개념에 대한 거부반응으로 등장한 복음주의자들의 세계대회들은 1974년 로잔을 계기로, 그리고 1989년 마닐라 성명(Manifesto)에 오면 종전의 "교회 대 세상"이라고 하는 이분법을 지양하고, 1952년 빌링겐의 *Missio Dei* 이래의 에큐메니칼 선교 개념을 대폭 수용한다. 그리하여 복음주의 선교 개념에 있어서도 삼위일체론적 복음이해와 삼위일치론적 *Missio Dei*, 그리고 종말론적 시야를 가진 하나님 나라 사상이 지배적이 된다. 복음주의자들 역시 하나의 선교 개념 속에 교회의 사회참여를 포함시키고 있다.

8. 1973년 방콕 CWME

1968년에는 "하나님의 선교"(*Missio Dei*)가 절정에 도달하였고, 교회의 사회적 책임수행이 역사상 그 유래를 찾아볼 수 없을 만큼 첨예화되었다. 1968년에는 맑시즘과 같은 사회학적 통찰이 기독교 신학에 적극 수용되기 시작하였고(1968년 Medellin), 적절한 폭력까지 정당화되었으며, 선교의 개념이 '인간화'와 동일시되는 측면도 있었다. 무엇보다도 1948년부터 1960년대 초까지의 "책임적 사회"(responsible society)가 "세계적 크기의 책임적 사회"로 확장되었다. 그런데 1968년 베이루트까지만 해도 제 3세계가 경제 강대국의 신제국주의로부터 어떻게 '해방'되는가를 문제삼은 것이 아니라, 제 3세계의 개발과 발전을 문제삼으면서, 특히 발전의 도덕적 측면에 대한 신학교육, 선진 강대국의 경제구조에 대한 이해를 돕는 경제교육, 기독교적 양심에 부합하는 정치적 의지를 위한 정치교육 및 사회로 하여금 세계적 경제발전을 위해서 치러야 할 값을 감수하게 하기 위한 사회교육을 내세웠다. 그러나 "해방신학"은 1968년 웁살라 WCC에서 싹터 올랐다. 이미 웁살라의 '발전'에 관한 내용들은 단순히 강대국이 저개발 국가들에게 '자본과 기술'을 이전하는 정도의 도움은 결코 아니었다. 대체로 우리는 구티에레즈(Gustavo Gutierrez)도 주제연설을 했던 1968년 메델린(Columbia)의 제 2차 라틴 아메리카 주교 총회를 "해방신학"의 태동기로 보고, 1971년 구티에레즈의 「해방의 신학」(The Theology of Liberation)을 해방신학의 고전으로 볼 수 있는바, 우리는 이미 웁살라의 보고서에서 해방신학적 요소들을 발견할 수 있었다. 그러나 웁살라는 1960년대 말 '신앙과 직제'의 "창조세계" 보전에 대한 신학에는 거의 귀를 기울이지 않았고, '역사'에 대해서만 관심을 보였다.

하지만 다른 한편, 1968년 웁살라와 1970년대의 해방신학 전통을 이어받은 1975년에 이르는 길목에서 세계 교회의 사회참여는 전혀 후퇴한 것이 아니었다. 1969년 WCC 중앙위원회는 "인종차별 철폐 프로그램"(Programme to Combat Racism=PCR)을 출범시켜, 1974년에는 이를 WCC 구조의 영구적 기구로 만들었다. 그리고 PCR 이외에 1968년 웁살라에서 기원한 또 다른 WCC 주요 프로그램은 "교회들의 발전에의 참여에 관한 위원회"(the Commission on the Church's Participation in Development=CCPD)였다. 그리고 CCPD는 사회과학적 통찰들도 사용했으나 그것들을 절대화하지는 않았고, 가난한 자들과 억눌린 자들과 자신을 완전히 동일시하신 예수 그리스도 안에 나타난 하나님의 의를 정의의 절대적 근원으로 보았다. 이와 같은 교회의 사회참여에 있어서 우리가 아래에서 논할 Missio Dei 전통을 이어받은 1973년 방콕 CWME의 "Salvation Today"도 역시 큰 몫을 하였다.

나이로비 총회는 긴장과 새로운 아이디어들을 분출시켰던 웁살라와는 달리 "확고히 지반 다지기"(consolidation)에 접어들었다. 하지만 나이로비가 자신의 새로운 통찰들과 아이디어들 없이 옛 것들만을 되풀이했던 것은 아니었다. 나이로비는 "확고히 지반 다지기"의 경향 속에서도 삼위일체 하나님 신앙과 사회, 정치적 참여는 불가분리한 것으로 주장하면서 종전의 인권투쟁과 불의에 대한 항거에서 한 발자국도 물러서지 않았다. 나이로비는 1969년 이래의 해방신학 전통을 자기 것으로 삼은 것이 확실하다. 그리고 나이로비는 구조악의 문제를 과거 그 어느 때보다도 더 심각하게 생각하였다.

나이로비 WCC가 공헌한 교회의 사회참여에 관한 주장은 JPSS에 잘 나타나 있다. JPSS는 결코 우연히 선택된 주제가 아니다. '정의'(Justice), '참여'(Participation), 그리고 '지탱'(Sustainability)은 삼위일체적으로 서로 맞물려 있는 것으로서 이미 에큐메니칼 의사 일정에 올라 있는 것들이다. '정의'는 WCC 이래 에큐메니칼 관심사로서 WCC헌장에 명시되어 있는 WCC의 기능 가운데 하나이다. 그런데 1966년 제네바의 '교회와 사회' 세계대회와 1968년 웁살라 때 '정의' 추구의 긴급성이 일어나, "해방신학"을 거쳐 1970년대로 넘어온다. 나이로비는 '정의'를 '발전'(제 3세계)의 주된 목적으로 보고, 조직적 혹은 구조적 부정의에 대한 대립 개념으로 보며, 이 같은 부정의의 상황이 평화를 위협하기 때문에 항상 평화 개념을 요청한다고 본다. 그리고 본 문서는 '정의'와 '참여'를 인종주의, 여성차별 및 인권문제 등에 관련시킨다. 끝으로, "지탱될 가능성"(sustainability)은 과학과 기술의 오용과 남용으로 지탱되기 어려운 인간 사회가 '제한 발전', '제한 성장', 그리고 '생태학적으로 건강한 발전'에 의해서 지탱가능한 사회를 말한다. 이미 1975년 나이로비는 "창조세계의 보전"을 '정의'와 '평화'와 맞물린 1990년 서울 "JPIC" 대회와 '지탱'과 '발전'을 창조적 긴장관계로 본 1992년 리우(Rio) UN 지구정상을 내다보았다고 하겠다.

이제 우리는 위와 같은 흐름을 염두에 두면서, "오늘날의 구원"(Salvation Today)이라는 주제하에 1973년 방콕에서 열린 CWME에 나타난 18~19세기적 '복음전도'(evangelism)와 넓은 의미의 교회의 사회참여에 관하여 논하자. 본 대회는 69개국에서 330명의 회원들이 참석하였다. 1968년 CWME는 다음 대회의 주제를 "오늘날의 구원"으로 확정하였는데, 이는 이미 1963년 멕시코의 CWME에서 부상된 주제인 "그리스도께서 세속세계 속에 있는 인간에게 베풀어 주시는 구원의 내용과 형태는 무엇인가?"에 암시되어 있었다.

1968년 웁살라에 이어 본 방콕 대회는 교회의 사회참여를 절정으로 치닫게 했는데, 웁살라 때의 두 기둥(복음과 교회의 본질에 관련된 기독교의 정체성과 교회의 사회참여)이 본 방콕에서는 더 두드러지게 부각되었다. 웁살라 때에는 어느 정도 그러했었지만, 본 방콕에서는 복음주의 계통의 신학자들 그룹들의 영향으로 교회의 사회참여를 극대화하려는 에큐메니칼 신학자들의 그룹이 상당한 정도로 제약을 받고 있었다. 바이엘하우스(Peter Beyerhaus)는 다음과 같이 언급하였다.

> "'구원'과 '선교'의 본성에 관한 제 3분과(S.Ⅲ.B.)의 보고내용은 주로 전통적인 것이었다. 하지만 이 내용조차도 이념적이고 정치적인 사상과 뒤얽혀 있다. 이 그룹은 바로 내가 속했던 그룹이었다. 이 그룹의 회원들은 세계의 도처에서 온 사람들로서 선교를 복음전도와 교회성장이라고 하는 고전적 의미로 보았다."[93]

바샴은 이것을 두 얼굴이라 불렀다. 즉, 그는 이렇게 주장한다.

---

93. Peter Beyerhaus, *Bangkok '73 : The Beginning or End of World Mission*(Grand Rapids, Michigan : Zondervan Publishing House, 1973), p. 76.

"1952년 빌링겐(Willingen)의 IMC에서 논란되었고, 1968년 웁살라에서 긴장을 자아냈으며, 방콕 대회에서조차 해결을 볼 수 없었던 '하나님의 선교' 개념에 대한 두 가지 엇갈리는 이해 때문에 본 방콕 대회조차 두 얼굴을 보인다."[94]

하지만 본 논고는 바샴의 주장과는 달리, 에큐메니칼운동 속에 나타난 선교역사의 흐름에는 18~19세기적 복음주의 계통의 복음전도의 흐름도 있는 것으로 본다. 다음의 두 분과보고서는 이러한 사실을 잘 보여 주고 있다. 즉, 우리는 S.Ⅲ. : "선교를 위한 교회들의 갱신"을 먼저 소개하고, 그 다음에 S.Ⅱ. : "구원과 사회정의"를 분석하려 한다.

S.Ⅱ.는 복음을 통한 개인 구원을 다음과 같이 말한다.

"행동하는 개교회는 예수 그리스도의 복음을 전세계에 선포하므로 개인들과 이 개인들의 상황이 이 복음을 듣고 구원에 이르게 되는바, 이 구원 얻은 개인들은 전교회의 맥박이다."[95]

즉, 개교회는 전교회와 함께 호흡하며 전교회와 더불어 복음선포의 사명을 함께 수행하고, 이 복음에 대한 반응으로 개인과 개인의 상황이 구원에 이른다는 말이다. 다음 인용은 개교회가 '선교'를 위하여 갖추어야 할 전통적인 개신교의 은혜의 수단인 성경, 복음, 세례, 성만찬, 기도에 관하여 언급하고 이어서 성령의 은사에 대해서도 말한다.

"하나님께서는 개교회를 무장시켜 선교에 임하도록 하시기 위하여 은총의 수단을 마련하셨다. 즉, 세례, 성만찬, 성경, 그리스도의 이름으로의

---

94. Roger C. Bassham, *Mission Theology*(Pasadena, California : William Carey Library, 1979), p. 94.
95. *Bangkok Assembly*, 1973(WCC., Publications Service, 1973), p. 99.

기도, 그리고 하나님은 성령의 은사들을 그의 백성에게 베풀어 주사 모든 신자들로 하여금 모든 교역과 선교에 참여할 수 있게 하신다."[96]

이어서 본 문서는 복음주의 계통의 개인 구원과 개교회의 정체성과 교회성장의 중요성을 역설한다.

"우리는 교회의 성장을 두 가지로 정의한다. 하나는 양적이고 수적인 성장이요, 다른 하나는 각 개인 안에 있는 새 사람의 발전이다. 그런데 이 개인들은 개교회에 참여하면서 사회에 참여한다."[97]

이 교회성장과 개인의 변화는 말씀과 성령을 통해서 일어난다고 하는 전통적 복음주의의 입장을 본 대회는 취했다.

"어떤 교회들 안에서 교회의 갱신과 성장이 일어나고 있는가를 묘사하기 위하여, 우리는 성령에 대하여 언급해야 한다. 다른 교회들 안에서는 갱신과 성장이 성경의 재발견에 기원하며, 성경의 메시지에의 새로운 청종에 기원한다. 그러나 분명한 사실은 성경이 연구되는 곳에서마다 성령은 행동하며, 성령이 역사하시는 곳에서마다 성경은 사용된다."[98]

본 대회는 지역사회의 변혁이나 사회의 구조악에 대한 변혁에 앞서 복음으로 말미암은 죄악으로부터의 구원을 선언하였다.

"구원이란 주 예수 그리스도께서 개인들을 죄와 죄의 모든 결과로부터 해방시켜 주는 것이다. 또한 구원이란 예수 그리스도께서 그의 교회를 통하여 이 세상을 이 세상의 모든 억압으로부터 자유케 하시는 작업이다. 그러나 이것이 일어나기 위해서는 교회가 먼저 갱신되어야 하고 성장해

---

96. *Ibid.*, p. 100.
97. *Ibid.*, p. 101.
98. *Ibid.*, p. 100.

야 한다."[99]

그러나 구원이란 교회 안에 국한된 것이 아니라 개교회가 몸담고 있는 지역사회를 변화시키는 것이다. 즉, 구원은 교회의 사회정의 실현에로 연결된다. 구원이란 "개인들, 개교회들, 그리고 한 장소 안에 있는 이들의 상호관계를 변혁시키는 동시에 지역사회를 치유하며 해방시킨다."[100] 이런 의미에서 "자신을 위해서만 존재하는 교회는 이웃에 대한 하나님의 행동을 사보타주(방해)하는 것이다."[101] 개교회는 마땅히 "이 세상의 남자들과 여자들로 하여금 예수 그리스도 안에서 삶의 궁극적인 의미와 거룩성을 찾게 해야 한다."[102] 따라서 이 선교적 개교회는 자신의 생과 선포와 대화와 곤궁한 자들을 위한 봉사와 지역사회와의 관계와 사회정의 실현을 위한 행동을 항상 새롭게 하지 않으면 안 된다."[103]

이상 복음과 교회의 정체성, 교회성장, 개인 구원, 교회의 다양성과 일치[104]를 전제하고 S.Ⅱ.: "구원과 사회정의"는 교회의 사회참여를 극단화시켰다. S.Ⅱ.의 서론은 "하나님의 구원행동이 세계적인 사회정의 실현을 위한 투쟁에 관계되며……"라 했고, "이 하나님의 구원행동은 복음의 사회적, 경제적, 정치적 함축을 포함하나 구원의 개인적이고 영원한 차원을 부정하는 것은 아니다."[105]라고 했다. 다음 인용이 주장하는 구원의 4차원들은 본 분과보고서의 핵심에 해당하는 부분으로서 몰트만(J. Moltmann)의 주장이었다.

---

99. *Ibid.*, p. 102.
100. *Ibid.*, p. 100.
101. *Ibid.*
102. *Ibid.*
103. *Ibid.*
104. *Ibid.*, p. 102.
105. *Ibid.*, p. 87.

"구원이란 사람들에 의한 사람들의 착취에 항거하여 경제적 정의를 위해서 투쟁하는 것이다. 구원이란 인권에 대한 정치적 억압에 항거하여 인간의 존엄성을 위해서 투쟁하는 것이다. 구원이란 인간 소외에 항거하여 소외된 무리와 연대감을 갖기 위해서 투쟁하는 것이다. 구원이란 개인의 삶 속에 도사리고 있는 절망에 항거하여 희망을 불러일으키기 위해서 투쟁하는 것이다."[106]

본 분과보고서(S.Ⅱ.)는 복음이 함축하는 4차원의 구원에 입각하여 교회 자체가 해방될 것을 요구한다. S.Ⅲ.에서는 하나님이 교회를 도구로 하여 지역사회 속에서 구원을 일으키신다고 했으나, S.Ⅱ.에서는 이 교회가 먼저 다음과 같은 정치적-사회적 의미에서 해방받아야 할 것을 촉구한다.

"교회가 먼저 지배계층들, 지배적 인종들, 지배적 민족들로부터 해방되지 못한다면, 이 교회는 구원받은 교회가 될 수 없다. 교회들과 그리스도인들이 먼저 구조적 부정의와 구조적 폭력에의 공범으로부터 해방받지 못한다면 교회는 인류를 해방시키는 교회가 될 수 없다.······ 우리는 그리스도의 나라를 위해서 일하고 고난받는 그리스도의 참된 공동체를 추구하고 있다. 우리는 세상 속에서 활동하시는 하나님의 구원사역을 위한 촉매가 되는 교회를 추구한다. 이 교회는 단순히 구원얻은 자들의 피난처가 아니요, 그리스도의 사랑으로 이 세상을 봉사하는 교회인 것이다."[107]

그래서 본 분과보고서(S.Ⅱ.)는 "영혼과 몸, 개인과 사회, 인류와 탄식하는 피조물"의 통전적 구원을 말하고, "개인들과 구조들의 변혁"을 선포하고, "경제적 정의, 정치적 자유, 문화적 갱신을 위한 투쟁이란 하나님의 선교에 의한 세상의 전적 해방의 요소들이다."[108]라고 언급하

---

106. *Ibid.*, p. 89.
107. *Ibid.*

였다. 뿐만 아니라 본 보고서는 이 "경제적 정의, 정치적 자유, 문화적 갱신"을 위해서 우리 교회가 구체적으로 참여해야 한다고 주장할 때, 구조악과 구조적 폭력에 대항하여 폭력까지도 사용할 수 있는 가능성을 시사하였다. 즉,

> "우리는 행동의 합법성을 문제삼아야 한다. 변혁을 위한 행동은 법과 질서의 문제에 직면한다. 권력이 부도덕을 합리화하고 기본적인 인권을 침해할 경우, 기성 법과 질서는 더욱 문제시된다.…… 부정의가 법에 의해서 정당화되고 있다면, 인권의 기초 위에서, 그리고 억압당하는 자들의 일반적인 동의에 근거하여 불법적 행동까지 감행될 수 있다."[109]

본 분과보고서는 "정의에의 참여"를 "하나님의 선교"의 최고 우선 순위로 보고 있는데, 특히 '구조악'과 '제도화된 폭력'이라는 말을 처음 사용하고 있으며, 여기에서 무엇보다도 자본주의의 병폐인 경제적 부정의를 의식하고 있다. 즉, "……선교적 확장은 자본주의 체제의 착취적 본성에 긴밀히 연결되어 있다. 오늘의 많은 선교적-복음전도적 노력은 개인 구원에만 전심하고 사회적 부정의의 원인에는 무관심하다."[110] 그래서 본 보고서에 의하면, 선교란 '억압하는 그룹'과 함께하는 것이 아니라 '억압받는 자들' 편에 서는 것이라 하였다. 따라서 본 보고서는 다음과 같이 의식화교육을 역설하며, 나아가서 가난한 자들의 대동단결을 촉구하기까지 한다.

> "어떤 경우에도 주된 관심은 소유가 없는 대중의 의식화에 있다. 이 의식화란 이 대중에게 상황의 원인과 의미를 교육하고 주지시켜서 이들이

---

108. *Ibid.*
109. *Ibid.*, p. 97.
110. *Ibid.*

이에 항거하여 무엇을 할 수 있고 무엇을 해야 하는가를 알려 주어야 한다. 사실은 이 대중들 자신들만이 자신들의 상황을 가장 잘 대변하기 때문이다."[111]

"이 의식화와 관련하여 중요하게 느껴지는 것은 힘없는 자들을 힘있게 하기 위한 가난한 자들의 조직방법과 기술이다."[112]

이상의 방콕 대회의 보고서를 통하여 우리는 두 흐름의 엇갈림을 발견한다. 즉, 복음주의 그룹(Beyerhaus 등)은 복음과 교회의 정체성, 개인의 회심과 교회의 성장, 교회의 다양성 속의 일치성을 강조하고, 에큐메니칼 신학자 그룹(Moltmann 등) 및 WCC 당국은 구원의 의미를 사회정의, 경제적 정의, 정치적 자유, 문화적 갱신, 인권 회복에 관련시킨 나머지, 교회의 사회참여를 극도로 첨예화시켰다.

우리는 이 두 그룹 사이의 갈등과 대립을 부정적으로 볼 것이 아니라 긴장관계로 보아야 하고, 실제로 그렇게 되어야 한다. 환언하면, 복음과 성경, 교회와 개인 구원을 중요시하면서 동시에 어떻게 교회의 사회참여를 강화시킬 수 있는가에 관심을 가져야 한다. 구조악과 제도화된 폭력, 온갖 종류의 억압과 사회적-경제적 부정의와 정치적 탄압과 문화적 소외, 나아가서는 온갖 인권 유린에 항거하여 싸우는 교회는 성경, 복음, 성령, 구원, 교회에 의존하면서 하나님의 나라를 바라보고 나아가야 할 것이다. 그래서 몰트만(J. Moltmann)은 그의 저서 *The Crucified God*에서 위의 긴장관계는 십자가를 경험케 한다고 주장하였다. 즉,

"신학자들의 기독교적 삶, 교회들 및 인류는 오늘만이 아니라 언제나

---

111. *Ibid.*
112. *Ibid.*

이중적 위기에 직면해 있다. 하나는 참여의 위기요, 다른 하나는 자기 정체성의 위기이다. 이 두 위기는 상호보충적이다. 신학과 교회가 현대의 문제들에 부심하고 관계하면 할수록 자신의 기독교적 정체성이 더욱더 위기에 떨어진다. 반면에 이들이 전통적인 교리들, 전통적인 기득권들 및 전통적 도덕표준을 주장하면 할수록 이들은 현대의 문제들과 더욱 무관하게 된다. 우리는 이것을 "정체성-참여의 딜레마"라고 표현해야 더 정확하다. 그런데 우리가 이와 같은 이중적 위기를 경험할 때 오직 십자가에 대한 심사숙고만이 무엇이 기독교적 정체성이고, 무엇이 기독교적 참여인가를 밝혀 줄 것이다. 우리는 이 관점에서만 현대의 문제들과의 비판적 연대(solidarity)를 가질 수 있다."[113]

방콕 대회에서 18~19세기적 복음주의 전통이 더욱 강조된 것은 복음주의 신학자들의 참여가 종전의 세계선교대회들에서보다 더 눈에 두드러졌기 때문이었다. 그러나 오늘날 우리의 고민은 이 둘이 갈등상황에 있는 데 있다. 그러나 다행한 것은 WCC와 에큐메니칼 역사를 통한 교회의 사회참여의 강조는 복음주의 계통의 교회들에게 교회의 사회참여를 일깨워 주었다. 1961년 뉴델리 이후 1966년 제네바 대회(The Genevan Conference on Church and Society)에 대한 복음주의자들의 반응이 이미 1966년 휘튼 선언(The Wheaton Declaration)에 나타났으니, 바야흐로 복음주의자들은 사회참여에로의 각성을 통감하였다. 즉,

"우리는 통탄할 죄를 범했다.…… 우리는 세상으로부터 격리되는 죄를 범했다. 이 격리는 비성경적이다. 이로 인하여 우리는 흔히 이 세상의 문제에 정직하게 대면하거나 대응하지 못했다. 우리는 너무나도 빈번히 성경의 원리들을 인종차별, 전쟁, 인구 폭발, 가난, 가정 붕괴, 사회적 혁명

---

113. Jürgen Moltmann, *The Crucified God*(New York : Harper and Row, 1974), p. 7.

및 공산주의 등의 문제에 적용하지 못했다."[114]

시카고 선언(1973)도 마찬가지로 WCC의 사회참여의 영향을 받고 있다.

"우리는 하나님께서 요구하신다는 사실을 인정한다. 그러나 우리는 사회적으로 억눌린 사람들에게 하나님의 사랑을 과시해 오지 못했다. 우리는 하나님께서 정의를 요구하신다는 사실을 인정한다. 그러나 우리는 불의한 미국사회에 하나님의 의(義)를 선포 혹은 과시하지 못해 왔다. 주님께서는 빈곤한 자와 억압받는 자의 사회적 권익과 경제적 권익을 방어하도록 우리를 부르시고 계시나 우리는 이에 대체로 침묵을 지켜 왔다."[115]

1974년 존 스토트가 "로잔 세계복음화 국제대회"에서 작성한 "로잔 언약" 역시 교회의 사회참여를 새롭게 인식하였다.

"우리는 지금까지 사회참여에 소홀히 해 온 것을 회개한다. 우리는 때때로 복음전도와 사회적 관심이 상호배타적이라 생각해 온 것을 뉘우친다. …… 사람들이 그리스도를 영접하고 중생하여 그리스도의 나라에 들어가면 이들은 하나님 나라의 의를 불의한 세상 한복판에서 알려야 하고 확장시켜야 하고 실현시켜야 한다. 우리가 선포하는 구원이란 우리를 개발시켜서 개인적인 책임과 사회적인 책임 모두를 감당케 하는 것이다."[116]

다른 한편, WCC의 교회와 사회분과는 "시카고 선언"(1973)에 반응하여 복음과 개인 구원을 재인식하였다. 즉,

---

114. Lindsell, *Church's Worldwide Mission*(Waco : Word, 1966), pp. 219-220, quoted by Coleman in his *Issues of Theological Conflict* (Eerdmans, 1972), p. 16.
115. Coleman, *op. cit.*, p. 17.
116. Arthur P. Johnston, *Battle for World Evangelism*(Wheaton : Tyndale House, 1978), pp. 369ff. quoted by Coleman in his *op. cit.*, p. 17.

"우리는 구조적인 것보다 개인적이고 인격적인 것을 강조하는 경향이 있어 온 사람들을 너무나도 빈번히 비판해 오는 경향을 가졌다.…… 우리는 다음의 사실을 인정한다. 즉, 복음에 뿌리내리려는 결심을 충분히 나타내지 못했다는 사실.…… 우리는 하나님의 자비는 너무도 크기 때문에 자신의 죄를 회개하고 돌이키는 모든 사람들을 용서하신다는 사실을 긍정한다. 그래서 우리는 그리스도의 제자됨을 추구한다. 이 제자의 길은 결코 그리스도의 완전한 복음을 선포하며, 이 복음의 개인적-인격적 함축과 사회적 함축을 선포하는 일에 부끄러워하거나 자신 없게 생각하지 않는다."[117]

우리는 위에서 언급한 엇갈림(두 얼굴?)들을 염두에 두면서, 이 방콕의 결과물을 공식적으로 수용한 1975년 나이로비의 WCC 분과보고서를 이해하고 분석해야 할 것이다.

1975년 11월 케냐의 나이로비에서 2,000명의 참가자들이 모여 제5차 세계교회협의회를 개최하였는데, 286회원교회들로부터 676명의 대표들이 여기에 참석하였다.

바샴은 1974년 "우리 안에 있는 소망을 알리자."를 표방한 아크라(Accra)의 '신앙과 직제', 1974년 로잔(Lausanne)에서 열린 "세계 복음화 국제대회", "세계 복음화를 위한 로마 가톨릭의 감독대회"(The Synod of Bishops of the Roman Catholic Church on Evangelization in the Modern World) 및 "오늘 예수 그리스도를 고백하자."라는 주제에 대한 동방 정교회의 공헌 등의 보수적 기독교의 영향으로 나이로비는 구원의 포괄적 이해와 세계 속에서의 하나님의 선교에 대한 포괄적 이해를 할 수 있었다고 본다.[118] 콜만(Coleman) 역시 그의 저서 *Issues*

---

117. Coleman, op. cit., p. 17.
118. Bassham, op. cit., p. 106.
    Cf. *Breaking Barriers, Nairobi, 1975*, ed. by David M. Paton(Grand Rapids : WMB. Eerdmans, 1975), p. 42.

*of Theological Conflict*에서 1975년 나이로비야말로 복음주의 계통 교회들의 감화로 웁살라와 방콕에서 절정에 도달한 사회참여의 극단화를 의식하면서 복음의 정체성과 교회의 본질적 사명을 재확인하였다고 주장한다. 즉,

"일찍이 1961년 뉴델리 WCC 때부터 자유주의 운동은 일반적인 '선교'의 개념을 수정하기를 원했다. 1961년 뉴델리의 주제는 '예수 그리스도-세상의 빛'이었는데, 이는 눈먼 자들이 빛의 광채를 볼 수 있도록 복음의 교역이 항상 꼭 필요하다는 사실을 증거한다. 사실상 에큐메니칼 기구들과 에큐메니칼운동에 가담한 교파들은 점차로 복음주의자들의 소리를 공적으로 지지하였고 수용하였다. 예컨대, 1975년 제 5차 나이로비 WCC는 복음주의자들을 초청하기까지 하였다. 물론 이들 초청받은 자들이 투표권을 소유하지는 못했으나 '오늘의 그리스도를 고백하자.'라고 하는 나이로비 WCC의 주제 결정에 큰 영향을 주었다."[119]

바샴은 WCC가 웁살라와 방콕에 이어 계속해서 교회의 사회참여를 말하고 있으나, 그럼에도 불구하고 복음주의 주장이 많이 가미되었다고 지적하였다. 즉,

"그럼에도 불구하고 복음전도에 대한 새로운 강조가 있었고, 교회는 하나님의 선교를 위한 행동자로 다시 부각되었다. 교회는 말과 행동으로 복음을 선포하고, 말과 행동으로 사회적 행동을 감행함으로써 모든 사람들로 하여금 그리스도를 고백케 해야 한다."[120]

그러나 바샴은 1975년 나이로비 WCC의 선교의 특징을 "통전적 선교"(holistic mission)라 지칭하였으니, 본 WCC는 복음주의적 요소에

---

119. Coleman, *op. cit.*, p. 16. Cf. *Breaking Barriers : Nairobi, 1975*, pp. 41-57.
120. Bassham, *op. cit.*, p. 105.

도 불구하고 교회의 사회참여로서의 하나님의 선교를 계속 유지하고 있다. 다음에 우리는 본 분과보고서의 본문을 분석해 보자.

"예수 그리스도는 자유케 하시며 일치시키신다."라고 하는 주제를 내건 나이로비 WCC의 분과보고서는 S.Ⅰ.: "오늘 그리스도를 고백하자.", S.Ⅱ.: "일치가 요구되는 것" S.Ⅲ.: "공동체를 찾아서: 다양한 신앙, 다양한 문화, 다양한 이념의 사람들이 공통적으로 추구하는 것" S.Ⅳ.: "해방과 공동체를 위한 교육", S.Ⅴ.: "부정의의 구조와 해방을 위한 투쟁", S.Ⅵ.: "인간 발달: 권력의 애매성, 기술, 그리고 삶의 질"을 다루고 있는데, 우리는 여기에서 주로 S.Ⅰ.과 S.Ⅴ.를 집중적으로 소개하려고 한다. 그 이유는 1975년 나이로비가 1910년 이래로 내려오며, 방콕에서 더욱 강조된 18~19세기적 복음주의 전통을 자체 내에 깊숙이 흡수했기 때문이다.

S.Ⅰ.는 "전복음", "전인격", "전세계", "전교회"라고 하는 항목들에서 복음의 정체성과 그것의 상관성을 말한다. 다음 인용은 복음의 전통적인 본질과 사회참여에의 부름을 진술하고 있다.

"복음이란 하나님, 곧 창조자와 구속자로부터 온 좋은 소식이다. 예루살렘에서 갈릴리에 이르기까지, 그리고 땅 끝까지 이르도록 성령은 예수 그리스도 안에 나타난 하나님의 결정적 계시의 새로운 국면들과 차원들을 항상 다시 노출시키고 있다. 복음이란 예수 그리스도를 통해서 계시된 하나님의 나라와 하나님의 사랑을 선포하는 것이요, 은혜 베푸심과 죄들의 용서, 회개와 예수 그리스도에 대한 신앙, 하나님의 교회 안에서의 사귐, 하나님의 구원의 말씀과 행동의 증언, 정의와 인간 존엄성을 위한 투쟁에의 참여, 인간의 통전성을 저해하는 모든 것을 배격해야 할 의무, 목숨까지도 버리는 참여를 포함한다. 오늘날 복음은 억눌린 자를 해방시키는 격려의 메시지로서, 이들로 하여금 해방을 위한 투쟁을 견디게 한다. 이 투쟁이야말로 돌입해 오는 하나님 나라에 대한 소망의 표시이다. 여성들에게 복음은 문화적 굴종 속에서도 담대하게 하는 그리스도에 대한 소식이다. 복음이란 어린아이들에게 사랑의 부름이요, 부자와 권세자들에게는 가난한 자의 궁핍을 나누어야 할 책임을 계시한다."[121]

본 보고서는 이어서 신약성경에 나타난 사도적 복음전승의 정체성과 이 복음의 다양한 상황과 맥락에의 적용을 말한다.

"우리는 복음이 우리의 특수 상황들에 대하여 무엇이라 말하는가를 듣고 기뻐하며, 또한 우리는 이 복음을 특수 맥락에 전하려고 해야 한다. 그러나 우리는 사도들의 역사적 증언에 의한 복음에 충실해야 한다. 우리는 이 사도적 증언에 의한 복음을 성경과 전승에서 찾는데, 그 중심은 예수 그리스도이시다. 우리는 이 복음을 우리들 자신의 관심과 욕망에 갖다 맞추어서는 안 된다."[122]

위의 복음은 전인격과 전세계를 개변시키고, 교회는 복음을 고백하고 복음을 전해야 할 사명을 맡았다.
복음은 전인격을 개변시킨다. 즉,

"복음은 성령의 능력을 통하여 인간의 모든 필요에 대응하여 말하며, 우리의 삶을 개변시킨다. 복음은 우리의 죄를 용서하므로 우리의 창조자에게 화해시키고, 우리 마음속에 하나님을 아는 참 기쁨을 일으키며, 영생을 약속한다. 복음은 우리를 하나님의 백성으로 묶어 줌으로써 공동체와 사귐의 필요성을 충족시킨다. 복음은 모든 사람들에 대한 하나님의 사랑을 계시하므로 우리로 하여금 우리가 사는 사회에서 책임적이고 비판적이며, 창조적인 구성원들이 되게 한다. 예수님의 부활에 대한 좋은 소식은 역사 속에서 하나님의 의로우신 목적이 성취될 것을 말하며, 우리를 자유케 하사 이 목적 성취를 위하여 희망과 용기를 갖게 한다."[123]

---

121. *Breaking Barriers*, p. 52.
122. *Ibid.*, pp. 52-53.
123. *Ibid.*, p. 53.

복음은 전세계를 개변시킨다. 즉,

"이 세상은 단순한 하나님의 피조물이 아니다. 그것은 하나님의 선교의 장이기도 하다. 하나님은 전세계를 사랑하셨기 때문에 교회는 이 세상의 어느 부분도 소홀히 여길 수가 없다. 구원하시는 자의 이름을 들은 자들이나 아직 그것을 듣지 못한 더 많은 사람이든 간에, 우리는 하나님께 순종해야 하는 한, 그리고 인류 가족과 연대의식을 갖고 있는 한 우리는 하나님의 사랑을 모든 사람, 모든 계층, 모든 인종, 육대주 오대양 - 어떤 문화적 맥락과 어떤 역사적 상황에 있어서도 - 에게 선포하고, 증거해야 한다는 그리스도의 명령에 순종해야 한다."[124]

끝으로, 다음의 인용은 복음전도는 전교회의 사명임을 역설한다.

"복음전도는 어떤 특수 은사를 받은 개인들이나 어느 특수 선교기관의 사업이 아니라 '전교회', 곧 그리스도의 몸에게 위탁되었다. 이 전교회의 모든 구성원들은 각각 특수 은사들과 기능에 의하여 전몸의 삶을 표현하고 있다."[125]

특히 S.I.는 "회심의 행동으로서 그리스도의 고백"을 말한다. 이처럼 그리스도를 고백함으로써 회심한 사람들은 그리스도인의 제자됨(discipleship)을 동반한다. 그리스도를 고백하는 사람들은 자기를 부인하고 십자가를 짊어져야 한다. "열매 없는 값싼 회심을 우리는 거부한다. 우리는 피상적 복음을 거부한다. 그리스도에 대한 증인 없는 회심을 우리는 거부한다. 우리는 그리스도의 고백이 교파주의에 의해서 방해받기를 거부한다."고 S.I.는 진술하면서, 그리스도를 고백하고 제자의 길을 걷는 사람은 성령의 새롭게 하시는 역사에 참여할 수 있는 자유자

---

124. *Ibid.*
125. *Ibid.*

가 된다고 했다. 본 보고서는 성령의 자유에 대하여 이렇게 말한다.

"우리는 그리스도를 고백하고 그리스도의 주권에로 회심하므로 성령의 자유를 경험하고 이 세상의 궁극적 소망을 표현한다. 예수 그리스도는 그의 참되고 신실한 증거에 의하여 우리를 죄의 노예됨에서 해방시켜 성령의 영광스러운 자유를 누리게 하신다. 기아와 억압과 폭력의 악순환은 죄와 죽음과 사단의 악순환 속에 있다. 마찬가지로 정의와 보다 좋은 공동체, 그리고 인간의 존엄성에로의 해방은 새 창조의 능력 이외에 아무것도 아니신 성령의 엄청난 자유 안에 있다."[126]

그런데 이 그리스도의 고백은 개인적이거나 개인적인 제자의 길을 넘어서서 공동체(교회)적이다. 즉,

"그리스도의 삶에 참여하여 그리스도를 주님, 구주, 자유케 하시는 자, 통일시키는 자로 고백하는 사람들은 한 공동체 안에 모이는데, 이 공동체의 창시자는 성령이요, 이 공동체의 지탱자 역시 성령이시다. 이 성령과의 사귐은 성만찬과 삼위일체 하나님을 영화롭게 하는 데서 주된 목적과 목표를 찾는다. 송영이야말로 모든 분열을 초월하는 최고의 고백이다."[127]

이 공동체는 예배, 말씀, 성례를 중심에 두고 메시야 왕국의 도래를 지향한다.

"성령은 말씀, 성례, 상호돌봄을 통하여 우리를 변화시키고, 성장시키며, 예배를 삶과 통전적으로 연결시킨다."[128]

"다시 말하면, 모든 기독교적, 공동체적 삶은 그리스도의 영의 피조물

---

126. *Ibid.*, p. 45.
127. *Ibid.*, p. 48.
128. *Ibid.*

로서 그리스도의 말씀과 성례에 의하여 양육받고, 그리스도의 사랑에 의하여 결속되고, 그리스도의 소망에 의하여 전진한다. 예배는 교회의 힘의 근원이다."[129]

"예배, 특히 성만찬은 모든 기독교적 공동체들이 자신들을 하나님과 피조물을 향하여 개방하는 도구이다. 이 성찬은 분열의 담을 무너뜨리며 창조적인 형태의 연대성을 불러일으킨다. 예배를 통해서만 우리는 다가올 세대를 생각하며 메시야 왕국의 기대 속에서 살게 된다."[130]

이 개인적이고 공동체적인 그리스도 고백이란 말씀이 육신되사 우리 안에 거하시는 그리스도에 대한 고백이기에 하나님의 역사개입에 대한 인식과 참여에로 우리를 인도한다. 즉, 고백은 역사참여이다.

"그리스도의 고백은 하나님의 신실하심에 대한 감사의 행동이요, 우리의 삶에 동참하시는 그리스도의 자유케 하시는 현존에 대한 감사의 행동이다. 동시에 기독교적 증거란 그리스도인들 자신들 속에 있는, 교회들 안에 있는, 그리고 사회 안에 있는 악의 세력에 대한 기독교적 항거와 관계가 있다. 이 악은 여러 가지 모양으로 표출된다. 즉, 그것은 여러 종류의 시험으로, 출생, 성(性), 계층, 종교, 민족에 의해서 길러진 편견들로, 비인간화의 정치적 힘과 사회-경제적 힘으로, 인간관계로 파괴되는 적대감으로, 다른 사람들의 비참과 고통을 무시하고 번창하는 이기적 야심으로, 치료될 수 없는 병으로 표출된다."[131]

끝으로, 우리는 S.Ⅱ.에 나타난 교회의 일치에 대해서 일별해야 한다. 이는 교회의 정체성을 파악하는 데 도움을 주기 때문이다. S.Ⅱ.는

---

129. *Ibid.*, p. 49.
130. *Ibid.*
131. *Ibid.*, p. 50.

각 개교회들이 동등한 차원에서 동등한 권한을 가지고 사귐을 가져야 함을 말하고, 대표들의 사귐을 통한 전교회의 삶을 말한다. 나이로비는 교회일치의 기본 입장을 다음과 같이 표명했다.

"…… 각 개교회는 다른 개교회들과 사귐 속에서 보편성(catholicity) 의 충만함을 누리므로 동일한 사도적 신앙을 증거하고 타 개교회 역시 그리스도의 동일한 교회 속에 속하며 동일한 성령에 의하여 인도됨을 인식한다."[132]

위에서 언급한 개교회의 개체성과 타 개교회와의 동등성을 유지시키는 교회의 일치성과 보편성을 더 잘 설명하기 위하여 본 S.Ⅱ.는 '대등한 협의회를 통한 사귐'(conciliar fellowship)이라는 용어를 사용했다.

"이 말은 하나의 분리되지 않은 교회의 삶이 여러 차원에서 표현된다는 것을 뜻한다. 첫째로, 그 말은 거리, 문화, 시간에 의해서 떨어지고 갈라진 교회의 일치를 표현하며, 개교회들의 대표들이 한 회합에 참여할 때 공적으로 나타내는 교회의 일치를 표현한다. 그 말은 또한 각 개교회 안에서의 삶의 질을 가리킨다. 이 말은 참된 일치란 단일체적 일치가 아니라 개교회와 개교회의 구성원에게 주어진 특수 은사들을 무시하지 않고, 이를 소중히 여기고 보호하는 일치를 말한다."[133]

그리고 S.Ⅱ.는 교회의 일치란 에큐메니칼한 신앙내용인 삼위일체 하나님과 부활하신 주님과의 만남에 근거하는데, 이것이 성만찬에서 일어난다고 선언하였다.

"진정한 대등한 대의적 사귐이란 삼위일체 하나님의 존재와 교회의 삶

---

132. *Ibid.*, p. 60.
133. *Ibid.*

을 통해서 반사되는 것을 말한다. 이 일치성이란 그리스도께서 그의 제자들로 하여금 아버지와 아들이 하나인 것처럼 하나되도록 간구한 그 일치이다. 교회의 일치, 교회의 신앙, 교회의 기쁨의 근원은 십자가의 흔적을 지니신 부활하신 그리스도와의 사도들의 만남, 그리고 오늘의 성만찬에서 오늘의 제자들이 그리스도의 살아 계신 현존을 계속 만나는 것이다. 이 부활하신 예수 그리스도는 자신의 지체들을 성령의 사귐에로 인도하여 아버지의 자녀가 되게 한다."[134]

이상 복음과 교회의 본질, 그리고 교회의 일치는 교회의 사회참여의 전제이다. S.Ⅲ.는 교회란 세상 속에서 소수집단으로 실존하면서 이 세상과 관계한다고 주장한다. 즉,

"우리의 이 공동체(모든 기독교인들이 하나의 공동체 안에 함께 모인다고 해도)는 항상 인류공동체 안에서 소수로 살아왔다."[135]

우리는 S.V.: "부정의의 구조들과 해방을 위한 투쟁"에서 교회의 사회참여를 분석해 보자. 여기에서 사용되고 있는 '해방'이라는 개념은 1969년 이래 애용되는 개념이다. 1969년 몬트리올 대회가 구조악을 직시하고 이 구조악의 혁명을 더욱 과격히 지향했고, 특히 본 대회에서는 제 3세계가 SODEPAX '발전' 개념에 크게 불만하면서 더욱 혁명적 해방이 추구되기 시작했다. 그래서 SODEPAX와 WCC 후원하에 계속 대회들이 거듭된 후 1969년 "신학과 발전에 관한 SODEPAX 협의회"는 구조악을 그대로 안고 있는 '발전'보다 '해방'을 지향하였다. 이 협의회에서 구티에레즈(Gutierrez)는 "발전의 의미"라는 논문을 읽었는데, 이것이 바로 해방신학의 최초의 대표작인 「해방신학」(A Theology of

---

134. *Ibid.*, pp. 60-61.
135. *Ibid.*, p. 74.

Liberation, 1971)이었다.[136] 따라서 종속관계에서 배불리 먹고 사는 구조보다 인간다움(the human)이 보장되는 '해방'을 촉구하기에 이르렀다. 로마 가톨릭쪽에서는 1966년 제네바 대회 직후 바울 6세가 발표한 1967년 "Populorum Progressio"에서 이미 맑시즘의 사용을 허용한 이래 1971년 "Octoge simo Adveniens"(바울 6세가 발표한 문서로서 "Rerum Novarum"의 80돌을 회상하는 문서)는 '개발' 혹은 '발전'이 아니라 '해방'을 더욱 강렬히 부르짖었다.[137]

위의 '해방' 개념을 염두에 두면서 우리는 S.V.의 서설에 나오는 교회의 사회참여의 모델을 이해해야 한다.

> "우리에게 주어진 복음이란 죄와 다른 세력 밑에 눌려서 고통당하는 인류와 자신을 동일화하신 하나님에 관한 메시지이다. 하나님께서 인류와 연대성(solidarity)을 가지셨음은 종이신 그리스도의 현실에 의하여 표현되었다. 이 그리스도는 자신을 낮추사 인간의 형체를 입으셨고, 가난 속에 탄생하셨으며, 버림받음의 길을 수용하셨고, 끝내는 십자가의 죽음을 대면하셨다. 이 그리스도의 대리적 고난은 하나님의 사랑의 최고의 현현이다. 그리스도 안에 나타난 하나님은 인간의 죄와 연약성의 모든 짐을 홀로 걸머지셨다."[138]

1973년 방콕 CWME는 한편 1968년 웁살라에서 절정에 도달했던 *Missio Dei* 전통을 1969년에 동터 오른 해방신학에 가미시켜 더욱 추진시켰고, 다른 한편 1960년대의 복음주의 세계대회들의 소리를 귀담아들어 1968년의 지나친 점들을 극복하였다. 이 같은 경향은 1928년

---

136. Robert McAfee Brown, *Theology in a New Key*(Philadelphia : The Westminster Press, 1978), p. 45.
137. *Ibid.*, p. 33.
138. *Breaking Barriers*, p. 101.

예루살렘 IMC 이래로 내려오는 포괄적 선교 개념이지, 결코 부정적인 의미에서 선교의 두 얼굴이 아니다. 그리하여 1975년 나이로비 WCC는 이러한 두 흐름을 그대로 수용한 것으로 보여진다. 바야흐로 JPSS를 WCC 전체의 목표로 내세운 나이로비는 "전복음", "전인격", "전교회" 및 "전세계"를 결코 분리시켜서 논하지 않았다. 구조악의 문제를 움살라보다 더 심각하게 논하는 나이로비는 예배, 말씀, 세례, 성만찬을 통한 개인의 신앙과 회심, 부활하신 주님, 나아가서 삼위일체 하나님과의 만남을 결코 제외시킨 것이 아니었다. 우리는 방콕과 나이로비에서조차도 18~19세기적 유산이 발견된다고 말해야 한다.

9. 1980년 멜버른 CWME

멜버른의 주제는 주기도문의 일부분인 "나라이 임하옵시며"이었는데, 이같이 선교를 하나님 나라와 관련시키는 일은 18~19세기와 1910년 이전에도 있었으나, 본 대회의 주제는 방콕의 주제와 관련하여 이해되어야 한다. 당시 WCC 총무, 카스트로(Emilio Castro)가 "우리는 '나라이 임하옵시며'라는 주제하에 멜버른에 함께 모였습니다. 여러분들은 방콕이 표현하려고 했던 '세계선교'에 참여하고 계신 것입니다."[139] 라고 언급할 때, 우리가 알 수 있는 것은 멜버른의 주제가 확실히 방콕의 세계선교를 더욱 확장하고 있다는 사실이다. 본 대회는 방콕 대회의 복음주의 계통의 주장들보다도 넓은 의미에서의 교회의 사회참여 차원에서의 "하나님 나라"에 대한 주장을 펼치고 있다. 하지만 카스트로는 복음주의자들이 주장하는 개인 구원과 에큐메니칼 진영이 주장하는 교

---

139. "Your Kingdom Come : Mission Perspectives", Report on the World Conference on Mission and Evangelism : Melbourne, Australia, 12-25, May 1980(Geneva : WCC, CWME, 1982), p. 27.

회의 사회참여를 한데 묶기 위해서 구약과 복음서들의 하나님 나라 사상과 개인의 구원을 중요시하는 사도 바울의 주장을 연결시켰다. 즉, "복음서의 중심주제는 하나님 나라이지만, 예수님, 회심, 신앙 및 은혜에 대한 개인의 개인적 관계는 사도 바울이 묘사하려는 새로운 실재인 것 같다."[140)]

이어서 카스트로는 이 세상을 위해서 이 세상 속으로 파송받은(빌링겐) 교회가 예수님의 선포를 따라 하나님 나라를 선포하는 것을 복음전도(evangelism)로 본다.

> 넷째로, 예수님은 하나님 나라의 복음, 사람들에 대한 기쁜 소식을 선포하시려고 오셨다. 이 하나님의 나라는 선포되어야 한다. 이것은 예수님에게서 중심이었던 것같이 우리들에게도 중심이기 때문이다. "아버지께서 나를 보내신 것같이 나도 너희를 보낸다." 우리가 기도하는 하나님의 나라는 선포되어야 하고, 복음으로서 선포되어야 한다.[141)]

카스트로는 "복음전도란 혁명적 참여이다."[142)]라며, 본 대회의 특징인 해방신학적 유산을 수용하는 방향으로 나간다.

본 대회의 전체 회의에서 주제강연을 한 나바산(Soritua Nabasan)은 예수님께서는 그의 생애에 있어서 중요한 결단들과 중요한 사건들 앞에서 늘 기도하셨다는 사실을 중요시하면서, '하나님 나라'란 개인적인 차원의 변혁과 사회적인 차원의 변혁 모두를 포함하는 것이라고 주장한다.

> 개인적인 차원에서 "나라이 임하옵시며"는 자기 자신의 의지, 부귀와 권세, 그리고 안일과 영예 - 우리가 물려받은 문화들이 주장하는 인생의

---

140. *Ibid.*, p. 31.
141. *Ibid.*, p. 32.
142. *Ibid.*, p. 34.

최고 가치들에 대한 꿈들-를 끝장내는 것을 원하고 실천하려는 간구이다. 그것은 전적으로 새로운, 변혁된 자기 정체성을 위해서 물려받은 문화적 정체성을 포기하는 것이다. 그것은…… 그리스도를 닮는 정체성(a Christ-like identity)이다.……

사회적인 차원에서 "나라이 임하옵시며"는 그리스도께서 이미 성취하신 것을 완전히 드러내는 것이다. "정사와 권세를 벗어버려 밝히 드러내시고 십자가로 승리하셨느니라"(골 2:15). 그것은 기성 사회구조의 힘과 이것의 배후에 있으면서 종교적 구조들, 지성적 구조들, 도덕적 구조들, 정치적 구조들…… 을 끝장내는 것을 간구하는 것이요, 이것을 실천하려는 간구이다.[143]

그리고 나바산은 사회적 차원의 혁신에 교회 밖에서 일어나는 해방운동들을 하나님 나라의 징표들로 보면서 교회가 여기에 적극적으로 참여할 것을 촉구하고 있다.

셋째로, 우리는 우리 세기에 있어서 시대의 징표들을 분별할 때, 전세계가 자유와 해방에 대한 꿈으로 가득 차 있다는 사실을 안다.…… 우리는 외세의 억압으로부터 자유함을 얻으려는 운동의 탄생, 빈곤과 경제적, 정치적 억압으로부터의 해방운동들을 증거한다.…… 우리는 이러한 운동들의 저변 깊숙이에 정의와 행복에 대한 열망이 있다는 사실을 안다.……[144]

나바산은 나이로비가 강조했던 온전한 복음을 전교회가 온 세상에 전해야 할 긴박성을 떠올리면서, "나라이 임하옵시며"라고 기도하는 것은 이와 같은 긴박성을 분별하는 것이라고 한다. 여기에서 온전한 복음(the whole Gospel)이란 지금까지 논한 이 세상 전체의 변혁을 가져

---

143. *Ibid.*, p. 3.
144. *Ibid.*, p. 4.

온다는 뜻이고, 전교회란 교파분열을 초월한 모든 개교회들과 보편교회를 의미하고, 온 세상이란 "하나님께서 그렇게 사랑하시고, 그것의 구원을 위해서 예수님께서 죽으신" 그런 세상이다.

앞으로 소개할 분과보고서들에서 해방신학적 요소들이 매우 강하게 부각되는 것이 사실이지만, 본 대회의 총무인 마티(Jacques Matthey)의 머리말("멜버른 : 1980년대의 선교")은 본 대회의 하나님 나라의 성격을 기본적으로 기독론적이고, 교회론적이라고 못박으면서 교회 울타리 밖으로 나가고 있다. 그는 이 두 가지 점에 관하여 이렇게 말한다.

> 준비과정, 개막 연설들, 예배, 성경공부 및 보고서들은 우리가 무엇을 말하든지, 선교에 있어서 무엇을 하든지 그것은 예수 그리스도 안에 나타난 하나님의 최종적 계시에 뿌리를 내리고 있다. 하나님의 통치에 대하여 말하는 것은 바로 예수님에 대하여 말하는 것이요, 그리스도에 대해서 설교하는 것은 바로 하나님 나라에 대해서 선포하는 것이다.……[145]

> 멜버른은 교회론적 대회이다.…… 하나님의 통치를 교회 울타리 안에 가두어 놓을 수 없으나, 우리는 결코 하나님 나라를 교회의 중심적이고 특수한 역할과 존재로부터 분리시켜서는 안 된다고 주장한다.…… 우리들이 역사적이고 십자가에 달리신 나사렛 예수와 관련 없이 하나님 나라에 대하여 진지하게 말할 수 없는 것처럼, 오늘날 예수의 이름을 부르면서 이 예수와 역사적인 연속성을 갖고 그의 식탁에 둘러앉은 공동체 안에서 사는 모든 사람들은 선한 사람이든, 악한 사람이든 중심적 역할을 맡고 있다.……[146]

끝으로, 우리는 본 대회의 주제가 기독론을 중심에 두고 있는 종말론적 하나님 나라라고 하는 사실을 케제만(Ernst Käsemann)의 「하나님

---

145. *Ibid.*, p. ix.
146. *Ibid.*, p. x.

의 종말론적 왕적 통치」(The Eschatological Royal Reign of God)와 스탕달(Krister Stendahl)의 대회 성경공부에 나타난 주기도문의 "나라이 임하옵시며"에 대한 해석을 참고로 소개하려고 한다.

케제만은 부활 승천하신 나사렛 예수께서 바로 "나는 너를 애굽 땅, 종되었던 집에서 인도하여 낸 너의 하나님 여호와로라."고 말씀하신 하나님의 성육신으로 본다. 케제만에게 있어서 부활하신 주님은 하나님의 나라를 선포하시다가 급기야 십자가에 달리신 나사렛 예수님이시다. 바로 이 하나님의 아들 예수 그리스도께서 이사야 26 : 13이 말하는 죄악 세상에도 불구하고, 출애굽기 15 : 18의 "여호와의 다스리심이 영원 무궁하시도다."를 종말론적으로 계시하시고 완성하셨다고 하는 것이다. 그래서 케제만은 구약의 마지막 주자인 세례 요한과 종말론적 하나님 나라를 가져오신 예수님 사이에 두 가지 차이가 있다고 본다.

첫째로, 하나님의 왕적인 통치는 단순히 임박한 것이 아니라 예수님의 메시지와 교역활동에서 이미 시작된 것이다. 둘째로, 사단의 권세가 무너졌기 때문에 구원은 원칙적으로 더 이상 이스라엘에 국한될 수 없다. 새로운 세계가 시작되고 있다. 성령께서 오순절날에 가시적 징표를 통해서 나타나셨다. 하늘이 열릴 때 성령께서는 에큐메니칼 기회를 얻어 날개를 펼쳤고, 전능자는 이방 사람들에 의해서도 영광을 받으신다.[147]

그래서 케제만은 복음서들, 사도행전, 서한들, 그리고 요한 계시록에 이르기까지 부활하신 나사렛 예수께서 인간을 모든 흑암의 권세, 즉 "이 세상과 개개 인간들을 괴롭히고 잘못된 길로 인도하며, 인간을 참다운 인간성으로부터 소외시키고 교만한 자들과 절망하는 자들을 지옥으로 던져 버리는 모든 것"(65)으로부터 구속하시고 승리하신 분으로 그리고 있다. "그가 우리를 흑암의 권세에서 건져내사 그의 사랑의 아

---

147. *Ibid.*, p. 62.

들의 나라로 옮기셨으니"(골 1 : 13)와 같은 세례찬양(baptismal hymns)은 부활하신 예수님의 왕적 통치에 대한 신앙에서 나온 것이다. 케제만은 하나님의 나라가 개인의 차원에서든 사회적 차원에서든, 흑암의 권세 혹은 사단의 권세를 물리치는 것으로 보면서, 예수님의 축귀의 의미를 정치, 사회, 경제적 구조악의 축출에까지 적용시키고 있다.[148]

그리하여 성령강림은 개인의 이신칭의와 성화의 내면화를 일으킬 뿐만 아니라 총체적 새 창조를 지향하는 것으로 주장한다. 그는 베드로후서 3 : 13을 인용한다. "우리는 그의 약속대로 의(義)에 거하는바 새 하늘과 새 땅을 바라보도다." 케제만은 누가복음 1 : 5 이하의 마리아의 송가와 마태복음 10 : 8의 "병든 자를 고치며 죽은 자를 살리며 문둥이를 깨끗하게 하며 귀신을 쫓아내되 너희가 거저 받았으니 거저 주어라."를 모두 부활하신 예수님의 승리와 새 하늘과 새 땅의 기대와 연결시켜 이해하고 있다.[149]

스탕달은 주기도문에 나타난 "이름이 거룩히 여김을 받으시오며", "나라이 임하옵시며" 및 "뜻이 하늘에서 이루어진 것같이 땅에서도 이루어지이다."가 모두 하나님 나라의 종말론적 완성 혹은 새 하늘과 새 땅을 지향하는 것으로 본다. 스탕달은 "나라이 임하옵시며" 부분에서 다음과 같이 말한다.

> 이 세 가지 기도가 실제로는 모두 하나님의 타락하고 반항적인 피조물 전체의 구속이라고 하는 긴급한 동일 기원(祈願)의 세 가지 표현방식에 불과하다.……
>
> …… 그것은 예수님의 메시지와 선교의 본질이다.[150]

---

148. Ibid., p. 65.
149. Ibid., pp. 66-67.
150. Ibid., p. 76.

스탕달 역시 케제만처럼 복음서들에 나오는 예수님의 이적과 기사들을 이 같은 종말론적 시야를 가지고 본다.

이처럼 복음서들은 예수님의 기적과 이사들이 창조의 세계를 병마의 파괴적인 세력, 사단의 소유 및 심지어는 죽음으로부터 구속하는 수단으로 본다. 이 기적들은 단순히 신앙을 설명하는 예증 이야기가 아니라 사단의 전선을 물리침으로써 창조를 구속하는 행위들이다(76).

멜버른의 "나라이 임하옵시며"라고 하는 전체 주제는 4분과(sections=S.)로 나뉘어 다루어졌다. 이 4분과는 다음과 같다. S.I. : "가난한 자들에게 복음을", S.Ⅱ. : "하나님 나라와 인간의 투쟁들", S.Ⅲ. : "교회는 하나님 나라를 증거한다." 및 S.Ⅳ. : "그리스도-십자가에 달려 죽으셨다가 부활하신-인간의 권세에 도전하신다." 이 중 "S.Ⅲ."을 제외한 나머지 분과들은 방콕과 나이로비의 해방신학적 내용을 강하게 부각시키고 있다. 우리는 여기에서 복음과 교회의 본질적 정체성을 밝히고, 18~19세기적 전도 개념과의 연속성을 찾기 위해서 "S.Ⅲ."를 소개하려고 한다. S.Ⅲ. : "교회는 하나님 나라를 증거한다."는 1. 하나님의 말씀의 선포 2. 지역 차원에서 하나의 살아 있는 공동체를 추구하기 혹은 현재에 미래를 앞당겨 살아가기 3. 치유공동체 4. 하나님의 나라에 대한 공동증거 5. 하나님의 나라에 대한 증거와 하나님의 통치에 대한 경험으로서 성만찬.

멜버른은 1. "하나님의 말씀의 선포"에서 복음을 하나님 나라의 복음으로 이해하며, 이 복음에 대한 신앙을 주장한다.

복음에 대한 선포는 하나님 나라가 가까웠다는 사실에 대한 고지(announcement)요, 회개하라고 하는 도전이요, 믿음을 가지라고 하는 초대이다. 그래서 예수님은 하나님 나라가 가까웠다고 선포하시면서 회개와 복음에 대한 신앙을 요구하셨다(막 1:15). 선지자 이사야가 바라던 하나님 나라에 대한 옛 꿈이 이루어질 때가 왔다. 예수님은 가난한 자에게 복음을,……(눅 4:18-19).……[151]

하나님의 나라는 성령께서 예수 그리스도를 우리들에게 계시하심으로써 분명하게 된다. 말씀이 예수 그리스도 안에서 육신이 되셨다. 그래서 그를 따르는 사람들이 그들의 구세주의 영광을 항상 새로운 방법과 말로써 선포한다.……[152]

멜버른은 '회심'에 관하여 개인적인 차원과 사회적인 차원 모두를 언급하고 있다.

설교는 회심을 기대한다. 성령의 사역으로부터 결과하는 회심은 개인적이고, 영적 혹은 감성적일 수도 있으나-이 셋은 매우 중요하지만-이것 이상의 결과가 일어난다. 그것은 무엇으로부터 무엇에로의 돌아섬을 포함한다. 그것은 항상 충성심의 전이(轉移)를 함축하며, 예수 그리스도를 믿고 하나님 나라의 시민이 되는 것을 의미한다.……[153]

멜버른은 3. "치유공동체"에 관련하여 개교회가 본성상 치유공동체임을 주장한다. 즉,

지역교회는 하나의 치유공동체가 되어야 한다. 성령께서는 회중이 치유를 위해서 펼치는 사랑의 봉사와 개방적 환영을 사용하신다. 상호경청하고 상호간의 짐을 서로 나누어 걸머짐으로써 절망 속에 있는 사람들이 소망을 얻고, 소외된 사람들이 회복된다.……[154]

---

151. *Ibid.*, p. 194.
152. *Ibid.*
153. *Ibid.*, p. 196.
154. *Ibid.*, p. 200.

멜버른은 성령의 신유은사 이외에 예수님의 전인적 치유에 근거하여 "정신 치료, 의약, 상담, 물리요법, 말씀, 기도 및 지지그룹의 혼합물"[155]을 권하고 있으며, 그 밖에 인간의 병의 뿌리를 정치, 사회, 경제, 문화적 차원에서 찾고, 이에 대한 치유를 촉구하고 있다.

> 건강치 못한 상태는 여러 가지 원인들을 갖고 있다. 인간의 힘을 남용하고 불안전, 불안, 두려움과 절망을 낳는 억압적인 정치, 경제적 체제, 전쟁과 피난민들의 방황, 기아와 영양실조, 부부간의 갈등과 가정불화, 육체와 성에 대한 병적인 태도, 성간, 세대간, 인종간, 계층간, 문화간의 소외, 실직, 경쟁, 그리고 부자들과 빈곤한 자들의 분열.[156]

끝으로, 멜버른은 5. "하나님의 나라에 대한 증거와 하나님의 통치에 대한 경험으로서 성만찬"에서 예배의 핵심이 말씀과 성만찬에 있음을 말하면서, 개신교의 지성주의적 말씀 중심주의와 가톨릭교회(동방과 로마)의 지나친 예전주의(ritualism)를 피하고 있다.

> 우리는 설교되는 말씀이 성례적 질(質)을 갖고 있는 것으로 평가하기를 원한다. 왜냐하면 우리는 성령께서 우리의 조잡한 말씀과 생각들을 취하사 우리의 마음 깊숙이 와 닿도록 기원하기 때문이다. 또한 우리는 성만찬을 희생제사와 승리에 대하여 매일 새롭게 말씀하시는 하나님의 말씀으로 받아들이기를 원한다.……[157]

멜버른은 이어서 성만찬이야말로 우리를 예수 그리스도와 하나되게 하고, 하나님의 백성과 하나되게 하는 것으로서, 이 하나됨이 선교의 출발점이라고 보고,[158] 이 성만찬은 복음의 다차원적인 해방을 일으키

---

155. *Ibid.*
156. *Ibid.*, p. 199.
157. *Ibid.*, p. 204.
158. *Ibid.*

는 것으로 본다.

　　사람들이 심하게 억압을 받고 있을 때 성만찬은 노예상태로부터의 출애굽 혹은 구출을 말한다. 그리스도인들이 신앙 때문에 배척받거나 투옥될 경우, 떡과 즙은 사람들에 의해서는 버림을 받으셨으나 '모퉁이 돌'이 되신 주님의 생명이 된다.…… 인종, 성 혹은 계층에 의한 차별이 공동체에 위험이 될 때, 성만찬은 온갖 종류의 사람들을 하나의 음식에 참여케 하고 하나의 백성이 되게 한다. 사람들이 풍요롭고 이 세상에서 안주할 때, 성만찬은 "그리스도께서 그의 생명을 나누신 것처럼, 여러분도 여러분이 소유하고 있는 것을 배고픈 자들과 함께 나누시오."라고 한다. 회중이 정치, 전쟁, 혹은 지리적 이유로 고립될 경우, 성만찬은 우리를 모든 장소들과 모든 시대에 있는 모든 하나님의 백성과 하나되게 한다. 한 자매나 한 형제가 죽음 직전에 있을 때, 성만찬은 우리의 사랑하는 아버지 하나님의 나라에로 들어가는 문(門)이다.[159]

　끝으로 우리는 S.Ⅱ.: "하나님의 나라와 인간의 투쟁들"에서 해방신학적 요소들을 검토해 보자. 멜버른은 S.Ⅰ.: "가난한 자들에게 복음을"에서 하나님께서는 가난하고 소외된 이스라엘 백성을 택하사 출애굽의 역사를 이끄셨고, 이에 대한 반응으로서 이스라엘 백성은 그들의 역사를 통하여 가난한 자들과 소외된 자들에 대한 애정을 보였다고 말한다. 그래서 "하나님께서는 그의 아들을 이 세상에 파송하사 한 갈릴리 사람으로서 대중들에게 직접 말씀하시면서 살게 하심으로써 자기 자신을 가난한 자들 및 억눌린 자들과 동일시하셨다"(171). 따라서 주 예수 그리스도의 몸인 교회도 그래야 한다고 하는 것이다. 그리고 S.Ⅰ.은 이어서 가난한 자들의 부류를 셋으로 나누고 있다. 첫째로 "물질과 문화적 풍요를 박탈당한 자들", 둘째로 "물질과 문화적 풍요를 소유

---

159. *Ibid.*, p. 206.

하기는 했으나 행복하지 않은 사람들", 셋째로 "이 모든 것을 소유하였으나 이 모든 것의 책임적 사용을 위하여 검소한 삶과 자기 부정의 삶을 살 용의가 있는 사람들"이 있다.[160]

이처럼 멜버른은 해방신학 전통이 말하는 "가난하고 억눌린 자들"의 해방을 높이 부각시킨 다음에, S.Ⅱ.에서 *Missio Dei*의 대행자인 교회가 이 문제를 해결하기 위하여 어떻게 해야 하는가를 말하고 있다. S.Ⅱ.는 "교회의 특수 과업은 예수 그리스도 안에 나타난 하나님의 종말적 계시를 노출시키고, 성령의 도우심으로 하나님 나라의 가시적 표지판들을 세우는 것이다.……"[161]라고 할 때, '하나님 나라의 가시적 표지판들'이란 주로 교회 밖에서, 즉 보편사 속에서 일어나는 해방운동들을 뜻한다. *Missio Dei*를 대행하는 교회가 이 가시적 표지판들을 세워 나가는 일에 힘쓰고 애써야 한다는 말이다. 이처럼 멜버른은 방콕보다도 더 "교회들로 하여금 인류역사 속에서 계속 진행되고 있는 인간의 투쟁에 완전하게 참여할 것을 촉구하며, 하나님 나라의 도래에 관한 복음이야말로 이 세상의 투쟁들과 관계를 갖고 있다는 사실을 의식하게 만든다."[162] 특히 멜버른은 하나님 나라의 복음을 다양한 지역상황에서 일어나는 해방운동들에 적극 적용시킬 것을 주장하고 있다.

> 교회의 선포의 경전으로서의 성경은 지역별 투쟁들에 비추어 그 지역 사람들에 의해서 읽혀지고 실천되어야 한다. 그래서 교회들은 복음과 그들의 지역별 상황과의 긴장 속에서 살아가지 않으면 안 된다.……[163]

멜버른은 S.Ⅱ.에서 "불의한 경제구조들", "인권에 관하여 소리조차

---

160. *Ibid.*, pp. 172-173.
161. *Ibid.*, p. 181.
162. *Ibid.*, p. 191.
163. *Ibid.*, p. 183.

낼 수 없는 사람들" 및 "점증하는 군사력 증강과 안보 교리"-이런 것들은 하나님 나라의 반대 표지판들의 예이지만-차원에서 인권이 어떻게 짓밟히고 있는가를 언급한 후에, 복음전도(evangelism)의 의미를 지역별 상황에서의 인권투쟁까지 포함하는 것으로 본다.

  교회들과 교회들의 개개 구성원들이 인권투쟁에 개입해야 하는 이유는 하나님 나라의 주님이신 예수 그리스도께서 여성과 남성으로부터 그들의 권리를 박탈하려는 모든 시도들에 반대하는 철저한 도전이기 때문이다. 교회들과 그리스도인들은 이러한 투쟁에 참여하도록 부름을 받았다. 왜냐하면 이들은 원수 사랑 및 용서와 화해에 대한 복음의 독특한 요구에 순종하는 증거자들이기 때문이다. 복음전도(evangelism)란 인간 사회들의 사회적, 경제적, 정치적 삶에 참여하는 교회의 지역별 선교에 속한다. 이처럼 인권투쟁에의 참여는 그 자체로서 말과 행동으로써 십자가에 달리셨다가 부활하신 그리스도를 선포하는 교회의 선교 전체 안에서 중심적 요소이다.[164]

나아가서 멜버른은 S.Ⅱ.를 다음과 같이 결론내림으로써 교회의 사회참여 측면을 명쾌하게 정리하고 있다.

  교회들은 이러한 투쟁들 속에서, 그리고 이러한 투쟁이 지닌 불투명성 속에서 하나님 나라를 지향하는 표지판들과 그것의 반대 표지판들을 구별하는 예언자적 과제를 안고 있다. 교회는 자신의 예언자적 역할을 다시 깨닫고, 하나님 나라의 효과적 표지판들을 세워 나가기 위하여 성령의 은사를 간구하지 않으면 안 된다.

  교회들은 자신들에게 맡겨진 복음에 의해서 자신들의 삶의 태도와 스타일을 바꾸고 갱신되어야 한다. 그래야 이들은 많은 투쟁들 속에서 무엇

---

164. *Ibid.*, p. 186.

이 일어나고 있는지를 인류에게 해석해 주면서 하나님께서 그분 안에서 모든 것을 총괄하시는 예수 그리스도를 가리킬 수 있다.

교회들은 투쟁들에 의미를 부여하는 메시지와 이 투쟁들 속에서의 화해 가능성에 대한 메시지를 가지고 있다.……[165]

우리는 이상과 같은 1980년 멜버른 CWME에서 방콕과 나이로비에서 발견되었던 복음주의적 요소들이 없지 않아 있음을 확인할 수 있다. 이 점에서 멜버른은 1910년 에든버러 및 18~19세기적 유산을 어느 정도 물려받고 있다 하겠다. 그럼에도 불구하고, 1970년대 이후 본격적으로 등장한 해방신학적 요소들이 더 강세를 보이고 있다는 사실을 알 수 있다. 자크 마티, 나바산, 포터, 카스트로, 케제만 및 스탕달의 글들에서 복음과 교회와 하나님 나라 등의 의미는 역시 새로운 패러다임의 선교신학적 기초를 제공하는 것으로 보인다. 무엇보다도 멜버른은 하나님 나라를 지역별 해방운동과 인권운동들에 결부시켜 구체화시키고 있다. 이 문서에서 복음은 하나님 나라의 복음이다. 이제 우리는 1982년 에큐메니칼 세계선교 문서에서는 멜버른에서보다 더 복음주의 전통이 매우 강조되고 있다는 사실을 알 수 있게 될 것이다.

10. 1982년 「선교와 복음전도 – 하나의 에큐메니칼 확언」

본 문서는 1975년 나이로비 총회의 요구에 따라 CWME가 WCC 중앙위원회에 제출한 것으로서, 1980년대 세계선교 문서들 가운데 가장 중요한 문서이다. 이 문서는 선교와 복음전도를 위한 에큐메니칼운동의 기본적인 확신들을 담고 있는 것으로서 멜버른의 선교 개념을 어느

---

165. *Ibid.*, p. 192.

정도 반성하고, 나아가서 동방 정교회와 개신교와 가톨릭 단체들 간의 에큐메니칼 선교를 잠정적으로 구축하였다.

1982년, WCC 중앙위원회는 제출된 문서를 인정한 후, 회원교회들에게 발송하여 검토하게 하였다. 그리하여 본 문서는 WCC 회원교회들과 비회원교회들 모두에게 있어서 하나의 수렴문서로서 환영을 받았다. 이 문건이 기꺼이 받아들여진 이유는 그것의 단순하고, 비전문적이며, 성경적인 언어와 선교와 복음전도에 대한 "7가지 확신"의 선택 때문이다.

본 문서는 단락 1~9에서 서론을 말한 다음, 에큐메니칼 선교실천을 위해서 규범이 되는 7가지 확신들을 논하고 있다. 즉, 단락 10~13은 '회심', 단락 14~19는 "모든 차원의 삶에 대한 복음", 단락 20~27은 "교회와 하나님의 선교를 위한 교회의 일치", 단락 28~30은 "그리스도의 방법에 따른 선교", 단락 31~36은 "가난한 자들에 대한 복음", 단락 37~40은 "6대주 안에서, 그리고 6대주에 대한 선교", 그리고 단락 41~45는 "타신앙인들 속에서의 증거"를 다루고 있다.

우리는 이 문서에서 전통적인 복음주의의 전도와 *Missio Dei*의 대행자로서의 교회의 선교에 대하여만 논하려고 한다. 그래서 먼저 우리는 "가난한 자들에 대한 복음"이 '회심' 과 "모든 차원의 삶에 대한 복음"보다 뒤에 나오고 있다는 점에 유의하면서, 이 복음주의적 요소들을 먼저 소개하는 것이 멜버른과의 관계에서도 매우 적절하다고 보여진다.

예수 그리스도는 성령의 능력으로 믿지 않는 사람들을 예배하는 공동체(복음설교, 세례, 성만찬, 가르침 등)로 불러모으시사, 회심과 이신칭의와 성화를 일으키신다. 다음의 인용들은 18~19세기적 복음주의 전통을 반영하고 있다.

복음의 선포는 그리스도의 구원하시는 주권을 인식하고, 이것을 개인의 결단으로 받아들이라고 하는 초대를 포함한다. 그것은 성령의 매개에 의해서 살아 계신 그리스도와의 인격적인 만남을 경험함으로써 주님의 사죄를 받아들이고 제자의 도와 봉사의 삶으로의 부름을 개인적으로 받아들이라는 선언이다.

...... 신약성경에서는 이것이 새로 태어남(요 3 : 3), 메타노이아, 우리의 태도들과 삶의 스타일들의 변혁이라고도 불리운다.[166]

모든 인간공동체 안에서 개교회들을 증가시키는 것이 기독교적 선교의 중심에 있다. 복음의 씨앗을 심으면, 말씀과 성례전 주위에 회집하여 하나님의 계시된 목적을 선포하도록 부름받은 한 백성이 생겨난다.

교회들이 실제로 각 나라에 생겨났다. 이는 모든 시대에 있어서 제자들의 신실한 증거 덕분이다. 이러한 씨뿌리는 과제는 각 인간공동체 안에 하나님의 나라의 한 세포, 즉 예수 그리스도를 고백하고 그의 이름으로 그의 백성을 섬기는 교회가 있기까지 지속될 필요가 있다. 각 장소에 교회를 세우는 일이 복음의 본질이다. 그리스도의 대리적 사역은 하나의 대리적 백성의 현존을 요구한다. 개교회는 교회(the Church)의 선교적 성취를 위한 필수불가결한 도구이다.[167]

하지만 본 문서는 새로운 패러다임의 선교신학을 제시한다. 즉, 복음주의적 회개와 순종으로의 부르심은 한걸음 나아가서 나라들, 집단들 및 가정들에게도 주어져야 한다. 교회는 전쟁에서 평화에로, 부정의에서 정의에로, 인종주의에서 연대성(solidarity)으로, 증오에서 사랑에로

---

166. New Directions in Mission and Evangelization 1 : Basic Statements 1974-1991, ed. by James A. Scherer and Stephen B. Bevans, S.V.D.(New York : Maryknoll, Orbis Books, 1991), p. 41.
167. *Ibid.*, pp. 43-44.

변혁되어야 할 필요성을 선포해야 한다. 예수 그리스도에 대한 증거란 그의 나라에 대한 증거이기 때문이다.[168]

그리하여 1982년의 "선교와 복음전도……"는 복음의 다차원적 의미를 다차원적 세계에 선포해야 할 것을 다음과 같이 촉구한다.

> 성경에서 종교적 삶은 결코 성전에만 국한되어 있지 않고, 일상생활로부터 격리되어 있지 않다(호 6 : 4 - 6, 사 58 : 6 - 7). 하나님의 나라에 대한 예수님의 가르침은 하나님께서 인류역사를 사랑으로 주장하시는 하나님의 사랑의 주권을 말하고 있다. 그리스도의 주권은 삶의 모든 영역에서 선포되어야 한다.…… 하나님 나라의 복음은 개인들을 회개로 부를 뿐만 아니라, 사회구조들에 대한 도전(엡 3 : 9 - 10)이다. '하나님의 사죄를 통한 죄로부터의 구원이 진실로, 그리고 충분히 개인적이어야 한다면, 그것은 이러한 관계들과 구조들의 변혁으로 표현되어야 한다.……' (나이로비 WCC, 1975).
>
> 복음의 증거란 양자됨과 구속을 찾아 신음하고 고통하는 모든 피조물(the ktisis)에게로 향한다.……[169]

본 문서는 이상과 같은 주장을 먼저 제시한 다음에 "가난한 자들에 대한 복음"을 논의하고 있다.

> 이 세계의 가난한 사람들이 예수 그리스도의 복음에 대한 좋은 소식을 듣지 못했거나, 이 복음이 본래 주어진 대로의 좋은 소식으로 인식되지 못함으로 저들이 이 복음을 받아들일 수 없다는 사실은 하나의 비극적인 우연의 일치이다. 이것은 이중적인 부정의이기도 하다. 즉, 저들은 불의한 경제질서나 불의한 정치적 힘의 분배에 의한 억압의 희생자들이요, 동

---

168. *Ibid.*, pp. 40 - 41.
169. *Ibid.*, p. 42.

시에 저들은 저들에 대한 하나님의 특별한 돌보심에 대한 지식을 박탈당한 상태에 있다는 것이다. 가난한 사람들에게 좋은 소식을 전하는 것은 그들에게 빚진 의(義)를 그들에게 돌리는 것이다. 예수 그리스도의 교회는 가난한 자로 성육신하시사, 가난한 자들 가운데 사신 분으로서 가난한 자들에게 하나님의 나라를 약속하신 주님의 모범을 따라 가난한 자들에게 좋은 소신을 설교하도록 부름을 받는다. 예수께서는 무리들을 애정을 가지고 바라보셨다. 그는 사람들이 가난한 자들에게 죄를 범한 것으로 보고, 이들을 개인적인 죄와 구조적인 죄의 희생물들로 생각하셨다.[170]

본 문서는 "가난한 자들에 대한 복음선포야말로 메시야 왕국의 징표요, 오늘날 선교의 타당성을 판단하는 우선적 표준"[171]이라고 말한다. 이 같은 새로운 선교적 각성은 "개교회 차원과 세계적 차원의 선교적 노력에 있어서 우선과제와 삶의 스타일들을 다시 생각하게 한다."[172] 그래서 "오늘날 기독교인들 사이에서 점증하는 합의는 가난한 자들에 대한 하나님의 우선적 선택에 관하여 말한다."[173]

끝으로, 본 문서의 서론에 명시되어 있는 새 하늘과 새 땅에 대한 종말론적 비전은 창조세계의 보전을 선교 개념에 포함시키는 1989년 산안토니오의 CWME를 바라보고 있다. 그러나 본 문서는 이 같은 종말론적 비전과의 긴장 속에서의 교회의 과제를 창조세계의 보전문제를 아직 다루지 않은 채, 복음전도와 *Missio Dei* 전통에 입각한 넓은 의미의 교회의 사회참여에만 국한되고 있지만 말이다.

사랑, 평화, 그리고 정의가 지배할 새 하늘과 새 땅에 대한 성경적 약속 (시 85 : 7-13, 사 32 : 17-18, 65 : 17-25, 계 21 : 1-2)은 그리스도

---

170. *Ibid.*, p. 46.
171. *Ibid.*
172. *Ibid.*
173. *Ibid.*

인들에게 역사 속에서 행동할 것을 요구한다. 그런데 이 새 창조의 비전
은 인류의 죄와 흉칙함, 즉 인류를 향하신 하나님의 해방시키시는 의지를
거역함으로써 결과한 죄악과 대조를 이룬다. 그리하여 사람들을 하나님
과 이웃과 자연으로부터 소외시키는 죄는 개인적인 형태와 구조적인 형
태로 나타나고, 인간 의지의 노예화와 지배와 종속의 사회적, 정치적, 경
제적 구조로도 나타난다.[174]

1982년 "선교와 복음전도 - 하나의 에큐메니칼 확언"은 직접적으로
는 1980년 멜버른 CWME의 치우침을 수정하였고, 간접적으로는
1975년 나이로비의 통전성을 이어받았다고 보여진다. 다시 말하면, 예
수 그리스도께서 성령의 능력으로 믿지 않는 사람들을 예배하는 공동
체(복음설교, 세례, 성만찬, 가르침 등)로 불러모으시사, 회심과 이신칭의
와 성화를 일으키신다고 하는 18~19세기적 복음주의적 전통과 1952
년 빌링겐의 *Missio Dei*와 1975년 나이로비의 해방신학적 요소와 구
조악에 대한 주장들을 함께 엮어내고 있다 하겠다. 그리고 본 문서는
1952년 빌링겐 이래로 강조되어 온 종말론적 비전을 명쾌하게 제시함
으로써 하나님 나라와 교회의 긴장관계를 잘 포착하고 있다. 교회는 새
하늘과 새 땅의 미리 맛봄이요, 징표요, 이것을 이 땅 위에 실현시키는
도구인 것이다. 그런데 본 문서는 이 하나님 나라의 실현에 있어서 복
음주의적 복음전도, *Missio Dei*, 해방신학 및 구조악의 극복만을 논의
할 뿐, 창조세계의 보전문제에 관하여는 1989년 산 안토니오 CWME
까지 기다려야 했다.

11. 1989년 산 안토니오 CWME

나이로비와 밴쿠버 사이에 WCC의 주안점은 JPSS(a Justice,

---

174. *Ibid.*, pp. 36-37.

Participatory, Sustainable Society)였다. 여기에서 주로 '참여'란 '제3세계'의 제1세계에 대한 것이요, '지탱'이란 환경파괴에 관한 것이요, '정의'란 1948년 암스테르담 WCC 이래로 문제되어 온 '평화'문제와 맞물려 있는 문제이다. 이 JPSS는 나이로비의 교회의 사회참여를 나타내는데, 1983년 밴쿠버는 이를 이어받아 JPIC(Justice, Peace and Integrity of Creation)를 출범시켰다.

나이로비 총회 직후, WCC 중앙위원회는 과학과 기술이 JPSS 추구에 어떻게 영향을 끼치는가에 대한 연구를 위해서 세계대회를 제안했다. 그리하여 1969년 5개년 계획으로 출발한 '교회와 사회'의 "The Future of Man and Society in a World of Science-based Technology"의 뒤를 이어 미국의 매사추세츠의 MIT에서 "Faith, Science and the Future"라는 주제로 '교회와 사회' 세계대회가 열렸다. 400명 이상의 공식대표들과 500명 정도의 참석자들이 신앙과 자연과학의 문제를 논의하면서, 과학이 윤리학과 신학의 말을 들어야 하는 시대가 열렸다. 생명에 대한 생물학적 조작 및 자연과학과 기술의 발전으로 야기된 환경파괴는 기독교 신학과 윤리에 대한 엄청난 도전이었다. 그리고 선진 강대국들과 저개발국가들 사이에 과학과 기술발전의 불균형은 물론, 경제적 갈등이 큰 문제로 떠올랐다. 이처럼 JPSS와 MIT 대회는 서울 JPIC를 이미 내다보고 있었다.

다른 한편, 1979년 MIT 대회에 참석했던 많은 자연과학자들은 - 이중 얼마는 핵무기 제조에 종사해 온 사람들인데 - "평화를 위한 자연과학"이라는 제목을 MIT 의사일정에 첨가할 것을 주장했었다. WCC 중앙위원회는 이것에 자극을 받아 "핵무기와 군비축소"에 대한 국제적 공청회를 열도록 했다. 그리하여 1981년 11월에 암스테르담에서 "an International Public Hearing on Nuclear Weapons and Disarmament"라는 주제로 국제적인 공청회가 있었다. 이 회의에서 WCC 계통의 교회지도자들은 신학, 기술과학, 정치, 군사를 대표하는

40명의 증인들로부터 들었다. 그래서 이 회의의 결과는 「너무 늦기 전에」라는 제목으로 출판되었다. 이 대회는 핵무기를 생산하고 사용하는 것은 반인륜적 죄악이라고 못박았으니, 이것이 1983년 밴쿠버 WCC에 의해서 수용되었다. 그리고 1978년과 1982년 WCC의 총무(Philip Potter)가 UN 총회에 군비 축소분과에서 무기경쟁과 군국주의에 대하여 연설을 할 수 있었던 것도 위와 같은 과정의 결과였다.[175]

이상의 논의에서 우리는 기술과학의 환경문제에 대한 위협이 날로 심화되고 있다는 사실을 알 수 있으며, 나아가서 이것이 제 3세계의 경제와 발전에 큰 영향을 미친다는 사실을 아래에서 논할 것이다.

JPSS는 CCPD(the Commission on the Churches Participation in Development)와 CCIA(Commission of the Churches on the International Affairs)에게 어떤 방향제시와 더불어 통일성을 제공하였다.

1975년 나이로비에서 1983년 밴쿠버에 이르는 길목에서 JPSS는 제1세계와 제 3세계와의 갈등(저개발과 가난문제), 인권, 성차별, 인종문제를 포함하는 사회·정치적, 그리고 경제적 구조악, 특히 자연과학과 기술의 발달로 인한 핵무기경쟁과 자연파괴 등 죽음의 세력에 항거하였다. 이런 점에서 1983년 밴쿠버의 전체 주제를 "예수 그리스도-세상의 생명"으로 정한 것은 매우 적절하다고 하겠다.

정의와 평화문제는 WCC 역사 이래 계속해서 논의된 주제이지만,[176] 창조세계의 보존문제, 특히 생태계의 문제는 1968년 이후 1970년대에 크게 부상되어, 1975년 나이로비의 JPSS와 1979년 MIT 및 1981년 암스테르담을 거쳐, 1983년 밴쿠버에서 JPIC의 이름으로 본격적인 논의

---

175. Marlin van Elderen, *And So Set Up Signs.*···(Geneva : WCC, 1988), p. 55.
176. 참고 : Ans J. Van der Bent, *Vital Ecumenical Concerns : Sixteen Documentary Surveys*(Geneva : WCC, 1986), p. 116.

(비WCC 교회들과 기독교 단체들까지도 포함)에 접어들었다. 밴쿠버 총회는 '교회와 사회'에게 "파괴적인 힘으로서 경험되는 기술, 기술발전의 적절한 체계, 생명윤리 및 재생 불가능한 에너지" 등 과학기술로 야기되는 이슈들이 신앙과 증거에 대해서 어떠한 관계를 갖고 있는가에 대해서 숙고하고 행동할 것을 촉구하였다. 그리하여 밴쿠버 이후 '교회와 사회'는 '환경보전'의 문제에 관하여 WCC 전체 차원의 이해와 참여를 촉구했다. 이 '교회와 사회'는 세계 여러 지역들에서 회집된 모임들과 협의회들의 연구결과들을 모았다. 여기에서 논의되는 이슈들에는 기술로 인한 재난(Bhopal과 체르노빌), 태평양에서 일어난 핵실험, 중독성 쓰레기, 핵에너지, 이상 기온과 적도지역의 원시림 파괴에 대한 반응으로서 '생명의 해방'과 동물의 권리도 포함되어 있다.[177]

D. P. 나일즈가 열거하고 있는 1990년 서울 JPIC에 이르는 20개 이상의 작고 큰 회의들은 JPIC운동이 WCC의 중앙집권적 계획과 행동에 의한 것이 아니라 아래로부터의 운동이요, 세계 교회적 운동이었다는 사실을 보여 주고 있다 하겠다.

서울 JPIC는 생명이 지탱되는 JPIC의 세계를 지향하고 있다. WCC 중앙위원회는 캔버라 총회에 주는 보고서(Vancouver to Canberra, 1983-1990)에서 '교회와 사회'의 미래적 과제를 생명이 지탱되는 미래 사회로 보고 있다. 우리는 여기에서 에큐메니칼 사회윤리가 역사상 유래 없이 확장되었음을 알 수 있다. 벤트는 이렇게 주장한다.

  1991년 2월, 호주의 캔버라에서 열린 제 7차 WCC는 그 전체 주제를 "성령이여, 오소서! 전 창조의 세계를 새롭게 하소서!"로, 제 1분과의 제목은 "생명의 시여자시여, 당신의 창조세계를 지탱하소서!"로 했으니, JPIC의 정신, 특히 "IC"의 문제가 역사상 유래 없이 부각되었다. 1990년

---

177. Ans van der Bent, *Commitment to God's World*, p. 52.

서울 JPIC에서 1991년 캔버라로 오면서 "생태신학"이 크게 떠올랐다. 우리는 1989년 산 안토니오 CWME에서 서울 JPIC에서 본격적으로 부각될 "창조세계의 보전"문제가 선교 개념(Missio Dei)에 포함되는 것을 확인할 수 있을 것이다.

우리는 이상과 같이 1975년의 JPSS, 1983년의 JPIC, 1990년의 서울 JPIC 및 1991년 캔버라 WCC의 상황을 염두에 두면서 1989년 산 안토니오의 CWME에 대하여 논구해야 한다. 산 안토니오에 참석한 대표들의 70%는 1910년 에든버러에 모였던 선교단체들로부터 선교사들을 파송받은 지역들로부터 왔다. 세계의 방방곡곡에서, 모든 대륙을 대표하고 모든 주된 인종들을 대표하는 사람들, 여성들과 남성들, 정교회 사람들과 개신교 사람들이 대체로 가톨릭 도시에 모였다. 여기에는 바티칸에 의해서 지명받은 로마 가톨릭 상의자들(consultants)도 왔고, 또한 타종교들로부터 내빈들이 참여하기까지 하였다.

스탁웰(Eugene L. Stockwell)은 "오늘과 내일을 위한 선교이슈"라고 하는 대회연설에서 1910년과 달리 1989년은 다음과 같은 상황에 놓여 있다고 봄으로써 안토니오 선교가 무엇을 겨냥하고 있는가를 보여 준다.

> 현재 우리는 온갖 종류의 경제적 억압에 짓눌려 있다. 지구의 도처에서 소망과 생명을 파괴하는 외채에 눌려 있다. 현재 우리는 핵 재난과 확장되는 생태학적 자살로 전지구적 파멸 앞에 놓여 있다. 현재 우리는 전쟁, 고문, 기아, 조국 상실, 무모한 욕심, 무감각한 교만, 가진 자들과 갖지 못한 자들의 깊은 골로 생기는 불가항력적 고통을 겪고 있다. 현재 기독교 공동체는 분열을 한없이 거듭하고 있어 '우리가 하나된 것같이 저희도 하나되게 하려 함이니라.'고 하는 그리스도의 기도를 조롱한다.······[178]

---

178. *The San Antonio Report : Your Will be Done : Mission in Christ's Way*, ed. by Frederick R. Wilson(Geneva : WCC, 1990), p. 116.

스탁웰이 삼위일체론적 *Missio Dei*를 언급하고 난 다음에, "그리스도의 방법에 의한 선교에 대한 우리의 근본적인 단서는 계속해서 가난한 자들 - 물질적, 정신적 가난 - 의 경험이다."[179]라고 말할 때, 우리는 멜버른에서 발견되는 해방신학적 유산이 여기에서도 계속 이어지고 있는 것을 본다. 스탁웰은 안토니오 선교신학을 이렇게 특징지우고 나서 "일치와 선교", "복음과 문화", "선교와 타종교의 사람들과의 관계" 및 "생명의 방어"가 그 다음에 이어지는 이슈들로 보는데, 여기에서 새로운 것은 "생명의 방어"에 관한 것이다. 이 부분은 "제 3분과 : 땅은 주님의 소유"에서 본격적으로 정리되었다. 스탁웰은 라틴 아메리카 사람들은 "생명의 방어"라고 부르고, 다른 사람들은 "공동체", 그리고 WCC는 JPIC라고 부르고 있다고 말한다.

WCC 총무인 카스트로(Emilio Castro)는 위에서 언급한 가난한 자들에 대한 문제와 JPIC문제를 논하기에 앞서, 하나님께서 예수 그리스도의 사역을 통하여 이룩하신 온 인류와 온 우주를 포함하는 하나님의 화해의 뜻을 밝히고 있다. 그는 하나님의 한 뜻이란 근본적이고 혁명적이고 유일무이한 경험적 사실, 즉 나사렛 예수 안에 현존하신 하나님을 떠나서 역사나 자연으로부터 얻어지는 일반적인 그 무엇이 아니라고 하면서 히브리서 1 : 1~3과 디모데 전서 2 : 3~6을 인용하고, "하나님께서 세상을 자기 자신과 화해시키셨다."고 말한다.

> 예수 그리스도의 삶과 죽음과 부활 이래로 우리는 하나님의 구원하시며 자유케 하시는 의지가 창조세계에 나타났고, 이 땅의 모든 사람들을 향한 그의 섭리에서 확인되었으며, 우리에게 부름으로 다가오고, 장차 오시는 하나님의 샬롬에로 전역사를 부르시고 계신 것을 알고 있다.[180]

---

179. *Ibid.*, p. 118.
180. *Ibid.*, p. 133.

따라서 카스트로에 의하면, 본 안토니오 총회의 주제 중 "그리스도의 방법에 의한 선교"란 "기도로부터 우러나오는 선교, 매우 겸허한 자세로 하나님의 구원의지의 신비를 명상하는 선교, 뿐만 아니라 세상 죄를 지고 가시는 하나님의 어린양을 경이로움 가운데 가리키는 선교"[181]이다. 카스트로는 이상과 같은 객관적이고 보편이며 종말적인 구속 혹은 화해를 전제하고, 해방신학적 주장으로 넘어간다. 즉,

> 하지만 우리는 예수님에게서 더욱 분명한 사실을 발견한다. 즉, 그분은 그 자신의 생애보다도 이웃의 삶에 우선순위를 두셨다. 무엇보다도 그는 주변으로 밀려난 사람들, 가난한 사람들, 어린이들, 병자들, 공개된 죄인들 및 힘없는 사람들에게 우선순위를 부여하셨다. 따라서 그리스도의 방법에 따른 선교란 항상 기성 사회 중 주변으로 밀려난 사람들로부터 출발하여 권세 있는 상부구조로 상향해야 한다. 가난한 사람들을 출발점으로 하여 하나님의 나라를 엮어 나가야 할 것이다.[182]

안토니오는 멜버른의 "나라이 임하옵시며"에 이어 "뜻이…… 땅에서도 이루어지이다 : 그리스도의 방법에 의한 선교"를 총회 전체 주제로 삼았다. 따라서 멜버른에서 안토니오에로의 연속성이 명시적으로 제시되어 있다. 그런데 안토니오의 주제 안에 들어 있는 두 명제는 상호규정적이다. 왜냐하면 "뜻이…… 이루어지이다."라고 하는 기도야말로 '선교'의 추진력이고, '그리스도의 방법에 의한 선교'야말로 인간의 선택에 의해서 수행되는 선교가 아니라 하나님의 의지에 의한 선교이기 때문이다. 겟세마네 동산에서 "나의 원대로 마옵시고 아버지의 원대로 하옵소서.…… 아버지의 원대로 되기를 원하나이다."(마 26 : 39, 42)라고 기도하신 동일한 예수님께서 "아버지께서 나를 보내신 것같이

---

181. *Ibid.*, p. 134.
182. *Ibid.*, p. 135.

나도 너희를 보내노라."고 말씀하셨다. 그래서 우리는 "그리스도의 방법에 의한 선교가 하나님의 뜻이 겟세마네에서 기도하신 분 안에서, 그리고 그분을 통해서 이루어질 것을 간구하는 기도로 시작된다."는 사실을 알 수 있다.

본 총회의 회장 연설에 따르면 "뜻이……땅에서도 이루어지이다."라고 하는 총회의 전체 주제는 멜버른의 "나라이 임하옵시며"처럼 종말론적 시야를 갖는 것으로 본다. 아나스타시오스는 "주기도문의 이 세 간구들의 특징은 종말론적 전망이다. 이 세 간구들은 모두 장차 임할 하나님 나라의 영광 안에서 완성되기 위하여, 이 아래 이 땅 위에서 실현되기 시작한다."[183]라고 말했다. 그리고 아나스타시오스는 "그리스도의 방법에 의한 선교"를 "예수님의 고난과 십자가, 그리고 가난한 자들을 위한 그의 애정"에 대한 특별한 강조보다도 "하나의, 거룩한, 보편적, 사도적 교회의 보편적 신앙"을 따라야 하는 것으로 본다. 이미 이와 같은 "그리스도의 방법에 의한 선교"에 대한 주장은 너무 지나치게 '해방신학적 전통'을 선호했던 멜버른의 주장을 수정하고 있다는 사실을 암시한다. 그는 "그리스도의 방법에 의한 선교"에서 '그리스도'의 위격(the person of Christ)이 보편교회의 신앙전통에서 이해될 것을 강조하고 있다. 그는 "그리스도의 방법에 의한 선교"를 다섯 가지 관점으로 이해한다. 이것을 소개하면 다음과 같다.

(1) 삼위일체적 연결과 관계

예수 그리스도는 아버지와 성령에 대한 지속적인 관계 안에서 이해된다. 예수 그리스도는 아버지로부터 파송받은 자이다. 성령께서는 그의 길을 열어 주시고, 그분과 함께 일하시며, 그분과 함께 동행하시고, 그분의

---

183. *Ibid.*, p. 101.

사역을 인(印)치시며, 이런 일들을 계속하신다. 우리는 그리스도의 설교를 통해서 아버지와 아들을 인식하게 되는데, 성령의 조명 없이는 그리스도의 설교조차 이해 불가능한 것으로 남아 있다.[184]

서방 교회의 그리스도 중심주의는 삼위일체 교리의 보다 폭넓은 맥락에서 이해되어야 한다.…… 그러나 교회의 그리스도는 "아버지의 품속에 있는 독생하신 하나님"(the only Son of God, 요 1:18)이신 영원하신 말씀이신데, 그는 성령을 통해서 교회 안에 항상 현존하시는 분이시요, 부활 승천하사 우주적 심판자가 되신 자요, 알파와 오메가요, 처음과 나중이요, 시작과 끝이시다(계 22:13). 그래서 교회의 신앙과 경험은 다음과 같이 요약된다. 아버지께서 아들을 통하여 성령 안에서 창조하시고, 섭리하시며, 구원하신다. 그리스도의 방법에 의한 선교란, 요컨대 아버지와 아들과 성령의 신비로운 현존과 역사 가운데 일어나는 성삼위일체 하나님의 선교이다.[185]

(2) 전인을 취하신 성육신

예수 그리스도께서 자신을 가리켜 인자라고 즐겨 말씀하셨다. 예수님은 새 아담이시다. 말씀의 성육신은 인류역사에 있어서 결정적인 사건이다.……

물질과 정신의 절대적 분리는 - 고대 희랍이나 인도의 철인들의 주장처럼 - 배격된다. 그리스도는 전인으로 성육신하셨다. 예수 그리스도는 영혼의 구원자일 뿐만 아니라 전인과 물질적 - 영적 피조물 전체의 구원자이시다.……[186]

---

184. *Ibid.*, p. 103.
185. *Ibid.*, pp. 103-104.
186. *Ibid.*, p. 104.

(3) 새롭고 철저한 영원한 사랑

그리스도께서는 기성 형태의 권위, 지혜, 영광, 경건과 성공, 전통적인 원칙들과 가치들을 뒤엎으시고 모든 것의 살아 있는 중심은 사랑이라고 하는 사실을 계시하신다. 아버지는 사랑이시다. 아들은 사랑의 성육신이시다. 성령은 무진장한 사랑의 힘이시다. 이 사랑은 애매한 어떤 '원칙'이 아니다. 그것은 인격들의 '코이노니아' 이다. 하나님은 사랑이시다. 왜냐하면 영원하신 삼위일체 하나님께서는 살아 계시고, 동등하시며, 구별되시는 위격들의 코이노니아이시다.……

모든 인류의 자유, 정의, 해방과 사귐, 진리, 조화, 삶의 기쁨과 충만함은 사랑과 긴밀하게 연결되어 있다.……

그리스도께서 이룩하신 놀라운 일들 가운데 하나는 그가 자기 자신을 겸손한 사람들 및 가장 단순한 사람들과 동일시하셨다는 점이다.……[187]

(4) 낮아지심과 십자가의 희생의 역설

그리스도께서는 인류에게 나타나신 초두부터 삼위일체 하나님의 사랑의 능력을 자기 비움(kenosis)을 통해서 나타내셨다.…… 사랑의 힘은 전적으로 그의 낮아지심과 한데 묶여 있다. 사람들은 사랑의 반대를 보통 증오라고 하지만, 그것의 실체는 이기주의 그것이다.…… 그리스도께서는 사단의 일들을 파괴하시고(요일 3 : 8), 극한적 낮아지심이신 십자가를 스스로 걸머지심으로써 이기주의의 쇠사슬에 묶여 있는 우리들을 속량하신다. 그분은 이 같은 십자가상의 낮아지심으로 악마적 교만과 자기 중심주의를 말소시키신다. 바로 이 십자가의 시간에 사랑의 영광이 비췄다. 우리는 구속받는다.[188]

---

187. *Ibid.*, pp. 104-105.
188. *Ibid.*, pp. 105-106.

(5) 모든 것은 부활과 종말론적 소망의 빛에서

우주적 선교에 대한 첫 번째 지시는 부활의 빛에서 주어진다. 예수님께서는 십자가와 부활 이전에는 그의 제자들이 세상 속으로 들어가는 것을 허락치 않았다. 우리가 부활을 경험하지 못하면, 그리스도의 우주적 사도직(Christ's universal apostolate)에 참여할 수 없다. 부활을 경험한 사람은 전세계로 눈을 돌리면서 부활하신 주님을 증거할 수밖에 없다. "하늘과 땅의 모든 권세를 내게 주셨으니, 그러므로 너희는 가서 모든 족속으로 제자를 삼아 아버지와 아들과 성령의 이름으로 세례를 주고"(마 28:18-19)에서 첫 번째 문장은 주기도문에 나오는 "뜻이 하늘에서 이룬 것같이 땅에서도 이루어지이다."에로 우리의 생각을 돌이키게 한다. 온 세상에 대한 권위가 아버지의 뜻을 완전히 수행하신 인자에게 주어졌다. 그는 주님으로서 "이제도 있고 전에도 있었고, 장차 올 자요 전능한 자라."……[189]

아나스타시오스가 주장하는 위의 다섯 가지 항목 가운데 종말론에 관한 마지막 항목은 두라이싱(Christopher Duraisingh)이 쓴 "산 안토니오와 CWME의 몇 가지 지속적인 관심들"에 의해서도 큰 지지를 받는다. 두라이싱은 세계 교회들의 다양하고 서로 다른 선교적 관심들을 한데 묶는 끈을 "그리스도 안에서 모든 것을 재창조하시고 통일시키시는 하나님에 대한 종말론적 비전"(139)이라고 보면서 창조세계의 보전 문제도 여기에 포함시킨다. 18~19세기 뿐만 아니라 1910년 에든버러와 1928년 예루살렘 이후에 있어서도 이 같은 종말론적 비전은 복음전도와 *Missio Dei*의 통일성의 근거로서 매우 중요하다. 두라이싱은 다음과 같이 주장한다.

그와 같은 비전에 대한 '우리의 공동의 기억'은 에큐메니칼 역사와 선

---

189. *Ibid.*, p. 106.

교역사에 뿌리를 내리고 있다. 에든버러에서 오늘에 이르기까지 이러한 종말론적 비전이 선교적 사고와 실천을 주도해 왔다. 에밀리오 카스트로는 WCC 내에서 40년의 에큐메니칼 경험을 돌이켜보면서 1988년 하노버에서 열린 WCC 중앙위원회에게 이렇게 말했다. "그리스도 안에서 모든 것을 재연합시키는 것에 대한 종말론적 비전은 영감에 넘치는 모델이요, 우리의 노력의 목표요, 에큐메니칼 과제를 위한 하나님의 약속이다." 이것은 교회의 일치와 인류공동체의 갱신에 대한 계속되는 신앙과 직제의 연구와도 밀접히 관련된다.…… 이런 의미에서 산 안토니오는 에큐메니칼운동 전체를 꿰뚫어 전체를 응집시키고 생명 있게 하는 생명줄을 승계하여 계속 이어나갈 것이다. 이러한 비전에 입각한 기독교적 증거는 그리스도 안에서 모든 것을 화해시키고 갱신시키시는 하나님의 뜻에 초점을 두고 있다.[190]

두라이싱은 위와 같은 우주적 종말론의 시야를 구체적 맥락, 즉 해방신학적 주장과 연결시키고 있다. 그래서 현재의 교회의 경험과 축하(祝賀)는 그리스도 안에서 모든 것을 해방시키고 갱신시키시는 하나님의 종말론적 목적에 대한 징표요 미리 맛봄이다.[191]

"총회의 메시지"에 의하면 안토니오의 가장 중요한 두 흐름은 "모임의 보편성(catholicity)과 복음의 온전성에 대한 관심"[192]인데, 전자는 이번 대회의 구성원들에서 큰 진전을 보였고, 후자는 "영적인 필요와 물질적 필요, 기도와 행동, 복음전도와 사회적 책임(evangelism and social responsibility), 대화와 증거, 힘과 취약성, 그리고 지역과 보편을 긴장 가운데 붙든다."[193]고 한다. 여기에서 우리의 관심은 "복음전도와 사회적 책임"에 있다. 우리는 1982년의 "선교와 복음전도……"에

---

190. *Ibid.*, pp. 140-141.
191. *Ibid.*, p. 142.
192. *Ibid.*, p. 20.
193. *Ibid.*

서처럼 1989년 안토니오에서도 복음주의 전통과 *Missio Dei* 전통에 따른 교회의 넓은 의미의 사회참여가 나타나고 있는가를 질문한다.

안토니오는 이상과 같은 신학적 특성을 지닌 전체 주제를 4개의 소분과로 나누었다. 1. 살아 계신 하나님께로 돌아가기 2. 고난과 투쟁에의 참여 3. 땅은 주님의 소유 4. 선교를 위한 공동체 갱신을 향하여. 우리는 멜버른과 "선교와 복음전도……"에서처럼, 복음주의 전통 내지는 18~19세기적 전도 개념과 1928년, 특히 1958년 빌링겐 이후의 *Missio Dei* 개념에 유의하기 위하여 S.I.과 S.Ⅱ.에서 본문들을 소개하고, 안토니오의 특징에 속하고 1990년 서울 JPIC 대회를 바라보는 S.Ⅲ.에 유의하고자 한다.

S.I. : "살아 계신 하나님께로 돌아가기"에서 살아 계신 삼위일체 하나님께 돌아가서 삼위일체 하나님의 선교에 참여하자고 하는 주장은 우리가 이미 언급한 1974년 로잔과 1989년 마닐라(제 2로잔)에 나타나는 삼위일체 하나님의 선교와 완전히 일치하고 있다. S.I.의 처음부분에 다음과 같은 명제가 제시되어 있다.

> 세상에 대한 교회의 소명 한복판에는 하나님 나라에 대한 선포가 자리잡고 있다. 이 하나님 나라는 십자가에 달리셨다가 부활하신 주 예수님에 의하여 시발되었고, 성령의 역사로 우리 가운데 현존하신다.
>
> 성부, 성자, 성령, 삼위일체 하나님은 선교하시는 하나님으로서, 교회의 선교의 근원이시요 지탱자이시다(요 20 : 21, 행 2장). 교회의 선교란 모든 창조세계에 대한 하나님의 보살핌, 모든 인간에 대한 하나님의 무조건적 사랑 및 모든 인간들과의, 그리고 인간들 상호간의 일치와 사귐에 대한 관심에서 흘러나올 수밖에 없다.[194]

---

194. *Ibid.*, p. 25.

S.I.의 4가 말하는 종말론적 비전과 S.I.의 6이 주장하는 '회심' 역시 복음주의의 그것과 같다. S.I.의 7은 "북반구와 남반구 모두에서 에큐메니칼운동에 관계하는 공동체들 안에서 복음전도(evangelism)에 대한 새로운, 널리 확산되는 관심에 대하여 우리는 깨닫게 되었다."(26)고 한다. 그래서 "S.I."의 7에서 안토니오의 CWME는 복음주의 교회들에게 1975년 나이로비에 의해서 인정된 CWME의 목적("만민이 예수 그리스도를 믿고 구원얻도록 예수 그리스도의 복음을 말과 행동으로 모든 세상에……")에 동의할 것을 촉구하고 있다. 끝으로, S.I.의 31은 철저히 교회를 *Missio Dei*의 대행자로 보고 있는바, 교회의 정체성을 확실히 하고 있다.

하나님 나라에 대한 메시지를 받아들인다고 하는 것은 그리스도의 몸인 교회의 구성원이 되는 것을 말하는데, 이 교회의 창시자요 지탱자는 성령이시다. 교회들은 이 세상에서 하나님 나라를 알리는 징표들이다. 교회들은 그리스도께서 중보기도를 하신 것처럼 중보기도를 하고, 그리스도께서 섬기신 것처럼 섬긴다. 이처럼 기독교적 선교는 인류역사 속에서 일어나야 할 그리스도의 몸의 행동이다. 이것은 오순절의 연장이다.[195]

안토니오는 "S.Ⅱ.: 고난과 투쟁에의 참여"에서 해방신학 전통을 포함한 넓은 의미에 있어서 교회의 사회참여를 논하면서 선교역사상 유래 없이 성육신 신학에 입각한 교회의 투쟁과 고난에의 참여를 역설하고 있다. *Missio Dei* 전통이 이런 의미의 성육신 신학을 중심에 두는 삼위일체 신학에 정위되어 있다.

고난과 투쟁에의 참여는 세상을 위한 하나님의 선교와 하나님의 뜻의 핵심이다. 그것은 고난과 투쟁에의 참여의 가장 영광스러운 예증인 성육

---

195. *Ibid.*, p. 33.

신 이해를 위해서 가장 중요하다. 교회는 그리스도의 방법대로 성령의 능력에 힘입어 십자가의 흔적들을 짊어지고 파송받는다(비교 요 20 : 19-23)(S.Ⅱ.1).[196]

본 문서는 "뜻이…… 땅에서도 이루어지이다 : 그리스도의 방법에 의한 선교"라고 하는 주제를 논의함에 있어서 이처럼 성육신에 근거한 고난과 투쟁에의 참여를 본질적인 부분으로 본다. 그래서 안토니오는 저항을 '증거의 한 형태'라고 말한다.

저항의 형태들은 상황의 위급성에 달렸다. 이 저항은 피켓트, 단식 투쟁, 행진과 데모, 연좌, 파업, 노래, 유인물, 그림, 보이콧, 문서를 통한 프로테스트, 철야기도 등과 같은 형태를 통해서 표현된다.[197]

불의한 상황에서 저항하며 변화를 일으키려는 선택은 고난을 초래한다. 그리스도의 방법은 우리의 희생을 요구한다. 왜냐하면 억압에 반대하는 투쟁과 사회적, 경제적, 정치적 정의를 위한 투쟁에 있어서 이처럼 충돌과 고난은 불가피하다.……[198]

안토니오는 이상과 같은 주장 다음에 비로소 '가난한 자'의 문제를 언급하는 것으로 보아, 해방신학적 전통을 너무 첨예화시킨 멜버른의 입장을 상당히 완화시켰음을 알 수 있다. 안토니오는 교회가 "여러 형태의 저항들을 통하여 정의를 위해 투쟁하고 고난당하는 삶들"[199]과 연대할 것을 촉구하는 맥락에서 '가난한 자'의 문제를 말한다.

…… 교회는 불의한 구조들에 대한 정당화를 멈춰야 하고, 자신의 태도

---

196. *Ibid.*, p. 37.
197. *Ibid.*, p. 41.
198. *Ibid.*
199. *Ibid.*

와 구조들을 바꾸어 가난한 자들 편에 서서 부정의한 권력에 저항하는 이들과 연대하면서 이들로 하여금 이 세상을 변혁시키기 위한 지역적, 지구촌적 행동에서 나오는 영성을 발전시키도록 해야 한다.[200]

끝으로, 산 안토니오(1989)는 S.Ⅲ. : "땅은 주님의 소유"에서 "정의와 평화"문제에 이어 교회의 창조세계에 대한 책임을 선교 개념에 포함시켰다. "창조세계 전체, 특히 사람들이 살고 있는 지역(territory)과 지구의 각 부분(Land)은 삼위일체 하나님의 것이요, 계속해서 그렇다."고 보는 안토니오 문서는 교회의 창조세계에 대한 근원적 책임과 일그러진 이해와 관행을 지적한다.

하나님께서는 우리를 부르신다.

- 우리의 청지기직을 정의롭게 행사하도록
- 창조세계의 온전성(integrity)을 지탱시키도록
- 제한되어 있는 지구자원을 사용하되, 나누어 사용하도록
- 인간과 모든 것들의 생명을 지탱시키고 완성시키도록

지구에 대한 하나님의 소유권은 다음과 같은 우리의 잘못된 소유권 개념과 관행에 도전해 온다.

- 자연을 착취하고
- 땅을 상품화하며
- 각 나라와 종족은 이 지구의 각 해당 부분에 대한 배타적 소유권을 주장하고
- 땅에 대한 특권들을 기득권으로 누리려는 문화를 만들어 내고 유지시키려는

---

200. *Ibid.*, p. 42.

그래서 산 안토니오는 교회의 선교에 창조세계의 보전을 포함시키고 있다.

> 그리스도의 방법에 의한 선교는 하나님의 창조세계에까지 확장되어야 한다. 이 지구가 주님의 것이기 때문에, 지구에 대한 교회의 책임은 교회의 선교의 중차대한 부분이다. 이러한 선교는 그리스도의 부활에 근거한 소망인, 복음의 소망을 모든 창조세계에 공급한다.······ 우리의 성만찬 축하예식은 모든 창조세계에 대한 하나님의 구속의 사랑을 긍정해야 하고, 떡을 함께 떼는 일로 우리는 땅의 선물들을 함께 나누도록 해야 한다. 이것은 삶의 스타일의 변화를 요구하는바, 그리스도의 방법에 따른 선교에 속한다.[201]

우리는 이상과 같이 1975년의 JPSS, 1983년의 JPIC, 1990년의 서울 JPIC 및 1991년 캔버라 WCC의 연속성과 발전을 염두에 두면서, 1989년 산 안토니오의 CWME에 대하여 논구하였다. 특히 "IC" 문제가 크게 부상하고 있는 것이 안토니오의 특징이다. 에밀리오 카스트로의 객관적, 우주적(보편적), 종말론적 '화해' 개념은 "IC" 문제에 대한 신학적 근거를 제공하며, 아나스타시오스의 5가지 주장들은 해방신학의 오도를 바로잡는 매우 전통적, 교의적 특성들을 갖고 있다. 우리는 1989년 산 안토니오의 선교 개념에 포함된 "창조세계의 보전"이 1990년 서울 JPIC로 이어지는 사실을 확인할 수 있으며, '삶과 봉사' 혹은 '교회와 사회' 전통을 이어받은 서울 JPIC가 CWME 전통과 거의 합류하고 있고, 1993년 스페인의 산티아고 데 콤포스텔라 제 5차 신앙과 직제 세계대회가 JPIC와 긴밀히 연결되어 있다는 사실을 보면서, WCC를 구축하고 있는 이 세 기둥들이 서로 유기적인 관계 속으로 돌입하고 있다는 사실을 알 수 있다. 복음주의 계통은 아직 창조세계의

---

201. *Ibid.*, pp. 52 이하.

보전문제를 선교 개념에 포함시키지 않고 있지만 말이다. 1990년 3월, 서울 JPIC가 열린 지 10일 후에 JPIC를 차기 캔버라 WCC 총회에서 우선 과제로 추천하였고, Unit Ⅱ의 WCC 중앙위원회에게 주는 보고서는 JPIC가 "다음 21세기 동안 에큐메니칼 비전의 심장"이 될 것이라고 했다.

결 론

1910년 에든버러 WMC는 18~19세기의 낙관주의적 하나님 나라의 실현을 앞에 바라보면서 믿지 않는 족속들에 대한 복음전도를 열광적으로 밀고 나가려는 분위기였다. 에든버러는 19세기 독일의 자유주의 개신교 신학의 영향하에 인류의 최선의 윤리적 성취들을 새 하늘과 새 땅의 건축자재로 사용하는 데에 이의가 없었다. 하지만 에든버러는 십자가에 계시된 세상에 대한 하나님의 가차없는 심판과 부활을 통한 새 창조의 세계(새 하늘과 새 땅)에 대한 소망의 역동적인 이해를 결핍하고 있었다. 19세기 복음주의 부흥운동과 선교운동 역시 낙관주의적 인간 이해와 산업혁명과 과학기술(science and technology)의 발전에 따른 낙관주의적 세계관의 영향하에 낙관적인 인간의 회심과 지상에서의 도덕적 왕국 건설을 기대했지만 말이다.

우리는 보쉬 및 한스 큉과 함께 제 1차 세계대전을 계기로 신학 일반과 선교신학에 있어서 '패러다임 변화'(paradigm shift)가 왔다고 주장하는바, 칼 바르트의「로마서 강해」(1921)와 슈펭글러의「서구문명의 몰락」(1922-1923)은 이와 같은 '패러다임 변화'의 상징적 저작들이다. 우리는 1928년 예루살렘 IMC의 문서를 검토하기에 앞서 이 '패러다임 변화'에 대하여 언급하였다.

선교신학은 18~19세기적 선교 개념의 유산을 물려받은 1910년 에든버러 WMC의 그것과 1928년 예루살렘 IMC의 그것 사이에 패러다임 변화를 보인다. 전자는 유럽의 18세기 계몽주의의 유산과 19세기 낙관주의의 유산을 물려받은 모더니즘 패러다임의 선교 개념을, 후자는 제 1차 세계대전 이후, 곧 포스트모더니즘의 선교 개념을 보이고 있다. 우리는 여기에서 1910년을 계기로 선교 개념의 엄청난 패러다임 변화가 온 것으로 보고, 1928년 예루살렘 IMC의 선교신학을 소개하기에 앞서 선교신학의 패러다임 변화를 서술하였다.

그래서 우리는 보쉬, 큉, 그리고 몰트만과 더불어 모더니즘의 시대를 18세기 계몽주의로부터 제 1차 세계대전과 1917년 러시아 혁명까지로 보고, 1918년 이후, 특히 1945년 이후의 시대는 그 이전의 모더니즘시대와 확실히 구별되는 포스트모던 패러다임을 보여 주고 있는 시대로 본다. 보쉬가 지적하는 모더니즘의 7가지 특징들과 1983년 튀빙겐에서 모인 "국제 에큐메니칼 심포지엄"이 제시한 포스트모더니즘의 9가지 특징들은 확실히 시대의 패러다임 이동을 말해 주고 있다. 그러한 시대구분에 따른 모더니즘시대의 8가지 선교신학적 특징들과 1928년 예루살렘 IMC 이래의 포스트모던시대의 선교신학적 특징들은 확실히 패러다임의 이동을 보여 주고 있다.

우리는 우선 1928년 예루살렘 IMC문서에서 선교신학의 패러다임 이동을 지적하였다. 예루살렘 IMC의 '복음'과 선교 개념은 18~19세기의 그것으로부터의 패러다임의 변화를 보여 주고 있다. 신정통주의 신학이 제시한 '복음' 개념과 기독론에 집중하는 선교신학 및 복음의 대사회적인 관련성은 18~19세기의 그것과 다르다. 무엇보다도 예루살렘은 "인종관계", "아시아와 아프리카의 산업화에 따른 문제들과 관련된 기독교 선교의 문제", "아시아와 아프리카의 농촌문제에 관련된 기독교 선교"와 같은 제목들에서 교회의 대(對) 사회적 책임을 '선교' 개념에 포함시켰다.

다음에 예루살렘으로부터 탐바람에로의 여정에서는 어떤 패러다임 이동이 일어났을까? 예루살렘의 복음이해가 탐바람에서는 삼위일체론의 틀거리 안으로 들어왔고, 교회의 본성론이 부각되지 않았던 예루살렘과는 달리 탐바람은 파시즘과 히틀러주의 등 1930년대의 세계사적 도전들에 대한 응전으로서 교회의 본성(삶과 봉사 세계대회는 "Let the Church Be the Church"에 집중하였음.)을 신앙과 직제의 교회론적 진술에 의거하여 정립하였다. 그리고 탐바람은 18~19세기의 복음전도 개념을 따라 개교회의 선교적 책임을 말하면서도 교회일치를 향한 보편 교회 차원의 선교를 역설하며, 나아가서 교회가 일치하여 정치, 경제, 사회 및 과학기술의 차원에서 하나님 나라를 이 땅 위에 실현할 것을 강조하고 있다. 그리고 가장 특기할 만한 것은 18~19세기적 개인의 회심과 경건을 구조악의 개선을 위한 기독교 운동들과 연결시킨 점일 것이다.

1952년 빌링겐 IMC는 1928년 예루살렘 IMC 이래로 "*Missio Dei*"의 의미에서 교회의 사회참여를 가장 강조하는 선교 개념을 제시하였다. 빌링겐은 1948년 암스테르담에서 1954년 에반스턴에 이르는 "책임적 사회"에 걸맞는 *Missio Dei*를 역설했다. 1938년 탐바람을 잇는 삼위일체론적 복음이해와 무엇보다도 삼위일체론적 기독론 중심의 파송의 신학(*Missio Dei*)은 18~19세기의 복음전도 개념을 훨씬 넘어서서 정치, 경제, 사회, 문화 등 삶의 모든 차원을 선교의 대상으로 삼았다. 그리하여 빌링겐은 개인의 회심과 개교회의 개척과 성장을 소홀히 할 정도여서, 1982년 "선교와 복음전도-하나의 에큐메니칼 확언"에 오면 이에 대한 큰 수정이 있게 된다. 그리고 탐바람의 IMC에서는 칼 바르트의 영향하에 새로운 패러다임의 종말론이 등장하기 시작, 1952년 빌링겐 IMC와 1954년 에반스턴 WCC 총회에 이르면 이 같은 종말론적 비전과 전망이 더욱 명쾌해진다. 에큐메니칼 선교신학에 있어서 빌링겐부터 종말론적 시야가 확보되어, 1954년 에반스턴 WCC 총회는 그 전체 주제를 "예수 그리스도-세상의 소망"이라 하였다.

1960년대 말, WCC를 통한 에큐메니칼운동의 선교 개념에 대한 거부반응으로 등장한 복음주의자들의 세계대회들은 1974년 로잔을 계기로, 더욱이 1989년 마닐라 Manifesto에 오면 종전의 "교회 대 세상"이라고 하는 이분법을 지양하고 1952년 빌링겐의 *Missio Dei* 이래의 에큐메니칼 선교 개념을 대폭 수용한다. 그리하여 복음주의 선교 개념에 있어서도 삼위일체론적 복음이해와 삼위일치론적 *Missio Dei*, 그리고 종말론적 시야를 가진 하나님 나라 사상이 지배적이 된다. 1974년 로잔 복음주의 세계대회 이래로 복음주의자들 역시 하나의 선교 개념 속에 교회의 사회참여를 포함시키고 있다.

1973년 방콕 CWME는 한편 1968년 웁살라에서 절정에 도달했던 *Missio Dei* 전통을 1969년에 동터 오른 해방신학에 가미시켜 더욱 추진시켰고, 다른 한편 1960년대의 복음주의 세계대회들의 소리를 귀담아들어 1968년 웁살라의 지나친 점들을 극복하였다. 이 같은 경향은 1928년 예루살렘 IMC 이래로 내려오는 포괄적 선교 개념이지, 결코 부정적인 의미에서 선교신학의 두 얼굴이 아니다. 그리하여 1975년 나이로비 WCC는 이러한 두 흐름을 그대로 수용한 것으로 보여진다. 바야흐로 JPSS를 WCC 전체의 목표로 내세운 나이로비는 결코 "전복음", "전인격", "전교회"를 "전세계"로부터 격리시킬 수 없었다. 구조악의 문제를 웁살라보다 더 심각하게 논하는 나이로비는 예배, 말씀, 세례, 성만찬을 통한 개인의 신앙과 회심, 부활하신 주님, 나아가서 삼위일체 하나님과의 만남을 결코 제외시킨 것이 아니었다.

우리는 1980년 멜버른 CWME에서 방콕과 나이로비에서 발견되었던 복음주의적 요소들이 없지 않아 있음을 확인할 수 있다. 이 점에서 멜버른은 1910년 에든버러 및 18~19세기적 유산을 어느 정도 물려받고 있다 하겠다. 그럼에도 불구하고, 1970년대 이후 본격적으로 등장한 해방신학적 요소들이 더 강세를 보이고 있다는 사실을 알 수 있다. 자크 마티, 나바산, 포터, 카스트로, 케제만 및 스탕달의 글들에서 복음과 교회와 하나님 나라 등의 의미는 역시 새로운 패러다임의 선교신학적 기초를 제공하는 것으로 보인다. 무엇보다도 멜버른은 하나님 나라를 지역별 해방운동과 인권운동들에 결부시켜 구체화시키고 있다. 이 문서에서 복음은 하나님 나라의 복음이다. 이제 우리는 1982년 에큐메니칼 세계선교 문서에서는 멜버른에서 보다 더 복음주의 전통이 매우 강조되고 있다는 사실을 알 수 있게 될 것이다.

1982년 "선교와 복음전도-하나의 에큐메니칼 확언"은 직접적으로는 1980년 멜버른 CWME의 치우침을 수정하였고, 간접적으로는 1975년 나이로비의 통전성을 이어받았다고 보여진다. 다시 말하면, 예수 그리스도께서 성령의 능력으로 믿지 않는 사람들을 예배하는 공동체(복음설교, 세례, 성만찬, 가르침 등)로 불러모으시사, 회심과 이신칭의와 성화를 일으키신다고 하는 18~19세기 복음주의적 전통과 1952년 빌링겐의 Missio Dei와 1975년 나이로비의 해방신학적 요소 및 구조악에 대한 주장들을 함께 엮어 내고 있다 하겠다. 그리고 본 문서는 1952년 빌링겐 이래로 강조되어 온 종말론적 비전을 명쾌하게 제시함으로써 하나님 나라와 교회의 긴장관계를 잘 포착하고 있다. 교회는 새 하늘과 새 땅의 미리 맛봄이요, 징표요, 이것을 이 땅 위에 실현시키는 도구인 것이다. 그런데 본 문서는 이 하나님 나라의 실현에 있어서 복음주의적 복음전도, Missio Dei, 해방신학 및 구조악의 극복만을 논의할 뿐, 창조세계의 보전문제에 관하여는 1989년 산 안토니오 CWME까지 기다려야 했다.

1989년 산 안토니오의 CWME에 대하여 우리는 1975년의 JPSS, 1983년의 JPIC, 1990년의 서울 JPIC 및 1991년 캔버라 WCC의 연속성과 발전을 염두에 두면서 논구하였다. 특히 'IC' 문제가 크게 부상하고 있는 것이 안토니오의 특징이다. 에밀리오 카스트로의 객관적, 우주적(보편적), 종말론적 '화해' 개념은 'IC' 문제에 대한 신학적 근거를 제공하며, 아나스타시오스의 5가지 주장들은 해방신학의 오도(誤導)를 바로잡는 매우 전통적, 교의적 특성들을 갖고 있다. 우리는 1989년 산 안토니오의 선교 개념에 포함된 "창조세계의 보전"이 1990년 서울 JPIC로 이어지는 사실을 확인할 수 있으며, '삶과 봉사' 혹은 '교회와 사회' 전통을 이어받은 서울 JPIC가 CWME 전통과 거의 합류하고 있고, 1993년 스페인의 산티아고 데 콤포스텔라 제 5차 신앙과 직제 세계대회가 JPIC와 긴밀히 연결되어 있다는 사실을 보면서, WCC를 구축하고 있는 이 세 기둥들이 서로 유기적인 관계 속으로 돌입하고 있다는 사실을 알 수 있다. 복음주의 계통은 아직 창조세계의 보전문제를 선교 개념에 포함시키지 않고 있지만 말이다. 1990년 3월, 서울 JPIC가 열린 지 10일 후에 JPIC를 차기 캔버라 WCC 총회에서 우선 과제로 추천하였고, Unit Ⅱ의 WCC 중앙위원회에게 주는 보고서는 JPIC가 "다음 21세기 동안 에큐메니칼 비전의 심장"이 될 것이라고 했다.

IV
에큐메니칼운동에 나타난 교회의 사회참여 신학

서 론

 필자는 「WCC, Vatican II, WARC, 해방신학 및 민중신학이 지향하는 교회의 사회참여」(성지출판사, 1990)에서 두 기둥이론을 제시했다. 그 중 하나는 "복음과 교회"의 정체성과 진정성이었고, 다른 하나는 교회의 사회참여였다. 그리고 「장신논단」(제 10집, 1994)에서 다룬 "역대 신앙과 직제가 교회일치를 위해서 추구하는 사도적 신앙"에서는 하나의, 거룩한, 보편적, 사도적 교회가 공유하고 있는 사도적 신앙의 내용을 밝힌 바 있고, 「세계 교회의 분열과 일치추구의 역사」(장신대학교 출판부, 1994)에서는 '신앙과 직제' 전통이 지향하는 교회의 일치추구에 비추어 세계 교회의 분열과 일치추구를 개관하였다. 끝으로, 「역사 속의 교회」(도서출판 교육목회, 1995)의 끝부분에서 다룬 "20세기 교회론" 중 "WCC의 교회론" 역시 '신앙과 직제' 전통에 근거한 것이었다. 필자가 쓴 이상의 글들은 대체로 '신앙과 직제'의 사도적 신앙에 관한 것이었다. 기독교의 본질과 정체성과 진정성을 하나의 기둥으로 볼 때,

교회의 사회참여를 다른 하나의 기둥으로 볼 수 있을 것이다.

이제 본 논고에서 논할 내용은 주로 두 번째 기둥에 속하는 것이다. 즉, 그것은 '신앙과 직제' 전통을 전제하는 교회의 사회참여이다. 우리는 여기에서 전체를 두 부분으로 나누어 다루려고 한다. 즉, A. WCC 총회 분과보고서에 나타난 교회의 사회참여 - 1948년 암스테르담, 1954년 에반스턴, 1961년 뉴델리, 1968년 웁살라 및 1975년 나이로비와 B. WCC 총회 분과보고서에 나타난 교회의 사회참여 - 1983년 밴쿠버, 1990년 서울 JPIC, 1991년 캔버라 및 1993년 산티아고. A에서 우리는 각 총회간의 주요 길목들을 제시하려고 한다. 다시 말하면, 1948년까지의 교회의 사회참여에 관한 진행과정, 1948년에서 1954년에 이르는 교회의 사회참여에 관한 이정표들, 1954년에서 1961년 뉴델리까지, 1961년부터 1968년 웁살라까지, 그리고 1968년에서 1975년 나이로비까지의 길목들을 살피려고 한다. 그리고 B에서 우리는 1983년 밴쿠버 WCC에서 1991년 캔버라 WCC에 이르는 기간을 그 범위로 하고, 1975년 나이로비 WCC에서 1983년 밴쿠버에 이르기까지, 그리고 1983년 밴쿠버에서 1991년 캔버라에 이르는 길목에 나타나는 교회의 사회참여에 관한 이정표들을 제시하려고 한다. 끝으로 1993년 스페인의 산티아고에서 열린 '신앙과 직제' 제 5차 세계대회를 논하면서, 1968년 이래로 '신앙과 직제'가 '교회와 사회'(1961년 뉴델리까지는 Life and Work, 그 이후 1990년까지는 Church and Society, 그리고 1990년 이후는 JPIC)에 어떻게 가까워지고 있는가를 살피면서, 교회의 사회적 책임 수행이 '신앙과 직제'의 사도적 신앙을 전제해야 한다는 사실을 지적하려고 한다. 본래 '신앙과 직제'는 '삶과 봉사'와 함께 출발하였고, 이 양자의 대표들이 1938년 위트레히트에서 WCC를 구성하였다. 하지만 이 두 운동은 다소 소원한 관계를 유지해 왔고 갈등관계도 보여 왔으나, 1963년 몬트리올의 신앙과 직제 이후, 그리고 무엇보다도 1968년 웁살라 WCC 이래로 더욱 긴밀한 관계를 지향하고 있다.

그래서 우리는 한국교회의 사회적 책임문제를 1983년에서 오늘에 이르는 에큐메니칼운동에 나타난 교회의 사회참여에 조명해 보려고 하는바, 한국교회의 신앙내용이 '신앙과 직제'의 그것을 거의 모두 공유하고 있음에도 불구하고, 우리 한국교회는 사회적 책임수행에 있어서 왜 많은 열매를 거둘 수 없는가에 대하여 논하고, 한국교회가 사회와 역사와 문화를 개변시키는 일에 있어서 왜 그렇게 부진한가에 대한 이유들을 제시하려고 한다.

A. WCC 총회 분과보고서에 나타난 교회의 사회참여 -1948년 암스테르담, 1954년 에반스턴, 1961년 뉴델리, 1968년 웁살라 및 1975년 나이로비

1. 1948년 암스테르담 WCC

1) 암스테르담까지의 이정표들

20세기 에큐메니칼운동과 이 운동의 도구인 WCC의 본성과 WCC의 본질적 기능을 결정함에 있어서 중요한 것은 세 가지이다. 즉, 첫째는 선교의 역사를 전제하는 '세계선교대회'(World Missionary Conference)요, 둘째는 교회의 일치를 지향하는 '신앙과 직제'(Faith and Oder), 셋째는 교회의 사회적 책임을 도모하는 '삶과 봉사'(Life and Work)이다. 1910년 에든버러에서 열린 제 8차 세계선교대회(WMC)의 폐막 즈음에 미국 성공회의 브렌트 주교에 의해서 '신앙과 직제' 운동이 제안되어, 1920년 제네바에서 그 준비모임을 가진 후 1927년에 제 1차 신앙과 직제 세계대회로 이어졌고, 제 1차 세계대전 전야에 중립국인 스웨덴의 루터교 대주교 쇠더블롬에 의해서 제안된 "평화에의 호소"에 힘입어 제 1차 세계대전 동안 무르익으면서 등장한 '삶과 봉사' 운동이 1920년 제네바에서 준비모임을 가진 후, 1925년 스톡홀름에서 제 1차 삶과 봉사 세계대회(the Universal Christian Conference on Life and Work)를 개최하였다. 그리하여 7인의 신앙과 직제 위원들과 7인의 삶과 봉사 위원들이 1938년 네덜란드의 위트레히트에서 WCC 헌장을 작성하였고, 이 두 운동이 19세기 후반 이래의 세계선교 활동의 결정체들인 세계선교대회들에 빚진 바가 크다고 볼 때, 이 세 운동은 에큐메니칼운동의 흐름을 결정하는 삼위일체적 운동들이었다. 그런데 중요한 것은 교회의 사회적 책임에 관한 운동인 '삶과 봉사' 가 이 세 운동들 가운데 하나로서 그 다른 둘보다 결코 덜 중요한 것이 아니라는 사실이요, 이 운동이 WCC 태동기에서부터 있었다고 하는 사실이다. 따라서 우리는 1948년 암스테르담에 이르는 이정표로서 '삶과 봉사' 의 역사를 추적하려고 한다. 우리는 1925년 스톡홀름의 '삶과 봉사', 그리고 1937년 옥스퍼드의 그것이 1948년 암스테르담 보고서로 어떻게 이어지는가를 살필 것이다.

'삶과 봉사' 라는 말에는, '기독교적 삶의 방식' 을 '세상이 가장 필요로 하는 것' 으로 보려는 그 첫 삶과 봉사의 지도자들의 결심이 담겨 있다. 그 목적은 "하나님의 아버지되심과 모든 사람들의 형제자매됨을 그리스도 교회를 통해서 보다 완전히 실현시키려는 프로그램들과 수단들을 창안해 내는 것이다."[1] 비록 첫 삶과 봉사 세계대회가 그렇게 성공적은 아니었다고 하더라도, 적어도 스톡홀름의 지도자들은 "분열된 교회가 세상을 감당하기에는 역부족이었으며, 교리는 교회를 분열시키고, 봉사는 교회를 일치시킨다."[2]고 하는 스톡홀름의 슬로건을 평계로 교회의 사회적 책임에 대한 신학적 이슈들을 회피했다는 약점을 깨달은 영적 통찰을 갖고 있었다.

---

1. *Dictionary of Ecumenical Movement*, ed. by Nicholas Lossky and Others(Geneva : WCC, 1991), pp. 612-613.
2. *Ibid.*

사실상 스톡홀름은 하나님 나라에 대한 기독교적 소망을 교회의 세상에 대한 책임에 어떻게 관련시켜야 하는가의 문제로 의견의 대립을 보였다. 독일을 위시한 유럽대륙의 신학자들은 하나님 나라와 역사를 단절로 보는 경향이었고, 영미계통(Anglo-Saxon)의 신학자들은 하나님 나라가 역사 속에 실현될 수 있다고 하는 낙관론을 펼침으로써, 교회의 사회적 책임에 대한 신학에 있어서 의견의 일치가 어려웠다. 하지만 스톡홀름은 복음을 '인간의 모든 삶의 영역들'에 적용시켜야 한다는 너무 막연한 주장에 대해서는 일치를 보였다.[3]

1917년 볼셰비키 혁명 이후 힘을 더해 가는 전체주의적 공산주의, 1919년 제 1차 세계대전 이후 1920년 후반에서 1933년 사이에 등장한 이탈리아의 뭇솔리니의 파시즘, 독일의 히틀러주의, 스페인의 프랑코의 파시즘은 스톡홀름의 두 흐름 중 유럽대륙의 입장을 더 강화시키게 하였다. 유럽의 바르트 신학, 라인홀드 니버에 의해서 대표되는 북미의 "신정통주의 신학", 불가코프(Sergius Bulgakov)와 베르쟈예프(Nicolas Berdyaev)로 대표되는 러시아 신학자들은 이 시기의 삶과 봉사 운동에 방향을 제시하였다.[4]

그리고 제 2차 "삶과 봉사 세계대회"(Oxford, 1937)가 1934년에 본격적으로 준비되고 있었을 때, 영국 성공회의 템플(William Temple)과 IMC의 총무인 올드헴(J. H. Oldham)이 참여하여 이 운동을 위한 신학적-윤리적 기초를 확고히 다졌다. 이들은 '삶과 봉사' 운동의 신학적-윤리적 기초를 마련하기 위하여 연구 그룹들로 하여금 7가지 주제들을 연구하게 하여 그것을 출판케 하였으니(*The Christian Understanding of Man : The Kingdom of God and History* 등), 이는 교회의 사회적 기능을 위한 신학적-윤리적 이론을 확고히 하려는 노력이었다. 바르트와

---

3. *Ibid.*
4. *Ibid.*, p. 614.

라인홀드 니이버의 영향이 지배적이었지만 말이다. 그리하여 '삶과 봉사'는 1934년부터 1937년 사이에 더 큰 진전을 보며, 이미 지적한 대로 1938년 WCC를 구성하는 데 있어서 '신앙과 직제' 보다 더 적극적이었으니, 이는 세계 교회 차원에서 교회의 사회참여를 실현하려는 '삶과 봉사'의 의지였다.

1920년대 말에서 1933년까지의 세계적 상황을 의식한 1937년 옥스퍼드의 제 2차 삶과 봉사 세계대회는 "교회, 사회, 그리고 국가에 관하여"라는 전체 주제하에 "교회와 사회"(Church and Community), "교회와 국가"(Church and State) 및 "교회, 사회 및 국가의 경제질서와의 관계"(Church, Community and State in relation to the Economic Order)를 포괄적으로 천명함으로써, 훗날 교회의 사회적 책임수행에 있어서 길잡이 역할을 하였다. 이 세 주제는 이미 언급한 7가지 연구결과물과 더불어 스톡홀름의 에큐메니칼 사회윤리의 갈등을 더욱 심화시켰다고 보여진다.

교회와 사회 : 기독교인이 어떤 특수 상황들에 있어서 다소간에 하나님의 뜻에 반대되는 삶의 방식과 어느 정도까지 협조하느냐를 결정하는 일은 대단히 어렵다. 여기에는 자기 기만의 위험이 도사리고 있다. 우리는 이것을 위해서 일반적인 행동지침을 만들 수 없다. 오늘날 일어나고 있는 사건들을 바라볼 때, 교회는 극악에 도달한 공동체나 민족에 대하여 전면 거부할 수밖에 없고, 때로는 이들과의 협력도 거절해야 한다는 사실은 의심의 여지가 없으나, 정확한 것은 성령의 인도하심에 맡겨져야 한다. …… 교회는 하나님 나라에 대한 순수한 이상과 자신이 그 속에서 살면서 복음을 증거해야 하는 구속받지 못한 인간 사회와의 긴장 속에서 살지 않으면 안 된다. 이것은 교회가 겪어야 할 비극적이고 지속적인 긴장이다. 그러나 교회가 이와 같은 긴장을 의식하지 못함으로써 안일한 평화를 추구한다면, 자신의 주관자와 주님을 배신하는 것이다.

교회와 국가 : 우리는 종종 국가가 그것의 권력 남용과 강제력의 수단의 독점으로 말미암아 악의 도구가 되는 것을 인정한다. 국가는 이 죄악 세상 속에 있는 인간의 삶의 특수 표현이요, 인간의 통치수단이다. 우리는 거룩하신 하나님이 의의 근원이라고 믿기 때문에, 우리는 국가가 법이 궁극적 근원이 아니라 보증인이라고 생각한다. 그것은 의의 주인이 아니라 그것의 종이다. 기독교인에게는 하나님 자신 이외에는 그 어떤 궁극적 권위도 없다.

교회, 사회, 그리고 국가의 경제질서에 대한 관계 : 산업 차원의 확장과 기술 차원의 발전은 그것의 본래 목적에서 빗나갔다. 자본주의 초기의 팽창주의의 특징들인 자유무역과 자유경쟁 대신에 보호주의 경제정책이 국가에 의해서 채택되고 경제활동의 제 분야에서 독점주의가 확립되었다.……

대규모 대량생산의 경쟁적 우월성으로 수공업과 농부들의 전통적인 사회는 파괴되고, 많은 나라들에 있어서 한편 부의 집중에 의해서, 다른 한편 도시 집중에 의해서 특징지어지는 사회가 생겨났다. 산업의 점진적 기계화로 수많은 노동자들이 오랜 실직기간을 갖게 되었다. 주기적으로 일어나는 산업현장의 파동은 생산력의 엄청난 소모를 초래하였고, 이것의 결과로 '풍요 속의 빈곤'을 가져왔다.[5]

우리는 이상의 3인용문에서 1937년 옥스퍼드가 지향하는 "교회를 교회되게 하라."(Let the Church Be the Church)의 의미를 파악해야 할 것이다. 이 모토는 결국 교회가 사회, 국가, 그리고 경제질서에 대하여 책임이 있다는 주장이다.

1939년 제 2차 세계대전이 터진 후에도 WCC의 형성과정은 계속 진

---

5. Ans van der Bent, *Commitment to God's World : A Concise Critical Survey of Ecumenical Social Thought*(Geneva : WCC, 1995), pp. 17-19.

행되었고, 이 과정 속에서 WCC의 우선과제는 '삶과 봉사'의 관심사인 전쟁 적대국들 사이의 화해와 전쟁 피해국들에 대한 원조였다. 제 1차 WCC 총회가 전쟁으로 인하여 1938년 위트레히트로부터 10년 후인 1948년 암스테르담에서 열렸으나, 이 10년 동안 '삶과 봉사' 운동은 계속 지속되었던 것이다.

2) 1948년 암스테르담 WCC 총회

1948년 암스테르담의 전체 주제인 "인간의 무질서와 하나님의 계획"은 1920년대의 파시즘, 1930년대의 히틀러주의, 1939년의 제 2차 세계대전을 뒤로 한 서유럽의 죄악된 과거를 생각나게 하며, 전후 서유럽의 사회적 책임을 촉구하는 말이다. 암스테르담 총회는 S.I. "하나님의 계획 안에 있는 보편교회"(The Universal Church in God's Design)에서 신앙과 직제의 관심사인 교회의 일치문제를 논했고, S.Ⅱ. "하나님의 계획에 대한 교회의 증거"(The Church's Witness to God's Design)에서는 국제선교대회의 관심사인 교회의 일치문제를 논했으며, S.Ⅲ. "교회와 사회의 무질서"(The Church and The Disorder of Society)와 S.Ⅳ. "교회와 국제적 무질서"(The Church and The International Affairs)에서는 삶과 봉사의 관심사를 취급하였다.

우리는 여기에서 주로 '삶과 봉사' 전통을 소개하려고 하기에, S.Ⅲ. "교회와 사회의 무질서"에 집중하려고 하지만, '선교'를 교회를 향하신 하나님의 목적이라고 소개하는 S.Ⅱ. "하나님의 계획에 대한 교회의 증거"의 처음 부분에 기록된 진술이 '삶과 봉사'의 모든 사항에도 적용될 수 있을 것이다. 세계 교회의 일치, 선교, 봉사는 하나님의 인류를 향하신 원대한 목적하에서 성취되어야 한다.

하나님의 목적은 모든 인간들을 예수 그리스도 그의 아들 안에서 자기 자신, 나아가서 인간들 상호간에 화해를 일으키는 것이다. 이와 같은 목적은 예수 그리스도, 곧 그의 성육신, 그의 섬김의 교역, 그의 십자가의 죽으심, 그의 부활과 승천에 잘 나타나 있다. 이것은 성령의 선물과 모든 족속을 제자 삼으라고 하는 명령과 그의 교회 안에 거하시는 그리스도의 현존을 통하여 지속되고 있다. 이것은 만물을 그리스도 안에 모으는 종말적 완성을 바라보고 있다. 이 목적의 많은 부분이 우리에게 감추어져 있으나, 세 가지는 완전하게 명시적이다. 우리가 하나님의 목적에 관하여 알 필요가 있는 모든 것은 이미 그리스도 안에 계시되었다. 복음을 도처에 있는 모든 사람들에게 선포하는 것이 하나님의 뜻이다. 하나님께서는 그의 목적을 이룩하시기 위해서 사람들의 순종을 기쁘게 사용하신다.[6]

1948년 암스테르담에서 수용된 '삶과 봉사'의 연구결과물은 당시의 세계사적 무질서와 혼돈에도 불구하고, 위의 하나님의 목적을 전제하면서 '하나님의 나라와 그의 의'를 추구해야 한다고 주장한다. S.Ⅲ.는 이렇게 주장한다. 즉,

> 기독교회는 예수 그리스도의 주권에 대한 신앙을 가지고 우리 사회의 무질서에 접근한다. 하나님께서는 이 예수 그리스도 안에서 그의 나라를 세우셨으니, 여기로 들어오려는 모든 사람들에게 그것의 문은 활짝 열려 있다. 이들의 삶은 사회의 그 어떤 무질서도 그들을 파멸시킬 수 없고, 먼저 하나님의 나라와 그의 의를 구하지 않으면 안 되는 확신을 가지고 하나님에게 속해 있다.[7]

그러면 암스테르담 문서에 나타난 세계 교회의 사회적 책임은 어떠한가? S.Ⅲ.의 1. "사회의 무질서"에서 암스테르담은 당시의 사회적 위기를 두 가지로 보았다. 그 하나는 경제적 힘의 거대한 집중을 가져온

---

6. *Man's Disorder and God's Design*(New York : Harper & Brothers, 1948), S.Ⅱ, p. 212.
7. *Ibid.*, S.Ⅲ, p. 189.

자본주의와 경제적, 정치적 힘의 집중을 초래한 공산주의요, 다른 하나는 과학, 기술(science and technology)의 발전과 지배에 의한 비인간화, 자연파괴 및 세속화이다. 여기에서 우리는 암스테르담의 주된 관심이 '창조'와 '생명'이 아니라 '역사'에로 집중되는 '사회적 책임'을 논하고 있으나, '과학과 기술의 발전과 지배'가 초래하는 비인간화와 세속화에 대한 언급은 훗날에 부각될 '창조의 신학' 혹은 '생명의 신학'의 씨앗을 배태하고 있다 하겠다. 본 문서는 이 두 번째 위기에 대하여 이렇게 말한다.

> 사람들이 과학과 기술을 통하여 자연을 더 잘 이용하면 할수록, 그것은 전쟁을 통해서든 가정과 이웃과 수공예에 뿌리내린 사회의 자연적 기초의 파괴를 통하여 파괴의 가능성을 갖는다. 그것은 사람들을 도시로 모으고, 사람들을 인격적으로 성장하게 하는 사회관계들을 많은 사회들로부터 앗아가 버린다. 그것(과학과 기술)은 하나님의 선물인 땅과 다른 자연자원을 소모하고 탕진시키는 인간의 성향을 촉진시킨다.[8]

하지만 이미 지적한 대로, 암스테르담의 주안점은 세계 교회의 역사적 책임에 있다. 다음에 인용하는 S.Ⅲ.의 3. "책임적 사회"는 암스테르담이 지향하는 세계 교회의 역사적 책임에 관한 결정적인 내용을 담고 있다.

> 인간은 자유로운 존재로 창조되었고, 부름을 받았기 때문에 하나님과 이웃에 대하여 책임이 있다. 책임적으로 행동하는 가능성을 인간으로부터 앗아가는 국가나 사회 속의 경향들은 인간을 향하신 하나님의 의도와 하나님의 구원사역을 거부하는 것이나 마찬가지이다. 책임적 사회란 정의와 공공질서에 대한 책임을 인정하는 사람들의 자유가 실현되는 사회

---

8. *Ibid.*, S.Ⅲ., p. 190.

요, 정치권력이나 경제적인 힘을 소유한 사람들이 이 권력과 힘을 행사함에 있어서 하나님과 그것에 의하여 영향을 받는 이웃에 대하여 책임을 느끼는 사회이다.[9]

인간은 단순히 정치적 목적이나 경제적 목적을 위한 수단이 되어서는 안 된다. 인간은 국가를 위해서 있는 것이 아니라 국가가 인간을 위해서 있다. 인간은 생산을 위해서 있는 것이 아니라 생산이 인간을 위해서 있다. 현대적 여건하에서 어떤 사회가 책임적이 되기 위해서는 그 국민이 자신의 정부를 제어하고 비판하며 변혁시킬 자유를 가져야 하고, 권력이 법과 전통에 의해서 책임적이 되어야 하며, 가능한 한 공동체 전체에게 분배되어야 한다. 그리고 경제정의와 기회 균등이 사회의 구성원 모두를 위해서 확립되어야 한다.[10]

S.Ⅲ.는 이상과 같이 인간 일반의 자유와 책임을 규명한 다음, 다음의 3가지를 정죄한다.

1. 교회의 주님과 인류를 향하신 이 주님의 계획에 대하여 증거할 수 있는 교회의 자유를 제약하려는 시도와, 양심을 따라 하나님께 순종하고 행동할 수 있는 인간의 자유를 손상시키려는 그 어떤 시도도 우리는 정죄한다. 이 같은 자유들은 하나님에 대한 인간의 책임에 속하기 때문이다.
2. 사회의 변혁에 참여할 수 있는 기회를 인간에게서 앗아가려는 시도를 우리는 정죄한다. 이것은 인간의 이웃에 대한 책임에 속하기 때문이다.
3. 인간에게 정확한 정보를 모르게 하려는 그 어떤 시도도 우리는 정죄한다.[11]

---

9. *Ibid.*, S.Ⅲ., p. 192.
10. *Ibid.*
11. *Ibid.*, S.Ⅲ., p. 193.

암스테르담 이전에 이미 세계 교회의 사회적 책임을 표현하는 말로서 "자유사회"(free society), "열린 사회"(open society), "자유롭고 책임적인 사회"(free and responsible society)가 등장했는데, 올드햄의 "인간답게 사는 사회"(humane society)는 'humane'이 담고 있는 뜻 때문에 비세르트 후프트에 의해서 거부되었고, 결국 올드햄이 다시 제안한 "책임적 사회"(responsible society)가 채택된바,[12] 우리는 여기에서도 암스테르담의 관심사가 '창조'와 '생명'에 있는 것이 아니라 '역사'에 있음을 알 수 있다. 여기에서 "책임적 사회"란 제 2차 세계대전의 종식 후 백인 서유럽과 백인 북미가 자신들의 민주주의 이상을 배경으로 세계에 대하여 책임을 져야 한다는 뉘앙스를 풍기고 있으며, 자본주의와 공산주의 모두를 비판하면서 그 속에서 짊어져야 할 세계 교회의 역사적 책임을 주장하고 있다. S.Ⅲ.의 4. "공산주의와 자본주의"는 기독교가 가난한 자들과 소외된 자들을 돌보지 않았기 때문에 생긴 것으로 그 책임을 기독교에 돌리면서, 공산주의와 자본주의 모두를 비판한다.[13]

기독교회는 공산주의와 자유방임적 자본주의 같은 이데올로기 모두를 거부해야만 하고, 또 이러한 극단적 형태만이 유일한 대안이라고 생각하는 잘못된 가정으로부터 인간을 벗어나게 해야 한다. 이 둘 모두는 지킬 수 없는 약속들을 해왔다. 공산주의의 이데올로기는 경제정의를 강조하며, 혁명이 완수된 후에는 자유가 자동적으로 올 것이라고 약속한다. 반면에 자본주의는 자유를 강조하면서 정의는 자유기업의 부산물로서 따라오게 될 것이라고 약속한다. 이것 역시 그 거짓이 드러난 하나의 이데올로기이다. 그리하여 정의와 자유가 다른 한편을 파괴하지 못하게 하는 새롭고도 창의적인 해결책을 강구하는 것이 기독교인의 책임일 것이다.[14]

---

12. Ans van der Bent, *Commitment to God's World : A Concise Critical Survey of Ecumenical Social Thought*(Geneva : WCC Publication, 1995), p. 59.
13. *Ibid.*, pp. 59, 61.

그리하여 S.Ⅲ.에 의한즉, 암스테르담은 자본주의 나라이든, 공산주의 나라이든, 이 나라 안에 있는 국민과 기독교인들의 책임을 촉구하고 있다. 암스테르담은 세상에 참여하면서도 세상에 대하여 초월하는 입장을 고수했다. 이는 이미 지적한 옥스퍼드(1937)의 긴장을 계속 유지하고 있음을 보여 주고 있다. 이처럼 이데올로기를 초월하는 암스테르담의 입장이 1980년대 말 공산권의 붕괴에 의하여 돋보이는 동시에, 오늘날 시장 경제원리에 의하여 지구촌을 하나의 시장으로 만들고 자본주의적 가치관에 대하여 무감각해진 20세기 말의 현대인들의 모습을 반성케 한다고 하겠다.

2. 1954년 에반스턴 WCC

1) 에반스턴에 이르는 이정표들

1948년 암스테르담의 "책임적 사회"에 걸맞게 UN은 1948년 12월에 "인권선언"을 확정 발표하였다. 하지만 세계는 1949년 중국이 공산화되는 사건을 계기로 동서 냉전체제로 접어들었고, 1950년 한국전쟁, 1953년 베를린 혁명, 그리고 1956년 헝가리 혁명은 그 동안 쌓여 온 긴장의 폭발이었다. WCC는 이와 같은 냉전체제에 대하여 반응하였다. 1949년의 "사회 속에서의 기독교적 행동에 관한 WCC 연구위원회"는 이상과 같은 이데올로기적 위기상황에 대한 대응으로서, 암스테르담의 "책임적 사회"를 시금석으로 하여 "자유와 정의"를 긴밀히 연결시켰다. 즉,

책임적 사회가 발전하기 위해서는 두 가지 확신이 필요한데, 하나는 자유가 경제정의와 결합되지 못하면 그 내실을 상실할 것이라는 것과, 다른

---

14. *Ibid.*, S.Ⅲ., p. 195.

하나는 경제정의 추구가 정치적이고 영적인 자유에 대한 관심과 집요하게 연결되지 않으면 새로운 형태의 억압을 자아낸다는 것이다.[15]

위 위원회는 1949년 그 보고서의 명칭을 "책임적 사회"라고 하고, 자본주의와 공산주의를 비판적으로 넘어선 "자유와 정의"의 조화를 이룬 사회를 내다보았다. WCC는 1949년에서 1954년까지 여러 신학협의회들을 통하여 이데올로기적 양극화를 비판하였고, 교회들로 하여금 냉전체제를 반대할 것을 촉구하였다. 예컨대, 1949년 방콕에서 열린 WCC와 동아시아 NCC들로 구성된 협의회는 "정의를 추구하는 사회혁명"과 "정의를 말살시키는 전체주의 이데올로기"를 구별하는 보고서를 내놓았고, 1949년 CCIA(the Commission of the Churches on the International Affairs)는 "이데올로기적 갈등과 이것으로 인한 국제적 긴장"을 협의회의 제목으로 삼았다. 히로시마 이후 WCC의 주된 관심은 '군비축소'였고, 1949년 CCIA는 "수소폭탄에 대한 국제적 제어기구"를 제안하기도 하였다. 그리고 한국전이 터진 지 9일 만에 토론토에서 열린 WCC 중앙위원회는 "우리는 정의를 확장하고, 싸우고 있는 양대 세력의 화해를 시도함으로써 평화를 추구해야 한다고 하면서 세계질서의 도구인 UN으로 하여금 한국에 관여(police action)할 것을 공인하였다." 그리고 WCC 실행위원회는 1951년 세계의 정치적 갈등 이면에는 심오한 경제문제가 도사리고 있다는 사실을 밝혔다. 이러한 WCC의 태도와 행동에 대하여 못마땅하게 생각한 중국은 WCC를 탈퇴하여, 향후 40년 동안 WCC와 별거해야만 했다(1991년 캔버라에서 다시 WCC에 가입).[16]

---

15. Marlin van Elderen, *And So Set Up Signs : The WCC's first 40 years*(Geneva : WCC, 1988), p. 40.
16. *Ibid.*, pp. 24-25, 40-41.

1952년 "오늘의 경제적 상황에 있어서 도덕문제"(Denys Munby)는 훗날 "기독교와 경제문제"로 확장된바, 이는 WCC 차원에서 '경제정의'와 '사회정의'를 다룬 것으로 에반스턴 WCC에 의하여 수용되었고, 1955년부터 1961년 어간의 "급격한 사회변화"(Radical Social Change) 연구와 1966년 제네바의 "교회와 사회 세계대회"(Life and Work가 1960년대에는 Church and Society로 바뀜.)로 이어졌다. 끝으로, 1952년 인도의 루크노우(Lucknow)에서 열린 에큐메니칼 연구대회는 동아시아에서의 책임사회를 논의했는데, 특히 "토지 소유제의 과격한 개혁 – 동아시아에 있어서 사회정의를 위한 프로그램"이 다루어졌다. 이 대회는 1) 정치제도의 발전 2) 토지개혁과 농촌의 발전 3) 산업발전 4) 인구문제 5) 독립과 상호의존의 책임들에 관하여 논했다.[17]

이상은 1954년 제 2차 에반스턴 WCC에 이르는 길목에서 발견되는 세계 교회의 사회적 책임에 관한 것인바, 암스테르담의 "책임적 사회" (responsible society)가 보다 더 심각해지는 동서 냉전체제에 대한 대응과 전후 제 3세계의 문제들을 점차 더 포함하게 되었다. 우리는 다음에 논할 "1954년 에반스턴 WCC 총회"에서 에반스턴이 지향하는 "책임적 사회"를 논하겠거니와, 여기에서는 1952년 빌링겐의 IMC(WMC가 1921년에 IMC=국제선교대회로 바뀜.)가 내세운 삼위일체론적 *Missio Dei*와 종말론을 집고 넘어가야 한다. 그 이유는 이것이 1960년대의 교회일치, 사회봉사 및 선교신학에 두루 영향을 미치기 때문이다.

이미 1925년 예루살렘의 IMC와 1939년 인도의 탐바람 IMC가 1910년 에든버러 WMC까지(18 – 19세기)의 선교 개념을 넘어서서 교회의 사회참여를 점증적으로 강조하는 폭넓은 선교 개념을 추구한 이래, 독일 빌링겐 IMC의 "*Missio Dei*"는 종전(18 – 19세기)의 교파 중심의 선교,

---

17. *The Evanston Report*(New York : Harper & Brothers, 1955), pp. 124 – 125.

교파를 피선교 지역에 심는 선교, 교파가 선교의 주체가 되는 선교, 교파가 선교사를 파송하는 선교를 지양(止揚)하고, "하나님의 선교"를 역설하였다. 이 "하나님의 선교"라는 말은 1950년대에 IMC 안에 있는 영국의 개신교 단체들(the Anglican-Protestant circles)이 선교신학의 근거로 사용한 데서 기원하였다.[18] 탐바람(1938)과 휘트비(1947) IMC를 거치면서 교회와 선교는 결코 별개의 것이 아니라 선교가 교회의 본성에 속한다고 하는 이해가 지배적이 되면서, 1952년 빌링겐 IMC를 준비하는 가운데, 네덜란드의 개혁주의 전통의 호켄다이크(Hoekendijk)가 교회 중심의 선교를 지양하고, 하나님 중심의 선교를 부르짖은 데에 크게 빚지고 있다 하겠다 - 물론 그의 주장이 빌링겐 IMC에서 모두 수용된 것은 아니지만, 호켄다이크는 "교회, 세상, 하나님"의 틀을 "하나님, 세상, 교회"라고 하는 새로운 패러다임으로 바꾸어 놓았다. 교회가 아니라 하나님의 세상에서 하나님이 하시는 일들까지도 하나님의 선교에 포함됨으로써, 교회를 통한 하나님의 선교는 정치, 경제, 사회 등 인간의 모든 삶의 영역들을 선교의 장으로 삼는다.

빌링겐은 "우리가 참여하고 있는 선교운동의 근원을 삼위일체 하나님 자신"으로 보면서, 성부께서 성자를 파송하고, 성부와 성자가 성령을 파송하며, 성자와 성령이 교회를 세상을 위해서 세상 속으로 파송하신다고 하는 선교신학의 논리를 정립하였다. 이것이 하나님의 선교이다. 교파들이나 특정 선교단체들, 그리고 서구와 북미가 선교 파송의 주체가 되었던 18~19세기와는 달리 삼위일체 하나님 자신이 직접 선교의 주체가 되신다고 하는 주장이다. 선교의 주체이신 삼위일체 하나님은 제국주의와 식민지주의의 패러다임 안에 갇혀 있을 수가 없었다. 바야흐로 교회는 복음을 불신자들에게 전도하기 위해서 뿐만 아니라

---

18. *Dictionary of Ecumenical Movement*, p. 688.

삼위일체 하나님께서 일하고 계시는 역사(歷史) 속으로, 즉 정치, 경제, 사회, 문화 속으로 복음을 증거하도록 파송받았다는 것이다. 이 세상 속으로의 파송은 세상과의 연대책임과 이 세상에서 일어나고 있는 시대의 징표에 대한 통찰을 요구한다. 이것은 확실히 새로운 패러다임의 선교신학이다. 우리는 아래의 인용문들에서 향후 선교신학의 새로운 방향을 본다.

우리들이 참여하고 있는 선교운동은 그 근원을 삼위일체 하나님에게 두고 있다. 성부께서는 그의 우리에 대한 깊은 사랑으로부터 모든 것을 자신에게 화해시키셨고, 그 자신의 사랑하는 아들을 파송하사 우리들과 모든 인간들이 성령을 통하여, 하나님의 본성 자체인 완전한 사랑 안에서 그의 아들을 통하여 성부와 하나되게 하려는 것이다.

우리는 성령에 의하여 그리스도의 대사들로서 세상 속으로 파송받아 모든 사람들을 하나님께 화해시킬 수 있게 되었고, 그의 사랑의 승리를 확신있게 기다릴 수 있게 되었다.[19]

세상 속으로 파송받아 이 세상에 참여하여 그의 선교를 수행하신 그리스도의 선교에 참여함이 없이는 그리스도에 참여할 수가 없다. 세계선교는 교회의 본성에 속한다. '아버지께서 나를 보내신 것같이 나도 너희를 보내노라.'

교회는 그것이 멀리 떨어져 있든 가까이 있든 간에 인류의 모든 사회적, 정치적, 종교적 공동체로 파송받는다.

교회는 모든 순간과 모든 상황에서 그리스도의 주권을 선포하기 위하

---

19. *Missions Under The Cross*, published by IMC(London : Edinburgh House Press, 1953), p. 189.

여 파송받고 있다. 따라서 교회의 선교는 우리 시대의 사건들 앞에서 도피하는 것을 금한다.…… 교회는 세상 속에 있고, 교회의 주님께서 자기 자신을 인류와 동일시하신 것처럼 교회도 그래야 한다. 교회가 교회의 주님께 가까이 가면 갈수록 교회는 세상에 더 가까이 접근한다.[20]

위의 인용에 나타난 1952년 빌링겐의 *Missio Dei*는 1960년대의 선교는 물론, 교회의 사회참여 차원에도 큰 영향을 주었다. 이 *Missio Dei*와 관련된 다음의 종말론적 암시 역시 그렇다.

이 같은 종말론적 선교 개념은 호켄다이크(Hoekendijk), 워렌(Warren) 및 네덜란드 선교보고서(the Dutch report)로부터 크게 영향받았다.[21]

종말론적 시야에서 볼 때, 땅 끝까지 이르는 기독교적 선교는 부활과 인류를 향하신 하나님의 목적에 대한 하나님의 궁극적 성취와 완성 사이에서 교회는 모든 족속들에게 필히 복음을 설교해야 한다는 것이다.

우리 주님께서는 그의 제자들에게 시대의 징표를 분별할 것을 당부하셨다. 오늘의 시대가 인간이 보기에는 흑암과 혼돈의 시대이지만, 십자가에 달리신 분에 의하여 눈을 뜬 우리들은 이 시대 속에서 하나님의 주권적 다스리심을 분별할 것이다. 우리는 교회의 여러 부분들에 있어서 성령의 역사들을 감지할 수 있으며,…… 우리들이 신앙의 눈으로 볼 때 오늘날의 큰 사건들, 이 시대가 증거하는 인간 지식과 능력의 엄청난 확장과 증가, 우리 시대의 큰 정치사회적 운동들, 그리고 종말의 날에 분명히 드러날 수많은 개인들의 경험들 속에서 모든 인간들의 구세주이시요, 심판자이신 예수 그리스도의 주권적 통치를 분별할 수 있다.[22]

---

20. *Ibid.*, p. 190.
21. Rodger C. Bassham, *Mission Theology*(California : William Carey Library, 1979), p. 35.
22. *Mission Under the Cross*, pp. 191-192.

...... 우리는 십자가에 달리셨다 부활하신 우리 주님의 은폐된 통치를 다시 새롭게 선포한다. 우리는 모든 기독교인들이 온 땅의 주님을 위해서 안일함과 많은 담을 쌓는 비좁은 생각에서 벗어나서, 새로운 확신을 가지고 만물을 주님께 복종시키며 주님이 오시는 날을 위하여 온 땅을 준비시키는 일로 나가야 할 것이다.[23]

로마 가톨릭교회와 특히 동방 정교회는 "하나님의 선교"가 그 동안의 기독론 중심의 선교 개념을 깨고 삼위일체론적 접근을 시도한 것을 매우 환영하였다. 교회를 성례로 이해하는 두 가톨릭교회는 "하나님의 파송"과 "교회의 파송"이라는 이분법을 갖고 있지 않았고, 이 "하나님의 선교"를 복음전도 뿐만 아니라 하나님이 구원을 매개시키기 위하여 하시는 모든 일, 좁은 의미로는 교회가 파송받아 하는 모든 일을 포함하는 것으로 이해하였다.[24] 우리는 다음에 논할 에반스턴 WCC에 나타난 세계 교회의 사회적 책임을 논할 때, 이상의 종말론적 *Missio Dei*를 염두에 두어야 할 것이다.

2) 1954년 에반스턴 WCC

이데올로기로 인한 동서 냉전체제 속에서 아시아, 아프리카 등 제 3세계가 정치적으로 독립을 했으면서도 모순된 세계 경제구조 속에서 경제정의와 사회정의를 부르짖고, 나아가서 *Missio Dei*가 확산되는 가운데 "그리스도-세상의 소망"이라고 하는 종말론적 주제로 제 2차 WCC 총회가 미국의 에반스턴에서 열렸다. 에반스턴의 공식 보고서의 서론 부분은 본 주제의 "소망"에 대하여 "기독교인의 소망에 대한 사상은 신앙과 사랑에 대한 기독교적 가르침에 반하여 너무 오랫동안 등안

---

23. *Ibid.*
24. *Dictionary of Ecumenical Movement*, p. 689.

시되어 왔고, 세속적인 소망들과 혼동되어 왔다."[25]고 말한다.

에반스턴의 각 분과보고서는 이와 같은 종말론적 '소망'의 시각에서 일치운동(신앙과 직제), 사회참여(삶과 봉사), 그리고 세계선교(국제선교협의회)에 대하여 논한다. 다음은 에반스턴의 종말론적 '소망'에 대한 주장이다.

> 우리들의 주님께서 사람들의 모든 정의로운 소망들에 관심을 가지시지만, 하나님께서는 예수 그리스도를 통하여 이 모든 소망들을 초월하는 소망을 제공하셨다는 것이 우리들의 신앙이다.……[26]

> 이와 같은 분열상황에서 기독교적 소망이란 무엇인가? 그것은 하나님을 아버지로 계시하시고, 그의 십자가상에서 모든 인간을 위해서 모든 인간을 하나님께 화해시키고, 이 인간들 상호간의 화해를 이룩하기 위하여 죽으신 예수 그리스도이시다. 그리하여 모든 인종과 종족으로부터 한 하나님의 백성이 창조되었으니, 이 하나님의 백성 안에서 성령은 인종적 교만과 두려움을 극복하신다.……[27]

> 교회의 소명은 이것이다. 즉, 그리스도의 왕국(the Kingship of Christ)과 그의 백성의 하나됨을 증거함으로써 이 예수 그리스도 안에서 모든 다양성을 초월한다는 것이다. 예수 그리스도는 그의 성육신과 구속 사역을 통하여 태초부터 하나님의 계획이었던 이 일치를 회복하는 것이었다.[28]

이 같은 소망은 기독교인들로 하여금 그리스도의 왕국과 그의 백성의 하나됨을 증거하고, 사회정치적 행동을 통하여 모든 사람들을 위한 정의와 자유와 평화를 확보하기 위해서 애쓸 것을 요구한다. 바로 이것이 모든

---

25. *The Evanston Report*(New York : Harper & Brothers, 1955), p. 5.
26. *Ibid.*, pp. 152.
27. *Ibid.*, pp. 152-153.
28. *Ibid.*

믿는 사람들이 함께 모일 하나님 나라에 대한 미리 맛봄이기 때문이다.[29]

에반스턴은 S.I.에서 교회일치에 관한 '신앙과 직제'의 내용을, S. II.에서는 복음전도를 포함한 '선교'의 내용을, S.III.와 S.IV.에서는 교회의 사회참여에 관한 '교회와 사회'의 보고내용을 소개하고 있는데, 우리는 여기에서 S.III.의 "사회문제 : 세계적 시야에서 책임적 사회"에 집중하려고 한다.

이상에서 이미 언급한바, 본 에반스턴 문서는 종말론적 소망과 *Missio Dei*의 시야를 전제하면서, S.III.의 서론부분에서 교회의 사회적 책임의 신학적 근거를 아래와 같이 '약속과 명령'의 틀을 가지고 주장한다.

> 하나님께서는 약속(복음 - 역자주)과 명령이라고 하는 살아 있는 관계로 인간과의 관계를 확립하시사, 인간을 이 관계 속에서 하나님의 목적에 충실히 순종하는 삶을 살도록 부르신다. 약속이란 하나님의 부름을 듣고 따르는 모든 사람들에게 부여되는 하나님의 자녀로서 사는 풍요로운 삶의 선물이다. 명령이란 인간은 하나님과 이웃을 사랑해야 한다는 것이다. …… 그리스도인은 그리스도 안에 있는 하나님의 사랑에 대한 응답으로, 그리고 그의 최후 심판을 의식하면서 책임적으로 행동해야 한다. 사회적 정의에로의 부름은 그리스도 안에서 악의 권세를 정복하셨고, 이 승리는 그의 종말의 날에 그리스도 안에서 명쾌하게 계시하실 하나님에게 궁극적 승리가 돌아갈 것이라고 하는 확실한 소망에 의하여 지탱된다.[30]

그리고 에반스턴은 이미 지적한 *Missio Dei*의 정신을 따라 교회들의 사회에 대한 의무를 세상 속에서의 선교의 일부로 보는 인식을 갖게 되었다.

---

29. *Ibid.*
30. *Ibid.*, pp. 112-123.

그러면 1948년 암스테르담의 "책임적 사회"와 에반스턴의 그것이 어떻게 다른가? 이에 대한 에반스턴의 주장을 들어 보자.

> "책임적 사회"란 그 어떤 특정한 사회체제나 정치제도가 아니라 우리들이 그것을 가지고 기존의 모든 사회질서를 판단하는 표준이요, 우리가 특별한 선택을 하지 않으면 안 되는 상황에서 우리를 인도하는 길잡이인 것이다. 기독교인들은 어느 사회에서든, 심지어 가장 불리한 사회 속에서도 그리스도 안에서 이룩된 하나님의 구속사역에 응답하는 책임적 삶을 살아가도록 부름받았다.[31]

우리는 위 인용에서 민주주의 사회이든, 공산주의 사회이든, 혹은 제3세계의 그 어느 사회에서든 '복음'과 '하나님의 나라'가 교회의 사회참여의 표준이요, 모든 사회들에 대한 비판의 척도라는 암시를 받는다. 에반스턴의 교회의 사회적 책임에 대한 C. L. Patijin의 다음과 같은 주장은 옳다.

> 에큐메니칼운동은 처음으로 '책임적 사회'와 같은 일반적 개념을 구체적인 사회문제에 결부시켰다. 에반스턴은 아시아, 아프리카, 라틴 아메리카와 같은 저개발 국가들의 문제들을 다룸으로써 에큐메니칼 연구와 행동의 새 분야를 열어 놓았다.[32]

바야흐로 WCC는 제 3세계를 포함하는 세계적 차원에서의 교회의 사회적 책임을 논하게 된 것이다. 왜냐하면 에반스턴의 "책임적 사회" (responsible society)를 본격적으로 논하는 부분의 제목이 S.Ⅲ. "사회문제 : 세계적 시야에서의 책임적 사회"이기 때문이기도 하다. 하지만 아직 '창조'나 '생명'에 대한 논의는 나타나지 않고 있다.

---

31. *Ibid.*, p. 113.
32. *The Ecumenical Review*, vol. 37. no. 1, January 1985, p. 11.

그런데 이 두 가지는 대동소이하기에 1948년부터 1960년대까지는 "책임적 사회", 1975년부터 1983년까지는 "정의롭고, 참여적이며, 지탱될 만한 사회"(A Just, Participatory, Sustainable Society=JPSS), 그리고 1983년부터 1990년 이후는 "정의, 평화, 창조세계의 보존"(Justice, Peace and Integrity of Creation=JPIC)으로 시대 구분이 되고 있다.

또한 에반스턴은 국가나 국가 내의 사회단체들, 그리고 국제간의 기독교적 책임을 논하기에 앞서, 그리고 국제적 경제질서의 구조를 논하기 전에 기독교 가정과 개교회의 예배를 매우 강조하고 있다.

> 사회관계들 가운데 가장 기본적인 것은 가정이다. 때문에 교회들은 확산되는 가정생활의 붕괴에 대하여 강한 경고를 해야 한다.

> 기독교 공동체 그 자체가 사회의 가시적 중심이 되어야 하고, 지역사회의 책임수행을 위한 기초가 되어야 한다. 교회의 예배는 교회가 몸담고 있는 사회의 모든 삶에 눈에 띄게 관계를 맺어야 한다.[33]

에반스턴은 "국가의 구조와 기능"에 관하여 옥스퍼드(1937)의 포괄적 정의(定義)의 범위 내에서 정의(正義) 개념을 좀더 구체화시키고 있다.

> 참 정의란 역동적이고, 그것의 형태들은 변화하는 필요들에 대응하기 위해서 다양해야 한다. 이 정의를 추구하는 사람들은 사랑으로 민감해짐으로써 이와 같은 정의가 소홀히 되고 있는 곳에서 정의의 필요들을 찾아낼 수 있을 것이다.[34]

그리고 S.Ⅲ.는 교회의 대국가 차원의 책임에 관하여 옥스퍼드의 '삶

---

33. *Ibid.*, p. 114.
34. *Ibid.*, p. 115.

과 봉사'의 결정을 수용하면서 다음과 같이 주장한다.

> ...... 따라서 우리는 정치권력과 경제적인 힘의 결탁으로 모든 것 위에 군림하는 국가가 생길 위험을 경고해야 한다.
>
> 정치적 발전의 모든 단계들에서...... 한 기독교 공동체는 나라(the nation)를 위한 양심으로 행동해야 하고, 권력을 잡고 있는 모든 사람들에게 이 나라를 위한 하나님의 목적을 끊임없이 생각나게 해야 하고, 자신들의 권력 사용에 대한 하나님의 심판을 알려 주어야 한다.[35]

이어서 에반스턴은 "경제생활의 문제들에서 현대세계의 가장 중요한 특징들 가운데 하나는 사회가 점점 더 경제에 의하여 지배를 받는 것이다."라고 하면서, 교회들에게 경제생활에 관심할 것을 촉구하며, 이 경제생활의 도덕적 함축을 명심하라고 권면한다. 에반스턴은 이것을 5가지로 열거하고 있다.

> 1) ...... 국가는 개인 기업이 정말 할 수 없는 그러한 일들을 경제를 위해서 해야 한다. 예컨대, 도시화를 위한 발전계획, 산업개발과 확장, 토지보존을 추구하는 일, 어떤 유형의 대규모 산업연구와 영농연구, 산업의 분배를 지도하는 일. 하지만 국가의 행동은 탈중앙집권화되어야 하고, 제약을 받아야 하며, 적응적이어야 한다.
>
> 2) 효율적 생산은 공평한 분배만큼 중요하다. 과거의 기독교 사회사상은 흔히 전자를 무시하고 주로 후자를 강조하였다. 그런데 게으름과 낭비는 이기주의나 탐욕만큼이나 하나님 앞에서 큰 죄악들이다.
>
> 3) 교회들은 독점행위들에 대하여 비판해 왔고, 많은 무책임한 기업행

---

35. *Ibid.*, p. 116.

각들이 백성과 사회 모두에게 주는 해악을 비판해 왔다. 그러나 교회들은 노련한 기술을 가진 집행부가 소유권이나 조직에 관계 없이 사회에 주어야 하는 가치 있는 공헌을 이해할 필요가 있고, 강조할 필요가 있다.

4) 교회들은 노동자가 그의 책임수행과 그의 인간으로서의 존엄성에 상응하는 신분을 사회에서 지녀야 한다는 사실을 인식할 수 있어야 한다.……

5) 가장 중요한 경제적 역할들 가운데 하나는 세계의 농부들에 의해서 수행된다.…… 교회들은 상당한 정도의 수입에 대한 농부들의 정의로운 요구를 인식해야 한다.……[36]

에반스턴은 "책임적 사회의 끝부분에서 기독교인들은 한 나라의 정책이 다른 나라들의 백성들의 삶과 복지에 영향을 준다."고 보고, "한 나라의 경제적, 정치적 안정, 정의, 자유 및 평화는 세계의 경제적, 정치적 안정에 달려 있다."[37]고 역설하였다. 이처럼 에반스턴은 이 땅 위에 있는 모든 나라들과 이 나라들의 정치와 경제가 서로 맞물려 있다는 사실을 말하고 있다.

에반스턴은 S.Ⅲ.의 1. "공산주의-비공산주의 긴장 속에 있는 교회"에서 공산주의와 자본주의에 대한 옥스퍼드의 태도와 특히 암스테르담의 비판적 참여를 받아들이면서도 공산주의에 대한 태도로 교회 분열이 야기되고 있음을 지적하였고, 지나친 반공 이데올로기와 반공을 위한 지나친 무력 사용을 금하였으며, "비공산권에 있는 기독교인들은 공산권 안에 있는 교회들과 성령의 하나되게 하는 끈으로 하나되어 있음을 힘써 지키면서 에큐메니칼 사귐을 가져야 한다."[38]고 주장하였다.

---

36. *Ibid.*, pp. 118-119.
37. *Ibid.*, p. 120.

끝으로, 에반스턴은 S.Ⅲ.의 3. "경제적인 저개발 지역들이 안고 있는 문제들"에서 정치적 독립을 얻은 아시아, 아프리카 및 라틴 아메리카의 여러 나라들이 제 2차 세계대전의 종식 이후 1950년대에 접어들어 안고 있는 문제들을 제시했는데, 동아시아에 있어서 "책임적 사회" 문제를 다룬 1952년 인도의 루크노우(Lucknow)에서 열린 에큐메니칼 연구대회의 결과를 기록하고 있다. WCC 역사상 처음으로 '제 3세계'의 정치, 경제, 사회문제가 논의되었다고 하는 점에서 이 대회는 크나큰 역사적 의미를 갖는다. 이 대회는 5가지를 지적하였다.

(1) 정치제도의 발전

강한 정치제도가 발전되어야 한다. 그래야 근본적인 인권과 자유를 확장시키고 증진시키면서 필요한 사회정치적 변화를 성취할 수 있다. 우리는 아시아의 삶의 새로운 상황에서 민주적인 정치, 경제, 사회적 가치들과 목적들을 다시 정의해야 한다. 이것은 유토피아적 개념에 의해서보다 인간 본성에 대한 보다 현실적인 이해에 비추어서 정의되어야 한다.

(2) 토지개혁과 농촌의 발전

부재 지주와 기타 불의한 형태의 토지 종신제도와 특권 – 교회도 이런 일에 있어서 죄책이 있지만 – 은 철폐되어야 한다. 동시에 생산적 토지 사용과 제도와 공동체생활을 위하여 적극적인 방책이 강구되어야 하겠다.

(3) 산업발전

저개발 국가들은 삶의 표준을 향상시키기 위하여 산업발전을 주장해야 한다. 자국 내에서 소비생활을 위협하지 않는 범위 안에서 자본을 확보하는 길을 모색해야 한다. 외국의 기술과 자본을 사회적 목적을 위해서 끌어 와야 한다.

---

38. *Ibid.*, p. 122.

(4) 인 구

많은 저개발 국가들은, 특히 아시아는 그들의 자원에 비하여 인구밀도가 너무 많다. 인구의 국내적, 국제적 분산과 가족계획과 산아제한이 꼭 필요하다.

(5) 독립과 상호의존의 책임들

저개발 국가들 가운데 민족적 자유와 주권을 완전히 확보한 나라들이 많다. 그러나 이들이 국제적 상황에 적응하는 일에는 어려움이 많다. 정치, 경제 차원의 국가적 주권 - 특히 약소국의 경우 - 상호의존성의 사실들에 의하여 제약을 받기 때문이다. 동시에 이들은 발전과 산업화를 위하여 외국으로부터 자본을 필요로 하기 때문이다.[39]

위의 인용에서 우리는 외국자본과 기술에 의한 '제 3세계'의 발전과 산업화의 필요성에 대한 역설을 발견하는데, 이와 같은 '발전' 개념은 '해방' 개념으로 바뀌기 시작한다. '발전'과 '산업화'를 위해서 '제 3세계'는 경제적으로 강대국들에 종속하는 "신식민지주의"(neo-colonialism)를 낳기 때문이다. 그리하여 1968년 제 2차 라틴 아메리카 주교총회 (Medellin) 이후 1971년 구티에레즈의 "해방의 신학"(Theology of Liberation)을 계기로 해방신학과 이 해방신학에 영향받은 흑인신학, 아시아 아프리카 신학 및 여성신학이 등장하게 되었다.

끝으로, 에반스턴은 암스테르담보다 평신도의 위상과 이들의 직업과 노동의 의미를 더 힘주어 말한다. S.Ⅵ. "평신도 : 그의 소명을 수행하는 기독교인"에서 에반스턴은 "하나님의 백성으로서의 교회의 본성" - 이것은 1962년부터 1965년 어간에 열린 Vatican Ⅱ의 교회론를 내다보았다 - 을 논하면서 "평신도의 교역"이란 전교회가 그리스도의 세상을 위한 교역을 함께 나누는 특권을 나타낸다고 하였다. 그리고 "평신

---

39. *Ibid.*, pp. 124-125.

도란 그들이 어디에 있든지 교회의 대표들이다. 이들은 직업과 예배를 하나로 묶고, 교회와 세상의 거리를 다리놓는다."[40]고 하였다. 그리고 이와 같은 평신도에 대한 주장은 기독교적 노동관(S.Ⅵ)에 관한 이야기로 이어진다. 하지만 이러한 평신도 모두가 참여하는 기독교적 노동관이 환경파괴와 생명파괴에 어떤 영향을 줄 것인가에 대하여는 아직 논의된 바 없었다.

우리는 지금까지 1948년 암스테르담에서 1954년 에반스턴에 이르는 세계 교회의 '사회적 책임'(responsible society)을 논한바, 세계 교회는 '신앙과 직제' 전통을 전제로 사회적 책임을 다차원적으로 감당해 왔다. 그런데 에반스턴에 이르면, 세계 교회는 동서 냉전체제와 제3세계에 대한 책임까지 끌어안게 되며, 1952년의 *Missio Dei* 전통을 따라 보다 적극적인 사회참여에 임하였다. 특히 삼위일체론과 종말론의 틀을 가진 *Missio Dei*는 향후 교회일치는 물론, 교회의 선교와 사회참여를 위한 새로운 패러다임의 신학이라고 생각된다.

3. 1961년 뉴델리 WCC

1) 뉴델리까지의 이정표들

에반스턴 이후 1954년부터 1960년 어간의 세계사의 특징은 동서 냉전체제하에서도 제 3세계들의 탈식민지주의, 정치적 독립, 민족주의, 그리고 문화적 정체성 확립 등이 계속 이어지는 것이었다. 이미 언급한 루크노우(1952)는 냉전과 제 3세계의 급격한 정치적, 사회적, 경제적 변혁을 연결시켰다. 즉, 이 대회는 공산주의의 도전을 극복하는 길은 동아시아에서 일어나는 사회혁명에 대하여 적극적으로 대처하는 것이라고 보았다. 그리고 1955년 인도의 네루 수상과 인도네시아의 수카르

---

40. *Ibid.*, p. 161.

노 대통령이 인도네시아의 반둥에서 가진 대회는 새로 독립한 아프리카와 아시아의 나라들이 정치적, 경제적 영향력을 세계에 행사해야 한다는 결의를 보여 주었다. 바야흐로 이 제 3세계들에 있어서 옛 사회구조는 재빨리 붕괴하고 있었고, 새로운 정치적, 경제적 체제가 요청되었다.[41] 그리하여 WCC는 "급격한 사회적 변화"(1955 - 1960)라고 하는 연구대회에서 교회들에 도전해 오는 변화를 4가지로 보았다. 1) 정치적 독립과 민족주의 2) 산업화와 도시화 3) 농촌의 삶 4) 서양의 영향.[42] 바야흐로 '제 3세계'는 "세계 정치와 세계 경제에 대한 서양의 전통적인 구조들에 대한 서양 교회들의 확신"에 도전하여, 그리고 "서양의 힘들에 의하여 발전된 '국제법'의 전제에 도전하여 새로 등장한 민족국가들이 '발전'과 인간의 존엄성과 자존심에 대한 새로운 일을 창조하는 일에 역점을 두어야 한다."[43]고 외쳤던 것이다.

이어서 1959년 WCC는 희랍의 데살로니가에서 "the Rapid Social Change Study"라는 국제연구대회에서 제 3세계와 접촉하였다. 본 대회는 파시즘과 나치즘을 경험한 1937년 옥스퍼드(Life and Work)와 그 이전 서구가 이해해 온 민족주의가 아니라, 제 3세계의 시각에서의 민족주의를 내세웠고, 급변하는 시대에 있어서의 '세계 경제정의'와 '복지'를 주장하였다.

…… 지금까지 강대국에서 종살이하던 백성들과 인종들은 인간의 존엄성에 대하여 자각하였고, 자신들의 집단적 자아정체성을 찾고 표현하는 일에 힘쓰게 되었다. 이와 같은 민족주의는 강대국의 정치적 지배와 인종차별로부터 해방되려는 결의와 투쟁에 있어서 통일성을 찾았다.

---

41. Marlin van Elderen, *op. cit.*, pp. 24 - 25.
42. Ans van der Bent, *op. cit.*, pp. 27 - 28.
43. *Ibid.*, p. 27.

우리들의 궁극적인 목표는 나라들 사이에 불필요한 빈곤이 없고, 각 나라가 자국의 자원과 능력으로 자국의 빈곤을 극복하고, 전국민의 복지를 위해서 기여하는 상황이다.…… 다른 나라들보다 더 많은 자원과 능력을 지닌 나라들은 더 큰 의무를 걸머져야 한다. 이것은 각 나라들 안에서, 그리고 나라들 사이에서 그 타당성을 갖는다. 무엇보다도 부강한 나라들은 자신들이 하는 일이 다른 나라들에게 어떤 영향을 미치는지 알아야 한다. 많은 경우에 있어서 이들의 아시아, 아프리카 및 라틴 아메리카의 경제발전에 대한 기여는 전적으로 적합하지 않기 때문이다.[44]

끝으로, 1956년의 헝가리 혁명, 1960년의 남아프리카의 흑인 대학살사건(Sharperville), 그리고 1961년 베를린 장벽들은 뉴델리에 이르는 길목들이었다.

2) 1961년 뉴델리 WCC 총회

뉴델리는 "가속화되고, 심화되며, 사회 전체로 파급되고, 복잡해지는 사회적, 경제적 혁명들의 합류에 대하여 다양한 반응들이 일어나고 있다."[45]고 하면서, '급격한 사회적 변화'를 의식함으로써 제네바에서 1966년에 "교회와 사회 세계대회"(Life and Work이 1960년대에 Church and Society로)를 개최할 것을 제안하였다. 하지만 뉴델리는 제3세계에 대한 관심을 증대시키는 것 이외에 1950년대의 "책임적 사회"(responsible society)를 그렇게 크게 넘어서지 못하고 있다. 그 이유는 모스크바 대관구(patriarchate) 등 동방 정교회, 아프리카의 복음주의 교회들과 칠레의 오순절 교회들 및 로마 가톨릭 옵저버들이 뉴델리에

---

44. Dilemmas and Opportunities : Christian Action in Rapid Social Change. Report of an International Study Conference. Thessalonica, Greece, July 25-August 2, 1959, Geneva, 1959, 재인용 : Ans van der Bent, *op. cit.*, pp. 27-28.
45. Ans van der Bent, *op. cit.*, p. 28.

참석함으로써, "책임적 사회"가 제 3세계로 확장되는 것 이외에 다른
큰 변화를 가져올 수 없었기 때문이다. 그런데 뉴델리는 암스테르담의
뒤를 이어 과학과 기술의 발전이 초래할 자연파괴와 생명파괴를 미리
내다보았다. 즉,

> 인간의 자연에 대한 점증하는 지배에 의해서 사회적 변화의 성격과 범
> 위와 속도는 심오하게 영향을 받는다. 그리하여 과학적인 발전의 쇄도와
> 이에 근거한 기술의 결과들이 대단히 놀라와서, 많은 사람들이 하나님에
> 대한 신앙과 소망보다 과학에 대한 신앙과 소망을 더 갖고 있다.[46]

> …… 과학과 기술은 사람의 손안에 있는 도구들이다. 사람들은 그것을
> 선한 목적 혹은 나쁜 목적을 위해서 사용한다. 핵 에너지는 전쟁을 위해
> 서도, 평화를 위해서도 사용되고, 자연자원은 남용될 수도 있고, 보존될
> 수도 있으며,…… 어떤 자연과학적 발견을 사용해야 하는가의 결정은 과
> 학적 결정이 아니라 윤리적 결정이다.……[47]

이처럼 뉴델리는 1960년대 말부터 논의되는 과학과 기술의 자연파
괴와 생명파괴를 미리 내다보고 있었다. 더욱 놀라운 일은 뉴델리
(1961)의 전체 주제인 "예수 그리스도—세상의 빛"을 해설하는 주제강연
자들 가운데 하나인 지틀러(Joseph Sittler)가 골로새서 1 : 15~20에
근거하여 우주적 기독론을 펼침으로써, 복음과 기독론을 인간 실존과
역사 개념을 넘어서서 '창조세계'에 관련시킨 것은 놀라운 일이 아닐
수 없다. 지틀러의 주장은 다음과 같다.

> …… 구속 교리는 창조 교리라고 하는 보다 넓은 장(場) 안에서 논의될
> 때만이 의미가 있다. 그도 그럴 것이, 하나님의 창조물인 땅(地球)은 우주

---

46. *The New Delhi Report*(New York : Association Press, 1961), p. 96.
47. *Ibid.*

(cosmos)에 관한 교리 없이는 구속받을 수 없기 때문이다. 이 우주는 인간의 집이요, 그의 삶의 장이요, 하나님의 주권하에 그의 자아를 펼칠 수 있는 극장인바, 이것은 인간이 이웃과 협력하고 그의 자매인 자연을 돌보는 관계 속에서 그렇다.[48]

물리적 자연은 무관심의 요인으로,…… 단순히 인격적 구속의 드라마의 무대로 취급될 수는 없다. 그것은 그 자체에 있어서 악한 것으로 정죄를 받든지, 아니면 하나님의 구속사역의 범위 안으로 들어와야 한다.[49]

기독론으로부터 이 기독론의 우주적 차원에로 길이 열리고 확장되었다. 이 길은 위협받는 지구의 부르짖는 열정적 외침에 의하여 열정적이 되었고, 하나님의 사랑과 진노에 의하여 윤리적이 되었다.[50]

1963년 몬트리올 신앙과 직제의 제안으로 1964년 "창조, 새 창조, 그리고 교회의 일치"에 대한 연구가 시작되었고, 이것에 이어 1967년 브리스틀에서는 벌코프(Hendrikus Berkhof)에 의해서 초안된 "자연과 역사 속에 계신 하나님"(God in Nature and History)이 논의되었으며, 같은 해에 곧바로 "자연과 역사 속에 있는 인간"(Man in Nature and History)이 다루어졌다. 바야흐로 신앙과 직제는 복음과 교회를 인류 역사의 정의와 평화문제를 넘어서서 창조세계 전체와 연결시키기 시작했다. 비록 1968년 웁살라가 위의 신앙과 직제가 제기한 문제들을 진지하게 수용하지 않고, 대체로 사회정의와 경제정의, 그리고 정치적 자

---

48. "Called to Unity", Ecumenical Review xlv, 1962, p. 178 이하, 재인용. Sustainable Growth-A Contradiction in Terms?, Report of the Visser't Hooft Memorial Consultation : The Ecumenical Institute, Chateau de Bosey, June 14-19(Geneva : The Viser't Hooft Endowment Fund for Leadership Development, 1993), p. 70.
49. Ibid.
50. Ibid.

유 등 '역사'에만 관심하였으나, '교회와 사회'는 1960년대 말부터 창조세계에 대한 관심을 보이기 시작했다. 루카스 피셔는 로마 클럽의 보고서인 "성장의 한계"(the Limit to Growth)가 그 이정표였다고 본다.[51] 실제로 1970년대에 가서야 "창조세계의 보존" 문제가 뜨거운 이슈가 되기 시작하지만 말이다. 이렇게 볼 때, 1948년에서 1950년대까지 주로 '삶과 봉사'가 염려하던 '자연파괴'와 '생태계의 위기'에 대한 관심은 1960년대에 들어서서는 신앙과 직제의 신학적 관심거리로 등장하기 시작한다.

4. 1968년 웁살라 WCC

1) 웁살라까지의 이정표들

1968년 웁살라는 베트남 전쟁(1964), 신맑시즘, 학생운동, 중국의 문화혁명(1965), 나이지리아의 내전(1967), 케네디의 암살, 마틴 루터 킹 목사의 피살(1968)과 인권운동, 유럽과 일본 등의 학생운동(1968), 메델린 제 2차 라틴 아메리카 주교총회(1968) 등 1960년대 후반의 세계사적 격동으로 인하여, '창조'와 '생명'에 대한 관심보다 '역사'에 대한 관심을 자아냈다. 그리하여 1955년부터 1960년 어간의 "과격한 사회변혁 연구대회들"은 에큐메니칼 역사 이래 교회의 사회참여를 가장 첨예화시킨 1966년 '교회와 사회' 제네바 세계대회를 낳았다. 본 대회에는 평신도와 비서양계 대표들이 대거 참여하였으니 서유럽, 북미대륙 및 제 3세계에서 같은 수의 대표들이 참석하였다. 전체 참석자가 420명이었는데, 그 중 평신도로서 50명의 정치지도자들과 공직자들, 19명의 사업가들과 산업 전문인들, 28명의 경제인들, 36명의 전문직 인사

---

51. Lukas Vischer, "The Theme of Humanity and Creation in the Ecumenical Movement," in *Ibid.*, p. 69.

들, 그리고 9명의 노동자 혹은 노동조합 지도자들이 참석하였고, UN 특수 요원들도 옵저버로 참석하였으며, 바티칸 옵저버도 8명이나 참석하였다.[52]

이 제네바 대회를 위해서 3년의 준비기간이 있었는데, 이 어간에 나온 4권의 책은 당시 세계적인 사회적, 정치적 변혁에 관한 것이다(1. Christian Social Ethics in a Changing World 2. Responsible Government in a Revolutionary Age 3. Economic Growth in a World Perspective 4. Man in Community). 이 같은 연구의 결과로 제네바 대회는 4분과로 나뉘어 토의되었다. 즉, 1. 세계적 시야에 있어서 경제발전 2. 혁명적 시대에 있어서 국가의 본성과 기능 3. 국제협력의 구조 - 다원화 세계사회에서 평화롭게 공존하는 삶 4. 변화하는 사회들 속에서의 인간과 공동체. 이와 같은 맥락에서 이 제네바 세계대회는 그 대회의 공식보고서인 "오늘의 기술혁명과 사회혁명시대에 사는 기독교인들"의 기조 메시지에서 암스테르담, 에반스턴, 뉴델리의 "책임적 사회" (responsible society)의 입장을 넘어서는 과격한 입장, 즉 1960년대의 혁명적 사상과 사회발전을 반영하는 입장을 표명하였다.

우리는 기독교인으로서 사회의 변혁을 위한 일에 참여하고 있다. 지난 과거에 우리는 사회 갱신을 위한 조용한 노력을 통해서 이 일을 해왔으며, 특히 기존의 제도들 안에서, 그리고 이 제도들을 통하여 이 일을 해왔다. 하지만 오늘날에는 그리스도와 자신들의 이웃을 섬기는 일에 헌신하고 있는 사람들 가운데 상당히 많은 사람들이 보다 과격한 혹은 혁명적인 입장을 취하고 있다. 물론 이들이 전통이나 기존 사회질서의 가치를 거부하는 것은 아니지만, 너무 지체하지 아니하고 근본적인 사회변화를 가져올 새로운 전략을 찾고 있다.…… 현재로서 이와 같은 과격한 입장이 기독교 전통 안에 확고히 뿌리를 두고 있으며, 교회의 삶과 교회의 사회적

---

52. Ans van der Bent, op. cit., p. 28.

책임에 대한 지속적인 논의에 있어서 적절한 위치를 차지해야 한다는 사실을 인식하는 것은 우리 기독교인들에게 매우 중요하다.[53]

그리고 제네바 세계대회의 이처럼 과격한 세계 교회의 사회참여는 일종의 폭력을 허용하는 정도에까지 이른다. 즉, 제네바는 "피흘림은 없으나 전국민을 영구적 절망에로 몰고 가는 폭력"(S.Ⅱ.)[54]에 대하여 불가피한 폭력 사용을 허용하고, "기독교인들의 혁명적 방법 사용 – 기존의 정치질서의 전복을 의미 – 은 선험적으로 배제될 수 없다."(S.Ⅲ.)[55]고 하였다. 하지만 본 대회는 "Man and Community in Changing Societies"에서 이 세상을 삼위일체 하나님의 일터로 보고 있다.

우리는 삼위일체 하나님께서 그의 세상의 주님이시요, 이 세상 안에서 역사하고 계시고, 교회가 이 삼위일체 하나님의 일하심을 가르쳐야 하고, 이 하나님의 요구에 반응해야 하며, 인류를 이와 같은 신앙과 순종에로 불러야 한다는 기본적인 전제를 가지고 출발한다.…… 이 문서에서 '선교'와 '선교적'이라는 말은 세계 속에서의 교회의 책임을 말하는 것이나 마찬가지이고, 그것은 예언자적, 케리그마적 및 디아코니아적 기능들을 포함한다.[56]

그런데 1966년 제네바 대회의 마무리로서 '혁명의 신학'을 평가하고, '교회론'과 '윤리'를 연결시키며, "인간다운 삶"(humanum)을 에

---

53. *World Conference on Church and Society*, Geneva, July 12-26, 1966 : Christians in the Technological and Social Revolution of our Time. The Official Report, Geneva, WCC, 1967. p. 49, 재인용 : Ans van der Bent, *op. cit.*, p. 30.
54. *Ibid.*, p. 115, 재인용 : *op. cit.*, p. 31.
55. *Ibid.*, p. 143, 재인용 : *op. cit.*, p. 143.
56. *Ibid.*, pp. 179-180, 재인용 : Bassham, *op. cit.*, p. 76.

큐메니칼 사회윤리의 표준으로 삼기 위해서, 1968년 '교회와 사회', 그리고 '신앙과 직제' – 신앙과 직제는 1963년 이래로 교회의 일치운동을 사회참여와 연결시키려고 했다 – 는 러시아의 자골스크(Zagorsk)에서 "교회와 사회의 신학적 이슈"라는 제목으로 역사상 처음으로 연합신학협의회를 열었다. 자골스크는 에큐메니칼 사회윤리에 있어서 연역법과 귀납법 모두를 권장하였다. 전자는 성경적 전통에서 출발하고, 영원한 법들, 사회생활을 위한 항구적으로 타당한 질서들과 기본원리들에서 출발한다. 즉, 십계명이나 예수님의 가르침들이 질서들 – 예컨대, 가정, 경제질서, 국가의 통치 – 의 척도를 제공한다. 그러나 후자는 상황적이고 경험적인 실재에서 출발한다.[57]

1960년대에는 로마 가톨릭교회 역시 교회의 사회참여를 강조하고 있다. 요한 23세의 "Mater et Magister"(1961)와 "Pacem in Terris"(1963)와 같은 교회의 사회참여 회칙들에 뒤이어서, 1962년부터 1965년 사이에 열린 제 2바티칸 공의회는 요한 23세의 "aggiornamento"(=bringing up to date : 교회와 교회의 교리들을 현대세계에 적응시킨다는 의미)의 모토하에 계시와 교회의 정체성을 분명히 한 다음, "현대세계에 있어서 교회의 사목헌장"(Gaudium et Spes)에서 교회의 사회참여를 매우 강도 높게 말하고 있다. 제 2바티칸의 제 2회기 때 받아들여진 "교회", "에큐메니즘" 및 "동방 정교회"에 대한 문서들은 에큐메니칼운동에 대한 로마 가톨릭교회의 개방적 태도를 보여 주고 있다. 바야흐로 "에큐메니즘에 대한 교령"에서는 "로마 가톨릭 에큐메니즘의 원리들"이 아니라 "에큐메니즘에 대한 로마 가톨릭 원칙들"이 제시되었다. 즉, 로마 가톨릭교회는 자체내의 에큐메니즘이 아니라 WCC 계통의 에큐메니즘에 대한 공식입장을 표명하기에 이르렀다. 그리하여 1965년

---

57. Ans van der Bent, *op. cit.*, p. 33.

WCC 중앙위원회는 WCC와 로마 가톨릭교회가 "연합연구위원회"(a Joint Working Group=JWG)를 결성할 것을 제안, 몇 주 후에 추기경 베아(Bea)가 바티칸의 공식동의서를 제네바 WCC에 전달하였다. 향후 이 JWG는 WCC와 로마 가톨릭교회 사이의 교회일치 추구 뿐만 아니라 "선교와 사회윤리 차원의 협력", "에큐메니칼 모임들에 있어서 연합예배" 및 "기독교 일치를 위한 기도주간에 대한 연합설정"을 논의할 것이었다.[58]

이미 1966년 제네바 교회와 사회 세계대회 이전에 WCC와 로마 가톨릭교회는 두 차례에 걸쳐 기독교 사회윤리를 논의하였고, 1967년 교황의 사회참여 회칙인 "Populorum progressio"(제 3세계의 발전과 원조를 위한 교황 바오로 6세의 회칙)는 세계의 발전에 대해서 WCC와 비슷한 입장을 취했고, WCC와의 공동 행동에로의 문을 활짝 열어 놓았다. 그리고 WCC와 로마 가톨릭교회는 1967년 SODEPAX(a joint Exploratory Committee on Society, Development and Peace=사회, 발전 및 평화에 관한 연합탐구위원회)를 형성하였고, 1968년 "교황 직속 정의와 평화 위원회"(the Pontifical Commission on Justice and Peace)와 WCC는 베이루트(Beirut)에서 "발전을 위한 세계협력대회"(a Conference on World Cooperation for Development)를 열었으니, 이는 WCC와 로마 가톨릭교회에 의해서 개최된 최초의 주된 국제대회였다. 이처럼 1960년대에는 WCC와 로마 가톨릭교회가 사회적 책임을 공동으로 펼칠 수 있는 장을 마련한 셈이다.[59]

또한 1960년대에는 CWME(the Conference on World Evangelization and Mission : 1960년대에 오면 IMC가 CWME로 바뀜.) 역시 *Missio Dei* 차원에서 선교의 사회참여 측면을 강조하였다. 1961년 뉴델리에서 IMC

---

58. 참고 : Marlin van Elderen, *op. cit.*, pp. 34-35.
59. 참고 : Ans van der Bent, *op. cit.*, p. 30.

가 WCC에 합류하여 세계 교회 차원에서 선교가 논의되기 시작한 이래 1963년에 이르면 *Missio Dei* 차원에서의 교회의 사회참여가 매우 강조된다. 무엇보다도 *Missio Dei*에 걸맞게 개교회의 구조를 변형시켜야 할 것을 주장한 1963년 멕시코의 CWME의 "The Missionary Structure of the Congregation"과 이것의 결과로 나온 "The Church for Others"야말로 이미 논한 1960년대 말의 교회의 과격한 사회참여를 미리 암시하고 있다 하겠다. 그런데 바샴에 의하면, 빌링겐에서보다도 "The Missionary Structure of the Congregation"에서 호켄다이크의 영향이 더 두드러지게 나타나 있다고 한다.

> 역사를 선교의 결정적인 장으로 인식하는 것은 대단히 중요하다.……교회는 어떤 경우에라도 자기 자신을 선교의 주체로 혹은 선교의 유일한 (그리고 배타적인) 제도화된 형식으로 여길 수 없다.[60]

바야흐로 "하나님-교회-세상"이라고 하는 패러다임이 "하나님-세상-교회"라고 하는 패러다임으로 바뀌었다.

> 하나님의 목적은 세상 전부를 포함하며, 교회는 세상을 위해서 존재하는 세상의 일부라는 사실을 인식한다고 하는 것은 하나님께서 교회 밖의 세상에서 일하고 계시며, 이 하나님께서는 이방세계의 증언들을 통해서도 말씀하신다는 사실을 인식하는 것이요, 교회는 이 때문에 세계 속에서의 하나님의 현존의 징표들을 찾아야 하고, 하나님이 일하시는 상황에서 하나님과 협력할 준비가 되어 있어야 하며, 이방세계 사람들과의 겸허한 대화를 향하여 열려 있어야 한다는 사실을 인식하는 것이다.[61]

---

60. J. C. Hoekendijk, "Notes on the Meaning of Mission(-ary)," in Wieser, *Planning for Mission*, pp. 42-44, 재인용 : Bassham, *op. cit.*, p. 68.
61. Colin W. Williams, *Where in the World? Changing Forms of the Church's Witness*(New York : NCC, 1963), pp. 48-49, 재인용 : Bassham, *op. cit.*, p. 69.

2) 1968년 웁살라 WCC 총회

"볼지어다, 내가 만물을 새롭게 하노라."는 전체 주제에서 웁살라는 그 어느 WCC 총회보다도 극적이고 과격한 입장을 암시한다. 웁살라는 에큐메니칼운동에 있어서 한 시기를 끝내고 새 시기를 여는 계기였다. 신앙과 직제의 소산인 "성령과 교회의 보편성"은 교회가 보편적 인류사회에의 참여를 통해서 드러나야 할 보편성을 주장하며, 결국 웁살라는 '교회의 일치'와 '인류의 일치'를 맞물리게 하기 시작하였으니, 종전과는 달리 '신앙과 직제'는 '교회와 사회' 영역으로 가까이 다가왔다. 비세르트 후푸트는 교회와 사회의 관계가 기독교의 기본적인 문제로 다시 한번 드러났다고 말했다. 웁살라는 우리가 이미 논한 1966년의 "교회와 사회 세계대회"의 보고서를 공식적으로 받아들였다. 이것이 웁살라의 핵심주제인 S.Ⅲ.에 포함되었다. 본 S.Ⅲ. "세계 경제와 사회발전"은 5소그룹 주제분과로 나뉘었는데, 그 중심 개념은 '발전' 이었다. (1) 발전에 대한 기독교적 관심 (2) 발전의 역동성 (3) 세계 발전의 정치적 여건들 (4) 발전에 관한 인간문제들 (5) 기독교인들, 교회들, 그리고 WCC의 과제.

웁살라는 S.Ⅲ.의 1. "발전에 관한 기독교적 관심"에서 "정치적, 경제적 구조가 심각한 부정의의 짐에 짓눌려 신음하고 있으나" 우리들이 절망해서는 안 될 이유를 이렇게 말한다. "하나님께서는 그리스도 안에서 온갖 구조들을 지닌 우리의 세상 속으로 들어오사, 이미 모든 정사 권세들을 승리하셨다. 그의 나라는 그의 심판과 자비를 가지고 임해 온다."[62] 웁살라는 우리 인간들이 자기 나라 사람들에 대한 책임 뿐만 아니라 세계적인 차원에서 책임을 감당해야 할 신학적 이유를 기독교인들이 알고 있다고 본다. 따라서 우리는 아래에서 1948년부터 1960년

---

62. *The Uppsala Report 1968*, ed. by Norman Goodall(Geneva : WCC, 1968), p. 45.

대 초까지의 "책임적 사회"(responsible society)가 "세계적 크기의 책임적 사회"로 확장된 것을 발견한다.

> 모든 인간이 하나님에 의하여 그의 형상으로 창조되었고, 그리스도께서 모든 인간을 위하여 죽으셨다는 사실을 성경으로부터 알고 있는 기독교인들은 지역적이고 협소한 연대의식을 극복하고 모든 사람들을 위한 정의를 지닌 세계적 크기의 책임사회에의 참여의식을 창조해 내야 하는 투쟁에 앞장서야 한다.[63]

웁살라는 옛 세계에 대한 과격한 변혁을 촉구하고 있다.

> …… 옛 것의 죽음이 어떤 이들에게는 고통을 일으키지만, 새로운 세계 공동체 건설의 실패는 모든 사람에게 죽음을 안겨다 준다. 기독교인들은 다가오는 하나님 나라에 대한 신앙과 그의 의를 추구함으로써 보다 큰 정의와 세계 발전(world development)을 위한 수백만의 투쟁에 참여하도록 강권함을 받는다.[64]

웁살라는 1955년 이후 제 3세계가 정치적으로는 독립을 하고 있으나, 경제적으로 강대국들에 종속하는 경향을 의식하고, 1966년 '교회와 사회' 제네바 세계대회, 1967년의 "Popuplorum progressio" 및 1968년 베이루트의 "발전을 위한 세계협력대회"(the Conference on World Cooperation on Development)의 보고서들을 공식적으로 인정하였다. 그러면 웁살라의 '발전' 개념은 무엇을 의미하는가? 웁살라는 강대국들이 약소국들에게 단순히 자본과 기술을 내어 주는 것을 발전으로 보지 않는다. 그래서 S.Ⅲ.의 2. "발전의 역동성"에서 웁살라는 '저개발 국가들', '선진 강대국들', 그리고 '국제 경제구조'의 변혁을

---

63. Ibid.
64. Ibid.

촉구하고 있다.

대부분의 선진 강대국들은 저개발 국가들에 대한 경제적 투자를 줄이고 있는 경향이고, 무역, 투자, 기술원조의 모형을 3분의 2세계의 발전에 필요한 요구들에 걸맞게 변혁시키기를 꺼리고 있는 형편이다.

…… 그러나 효과적인 세계 발전을 위해서는 세 차원에 있어서 제도와 구조의 과격한 변혁이 요청된다. 즉, 선진 강대국들, 저개발국들, 그리고 국제 경제구조의 철저한 변혁이 그것이다.[65]

웁살라는 위의 3가지 차원을 다음과 같이 부연설명하고 있다. 첫째로,

…… 저개발 국가들에 대한 주장에서 우리는 정권을 주도하는 정치인들이나 정부와 야합하는 기업체들이 강대국들의 원조와 차관을 독점하고 남용하는 일이 있어서는 안 된다는 사실을 알 수 있다. 저개발 국가들은 발전을 위한 필수적 여건들을 조성하기 위하여 국민으로 하여금 정치생활과 경제생활에 참여케 하고, 발전을 위한 국가적 계획의 실현을 위해서 모든 원조를 효과적으로 사용하게 하며, 국제시장의 경제적 여건들 속에서 동반자들로 나타날 수 있게 하는 방식으로 그들의 정치적 구조를 재구성할 필요가 있다.[66]

둘째로, 선진 강대국에 대한 다음의 인용에 나타난 주장은 약소국들을 종속시키는 신제국주의적 경제정책을 완전히 배제시킨다.

…… 이러한 선진 강대국들의 기존의 정치적 기류가 변화될 필요가 있다. 즉, 이들은 자국의 정책들을 우리 시대의 도덕적, 정치적 우선순위로

---

65. *Ibid.*, p. 46.
66. *Ibid.*, p. 47.

서 '발전'에 정위(定位)시켜야 할 것이다. 선진 강대국들의 정치적 구조들은 보다 가난한 자들, 즉 타국의 보다 약한 경제들을 착취하거나 지배하려는 모든 경향을 피해야 한다.…… 사실은 이념적, 정치적 이익을 초월하는 발전 정책을 채택할 수 있는 정치적 기류를 발전시킬 필요가 있다.[67]

끝으로, 웁살라는 저개발 국가들을 돕는 국제적 정치구조의 확립을 제안하였다.

발전에 도움이 되는 여건들을 개선시키는 집단적 국제 행동이 요청된다. 예컨대, 세계시장의 안정을 포함하는 지역적, 세계적 경제계획을 다루는 초국가적 구조들의 창출 ; 발전 기금을 마련해 주는 국제 세금제도 ; 보다 넓은 국제적 공동체에로의 진일보로서 다국적 원조계획의 증진과 경제적 협력을 위한 지역별 네트워크의 형성.[68]

그리고 이상의 '발전'의 척도는 '인간다움'(humanum)으로서, 이 '발전'이란 "사회적, 경제적 정의와 세계공동체를 증진시키기 위한 잠재력을 지닌 과정"이요, "인간들 사이의 만남"이다. 그런데 이를 위해서 "각 문화에 적합한 고도의 교육"[69]이 필요하다. 웁살라는 이미 지적한 "세계적인 책임사회"(responsible world society)를 주장하면서, 자국의 부강에만 안주하고 다른 저개발 국가들을 돌아보지 않는 나라를 '이단'(heresy)이라 하였다.[70] 따라서 웁살라는 북과 남의 경제적, 사회적 갈등, 나라와 나라들의 경제사회적 갈등을 교회들이 책임질 것을 촉구하고 있다.

이상에서 논한 대로, 1968년에는 "하나님의 선교"(Missio Dei)가 절

---

67. Iibd., p. 48.
68. Ibid., pp. 48-49.
69. Ibid., p. 49.
70. Ibid., p. 51.

정에 도달하였고, 교회의 사회적 책임수행이 기독교 역사상 그 유래를 찾아볼 수 없을 만큼 첨예화되었다. 1968년에는 맑시즘 등 사회학적 통찰이 기독교 신학에 적극 수용되기 시작하였고(1968년 Medellin 제 2차 주교총회), 적절한 폭력까지 정당화되었으며, 선교의 개념이 '인간화'와 동일시되는 측면도 있었다.

하지만 1968년 베이루트까지만 해도 제 3세계가 경제 강대국의 신제국주의로부터 어떻게 '해방' 되는가를 문제삼은 것이 아니라, 제 3세계의 개발과 발전을 문제삼으면서, 특히 발전의 도덕적 측면에 대한 신학교육, 저개발 국가와 선진 강대국의 경제구조에 대한 이해를 돕는 경제교육, 기독교적 양심에 부합하는 정치적 의지를 위한 정치교육 및 사회로 하여금 세계적 경제발전을 위해서 치러야 할 값을 감수하게 하기 위한 사회교육을 내세웠다. 그러나 "해방신학"은 1968년 웁살라 WCC에서 싹터 올랐다. 이미 인용한 웁살라의 '발전'에 관한 내용들은 단순히 강대국이 저개발 국가들에게 '자본과 기술'을 이전하는 정도의 도움은 결코 아니었다. 세 차원의 큰 변혁이 요청되고 있음을 우리는 확인하였다. 대체로 우리는 구티에레즈(Gustavo Gutierrez)도 주제연설을 했던 1968년 메델린(Columbia)의 제 2차 라틴 아메리카 주교총회를 "해방신학"의 태동기로 보고, 1971년 구티에레즈의「해방의 신학」(The Theology of Liberation)을 해방신학의 고전으로 볼 수 있는바, 우리는 이미 웁살라의 보고서에서 해방신학적 요소들을 발견할 수 있다.

하나님의 말씀은 그리스도께서 가난한 자들과 억눌린 자들 편에 섰음을 증거한다.

그리스도처럼 가난한 자들 편에 서 오지 못한 우리 그리스도인들은 이제 경제정의를 위한 세계적 크기의 투쟁에 직면해 있다. 우리는 가난한 자들과 억눌린 자들의 권한을 옹호하고, 나라들 사이에, 그리고 각 나라에 경제정의를 수립하기 위해서 힘써야 한다.[71]

끝으로, 웁살라는 S.Ⅳ. "국제관계에 있어서 정의와 평화를 향하여"에서 전쟁반대(1948년 암스테르담의 주장을 따라), 반핵, 그리고 핵전쟁반대에 대하여 말한다. 즉, 웁살라는 그 어느 때보다도 세계 평화를 강조하면서 핵전쟁을 반대한다.

> …… 모든 형태의 전쟁들 가운데 핵전쟁이 인간의 양심을 가장 크게 모독한다. 핵전쟁과 생화학전쟁을 피하는 것은 인류의 생존을 위한 조건이다. 그것은 자멸의 길이요, 종전의 전쟁과는 달리 종자를 파괴하는 것이다. 교회들은 이러한 전쟁을 방지하는 것이 정부들의 첫째 의무라고 하는 사실을 주장해야 한다. 즉, 정부들은 현재의 무기경쟁을 중단시켜야 하고, ……[72]

우리는 현재의 핵균형을 핵무기를 계속 유지시킬 수 있게 하는 마지막 해결책 혹은 정당화 방안으로 받아들여서는 안 될 것이다. 교회들은 강대국들 사이에 체결된 핵무기 생산방지 협정(the non-proliferation treaty=NPT)을 핵전쟁을 막기 위한 매우 중요한 방책으로 환영한다. 모든 나라들(중국과 프랑스를 포함하여)은 이 협정에 서명하도록 요구받아야 한다. 그리고 우리는 한걸음 더 나아가서, 미국과 소련이 핵실험 금지를 지하핵실험에까지 연장해야 하고, 지대공 미사일 체계확립의 방지를 추구하도록 촉구해야 한다.[73]

5. 1975년 나이로비 WCC

1) 나이로비에 이르는 이정표들

다음과 같은 1968년 웁살라의 기조연설(The Message)은 WCC가

---

71. *Ibid.*, p. 61.
72. *Ibid.*, p. 62.
73. *Ibid.*

1968년과 1975년 사이에 무엇을 할 것인가를 미리 보여 주고 있다.

> 우리는 평화를 갈구하는 사람들의 부르짖음, 빵과 정의를 요구하는 굶주린 자들과 착취당하는 자들의 부르짖음, 인간의 존엄성을 주장하는 차별에 희생당한 자들 및 삶의 의미를 찾는 점증하는 수백만의 사람들의 부르짖음을 들었다.
>
> 하나님께서는 이와 같은 부르짖음을 들으시고 우리를 심판하신다. 우리는 하나님께서 "내가 네 앞에 가리라."고 하신 말씀을 듣는다. 그리스도께서 너의 죄악된 과거를 청산하셨기에, 성령께서는 다른 사람들을 위해 살도록 너희를 자유케 하신다. '기쁨에 찬 예배와 과감한 행동으로 나의 나라를 기다리라.'[74]

이상은 1968년부터 1975년 사이의 교회의 사회적 책임을 함축하는 말이다. 그런데 1970년대에는 1968년 웁살라의 사회정의, 경제정의, 평화 이외에 창조세계의 보전문제가 크게 부각되기 시작한다. 나이로비의 "기조연설 : 기도에로의 초대"는 환경파괴로 인한 인간의 생존에 대한 위협을 위해서 기도할 것을 권유하고 있다.

> 인간의 생존에 대하여 다시 한번 경종을 받으시는 창조자이시요, 생명의 근원이신 하나님께 우리는 서로간에 소외되었고, 창조세계로부터 소외되었으며, 당신이 생명을 부여하신 생명체들을 마치 죽은 것들인 양 착취하고 있음을 고백합니다. 우리는 당신으로부터 분리되어 공허한 가운데 살아가고 있습니다. 우리는 우리들의 삶에 있어서 새로운 영성으로 가득찬 의도, 생각, 그리고 행동을 갈망합니다. 하나님이시여, 우리를 도우사 미래세대들을 위해 땅을 보전하는 일에 힘쓰게 하소서. 그리고 모든 사람들이 자유함을 누리도록 우리로 하여금 이 땅을 함께 나누는 자유를 누리게 하소서.[75]

---

74. *Ibid.*, p. 5.

"예수 그리스도는 자유케 하시고 하나되게 하신다."라는 나이로비의 전체 주제는 우리를 자유케 하시고 하나되게 하시는 예수 그리스도의 구속사역에 근거한 것으로 위와 같이 창조세계까지 포함하는 것으로 이해될 수 있다.

'교회와 사회'는 1966년 제네바 대회를 이어받아 1968년 웁살라와 1975년 나이로비 사이에 두 가지 분야의 일을 했는데, 하나는 1969년에 시작된 5년 연구 프로그램인 "과학에 기초한 기술세계 속에서 인간과 사회의 미래"였고, 다른 하나는 "폭력-비폭력"의 문제였다. 우리는 여기에서 첫 번째 것에 대해서만 논하려고 한다. 이 연구가 시작될 즈음은 1960년대 초에 있었던바, 과학에 의해서 인간의 삶을 개선시킬 수 있다고 믿었던 널리 확산된 낙관주의가 환경의 악화와 자연자원의 고갈에 대한 두려움 및 제한성장에 대한 점증하는 논의로 바뀌고 있었던 때였다. 바야흐로 WCC는 새로운 과학과 기술의 발전으로 제기되는 윤리적이고 신학적인 이슈들을 다룰 신학자들과 자연과학자들과 사회학자들을 함께 불러모았다. 이에 관하여 벤트는 이렇게 주장한다.

> 신앙과 과학의 만남의 긴박성이 점점 더 명확해진다. 이것은 오늘과 내일에 있어서, 기독교적 사회참여를 정의함에 있어서 대단히 중요한 구성요소이다. 인간의 삶을 형성함에 있어서 과학과 기술의 역할이 지니는 지구촌 사회윤리적 함축에 대한 깨달음은 아직 미개척지에 해당한다.[76]

1970년 "기술, 신앙, 그리고 미래사회"라는 개척연구 제목으로 제네바에서 모인 대회에서 자연과학자들과 신학자들은 사회를 위해서 자연과학과 기술을 어떻게 사용해야 할 것인가에 대한 지침들을 확정지

---

75. *Breaking Barriers Nairobi 1975*, ed. by David M. Paton(London : S.P.C.K., WM.B. Eerdmans, 1976), p. XI.
76. Ans van der Bent, *op. cit.*, p. 40.

었다. 이 대회가 집중한 주제는 다음과 같았다. (1) 자연과학과 삶의 질 (2) 기술지배의 시대에 있어서 정치적 선택과 경제적 선택 (3) 미래상들. 1971년 이탈리아의 네미(Nemi)에서 '교회와 사회' 확대회의는 새로운 에큐메니칼 초점을 위해서 회집된바, 신학자들, 자연과학자들, 자연과학자들에 대한 비평가들 및 제 3세계의 경제학자들을 포함하는 경제학자들이 대거 참석하였다. 바로 이 대회에서 유전공학에 관계된 윤리적 이슈에 대한 연구계획이 세워졌고, 인간 환경의 악화와 환경파괴에 대한 최초의 에큐메니칼 토론이 있었다. 그리고 특기할 사항은 MIT에서 온 과학자들 팀 중 한 과학자는 "제한성장"(Limits to Growth)을 주장했고, 제 3세계 경제학자들은 이에 대해 거부반응을 보였다는 것이다.

1973년 취리히의 "유전학과 삶의 질"에서는 과학발전의 윤리적 도전이 논의되었고, 1974년 "자연과학적 합리성에 대한 비판"에서는 근대 자연과학의 전제들에 대한 비판적 분석을 위한 도구로서의 최근 신학이 평가되었다. 바야흐로 과학기술적 승리주의에서 과학기술적 묵시주의에로의 변화가 일어났다. 1972년 웨일스의 카디프(Cardiff)에서 개최된 교회와 사회 협의회에서는 "지구촌 환경, 경제성장, 그리고 사회정의"를 논했는데, 미래의 기술지배 사회에 대한 아주 새로운 접근방법에 대한 필요를 역설하였다.

> 자연자원의 탕진에 대한 입장이 불확실함에도 불구하고, 현단계는 기술의 방향조정, 특히 자연자원의 소모에 관한 결단이 요청되는 과도기적 시대임에는 틀림없다. 이 과도기의 기간이 확실하지는 않지만, 향후 100년 안에 결정적인 변화가 일어나고야 말 것이다. 하지만 기술적, 사회적 적응의 지연으로 말미암아 이 기간은 지금 시작되어야 한다.[77]

---

77. Anticipation no. 13, December 1972, pp. 37-40, 재인용 : Ans van der Bent, op. cit., p. 42.

급기야 1974년 루마니아의 부카레스트에서 "인간의 발전을 위한 과학과 기술에 관한 세계대회"라는 주제로 열린 '교회와 사회' 세계대회는 "JPSS"라고 하는 새로운 패러다임을 제안했다. "지탱될 만한 사회"(sustainable society)라는 말을 처음 사용한 부카레스트는 이것을 아래와 같이 정의하는바, 이것이 1975년 나이로비에 의하여 수용됨으로써 "JPSS"의 기원을 이루었다. 그래서 부카레스트는 두 가지 서로 다른 견해를 지닌 대표들을 한데 묶었다고 한다.

> 미래의 문제를 다만 혹은 주로 보다 큰 경제적, 사회적 정의를 성취하는 의미로 보는 사람들과 그것을 다만 혹은 주로 내다보이는 자연자원의 고갈과 점증하는 산업화에 의한 환경파괴의 파급에 의한 인간의 생존 위협의 의미로 보는 사람들.[78]

따라서 나이로비는 "정의로우면서도 지탱될 만한 사회"를 에큐메니칼운동의 목표로 삼았으니, 정의와 생태학적 책임은 이런 식으로 연결되었다. 이상이 1975년 나이로비의 "JPSS"의 전역사이다.

하지만 다른 한편, 1968년 웁살라와 1970년대의 해방신학 전통을 이어받은 1975년에 이르는 길목에서 세계 교회의 사회참여는 전혀 후퇴한 것이 아니었다. 1969년 WCC 중앙위원회는 – 1954년 에반스턴 이래로 WCC가 인종문제를 다루어 오고 있지만 – "인종차별 철폐 프로그램"(Programme to Combat Racism=PCR)을 출범시켜, 1974년에는 이를 WCC 구조의 영구적 기구로 만들었다. 이 기구는 사회적, 경제적, 정치적 힘의 구조 속에 잠입하고 있는 제도화된 인종주의 철폐를 위해서 투쟁할 뿐만 아니라, 인종차별 피해자들의 해방운동을 지원하기까지 했다. 이 기구는 결국 위의 사회적, 경제적, 정치적 힘을 이 힘들을 갖지 않은 인종차별 피해자들에게 배분하는 것이 인종차별 극복의 길

---

78. Ans van der Bent, *op. cit.*, p. 43.

이라는 사실을 인식하였다. 그런데 PCR을 위한 특별기금이 피억압자들의 조직들이나 인종차별주의의 희생자들을 지원하는 단체들에게 혹은 인종차별 정부에 무력으로 항쟁하는 무력투쟁자들(남아프리카)에게 공급되는 일이 비판을 받기도 하였다.[79)]

그리고 PCR 이외에 1968년 웁살라에서 기원한 또 다른 WCC 주요 프로그램은 "교회들의 발전에의 참여에 관한 위원회"(the Commission on the Church's Participation in Development=CCPD)였다. 1970년 본 위원회 소속 스위스 몽트뢰(Motreux) 협의회는 발전의 목표를 셋으로 보았다. (1) 정의 (2) 자기 의존(self-reliance) (3) 경제성장. WCC가 도울 수 있는 교회들의 과제는 가난하고 억눌린 자들과 더불어 위의 세 가지 의미의 발전을 위한 투쟁에 참여하는 것이다. 그런데 WCC의 기존 기구들로는 이런 일들을 해내기에 부적합하여 이 CCPD가 창출된 것이다. 이 기구는 연구, 문서화, 출판, 교육에 종사하였고, 필요시에는 기술적인 충고와 경제적인 지원도 해냈다. 그리스도 안에서 불의를 고발하고 해방을 선언하는 교회의 예언자적 역할이 강조되었다. 그리고 CCPD는 사회과학적 통찰들도 사용했으나 그것들을 절대화하지는 않았고, 가난한 자들, 억눌린 자들과 자신을 완전히 동일시하신 예수 그리스도 안에 나타난 하나님의 의를 정의의 절대적 근원으로 보았다.[80)]

그리고 식민지 지역에 있는 피선교지 교회들은 인권에 대한 종래의 에큐메니칼 개념을 확장할 것을 요구하였다. 이 교회들은 제국주의 정부들이 피식민지 지역에 온 자국의 상인들, 기업인들 및 정착인들에게 준 자유는 남쪽에 있는 여러 나라들의 자연자원들과 사람들을 착취하는 것을 허락하는 것이었다는 사실을 지적하였다. 1971년 중앙위원회는 CCIA(the Commission on the Churches on International Affairs=국제

---

79. Marlin van Elderen, *op. cit.*, p. 48.
80. *Ibid.*, pp. 49-50.

문제들을 위한 교회들의 위원회)로 하여금 인권문제에 대하여 숙고할 것을 요구하였다. 그 이후 여러 지역 협의회를 거쳐, 1974년 오스트리아의 St. Poelten에서 열린 협의회는 인권문제 해결을 위하여 매우 중요한 회의였다. 이 협의회에서는 4그룹이 4문제를 논의한바, 이것이 1975년 나이로비에서 수용되었다. 즉, (1) 살 권리와 일할 권리 (2) 평등권 (3) 나라의 주권에 대한 권리 및 자결권과 국제공동체에 대한 권리 (4) 정치범들과 정치망명자들의 권리. 바로 이 기간 동안에 '신앙과 직제' 안에서도 에큐메니칼 사회윤리에 대한 관심이 고조되었으니, 읍살라 이래로 "교회일치와 인류일치" 연구에서 이것이 표현되었다. 1974년 루벵의 신앙과 직제 위원회는 교회들의 일치추구 문제를 보다 폭넓은 시야인 사회윤리적 관심에 정위시켰다. 그리하여 이것이 1982년 리마 이후에는 "인류의 일치와 인류의 갱신"이라는 주제로 바뀌었다.

세계 교회는 세계선교 차원에서도 사회참여를 매우 강조하였다. 나이로비로 가는 길목에서 웁살라의 *Missio Dei*가 전혀 후퇴된 것이 아니었다. 다만 복음주의자들의 주장들이 수용되었던 것이다. "오늘의 구원"(Salvation Today)이라는 주제로 회집된 1974년의 방콕 CWME의 공식문서를 살펴보자. 본 대회는 바이엘하우스(Peter Beyerhaus), 스터드(John Studd) 등 여러 복음주의자들이 참석하여, 개인의 구원, 개교회의 정체성과 성장, 성경과 예수 그리스도의 유일무이성 등을 주장하였으나, 몰트만 등 에큐메니칼 신학자들은 1963년 멕시코 이후의 *Missio Dei*의 정신을 조금도 늦추지 않았다. 다음 인용이 주장하는 구원의 4차원들은 본 분과보고서의 핵심에 해당하는 부분으로서 몰트만의 주장이었다.

구원이란 사람들에 의한 사람들의 착취에 항거하여 경제정의를 위해서 투쟁하는 것이다. 구원이란 인권에 대한 정치적 억압에 항거하여 인간의 존엄성을 위해서 투쟁하는 것이다. 구원이란 인간 소외에 항거하여 소외된 무리와 연대감을 가지고 소외를 극복하는 것이다. 구원이란 개인의 삶 속에 도사리고 있는 절망에 항거하여 희망을 불러일으키기 위하여 투쟁하는 것이다.[81]

본 분과보고서(S.II.)는 "영혼과 몸, 개인과 사회, 인류와 탄식하는 피조물"의 통전적 구원을 말하고, "개인들과 구조들의 변혁"을 선포하고, "경제적 정의, 정치적 자유, 문화적 갱신을 위한 투쟁이란 *Missio Dei*에 의한 세상의 전적 해방의 요소들이다."[82]라고 언급하였다. 본 분과보고서는 '정의에의 참여'를 *Missio Dei*의 최우선순위로 보고 있으며, 특히 '구조악'과 '제도화된 폭력'이라는 말을 처음 사용하고 있는 바, 여기에서 무엇보다도 자본주의의 병폐인 경제적 부정의를 의식하고 있다.

2) 1975년 나이로비 WCC 총회

기독교가 급성장하고 있으면서도, 문제가 많은 아프리카 케냐의 수도 나이로비에서 WCC 총회가 열린 것은 1961년 뉴델리 이후로 WCC가 아시아, 아프리카, 라틴 아메리카, 중동 등 제3세계 문제에 크게 관심하고 있음을 나타낸다. 아프리카의 여러 나라들은 1950년대 이후 정치적 독립을 쟁취하고 민족주의를 지향하며 자국의 문화를 내세우는 맥락 속에서 1970년대 중반 아프리카 교회지도자들은 외국 선교부의 원조를 거부하는 "Moratorium"(지불정지)을 주장하여, 나이로비 이후 WCC는 10년 동안이나 "자원의 에큐메니칼 나눔"(ecumenical sharing of resources)을 연구하게 되었다.

나이로비 총회는 긴장들과 새로운 아이디어들을 분출시켰던 웁살라

---

81. *Bangkok Assembly, 1973*(Geneva : WCC, 1973), p. 89.
82. *Ibid.*

와는 달리 "확고히 지반다지기"(consolidation)에 접어들었다. 하지만 나이로비가 자신의 새로운 통찰들과 아이디어들 없이 옛 것들만을 되풀이했던 것은 아니었다. 나이로비는 "확고히 지반다지기"의 경향 속에서도 삼위일체 하나님 신앙과 사회, 정치적 참여는 불가분리한 것으로 주장하면서 종전의 인권투쟁과 불의에 대한 항거에서 한 발자국도 물러서지 않았다. 나이로비는 1969년 이래의 해방신학 전통을 자기 것으로 삼은 것이 확실하다.

나이로비 WCC가 공헌한 교회의 사회참여에 관한 주장은 JPSS에 잘 나타나 있다. WCC는 1976년 이 JPSS를 향후 WCC의 4프로그램 가운데 하나로 정하고, 1977년 WCC 중앙위원회는 이 JPSS의 주제를 신학적으로 계속 연구하도록 자문위원회에 맡겼고, 1983년 밴쿠버 WCC에로 넘겼다고 하는 사실에서 우리는 이 JPSS가 향후 그 중요성을 더해 갔다는 것을 알 수 있다. 이 JPSS는 여러 프로그램들을 한데 연결시켰고, 여러 다른 소분과들, 특히 사회참여 분야들을 통일시켰다. 그리고 이것은 점차 새로운 인간 사회에 대한 공동비전을 보여 주는 역할을 했다. 물론 '정의'와 '참여'와 '지탱가능성'은 삼위일체적으로 서로 맞물려 있지만 말이다.

JPSS는 결코 우연히 선택된 주제가 아니다. '정의'(Justice), '참여' (Participation), 그리고 '지탱'(Sustainability)은 이미 에큐메니칼 의사일정에 올라 있는 것들이다. '정의'는 WCC 이래 에큐메니칼 관심사로서 WCC 헌장에 명시되어 있는 WCC의 기능 가운데 하나이다. 그런데 1966년 제네바의 '교회와 사회' 세계대회와 1968년 웁살라 때 '정의' 추구의 긴급성이 일어나, "해방신학"을 거쳐 1970년대로 넘어온다. '정의'는 '발전'의 주된 목적이요, 가난의 뿌리인 조직적 부정의의 구조에 항거한다. 그리고 부정의의 상황이 항상 평화를 위협하기 때문에 정의는 항상 평화 개념을 요청한다. 특히 정의는 인종주의, 여성차별, 그리고 인권문제 등에 관련된다.[83]

이제 우리는 나이로비 보고서에서 이 '정의' 문제를 살펴보자. 나이로비는 S.Ⅳ. "해방과 공동체를 향한 교육"에서 억압과 착취와 자연의 균형파괴 등 인간의 생존이 위협받고 있는 상황에서 '교육'을 역설한다. 나이로비가 '교육'을 구조악으로부터 해방시켜, 새 교육을 지향해야 한다고 역설할 때, "해방신학"의 '의식화'(conscientization 혹은 consciousness-raising)를 배경으로 하는 것 같다. 본 보고서는 교회란 "그리스도의 총체적 메시지를 제시하고, 하나님의 해방시키시는 능력의 징표가 되기 위하여 인류공동체 속에 파송받은 것이다."라고 하면서 다음과 같이 교회의 교육적 측면을 힘주어 말한다.

> 교회는 기독교교육을 통해서 자기 자신과 그 구성원을 세워 나간다. 특별한 주일학교 교육 프로그램, 세례문답자들을 위한 교육, 제자의 도와 선교훈련을 위한 교육 등은 특별한 이슈들에 대한 자각을 집중시키는 일에 도움이 되고, 성숙한 인격발달을 도우며, 개인들과 집단들을 지지할 수 있는 집단정체성을 만들어 낸다. 이와 같은 교육을 통하여 참여자들은 삼위일체 하나님과 관계를 맺게 되고, 개인들과 집단들로서 하나님의 계획 속에서 자신들의 위상을 찾게 하며, 영성 함양을 하게 되는 것이다. 인간 구속의 이야기는 기독교교육을 통해서 각 세대에 전해진다. 성경과 전통의 핵심적 메시지를 해석하는 일은 교회의 중심적 교육과제들 가운데 하나이다. 교회들은 기독교교육을 삶으로부터 고립시켜서는 안 될 것이다.……[84]

예배와 예전은 교회 안에서의 학습 경험의 중심부에 놓여 있다. 이것은 그리스도인의 공동체적 삶에서 경험되는 하나님에 대한 의존과 그리스도의 현존에 대한 기쁜 표현이다. 우리는 교회의 실천들이 이 같은 예배와 예전으로부터 동떨어져 있지 않은지 항상 살펴야 할 것이다. 예배와 예전

---

83. *Dictionary of Ecumenical Movement*, pp. 550–551.
84. *Breaking Barriers Nairobi 1975*, pp. 90–91.

은 우리를 하나님과의 사귐으로 인도해야 하고, 이 세상에 대한 봉사와 증거로 인도해야 할 것이다.[85]

따라서 나이로비는 '신앙과 직제'(S.I.과 S.Ⅱ.)에 근거하여, 그리고 S.Ⅲ.의 '교육'에 근거하여 JPSS로 나갈 것을 제시하고 있는 것으로 우리는 이해할 수 있다.

S.Ⅴ. "부정의의 구조와 해방을 향한 투쟁"은 '정의'와 '참여'를, S.Ⅵ. "인간의 발전 : 힘의 불투명성, 기술, 그리고 삶의 질"은 '지탱가능성'을 말한다. 전자는 1968년 웁살라의 "사회적 혁명과 기술혁명", 1969년의 "해방신학", 그리고 1973년 방콕의 "Salvation Today"를 배경으로 '구조악'을 그 어느 때보다도 강조한다. S.Ⅴ.는 정의사회 구현과 해방의 신학적 근거를 논하는 서론에서 교회들이 구조적 부정의에 투쟁하고 이로부터 해방되어야 할 것을 주장한다.

부정의의 구조와 해방투쟁은 오늘의 교회에게 다가오는 엄청난 도전이다. 이것에 대처하기 위해서 교회는 예수 그리스도 안에 그 근거를 두어야 한다. 교회는 그분으로부터 위탁명령을 받아야 한다. 심판하는 진리를 증거하고 자유와 구원에 대한 복음을 선포해야 한다. 교회는 오늘의 정의 추구와 해방투쟁에서 특수한 자리를 찾기 위하여 항상 하나님의 위탁명령에 의해서 지도를 받아야 한다.[86]

그런데 나이로비는 '구조적 부정의'를 셋으로 본다. (1) 인권 (2) 성차별 (3) 인종차별. 먼저 "인권"에 관하여 살펴보면, 그 신학적 근거는 다음과 같다.

---

85. *Ibid.*, p. 91.
86. *Ibid.*, pp. 100-101.

우리의 인권에 대한 관심은 하나님께서는 모든 사람들이 완전한 인권을 행사할 수 있는 사회를 원하신다고 하는 확신에 근거하고 있다. 모든 인간은 하나님의 형상대로 창조되었기에 하나님 앞과 사람 앞에서 모든 사람들은 평등하며 존귀하다. 예수 그리스도는 그의 삶과 죽으심과 부활에 의하여 우리들 상호간을 연결하셨다.……[87]

이처럼 하나님의 의지와 사랑은 만민을 위해서 의도된 것이고, 인권을 위한 기독교인들의 투쟁은 예수 그리스도에 대한 근본적인 응답이다. 복음은 우리로 하여금 우리의 사회 속에서 일어나고 있는 인권의 유린들을 확인하며 바로잡는 일에 있어서 더욱더 활동적이 되도록 한다.[88]

그리고 인권에 관하여 "살아야 할 기본권", "자결권, 문화적 정체성 및 소수자들의 권리", "공동체 내에서 의사결정에 참여할 권리", "분리할 수 있는 권리에 관한 인격적 존엄성에 대한 권리", "종교적 자유에 대한 권리" 및 "인권과 기독교적 책임"을 논했다. 특히 '참여'에 관하여는 "진정으로 민주적인 사회"를 위해서 개인들과 단체들, 그리고 가난한 사람들과 여성의 공동체적 의사결정에 참여할 것을 힘주어 말하고 있다.

집단들과 개인들이 자신들이 살고 있는 여러 다양한 공동체의 결정과정들에 참여하는 일은 참으로 민주적인 사회를 이룩하기 위해서 꼭 필요하다.…… 공동체의 모든 구성원들, 특히 청년들과 여성들은 사회정치적 참여와 책임의 정신으로 교육되어야 한다. 종교단체들, 교육기관들 및 고용기관들은 각 공동체를 구성하고 있는 모든 사람들의 뜻에 더욱 민감해져야 하고, 이들이 소수 사람의 이익에 의해서 조종받지 않도록 보호해 주어야 한다.

---

87. *Ibid.*, p. 102.
88. *Ibid.*

여성들은 그들이 받아 온 억압과정과 그들이 해방의 과정에서 터득하고 있는 새로운 통찰들 때문에 종종 참여적 결정에 관하여 특별한 공헌을 할 수 있다.……

교회들은 가난한 사람들의 지역공동체들, 산업 및 도시 근로자들, 여성들, 소수 집단들, 어떤 형태이든 억압을 당하고 있는 다른 사람들로 하여금 자신들의 상황을 자각하고 사회생활에 영향을 주도록 하는 활동에 참여해야 한다.[89]

"성차별"에 관하여 3영역에서 변화가 요청된다고 보는바 (1) 신학 분야 (2) 참여 분야 (3) 관계 분야가 그것이다. 나이로비는 이 중 '참여'에 관하여 다음과 같이 말한다.

모든 사람들은 참으로 자유하기 위해서 자신들의 해방에 참여해야 한다. 인권투쟁과 억압을 극복하려는 모든 투쟁에서 이 같은 참여가 있어야 한다.

WCC는 삶의 정치, 경제, 사회 및 교회 분야에서 여성에게 직결되는 무력함의 차원을 인정해야 한다.[90]

본래 '참여' 개념은 '발전' 개념과 관련하여 나왔다. 즉, 백성의 참여가 발전의 주된 목표이고, 발전을 증진시키는 가장 효과적인 수단으로 확인되었다. 이것이 1970년 해방신학을 거치면서, 특히 1975년 나이로비에 와서는 가난한 자들과 억눌린 자들이 행동의 주체가 되는 '참여'의 의미가 부상하였다. 이제 나이로비는 "인권", "성차별", 그리고

---

89. *Ibid.*, pp. 104-115.
90. *Breaking Barriers Nairobi 1975*, ed. by David M. Paton(London : SPCK, Eerdmans, 1976), p. 108.

"인종차별"에 관련하여 '참여'를 말하고 있다.

끝으로, 우리는 S. Ⅵ. "인간의 발전 : 힘의 애매성, 기술, 그리고 삶의 질"에서 '지탱될 가능성', 즉 지탱될 만한 사회가 무엇인지 밝혀야 한다. '지탱될 가능성'(sustainability)의 문제는 아주 새로운 것이다. 이는 이미 언급한 1974년 부카레스트의 '교회와 사회'에서 기원한 개념이다. 이 개념은 사람들의 생명, 미래세대들의 생명, 모든 생물들, 그리고 자연 그 자체를 위협하는 현대사회의 여러 경종을 울리는 흐름들(환경 악화 : 물, 공기, 땅의 오염 : 원시림의 제거와 사막화 : 기름과 광물질 등 재생 불가능한 자원의 고갈 : 생태계의 변화, 대기의 변화와 오존층의 파괴 등)에 직접 관련된다. 생산과 소비의 잘못된 구조가 바로 이러한 생존을 위협하는 것들의 출처이다. 그리하여 이 '지탱될 가능성'의 개념은 제한성장과 제한개발과 맞물리게 되었다. S. Ⅵ.는 "제한발전"과 "제한성장", 그리고 "생태학적으로 건강한 발전"을 내세우면서, 오늘의 인간사회는 과학과 기술의 오용과 남용으로 지탱되기 어려운 사회라고 말한다. 이미 1975년 나이로비는 1990년 서울 "JPIC" 대회와 '지탱'과 '발전'을 창조적 긴장관계로 본 1992년 리우(Rio) UN 지구정상을 내다보았다고 하겠다.

결 론

1. 에큐메니칼운동의 도구인 WCC 형성과정에서 교회의 사회참여에 해당하는 '삶과 봉사'(Life and Work)는 교회들의 신학적 일치추구를 힘쓰는 '신앙과 직제'(Faith and Order)만큼 중요하고, 이 두 운동의 원동력이기도 한 "세계선교"(WMC)가 중요한 것은 말할 것도 없다. 세계 교회는 다양성 속에서 일치를 지향하면서, 선교와 사회참여로 나아가야 한다는 말이다. 그런데 세계 교회의 사회참여에 관하여, 1948년 암스테르담에 이르는 길목에는 1925년 스톡홀름의 제 1차 '삶과 봉사'

세계대회와 1937년 옥스퍼드의 제 2차 '삶과 봉사' 세계대회가 있었다. 우리는 이 두 세계대회를 통해서 세계 교회가 제 1차 세계대전, 볼셰비키 공산혁명, 파시즘과 나치즘, 그리고 제 2차 세계대전 전야에 대하여 어떻게 반응했는지를 지적하였고, 이 반응과정에서 서유럽과 영미계통의 신학자들이 하나님 나라와 역사의 관계 양상에 있어서 의견을 달리했다는 점을 지적하였다. 특히 1937년 옥스퍼드에서는 교회의 국가와 사회참여의 기본적인 틀을 마련해 주는 고전적 관계양태가 제시되었다.

2. 1948년 암스테르담은 파시즘과 나치즘, 그리고 제 2차 세계대전을 경험한 당시의 세계사적 무질서와 혼돈을 의식하면서 복음과 기독론에 근거한 하나님의 원대한 계획과 목적을 전제하고, 하나님 나라 추구 차원에서 교회일치와 선교와 사회참여를 주장한다. 암스테르담은 자본주의 나라이든, 공산주의 나라이든, 이 나라 안에 있는 국민과 기독교인들의 책임을 촉구하고 있다. 암스테르담은 세상에 참여하면서도 세상에 대하여 초월하는 입장을 고수했다. 이는 이미 지적한 옥스퍼드 (1937)의 긴장을 계속 유지하고 있음을 보여 주고 있다. 이처럼 이데올로기를 초월하는 암스테르담의 입장이 1980년대 말 공산권의 붕괴에 의하여 돋보이는 동시에, 오늘날 시장경제 원리에 의하여 지구촌을 하나의 시장으로 만들고 자본주의적 가치관에 대하여 무감각해진 20세기 말의 현대인들의 모습을 반성케 한다고 하겠다. 이것이 암스테르담의 "세계 교회의 사회적 책임"(responsible society)이다.

3. 세계는 1949년 중국이 공산화되는 사건을 계기로 동서 냉전체제로 접어들었고, 1950년의 한국전쟁, 1953년의 베를린 혁명, 그리고 1956년의 헝가리 혁명은 그 동안 쌓여 온 동서 긴장의 폭발이었다. 그리고 제 2차 세계대전 후, 제 3세계들이 탈제국주의의 흐름 속에서 독립과 민족주의를 내세웠다. 이 같은 상황에서 WCC의 '삶과 봉사'는 정치적 자유와 경제정의를 지향하되, 루크노우를 계기로 제 3세계에

대한 책임을 크게 느꼈다. 이 기간의 교회의 사회참여 신학은 1952년 빌링겐 IMC의 삼위일체론적, 종말론적 *Missio Dei*로부터 크게 영향 받았다.

4. 에반스턴의 주요 주제들은 복음과 삼위일체 하나님에 대한 신앙, 그리고 하나님 나라에 대한 종말론적 소망이라고 하는 신학적 틀 안에 있다. 에반스턴은 이와 같은 신학적 패러다임을 가지고 바로 위에서 지적한 세계적 상황에 대처하기 위해서 "교회의 사회적 책임" (responsible society)을 논했는데, 이것이 암스테르담의 그것과 어떻게 다른가? 에반스턴은 자본주의 사회이든, 공산주의 사회이든, 특히 제 3세계의 그 어느 사회에서든, '복음'과 '하나님의 나라'가 교회의 사회참여의 표준이요, 모든 사회들에 대한 비판의 척도임을 암시하였다. 그리하여 에반스턴은 보다 넓은 시야와 다차원적 의미에서 "책임적 사회"를 주장한다고 보여진다. 예컨대, 정치적 민주화, 경제적 정의, 국가에 대한 책임, 그리고 루크노우에서 지적된 제 3세계에 대한 책임이다. 그리고 평신도의 위상이 높아졌고, 교회와 세상을 다리놓는 이들의 직업과 노동의 의미가 강조되었다.

5. 에반스턴 이후 1954년부터 1960년 어간의 세계사의 특징은 동서 냉전체제하에서도 제 3세계들의 탈식민지주의, 정치적 독립, 민족주의, 그리고 문화적 정체성 확립 등으로 계속 이어지는 것이었다. 이미 언급한 루크노우(1952)는 냉전과 제 3세계의 급격한 정치적, 사회적, 경제적 변혁을 연결시켰다. 즉, 이 대회는 공산주의의 도전을 극복하는 길은 동아시아에서 일어나는 사회혁명에 대하여 적극적으로 대처하는 것으로 보았다. 그리고 1955년 인도의 네루 수상과 인도네시아의 수카르노 대통령이 인도네시아의 반둥에서 가진 대회는 새로 독립한 아프리카와 아시아의 나라들이 정치적, 경제적 영향력을 세계에 행사해야 한다는 결의를 보여 주었다. 이어서 1959년 WCC는 희랍의 데살로니가에서 "the Rapid Social Change Study"라는 국제연구대회를 통해

제 3세계와 접촉하였다. 본 대회는 파시즘과 나치즘을 경험한 1937년 옥스퍼드(Life and Work)와 그 이전 서구가 이해해 온 민족주의가 아니라, 제 3세계의 시각에서의 민족주의를 내세웠고, 급변하는 시대에 있어서의 '세계 경제정의'와 '복지'를 주장하였다.

6. 1961년 뉴델리는 '급격한 사회적 변화'를 의식하면서, "교회와 사회 세계대회"를 1966년에 개최할 것을 제안하였다. 하지만 뉴델리는 제 3세계에 대한 관심을 증대시키는 것 이외에 1950년대의 "책임적 사회"(responsible society)를 그렇게 크게 넘어서지 못했다. 그런데 뉴델리는 창조세계의 파괴와 생태계의 위기를 이미 암시하였고, 지틀러의 복음과 기독론에 대한 우주적 이해(골 1 : 15 - 20)와 WCC 헌장에 삽입된 삼위일체 하나님 신앙으로 창조세계와 생명보전을 위한 신학적 기틀을 마련하였다. 그리고 1963년 몬트리올 신앙과 직제의 제안으로 시작된 1964년의 "창조, 새 창조, 그리고 교회의 일치" 연구와 1967년 브리스틀에서 행해진 벌코프의 "자연과 역사 속에 계신 하나님" 및 1960년대 말 "성장의 한계"는 바야흐로 "창조보전"의 신학을 태동시켰다.

7. 뉴델리에서 웁살라에 이르는 이정표들은 무엇인가? 베트남 전쟁(1964)에서 제 2차 메델린 주교총회(1968)에 이르는 일련의 사건들은 1960년대 후반의 세계사적 격동을 나타낸다. 결국 1966년 제네바에서 "오늘의 기술혁명과 사회혁명 시대에 사는 기독교인들"이라는 제목으로 모인 "교회와 사회 세계대회"는 1960년대 후반의 세계사적 격변에 대한 세계 교회의 사회참여를 말하고 있다. 그리고 요한 23세의 "Mater et Magister"(1961)와 "Pacem in Terris"(1963)에 이어서 나온 제 2바티칸 교의회의 "Gaudium et Spes"는 1960년대의 로마 가톨릭 교회의 사회참여를 말하고 있으며, WCC와 로마 가톨릭교회는 JWG와 SODEPAX를 통하여 보다 넓은 의미의 사회참여를 시도하였다. 그리고 1961년 뉴델리에서 IMC가 WCC에 합류하여 세계 교회 차원에서 선교가 논의되기 시작한 이래, 1963년에 이르면 *Missio Dei* 차원에서의 교

회의 사회참여가 매우 강조된다. 무엇보다도 *Missio Dei*에 걸맞게 개 교회의 구조를 변형시켜야 할 것을 주장한 1963년 멕시코의 CWME의 "The Missionary Structure of the Congregation"과 이것의 결과로 나온 "The Church for Others"야말로 이미 논한 1960년대 말의 교회의 과격한 사회참여를 미리 암시하고 있었다 하겠다.

8. 1968년에는 "하나님의 선교"(*Missio Dei*)가 절정에 도달하였고, 교회의 사회적 책임수행이 역사상 그 유래를 찾아볼 수 없을 만큼 첨예화되었다. 1968년에는 맑시즘과 같은 사회학적 통찰이 기독교 신학에 적극 수용되기 시작하였고(1968년 Medellin), 적절한 폭력까지 정당화되었으며, 선교의 개념이 '인간화'와 동일시되는 측면도 있었다. 무엇보다도 1948년부터 1960년대 초까지의 "책임적 사회"(responsible society)가 "세계적 크기의 책임적 사회"로 확장되었다. 그런데 1968년 베이루트까지만 해도 제 3세계가 경제 강대국의 신제국주의로부터 어떻게 '해방' 되는가를 문제삼은 것이 아니라, 제 3세계의 개발과 발전을 문제삼으면서, 특히 발전의 도덕적 측면에 대한 신학교육, 선진 강대국의 경제구조에 대한 이해를 돕는 경제교육, 기독교적 양심에 부합하는 정치적 의지를 위한 정치교육 및 사회로 하여금 세계적 경제발전을 위해서 치뤄야 할 값을 감수하게 하기 위한 사회교육을 내세웠다. 그러나 "해방신학"은 1968년 웁살라 WCC에서 싹터 올랐다. 이미 웁살라의 '발전'에 관한 내용들은 단순히 강대국이 저개발 국가들에게 '자본과 기술'을 이전하는 정도의 도움은 결코 아니었다. 대체로 우리는 구티에레즈(Gustavo Gutierrez)도 주제연설을 했던 1968년 메델린(Columbia)의 제 2차 라틴 아메리카 주교 총회를 "해방신학"의 태동기로 보고, 1971년 구티에레즈의 「해방의 신학」(*The Theology of Liberation*)을 해방신학의 고전으로 볼 수 있는바, 우리는 이미 웁살라의 보고서에서 해방신학적 요소들을 발견할 수 있었다. 그러나 웁살라는 1960년대 말 '신앙과 직제'의 창조세계 보전에 대한 신학에는 거의

귀를 기울이지 않았고, '역사'에 대해서만 관심을 보였다.

9. 1970년대에는 1968년 웁살라의 사회정의, 경제정의, 평화 이외에 창조세계의 보전문제가 크게 부각되기 시작한다. 나이로비의 "기조연설 : 기도에로의 초대"는 환경파괴로 인한 인간의 생존에 대한 위협을 위해서 기도할 것을 권유하고 있다. '교회와 사회'는 1966년 제네바 대회를 이어받아 1968년 웁살라와 1975년 나이로비 사이에 두 가지 분야의 일을 했는데, 하나는 1969년에 시작된 5년 연구 프로그램인 "과학에 기초한 기술세계 속에서 인간과 사회의 미래"였고, 다른 하나는 "폭력-비폭력"의 문제였다. 바야흐로 WCC는 새로운 과학과 기술의 발전으로 제기되는 윤리적이고 신학적인 이슈들을 다룰 신학자들과 자연과학자들과 사회학자들을 함께 불러모았다.

1970년 "기술, 신앙, 그리고 미래사회"라는 개척연구 제목으로 제네바에서 모인 대회에서 자연과학자들과 신학자들은 사회를 위해서 자연과학과 기술을 어떻게 사용해야 할 것인가에 대한 지침들을 확정지었다. 그리고 1971년 이탈리아의 네미(Nemi)에서 '교회와 사회' 확대회의는 새로운 에큐메니칼 초점을 위해서 회집된바 신학자들, 자연과학자들, 자연과학자들에 대한 비평가들 및 제3세계의 경제학자들을 포함하는 경제학자들이 대거 참석하였다. 바로 이 대회에서 유전공학에 관계된 윤리적 이슈에 대한 연구계획이 세워졌고, 인간 환경의 악화와 환경파괴에 대한 최초의 에큐메니칼 토론이 있었다. 그리고 특기할 사항은 MIT에서 온 과학자들 팀 중 한 과학자는 "제한성장"(Limits to Growth)을 주장했고, 제3세계 경제학자들은 이에 대해 거부반응을 보였다.

1973년 취리히의 "유전학과 삶의 질"에서는 과학발전의 윤리적 도전이 논의되었고, 1974년 "자연과학적 합리성에 대한 비판"에서는 근대 자연과학의 전제들에 대한 비판적 분석을 위한 도구로서의 최근 신학이 평가되었다. 바야흐로 과학기술적 승리주의에서 과학기술적 묵시주의에로의 변화가 일어났다. 급기야 1974년 루마니아의 부카레스트에서 "인간의 발전을 위한 과학과 기술에 관한 세계대회"라는 주제로 열린 '교회와 사회' 세계대회는 JPSS라고 하는 새로운 패러다임을 제안했다. '지탱될 만한 사회'(sustainable society)라는 말을 처음 사용한 부카레스트는 이미 언급한바, 1975년 나이로비에 의하여 수용됨으로써 JPSS의 기원을 이룩하였다.

하지만 다른 한편, 1968년 웁살라와 1970년대의 해방신학 전통을 이어받은 1975년에 이르는 길목에서 세계 교회의 사회참여는 전혀 후퇴한 것이 아니었다. 1969년 WCC 중앙위원회는 "인종차별 철폐 프로그램"(Programme to Combat Racism=PCR)을 출범시켜, 1974년에는 이를 WCC 구조의 영구적 기구로 만들었다. 그리고 PCR 이외에 1968년 웁살라에서 기원한 또 다른 WCC 주요 프로그램은 "교회들의 발전에의 참여에 관한 위원회"(the Commission on the Church's Participation in Development=CCPD)였다. 그리고 CCPD는 사회과학적 통찰들도 사용했으나 그것들을 절대화하지는 않았고, 가난한 자들과 억눌린 자들과 자신을 완전히 동일시하신 예수 그리스도 안에 나타난 하나님의 의를 정의의 절대적 근원으로 보았다. 이와 같은 교회의 사회참여에 있어서 *Missio Dei* 전통을 이어받은 1973년 방콕의 CWME의 "Salvation Today"도 역시 큰 몫을 하였다.

10. 나이로비 총회는 긴장들과 새로운 아이디어들을 분출시켰던 웁살라와는 달리, "확고히 지반다지기"(consolidation)에 접어들었다. 하지만 나이로비가 자신의 새로운 통찰들과 아이디어들 없이 옛 것들만을 되풀이했던 것은 아니었다. 나이로비는 "확고히 지반다지기"의 경향 속에서도 삼위일체 하나님 신앙과 사회, 정치적 참여는 불가분리한 것으로 주장하면서 종전의 인권투쟁과 불의에 대한 항거에서 한 발자국도 물러서지 않았다. 나이로비는 1969년 이래의 해방신학 전통을 자기 것으로 삼은 것이 확실하다.

나이로비 WCC가 공헌한 교회의 사회참여에 관한 주장은 JPSS에 잘 나타나 있다. JPSS는 결코 우연히 선택된 주제가 아니다. '정의'(Justice), '참여'(Participation), 그리고 '지탱'(Sustainability)은 삼위일체적으로 서로 맞물려 있는 것으로서, 이미 에큐메니칼 의사일정에 올라 있는 것들이다. '정의'는 WCC 이래 에큐메니칼 관심사로서 WCC 헌장에 명시되어 있는 WCC의 기능 가운데 하나이다. 그런데 1966년 제네바의 '교회와 사회' 세계대회와 1968년 웁살라 때 '정의' 추구의 긴급성이 일어났고, "해방신학"을 거쳐 1970년대로 넘어 온다. 나이로비는 '정의'를 '발전'(제 3세계)의 주된 목적으로 보고, 조직적 혹은 구조적 부정의에 대한 대립 개념으로 보며, 이 같은 부정의의 상황이 평화를 위협하기 때문에 항상 평화 개념을 요청한다고 본다. 그리고 본 문서는 '정의'와 '참여'를 인종주의, 여성차별 및 인권문제 등에 관련시킨다. 끝으로, '지탱될 가능성'(sustainability)은 과학과 기술의 오용과 남용으로 지탱되기 어려운 인간 사회가 "제한발전", "제한성장", 그리고 "생태학적으로 건강한 발전"에 의해서 지탱가능한 사회를 말한다. 이미 1975년 나이로비는 "창조세계의 보전"을 '정의'와 '평화'와 맞물린 1990년 서울 "JPIC" 대회와 '지탱'과 '발전'을 창조적 긴장관계로 본 1992년 리우(Rio) UN 지구정상을 내다보았다고 하겠다.

B. WCC 총회 분과보고서에 나타난 교회의 사회참여 - 1983년 밴쿠버, 1990년 서울 JPIC, 1991년 캔버라 및 1993년 산티아고

1. 1983년 밴쿠버 WCC

1) 밴쿠버에 이르는 디딤돌들
나이로비와 밴쿠버 사이에 WCC의 주안점은 JPSS(a Just,

Participatory, Sustainable Society)였다. 여기에서 주로 '참여'란 '제3세계'의 제 1세계에 대한 것이요, '지탱'이란 환경파괴에 관한 것이요, '정의'란 1948년 암스테르담 WCC 이래로 문제되어 온 '평화' 문제와 맞물려 있는 문제이다. 이 JPSS는 나이로비의 교회의 사회참여를 나타내는데, 1983년 밴쿠버는 이를 이어받아 JPIC(Justice, Peace and Integrity of Creation)를 출범시켰다.

나이로비 총회 직후, WCC 중앙위원회는 과학과 기술이 JPSS 추구에 어떻게 영향을 끼치는가에 대한 연구를 위해서 세계대회를 제안했다. 그리하여 1969년 5개년 계획으로 출발한 '교회와 사회'의 "The Future of Man and Society in a World of Science-based Technology"의 뒤를 이어 미국의 매사추세츠의 MIT에서 1979년 "Faith, Science and the Future"라는 주제로 '교회와 사회' 세계대회가 열렸다. 400명 이상의 공식대표들과 500명 정도의 참석자들이 신앙과 자연과학의 문제를 논의하면서, 과학이 윤리학과 신학의 말을 들어야 하는 시대가 열렸다. 생명에 대한 생물학적 조작 및 자연과학과 기술의 발전으로 야기된 환경파괴는 기독교 신학과 윤리에 대한 엄청난 도전이었다. 그리고 선진 강대국들과 저개발 국가들 사이에 과학과 기술발전의 불균형은 물론, 경제적 갈등이 큰 문제로 떠올랐다. 이처럼 JPSS와 MIT 대회는 서울 JPIC를 이미 내다보고 있었다.

MIT 교회와 사회 세계대회의 다음과 같은 분과 주제들에서, 우리는 환경문제가 오늘 현대인들의 과제로 부상하고 있음을 알 수 있다.

 Ⅰ. 과학의 본성과 신앙의 본성
 Ⅱ. 인류, 자연, 그리고 하나님
 Ⅲ. 과학과 교육
 Ⅳ. 생명에 대한 생물학적 조작에 있어서 윤리적 이슈들
 Ⅴ. 기술, 자원, 환경, 그리고 인구

Ⅵ. 미래를 위한 에너지
Ⅶ. 산업환경과 도시환경의 재구조화
Ⅷ. JPSS의 경제
Ⅸ. 과학/기술, 정치권력, 그리고 보다 정의로운 사회
Ⅹ. 새로운 기독교 사회윤리와 교회들을 위한 새로운 사회정책들[91]

루카스 피셔는 MIT를 향한 협의회의 결과보고서들과 특히 MIT 대회의 결과물(Faith and Science in a Unjust World)에 근거하여 다음과 같이 주장할 때, 그는 무엇보다도 환경문제에 유의하고 있다.

   1. 현대 과학과 기독교 사상은 현재 다양하게 관계 맺고 있다. 이러한 다양성은 교회들이 신앙과 하나님의 세계에 대한 관계를 다양하게 이해하는 것만큼 이러한 다양성에 근거하고 있다. 이러한 다양성과 광범위한 과학활동의 결과로 현대 과학과 기독교 신앙 사이에는 다중적 상호영향이 예상된다.

   2. 근대 서양의 과학 자체가 여러 이념적 전제들과 연계되어 있다. 과학의 이념 가운데 하나는 진리와 선(善), 그리고 지식과 행복이 본래부터 일치한다는 신앙이다.…… 하지만 오늘날 이 이념은 심각하게 문제시되고 있다. 즉, 오늘날 모든 과학자들이 심각하게 생각해야 할 사실은 과학과 전쟁, 과학과 행동의 조작, 기술과 생태학적 위기의 관계이다.…… 오늘의 사회과학자들은 과학의 인간-사회적 결과들에 관련된 문제들에 대한 분석에 그들의 관심을 기울여야 한다. 예컨대, 과학의 경제적 근거는 무엇인가? 과학의 정치적 근거는 무엇인가? 지식이 힘을 가져온다면 자연과학적 지식, 따라서 경제, 정치, 힘은 누구에게 주어져 있는가? 과학이 사회에 끼치는 실제적인 결과는 무엇인가?

---

91. Ans van der Bent, *Commitment to God's World*(Geneva : WCC publications, 1995), p. 235.

3. 문화적 맥락이 성경시대와는 매우 다르다. 성경시대에는 인간이 압도해 오는 자연과 대면했다. 동물들을 다스리고 땅을 정복하라는 명령이 사람들을 두려움에서 해방시키고, 자연을 신화시키거나 악마화시키는 유혹에서 벗어나게 했다.…… 그러나 과학과 기술에 의하여 이 힘의 관계는 뒤집어졌다. 오늘날 강조될 필요가 있는 것은 하나님과 그의 창조세계와의 분리보다도 관계이다. 창조로서 자연의 존엄성이 강조될 필요가 있고, 인간의 자연 지배는 생명을 보전해야 하는 책임과 관계되어 있다(1979년 MIT).

4. 우리는 또한 세계에 대한 성례적 이해에 의하여 창조세계에 접근할 때 도움을 얻는다. 우리는 '성례적'이라는 말을 정확한 의미로 사용한다. 이 세계는 거룩하지 않다. 그 자체가 신적이 아니다. 이 세계는 창조가 시작될 때 그것의 좋은 세상성을 받았다. 그러나 하나님의 자유로운 행동은 이 세상의 요소들(elements)과 물질들을 취하사 이것들을 가지고 지표들, 곧 그의 현존과 그의 다가오심의 성례를 만드신다. 우리는 인간과 지구가 모두 파멸의 위협 앞에 있는 상황에서 성례적 이해로부터 우주에 대한 새로운 경외심을 얻는다(1974년 Bucharest).

5. 인류와 자연(non-human nature)은 모두 하나님의 창조물이다. 우리는 하나님과 인류, 그리고 하나님과 자연 사이의 관계와 그것을 구별하는 성경적 어휘의 정확성을 보존해야 한다. 인류는 구원을 위해서 '부름' 받았고,…… 자연은 찬양과 신음과 기다림 다음에 '건져냄을 받는다'(delivered)는 약속을 받는다. 이 둘 모두의 경우 생명이 있다. 그러나 성경에 의하면, 남성과 여성은 모두 말하고 대답하고, 거절하고 받아들이는 하나님의 동반자들이다. 하지만 우리는 인간론과 우주론 사이에 그 어떤 일원론적 혼동도 성경에서 발견할 수 없다(1976년 Mexico).

6. 생태학적 우주 속에서 모든 피조물들은 각자의 본유적 가치들을 가지고 있다. 모든 것은 객체일 뿐만 아니라 주체들이기 때문이다. 본유적 가치를 가진 것은 무엇이나 존재할 권리와 번영할 권리를 가지고 있다(Charles Birch, *Faith, Science and an Unjust World*).

7. 서양의 신학은 성경해석에까지 대립 개념(주체와 객체)을 도입시켰다. 창조와 구원은 분리되어 왔다. 구원의 신학이 창조신학을 삼켜버리든가, 창조가 구원과 고립되어 취급되었다. 그러나 오늘날 성경이 창조와 구원, 종말론적 소망과 윤리, 정의와 지탱가능성을 그리스도 안에서 연결시키고 있는 여러 가지 방법들을 지적할 필요가 있다(1979년 MIT).

끝으로, 피셔는 '언약'(covenant) 개념을 소개하고 있다.

계약은 하나님과 인류의 관계를 잘 표현해 주는 말이다. 그러나 성경은 인류에 대해서만 말하고 있지 않다. 창세기의 창조 이야기에서, 찬송과 고난의 시편들에서, 바울의 기독론과 요한의 기독론에서, 묵시록의 만유의 회복에 대한 약속에서…… 도처에서 우주는 하나님과 인간의 계약 이야기에 연루되어 있다.[92]

그런데 제 3세계는 산업 선진국들이 그 동안 "과학과 기술을 제 3세계 사람들에게 큰 고통을 일으키는 군사적, 경제적 이익을 위해서 항상 사용해 왔다."[93]고 신랄하게 비판하였다.

다른 한편, 1979년 MIT 대회에 참석했던 많은 자연과학자들은 - 이 중 얼마는 핵무기 제조에 종사해 온 사람들인데 - "평화를 위한 자연과학"이라는 제목을 MIT 의사일정에 첨가할 것을 주장했었다. WCC 중앙위원회는 이것에 자극을 받아 "핵무기와 군비축소"에 대한 국제적 공청회를 열도록 했다. 그리하여 1981년 11월에 암스테르담에서 "an International Public Hearing on Nuclear Weapons and

---

92. Sustainable Growth-A Contradiction in Terms? Report of the Visser't Hooft. Memorial Consultation(Geneva : The Visser't Hooft Endowment Fund, 1993), pp. 74-78.
93. Marlin van Elderen, *And So Set Up Signs*…(Geneva : WCC Publication, 1988), p. 55.

Disarmament"라는 주제로 국제적인 공청회가 있었다. 이 회의에서 WCC 계통의 교회지도자들은 신학, 기술과학, 정치, 군사를 대표하는 40명의 증인들로부터 들었다. 그래서 이 회의의 결과는 「너무 늦기 전에」라는 제목으로 출판되었다. 이 대회는 핵무기를 생산하고 사용하는 것은 반인륜적 죄악이라고 못박았으니, 이것이 1983년 밴쿠버 WCC에 의해서 수용되었다. 그리고 1978년과 1982년 WCC의 총무(Philip Potter)가 UN 총회의 군비축소 분과에서 무기경쟁과 군국주의에 대하여 연설할 수 있었던 것도 위와 같은 과정의 결과였다.[94]

이상의 논의에서 우리는 기술과학의 환경문제에 대한 위협이 날로 심화되고 있다는 사실을 알 수 있으며, 나아가서 이것이 제 3세계의 경제와 발전에 큰 영향을 미친다는 사실을 아래에서 논할 것이다.

JPSS는 CCPD(the Commission on the Church's Participation in Development)와 CCIA(Commission of the Churches on the International Affairs)에게 어떤 방향제시와 더불어 통일성을 제공하였다.

WCC 중앙위원회는 1979년에 "교회들과 새로운 국제 경제질서"라는 성명서를 발표했고, CCPD는 "정치경제학, 윤리학, 그리고 신학"에 관한 협의회를 열어 WCC 중앙위원회의 성명을 뒤이었다. 이 CCPD로부터 "경제문제 자문위원회"가 생겨, WCC와 WCC 회원교회들에게 국제적인 발전의 이슈들에 관한 자문을 주기 위해서 정규적으로 모였다. 이 위원회는 JPSS의 비전에 경제적 내용을 제공하였고, 기존의 지배적 경제체제를 옹호하는 전제들을 비판하는 '새로운 경제'를 주장했다. 이 위원회에 따르면, 근대화로 인하여 정의와 참여보다는 지배자가 지배했고, 현체제하에서의 경제성장은 더 많은 부정의를 낳고, 기술의 발전은 강한 나라들을 더 강하게 했다는 것이다. 그리하여 이 모든 것

---

94. *Ibid.*

이 미래세대들의 생명과 하나님의 창조세계에 대한 보존을 위협한다.

제 5차 나이로비 WCC는 인류는 지구상에서 가난을 근절시킬 수 있는 수단과 자원을 가지고 있다고 하더라도, 전세계적으로 가난한 사람들이 증가하고 있으며, 보다 더 인간답게 사는 기회들이 줄어들고 있다고 했다. 이미 언급한 CCPD의 "교회와 가난한 사람들"은 교회들에게 위와 같은 위기상황을 알렸다. 1980년 WCC 중앙위원회는 교회들로 하여금 "가난한 사람들 편들기"를 새로운 신학으로 근거시킬 것을 요구했다. 그래서 CCPD는 교회와 가난한 사람들에 관한 역사적 개관을 여러 권으로 출판한 후, 1980년에는 「가난한 사람들과 연대하는 교회를 향하여」(Towards a Church in Solidarity with the Poor)를 내놓았다. 그리하여 1980년 멜버른 CWME는 가난한 자들에 대한 선교를 강조하기 시작한다.

2) 1983년 밴쿠버 WCC 총회

1975년 나이로비에서 1983년 밴쿠버에 이르는 길목에서 JPSS는 제1세계와 제 3세계와의 갈등(저개발과 가난문제), 인권, 성차별, 인종문제를 포함하는 사회정치적, 그리고 경제적 구조악, 특히 자연과학과 기술의 발달로 인한 핵무기경쟁과 자연파괴 등 죽음의 세력에 항거하였다. 이런 점에서 1983년 밴쿠버의 전체 주제를 "예수 그리스도 – 세상의 생명"으로 정한 것은 매우 적절하다고 하겠다. 총회의 전체 주제에 관하여 3사람이 주제강연을 했는데, 첫 번째 발표자(감리교)는 생명에 대한 주요 성경적 이미지들을 소개한 후, 이것들에 비추어 우리들이 경험하는 오늘의 세계를 이해하면서 "이 세상을 살리기 위하여 죽으시고 부활하신 그분이 도대체 누구인가?"라고 질문하고 있다. 두 번째 발표자(동방 정교회)는 요한복음 서설에 나타난 기독론을 가지고 "성육신에 비추어 본 기독교적 삶의 수직적 차원과 수평적 차원 사이에는 아무런 차이가 없다."고 보고, "본 WCC 총회의 주제는 기독교인들에게 과격한 회개와 영적 갱신에로 부르며, 우리들로 하여금 일치, 공동 증거, 그리고 예언자적 행동에로 강권한다."고 했다.[95]

끝으로, 남아프리카의 개혁교회의 보삭(Allan Boesak)은 총회의 주제를 "억누름과 죽음과 파괴의 세력을 가장 심각한 문제라고 믿기를 거부하는 교회의 정적주의적, 파괴적 경건"에 대한 비판으로 보았다.[96] 그리고 전체 주제 강연을 끝내는 모든 참석자들에게 '참여적 행동'을 "그리스도 안에서 일어난 하나님의 중심적 행동"(the centrality of God's act in Christ)에 근거하여 역설하였다. 결국 삼위일체론적 복음이 세상을 살리는 운동의 근원이다.

오라! 그리스도 앞에 무릎 꿇고 예배합시다. 그는 하나님의 독생자시요 영원한 말씀으로서, 성부와 성령과 더불어 영광을 받으시는 삼위일체 중 한 분이십니다. 그는 우리의 구원을 위하여 성육신하셨고 십자가에 그의 몸을 못박으셨으니, 세상을 살리기 위해서 그분 자신을 우리에게 내주신 것입니다. 그는 그의 죽으심으로 죽음을 죽이셨습니다. 믿는 사람들이여 오십시오. 부활하신 그리스도 우리 하나님을 찬양하고 영화롭게 하십시다. 그분은 생명의 시여자로서 만물을 기쁨으로 충만케 하셨고, 장차 이 세계를 구원하러 오실 것입니다.[97]

그 다음에 전체 주제는 4개의 소주제들로 나뉘었다. (1) 하나님의 선물인 생명 (2) 죽음에 직면하여 죽음을 극복하는 생명 (3) 충만한 가운데 있는 생명 (4) 일치 속의 생명. 이처럼 1983년 밴쿠버 WCC 총회 전체 주제는 생명 되찾기운동, 죽음의 권세로부터 위협받고 있는 세상을 살

---

95. Gathered for Life, Official Report Ⅵ Assembly World Council of Churches, ed. by David Gill(Geneva : WCC, 1983), p. 21.
96. *Ibid.*, pp. 21-22.
97. *Ibid.*, p. 22.

리는 운동을 함축하고 있다. 밴쿠버는 나이로비와 그 이후 JPSS를 이어받고 있다. 밴쿠버는 MIT의 결과를 수용하면서, 특히 과학과 기술과 관련된 JPSS를 아래와 같이 주장한다.

> 오늘날 과학과 기술은 현대사회에 있어서 3가지 측면에서 이 세계의 생존을 위협한다 : 세계 무기경쟁, 경제적 지배와 착취, 그리고 생태계의 위기. 그런데 이 셋이 어떻게 연관되어 있고, 이들 속에서 어떤 구조들과 힘들이 역할을 하고 있는가에 대하여 더욱 자세한 분석이 요구된다. 그리고 이 셋이 어떻게 "하나의 정의롭고, 참여적이고, 지탱가능한 사회"(JPSS)를 위해서 봉사하게 될 수 있는가에 대해서도 계속해서 실천적으로 논의될 필요가 있다.[98]

그런데 밴쿠버는 JPSS를 이어받아 JPIC(a Justice, Peace and Integrity of Creation)로 나아갔다. 1982년 오타와 WARC 총회가 정의와 평화문제를 논하면서, 창조세계의 보전문제를 제기했다. 제 22차 서울 WARC 총회(1989)는 1982년 오타와에서 서울까지를 돌이켜보는 "오타와에서 서울까지"에서 다음과 같이 주장하고 있다.

> 1982년 캐나다 온타리오의 WARC 총회는 정의, 평화, 그리고 환경문제에 크게 역점을 두었다. 분과토의들과 전체 회의에서 오타와 총회는 세계를 위협하고 있는 이슈들에 대해서 충분한 증거를 들었다. 인권침해, 널리 확산된 억압, 남아프리카의 비극적 결과들, 세계 도처의 인종주의의 대두, 성차별주의의 만연, 점증하는 피난민, 망명 인사들과 집 없는 사람들, 배고픔과 기아, 군국주의와 핵파멸의 위협, 창조세계의 남용, 생명 기술공학의 놀라운 발전 및 부유한 나라들과 사람들 사이의 빈부의 격차.[99]

---

98. *Ibid.*, p. 78.
99. From Ottawa to Seoul : A Report of the World Alliance of Reformed Churches 1982-1989(Geneva : WARC, 1989), pp. 51-52.

그리하여 1982년 WARC는 "Called to Witness to the Gospel Today"라는 신앙문서를 만들고, 향후 여기에 근거하여 JPIC를 연구하게 하였다.[100] 그리고 이어서 WARC 실행위원회는 1983년 3월 창조세계의 보전문제를 포함한 정의와 평화문제를 위한 특별한 에큐메니칼 대회의 소집을 제안했다. 이는 아마도 가까이는 1983년의 밴쿠버 WCC를, 멀리는 1989년 서울 WARC 총회를 거쳐 WCC의 서울 JPIC를 이미 바라보았던 것이다. 바야흐로 밴쿠버는 JPIC를 WCC 전체 프로그램들 가운데 가장 우선적이고 시급한 과제로 삼았다.

WCC의 우선과제는 WCC 회원교회들로 하여금 JPIC에의 상호참여(mutual commitment=covenant)의 협의회적 과정(conciliar process)에 관여하도록 하는 것이다. 이와 같은 강조의 기초는 그리스도를 세상의 생명으로 고백하는 것이요, 인종주의, 성차별주의, 신분제도, 경제적 착취, 군국주의, 인권침해, 그리고 과학과 기술의 오용과 남용이라고 하는 악마적 세력에 대한 기독교적 항거이어야 한다.[101]

그러면 밴쿠버는 우리 교회들이 항거해야 할 죽음의 세력 혹은 '악마적 세력'에 대하여 어떻게 말하고 있는가? 밴쿠버는 여덟 이슈 그룹의 여덟 주제들 가운데, 결국 '교회와 사회' 분야에 속하는 다섯 번째 주제인 "평화와 생존에 대한 위협에 대면하여"와 여섯째 주제인 "정의와 인간의 존엄성을 위한 투쟁"에서 JPIC의 과제를 밝히고 있다. 우선 전자는 무엇을 말하고 있는가? 다음의 인용은 군국주의가 경제적 부정의, 지배와 종속, 인권의 침해를 일으키고, 핵무기 생산을 이러한 군국주의의 주된 문제로 보고 있다.

---

100. *Ibid.*, p. 52.
101. Between the Flood and the Rainbow : Interpreting the Conciliar Process of Mutual Commitment(Covenant) to Justice, Peace and the Integrity of Creation, ed. by D. Peman Niles(Geneva : WCC Publications, 1992), p. 2.

우리는 현 군사구조와 무기경쟁이 전체적으로 부정의한 세계 경제와 관계되어 있다고 믿는다.…… 무기 상거래는 지배와 종속의 관계를 지속시키고 발전시키며, 인권유린과 침해를 야기시키는 새로운 형태의 개입이다.[102]

인류는 지금 가장 어두운 무기경쟁의 그늘에서, 그리고 가장 만연된 부정의의 구조 속에, 인류 역사상 가장 위험한 시대에 살고 있다. 역사상 인류는 유래 없는 총체적 파멸 앞에 놓여 있다.[103]

그리고 본 이슈 그룹은 MIT 교회와 사회 세계대회의 통찰을 다음과 같이 수용하면서, "창조세계의 보존"에 대한 세계의 책임을 WCC 차원에서 호소하였다.

그 관계의 중심적 표현이 그리스도 안에 나타난바 하나님, 인류, 자연의 상호관계에 대한 신학적 이해의 점증하는 일치.

과학이 가치로부터 벗어난 혹은 가치 중립적이 아니라 윤리적 결단들과 가치들의 세계에서 일어나고 있다고 하는 사실에 대한 과학자들의 점증하는 인정.

신학과 과학은 서로 다른 언어로 연구되고 있어서, 계속해서 대화를 위한 문제들이 제기된다. 그래서 우리들은 이러한 문제들을 각각의 접근방법들과 제약들을 깊이 이해함으로써 풀어 나가야 할 것이다.

인류는 창조자와 피조물이라고 하는 두 축을 인식해야 한다. 인류의 삶은 이 두 축 사이에서 맴돈다. 따라서 이 두 축 가운데 그 어느 하나에 대한 무시는 인류와 세계의 파멸을 가져온다.[104]

---

102. *Gathered for Life*, pp. 74–75.
103. *Ibid.*, p. 131.
104. *Ibid.*, pp. 77–78.

다음으로 여섯 번째 이슈 그룹은 "인종주의, 성차별주의, 지배계급의 지배, 인권의 거부, 신분제도 등은 거미줄처럼 짜여져 있다."[105]고 보는바, 밴쿠버는 JPIC의 문제가 단순히 사회윤리 분야의 책임으로 돌려질 것이 아니라 세계 교회 전체가 짊어져야 할 과제로 보았다.

> 그리스도께서 세상을 다스리신다. 그의 백성은 이 세상의 악마적 세력에 대항하여 싸우시는 그리스도의 투쟁에 동참하도록 부름받았다. 꾸준하고 신실한 종으로 부름받은 교회들은 해방을 위해 투쟁하는 모든 사람들의 맹방으로서 어린양의 통치를 증거해야 하고, 세상 속에서 희망의 확실한 징표가 되어야 한다.[106]

따라서 밴쿠버는 WCC 회원교회들과 비WCC 교회들과 기독교 단체들에게 JPIC를 위한 "협의회적 과정 속에 있는 계약"(a covenant in a conciliar process)에 참여할 것을 촉구하고 있다.[107] 끝으로, 우리는 JPIC의 세 영역이 구조악들의 상호 맞물림처럼 서로 불가분리하게 얽혀 있다는 사실에 유의해야 한다. 그리고 이 운동은 1990년 서울 JPIC는 물론, 1992년 "환경과 발전"을 위한 리우(Rio de Janeiro) UN 총회를 내다보았다.[108]

2. 1991년 캔버라 WCC

1) 캔버라에 이르는 디딤돌들

정의와 평화문제는 WCC 역사 이래 계속해서 논의된 주제이지만,[109]

---

105. *Ibid.*, pp. 86-87.
106. *Ibid.*, p. 89.
107. *Ibid.*, p. 89 : 논란을 많이 일으킨 '계약' 개념은 1979년 MIT 대회에서 나왔고, 1989년 Ottawa WARC에서 신학적으로 정립되었다.
108. Sustainable Growth…, p. 81.

창조세계의 보존문제, 특히 생태계의 문제는 1968년 이후 1970년대에 크게 부상되어, 1975년 나이로비의 JPSS와 1979년 MIT 및 1981년 암스테르담을 거쳐, 1983년 밴쿠버에서 JPIC의 이름으로 본격적인 논의(비WCC 교회들과 기독교 단체들까지도 포함)에 접어들었다. 밴쿠버 총회는 '교회와 사회'에게 "파괴적인 힘으로서 경험되는 기술, 기술발전의 적절한 체계, 생명윤리 및 재생 불가능한 에너지" 등 과학기술로 야기되는 이슈들이 신앙과 증거에 대해서 어떠한 관계를 갖고 있는가에 대해서 숙고하고 행동할 것을 촉구하였다. 그리하여 밴쿠버 이후 '교회와 사회'는 '환경보전'의 문제에 관하여 WCC 전체 차원의 이해와 참여를 촉구했다. 이 '교회와 사회'는 세계 여러 지역들에서 회집된 모임들과 협의회들의 연구결과들을 모았다. 여기에서 논의되는 이슈들에는 기술로 인한 재난(Bhopal과 체르노빌), 태평양에서 일어난 핵실험, 중독성 쓰레기, 핵에너지, 이상기온과 적도 지역의 원시림 파괴에 대한 반응으로서 '생명의 해방'과 동물의 권리도 포함되어 있다.[110]

D. P. 나일즈가 열거하고 있는 서울 JPIC에 이르는 20개 이상의 작고 큰 회의들은 JPIC 운동이 WCC의 중앙집권적 계획과 행동에 의한 것이 아니라, 아래로부터의 운동이요, 세계 교회적 운동이었다는 사실을 보여 주고 있다 하겠다. 이것들 가운데 중요한 것들만 요약하여 열거하면 다음과 같다.

1985년 7~8월, WCC 중앙위원회는 WCC 내에서 JPIC를 공식적으로 출범시켰다. 이 위원회는 JPSS가 그 동안 이룩해 놓은 것 위에서 JPIC 추구를 계속할 것을 요청하면서 '계약'과 '창조세계의 보전'(Integrity of Creation=IC)을 명료화할 것을 요구하였다. 그리고 로마

---

109. 참고 : Ans Van der Bent, *Vital Ecumenical Concerns : Sixteen Documentary Surveys*(Geneva : WCC, 1986), p. 116.
110. Ans van der Bent, *Commitment to God's World*, p. 52.

가톨릭교회와의 협조를 권장하였고, 원주민들, 여성들, 청년들, 타종교들 및 자연과학 공동체들의 통찰과 시야들을 포함하는 광범위한 대화를 촉구하였다. 그리고 WCC 안에 JPIC 자문위원회를 설치할 것을 인정하였으며, JPIC 세계대회 개최를 제안하였다.[111]

1986년 11월, JPIC '계약' 개념 정의를 위한 협의회가 개최되었는데, 이 협의회는 이 개념이 교회의 JPIC 참여를 표현할 수 있는 여러 개념들 가운데 하나로 사용할 것을 결정하였다. 그리고 이 협의회는 JPIC 협의회(Council)가 아니라, JPIC 세계대회(a World Conference)를 열기로 했다.[112]

1987년 1월, WCC 중앙위원회는 JPIC의 역사적 중요성을 다음과 같이 언급했다.

> 1990년 JPIC 세계대회는 제 6차 밴쿠버 WCC의 위임사항을 실천하는 결정적인 진일보이다. 그것은 인류의 생존이라고 하는 긴급한 문제들에 대한 구속력 있는 공동의 선언들과 행동들에로 가는 도상에서 매우 중요한 단계이다.[113]

그리고 본 위원회는 로마 가톨릭교회를 '연합 초청자'(co-inviter)로 초대하기 위해 WCC 총무로 하여금 바티칸으로 초청장을 보내게 하였다.

1987년 10~11월, 동방 정교회간 창조 보존에 관한 협의회를 불가리아의 소피아에서 개최, "창조세계에 대한 정교회의 시야"라고 하는 문서를 내놓았다. 그리고 1987년 12월, WCC 총무는 로마 가톨릭교회가

---

111. *Between the Flood and the Rainbow*, pp. 2-3.
112. *Ibid.* : WCC조차도 1968년 웁살라가 제안한 "a genuinely universal, ecumenical Council"을 향한 잠정적 협의회요, 대회란 평신도들, 비WCC 교회들과 기독교 단체까지 포함하기 때문이다.
113. *Ibid.*

연합 초청자는 될 수 없으나, JPIC 세계대회 준비를 위해서 신학자들을 파송할 것이고, WCC 내의 JPIC에 직원을 파송하겠다는 약속을 받아냈다.[114]

1988년 3월, 노르웨이의 그렌볼렌에서 모인 "창조 보존 협의회"에는 개신교, 정교회, 로마 가톨릭교회 대표들, 타종교 공동체들, 원주민들, 여성들과 청년들이 모였다. 이 모임은 "창조 보존 : 에큐메니칼 토론"이라는 문서를 결과물로 갖게 되었다. 이 보고서는 '창조의 신학'에의 접근과 그 신학에 대한 태도에 있어서 일어날 수 있는 잘못들을 다음과 같이 지적하고 있다.

1. 신학에 있어서 축소주의, 예컨대 복음을 세계 속에서의 하나님의 일 하심을 무시하고, 인간 영혼의 영원한 운명을 강조하면서 개인 구원으로 축소하는 것.

2. 생태학적 위기는 순전히 과학기술적 방법으로 해결될 과학기술적 문제라고 주장하는 과학기술적 교만.

3. '자연'으로 돌아가자는 접근방법, 기술과 산업사회 이전의 삶으로 돌아가자는 낭만주의적인 반응. 이는 하나님으로부터 주어진 과학과 기술의 역동성이란 도피될 수 있는 것이 아니라, 제어되어야 할 힘이라는 사실을 무시하는 것이다.

4. 생태학적 위기를 회개와 개선을 촉구하는 하나님의 심판으로 보기보다는 이 세계의 종말로 보는 신묵시주의적 접근방법.

5. 역사 속에서 완전하고 문제성이 없는 세계를 찾으려는 비현실적이고 천진난만하며 공상적인 태도에서 나타나 보이는 유토피아적 반응.[115]

---

114. *Ibid.*, p. 4.
115. Ans van der Bent, *op. cit.*, pp. 74–75.

1988년 9월, 태평양 지역교회들이 JPIC 총회를 가졌고, 1989년 로마 가톨릭교회가 "JPIC를 위한 로마 가톨릭 기여"를 내놓았고, 1989년 5월에는 소련의 민스크에서 정교회들 간의 "정의와 평화 협의회"가 열려 "정의와 평화에 대한 정교회의 시야"를 출판하였다. 1989년에는 "유럽 교회들의 대회"(the Conference of European Churches)와 "유럽 주교들의 협의회"(the Council of European Bishops' Conference= CCEE)가 연합으로 바젤에서 JPIC 총회를 열었다. 이 회의는 1990년 서울 JPIC 총회를 향한 이정표들 가운데 가장 성공적인 것으로, 700명의 교회 대표들과 900명의 기타 참석자들이 참석하였다. 1054년, 동서방 교회의 분열 이래 로마 가톨릭교회, 동방 정교회, 개신교회들이 가장 큰 숫자로 한자리에 모인 역사적인 모임이었다. "전창조세계를 위한 정의와 평화"라는 대회 주제는 95.4% 이상으로 통과되었다.[116]

그리하여 1989년 8월, WARC 제 22차 총회가 서울에서 열렸는데, 제 3분과에서 오타와 총회(1982)에 이어 JPIC를 전적으로 논의하였다. 그리고 이어서 1989년 9월에 CCA(the Christian Conference of Asia), 1989년 12월 중남미, 그리고 1990년에 LWF(Lutheran World Federation)가 각각 JPIC, 특히 "IC" 문제를 논의하였다. 1990년 3월의 서울 JPIC는 이상과 같은 역사적 배경을 가지고 개최되었다.

서울 JPIC는 10개의 짧은 확언들(affirmations)에 이어 구체적인 문제들을 위한 4항목의 계약행동(act of covenant)에 돌입하였다. 바로 이 10개와 4개의 주장들 속에 JPIC의 전모가 드러나 있고, 향후 등장하게 될 '생명의 신학'(the Theology of Life)이 제시되어 있다. (1) 우리는 모든 권력행사가 하나님 앞에서 책임이 있다고 확언한다. (2) 우리는 하나님께서 가난한 사람들 편에 서신다고 확언한다. (3) 우리는 모든 인

---

116. Between the Flood…, pp. 5-6 : 본 대회의 공식보고서는 "Peace with Justice"(Geneva : Conference of European Churches, 1989)이다.

종들과 사람들의 평등함을 확언한다. (4) 우리는 남성과 여성이 모두 하나님의 형상대로 창조되었다는 사실을 확언한다. (5) 우리는 자유로운 사람들의 공동체란 진리에 기초하고 있음을 확언한다. (6) 우리는 예수 그리스도의 평화를 확언한다. (7) 우리는 창조세계가 하나님에 의하여 사랑받고 있음을 확언한다. (8) 우리는 이 지구가 주님의 것임을 확언한다. (9) 우리는 젊은 세대의 존엄성과 참여를 확언한다. (10) 우리는 인권이 하나님으로부터 주어진 것이라고 확언한다. 그리고 4개의 구체적인 이슈에 대한 참석자들의 '계약행위'는 다음과 같다. 1. 정의로운 경제 질서와 외채로부터의 해방 2. 모든 나라들과 백성들의 진정한 안보와 비폭력의 문화 3. 창조의 보전과 조화를 이루며 살 수 있는 문화의 건설과 이 세계의 생명을 양육하고 지탱하는 지구환경에 대한 보존 4. 인종주의와 인종차별주의에 대한 근절.[117]

그런데 서울 JPIC에 대하여 엇갈리는 견해가 있었다. 1925년 스톡홀름과 1937년 옥스퍼드의 '삶과 봉사'에서는 유럽대륙 신학자들의 비관론과 앵글로 색슨 계통의 낙관론이 대립하였으나, 1968년 이후에는 서양의 신학자들과 '제 3세계' 신학자들의 입장이 갈등을 보였다. JPIC에 관하여는 유럽과 북미는 이미 발전을 거듭한 상태에서 '창조의 보전'과 '평화' 문제를 들고 나왔고, 한국을 비롯한 제 3세계는 '정의'와 '발전' 문제를 주장했다.

하지만 1990년 3월, 서울 JPIC가 열린 지 10일 후에 JPIC를 차기 캔버라 WCC 총회에서 우선과제로 추천하였고, Unit II의 WCC 중앙위원회에게 주는 보고서는 JPIC가 "다음 21세기 동안 에큐메니칼 비전의 심장"이 될 것이라고 했다.

---

117. Now Is The Time : Final Document and Other Texts : World Convocation on Justice, Peace and The Integrity of Creation(Geneva : WCC, 1990), pp. 12-33.

서울 JPIC는 생명이 지탱되는 JPIC의 세계를 지향하고 있다. WCC 중앙위원회는 캔버라 총회에 주는 보고서(Vancouver to Canberra, 1983-1990)에서 '교회와 사회'의 미래적 과제를 생명이 지탱되는 미래사회로 보고 있다. 우리는 여기에서 에큐메니칼 사회윤리가 역사상 유래 없이 확장되었음을 알 수 있다. 벤트는 이렇게 주장한다.

    이 같은 에큐메니칼 사회윤리는 제 7차 WCC 총회의 '생명의 시여자시여! 당신의 창조세계를 지탱하소서!' (제 1분과)로 표현된 기도에 응답할 수 있는 경제, 정치, 사회, 생태학적 구조들에 대한 변혁이어야 한다. 많은 사람들은 오늘의 세계가 생명이 지탱될 수 있는 미래를 갖기 위해서 북과 남에서 현대사회를 형성해 온 가치들이 재구성될 필요가 있는 '포스트모더니즘' 시대로 돌입하고 있다고 본다.[118]

2) 1991년 캔버라 WCC 총회

1991년 2월, 호주의 캔버라에서 열린 제 7차 WCC는 그 전체 주제를 "성령이여, 오소서! 전창조의 세계를 새롭게 하소서!"로, 제 1분과의 제목은 "생명의 시여자시여, 당신의 창조세계를 지탱하소서!"로 했으니 JPIC의 정신, 특히 "IC"의 문제가 역사상 유래 없이 부각되었다. 1990년 서울 JPIC에서 1991년 캔버라로 오면서 "생태신학"이 크게 떠올랐다. 이제 우리는 제 1분과(Section I=S.I.)의 보고내용을 간단히 분석 검토하려고 한다.

S.I.의 1. "창조의 신학 : 우리 시대의 도전"은 생명의 신학을 삼위일체 하나님과 예수 그리스도에 기초시키고, 창조세계 속에 현존하시는 '성령'을 강조했다.

    우주의 한량없는 신비, 창조세계와 특히 이 고귀한 지구의 풍요로움과

---

118. Ans van der Bent, *op. cit.*, p. 53.

아름다움과 장엄함은 모두 하나님의 영광을 나타내고 있다. 전체 주제에서 우리의 기도를 받으시는 성령께서는 만물 속에 있는 생명을 위한 에너지를 공급하고, 모든 것이 하나님께 의존하고 있음을 알리고 있다. 만물이 예수 그리스도를 통해서 창조되었고, 이분 안에서 하나님의 창조세계는 완성된다. 우리는 그리스도의 십자가와 부활을 통해서 전창조세계가 새롭게 되는 것을 확신한다. 모든 것이 예수 그리스도 안에서 하나님과 화해하였고, 우리는 성령을 통해서 하나님의 미래를 경험하기 시작한다.

성령께서 창조세계 속에 현존하시므로 우리 인간은 모든 생명체들과 함께 묶여 있다. 우리는 생명의 공동체 안에서, 그리고 이 생명의 공동체에 대하여 하나님 앞에 책임이 있다. 이 책임은 여러 가지로 생각할 수 있다. 섬기는 자들, 청지기들과 보호자들, 경작자들과 관리인들, 창조의 제사장들, 양육자들, 그리고 연합 창조자들(co-creators)로서 책임이 있다. 이것은 우리에게 애정과 겸손, 존경과 경외심을 요구한다.[119]

루카스 피셔는 "제 1분과는 전체 주제가 성령이기 때문에 성령의 사역의 관점에서 창조세계에 대한 관점을 발전시키고 있다."고 보고, 1990년 콸라룸푸르의 캔버라 준비대회의 보고서를 인용, "성령에 대한 이 같은 강조는 창조의 신학에 새로운 시야를 열어 놓았다."고 했다.

하나님의 성령은 창조되지 않은 에너지로서 창조세계 속에 살아 계신다. 모든 창조물은 이 신적 생명 안에서 살고, 움직이며, 존재한다. 이 성령은 만물(ta panta) 안에, 만물과 함께, 만물 밑에 계신다. 이 성령께서는 이 만물을 완성하시고, 완전케 하신다. 이처럼 성령께서는 창조세계 속에 편만해 계시므로, 우리는 이 우주가 거룩한 것에 참여하고 있지 않으며, 인간이 자연의 일부가 아니라고 하는 견해를 배격한다.…… 모든 것이, 특히 생명 있는 모든 것은 예수 그리스도를 통해서 성령의 능력으

---

119. Signs of the Spirit, Official Report Seventh Assembly, ed. by Michael Kinnamon(Geneva : WCC, 1991), pp. 54-55.

로 고통 중에 신음하면서 만물의 완전한 구속을 고대하고 있다(롬 8
장).[120]

캔버라는 이어서 "세계적인 사회정의의 위기"와 "세계적인 생태학
적, 환경적 위기"가 서로 맞물려 있는 것으로 보고 있다.

> 사회정의는 건강한 환경과 맞물려 있다. 그리고 지탱될 만하고, 지탱하
> 는 환경은 보다 더 큰 사회정의 없이는 실현될 수 없다.…… 성경적 정의
> 개념은 창조세계 전체가 건강한 관계에 있어야 할 필요를 인정한다. 정의
> 개념을 이렇게 이해할 때 빈곤, 권력 없음, 사회적 갈등, 그리고 환경파괴
> 가 서로 맞물려 있음을 우리는 쉽게 이해할 수 있다.[121]

그리고 캔버라는 "경제와 생태학"의 긴밀한 관계가 교회의 JPIC 과
정에서 밝히 드러난 것으로 보고, "우리의 지구를 지탱시키는 것은 생
산과 소비가 아니고, 인간의 생명을 유지시키고 있는 생태학적 체계이
다."[122]라고 한다.

끝으로, S.I.의 3. "교회 : 모든 창조세계의 생명을 위한 계약행동"에
서 교회의 JPIC에 대한 책임을 신학적으로 역설하면서 교회의 예배와
조직, 그리고 교회적 요소들을 "IC"와 "JPIC"에 현실 상부하게 할 것
을 역설하고 있다.

> 전생명공동체의 깨어짐에 의해서 부각된 위기는 교회로 하여금 JPIC
> 를 갱신하도록 도전해 오고 있다. 교회들은 이 JPIC 참여를 구체화시키
> 고, 실천해야 할 책임을 지고 있다.

---

120. *Sustainable Growth - A Contradictory in Terms?*, pp. 82-83.
121. *Ibid.*, p. 55.
122. *Ibid.*, p. 60.

교회는 깨어짐에서 온전함에로, 죽음에서 생명에로 구속받은 그리스도 안에 있는 '새 창조'의 징표이다. 그래서 교회는 구속받은 공동체로서 창조의 갱신에 있어서 결정적 역할을 한다. 그것은 교회의 예언자적 과제요, 교회는 신앙과 용기와 소망으로 응답하도록 부름받았다.

성령의 능력은 교회로 하여금 생명을 베풀고, 치료하며, 지탱되는 공동체가 되게 한다. 그래서 상처와 깨어짐은 이 공동체에서 온전함과 갱신을 얻는다. 이렇게 성령의 능력을 힘입은 교회는 정의롭고, 지탱될 만한 사회적, 경제적 질서를 탐구하고, 이러한 책임을 수행할 수 있는 창의적이고 상황에 걸맞는 방법을 발견할 수 있게 한다.

만약 교회의 영적이고 제도적인 자원이 인간의 필요와 생태학적 필요에 대응해야 할진대, 교회의 신앙, 정치 및 구조는 비판적으로 재검토되어야 한다. 이것은 교회의 정책들, 과제들의 우선순위들 및 프로그램의 재조정을 뜻한다.

창조신학과 경제 및 생태윤리의 이해가 성경공부, 교리교육, 찬송, 예전, 기도, 성례 및 증거를 통해서 교회의 생활과 봉사활동에 반영되어야 한다.[123]

3. 1991년 캔버라 이후

1961년 뉴델리 WCC 총회에서 Sittler의 주제강연이 "우주적 기독론"(cosmic Christology)을 제시한 이래, 그리고 1963년 몬트리올 신앙과 직제가 제 1분과에서("The Church in the Purpose of God") 교회의 사회참여와 창조세계에 대한 책임을 주장한 이래, '신앙과 직제'는 교회와 사회에 가까이 오기 시작하여 1991년 서울 JPIC를 계기로 이 두

---

123. *Ibid.*, pp. 67-68.

운동은 매우 접근하였다.[124] 그리하여 1993년 스페인의 산티아고 데 콤포스텔라에서 열린 제 5차 신앙과 직제 세계대회에서는 '신앙과 직제'의 사회참여를 나타내는 "The Church and World : The Unity of the Church and the Renewal of Human Community"(1990)와 JPIC측의 문서인 "Costly Unity"가 무엇보다도 교회론적 차원인 '코이노니아'를 바탕으로 합류하였으니, 이 교회의 사회적 책임수행에 관한 문서가 1993년 산티아고에 반영됨은 물론, 1998년 제 8차 WCC 총회에도 크게 기여할 것이다. 1993년의 "Costly Unity"에 이어, 1994년 예루살렘의 탄투르에서 모인 JPIC협의회는 'Costly Commitment'를 결과물로 내놓았으며, JPIC는 계속해서 '생명의 신학'(Theology of Life)을 연구하고 있다.

산티아고 문서인 "Towards Koinonia in Faith, Life and Witness"에 있어서 신앙은 사도적 신앙을, 삶은 세례, 성만찬, 직제를 중심한 교회적 삶을, 그리고 증거는 19세기적 선교와 JPIC를 포함하는 교회의 사회참여를 말하고 있으니, 이 같은 구조는 신앙과 직제가 JPIC(Life and Work이 1960년대에 Church and Society로, 그리고 1990년에는 JPIC로)로부터 분리해서 살지 않고, 재결합하여 살고 있는 모습을 보여 주고 있다. 1995년 *The Ecumenical Review*(vol. 47, no. 2)가 교회론과 윤리를 한데 묶어 여러 논문들을 싣고, 그 주제를 "Ecclesiology and Ethics"라고 한 것은 서울 JPIC 이래로 신앙과 직제가 JPIC와 더욱 가까워졌고, 가까워져야 한다는 사실을 말해 주고 있으며, 1996년 *The Ecumenical Review*(vol. 48, no. 2)의 제목인

---

124. 참고 : Sustainable Growth…, p. 70 ; The Ecumenical Review(vol. 47, no. 2, April 1995) ; 이형기, "신앙과 직제 제 5차 세계대회의 분과보고서",「교회와 신학」(제 26집, 1994) ; The Fourth World Conference on Faith and Order, ed. by P. C. Rodger and L. Vischer(London : SCM, 1994), p. 43.

"Does Ethics Divide or Unite?"는 1925년 스톡홀름의 "Doctrines divide, service unites"를 숙고하고 있는 것을 보인다.

1994년 1월, WCC 중앙위원회는 "생명의 신학 : JPIC 프로그램"을 인정하여, 풀뿌리와 국가들 차원의 JPIC 경험과 실천을 초국가적, 그리고 세계적 차원의 그것으로 끌어올릴 것을 요구하였다. 이 프로그램은 (1) 사회윤리 (2) 교회론과 윤리 (3) 창조의 신학에 관심을 집중하였는데, 이는 서울 JPIC의 현안들이었다. Larry Rasmussen은 '생명의 신학'에 대한 사례연구들을 위한 그의 글 "생명의 신학과 에큐메니칼 윤리"에서 '청지기' 개념은 인간의 창조세계에 대한 책임을 나타냄에 있어서 약하다고 보고, "모든 창조세계의 과격한 통일성, 다양성 및 공동의 삶"을 강조하였고, "지탱가능성, 참여, 충분성 및 연대성"을 생명중심의 윤리를 위한 4가지 도덕적 규범으로 보았다. 그리하여 이러한 주장은 WCC 후원하에 열린 1996년 봄의 "창조 포럼"에 기여했다.[125] 그런데 이 포럼의 결과물은 WCC 중앙위원회의 주관하에 1996년 6월에 열린 신앙과 직제와 JPIC(Unit Ⅲ)의 협의회에서 받아들여졌다. Mudge는 이것을 "에큐메니칼 세계의 새로운 패러다임"으로 보았다. 즉, 교회의 일치가 세계 속에서의 하나님의 일과 분리될 수 없고, 인간의 보편사적 의미가 교회의 코이노니아 안에서만 적절히 생각될 수 있다고 보았다.[126]

이미 1995년 여름 할키 세미나는 자연과 인간 모두가 하나님이 창조하시고 '좋다'고 하신 세계(cosmos)로 보고, 창세기 1 : 28 하반절을 하나님을 영화롭게 하기 위하여 인간이 창조의 세계, 즉 자연과 인간들을

---

125. Douglas L. Chial, "The Ecological Crisis", in *The Ecumenical Review*(vol. 48, no. 1, Jan. 1996), p. 57.
126. Lewis S. Mudge, "Ecclesiology and Ethics in Current Ecumenical Debate", in *The Ecumenical Review*(vol. 48, no. 1), p. 11.

섬기도록 부름받은 것이라고 한다. 여기에 참석한 사람들은 우리를 위기 가운데로 몰아넣었고, 모든 창조세계의 생존을 위협하는 '인간 집중적 세계관'을 비판하였다. Chial은 이 세미나의 주장에 관련하여 환경문제에 대해서 의식이 높아 가고 노력이 경주되고 있으나, 계속해서 환경이 악화되는 이유를 다음과 같이 말하고, 그 해결책을 신학에서 찾는다.

참석자들은 이 같은 역설은 자연파괴와 자연보존에 대한 인류의 모든 노력이 동일한 실용주의적 전제들과 세속적인 반응들을 흔히 사용하는 데에 뿌리를 내리고 있다고 관찰하였다. 이들은 그와 같은 반응은 자연의 성스러움과 우리 모두가 부름받은 하나님의 창조세계를 위한 제사장적 기능을 인정하지 않는 것이라고 입을 모았다. 그래서 이들은 구원이란 전체적이라고 하는 사실을 전제하는 새로운 윤리를 탐구하였다. 즉, 이들은 인간의 구원이란 나머지 창조세계로부터 동떨어진 채로는 도달되어질 수 없고, 환경위기의 심각성을 감소시킬 수 있는 지속적인 방법은 소비지향적인 삶을 회개하는 것이라고 했다.[127]

1996년 5월 "창조세계 포럼"은 원주민들의 목소리를 수렴하면서, '생명의 신학'은 1997년 "Sokoni"(soko : 아프리카의 전통적인 시장)라 불리우는 JPIC 확대회의에서 절정에 달하는데, 이 협의회는 여러 엄선된 연구그룹들의 사례연구 결과물들을 종합함으로써 에큐메니칼 사회사상의 갱신을 추진하였고, 1998년 WCC(the Harare)를 준비하였다. JPIC는 이 "Sokoni"가 의사소통과 교환의 장소로서 공동체를 형성한다고 보고, 이 JPIC 프로그램이 향후 생명과 문화, 윤리와 영성을 건설하고, 잘못된 지구촌 경제체제의 논리에 맞대응할 것을 기대하고 있다.[128]

---

127. *The Ecumenical Review*(vol. 48, no. 1, Jan. 1996), pp. 59-60.
128. Martin Robra, "Theology of Life-Justice, Peace, Creation," in *The Ecumenical Review*(vol. 48, no. 1, 1996), pp. 36-37.

소련과 동구권이 붕괴되고, 독일이 통일되는 상황에서 1989년 바젤에서 JPIC를 위한 제 1차 유럽 에큐메니칼 총회(the first European Ecumenical Assembly)가 열린 데 이어, 1997년에는 제 2차 유럽 에큐메니칼 총회가 열렸는데, 그 주제가 "화해 : 하나님의 선물과 새 생명의 근원"이라는 제목으로 회집되었다. 여기에서 화해는 예수 그리스도의 십자가와 부활을 통해서 일어난 것으로, 우리 기독교인들로 하여금 이 화해를 인간들 사이의 화해의 원천이 되게 한다. 그런데 이것은 3가지를 함축한다. 첫째는 인간들 사이의 화해, 둘째는 교회들 사이의 화해, 그리고 셋째는 자연과의 화해이다.[129]

1998년 제 8차 WCC의 주제는 "하나님께 돌아가라 – 소망 가운데 기뻐하라."인데, WCC 총무인 라이저 박사는 1998년 WCC 총회부터 교황 요한 바울 2세가 선포한 희년인 2000년까지를 우리 모두의 회개의 시기로 정하자고 한다. 그리고 2000년에는 하나님의 기독교적 백성 모두를 대표하는 교회지도자들, 남성들, 여성들, 그리고 어린이들이 예루살렘을 향해 순례의 길을 떠나자고 한다.[130]

결 론

1. 발견된 점들

1. 1975년 나이로비의 JPSS는 1966년 제네바 "교회와 사회 세계대회"의 "Christians in the Technological and Social Revolutions of our Time"을 수용한 1968년 웁살라 WCC를 이어받았고, '교회와

---

129) "Use the Days of Grace! : The Ecumenical Movement on the Way to the Third Millenium : Manifesto of the Oekumenische Rundschau," in *Ibid.*, p. 92.
130) *Ibid.*, p. 93.

사회'가 1969년에 5개년 계획으로 출범시킨 "The Future of Man and Society in a World of Science-based Technology"의 영향을 크게 받으면서, 제 1세계와 제 3세계의 갈등(저개발과 가난), 인권, 성차별, 인종문제를 포함한 사회정치적, 그리고 경제적 구조악, 무엇보다도 자연과학과 기술의 발달로 인한 핵무기전쟁과 자연파괴 등의 죽음의 세력에 항거하였다. JPSS는 세계 교회가 지구촌 공동체를 지탱하기 위해서 무엇을 어떻게 해야 하는가를 문제삼았다. 1975년 나이로비는 그 이전 어느 때보다도 구조악에 대하여 크게 관심하였다.

2. 1975년 나이로비의 JPSS가 1983년 밴쿠버에서는 JPIC로 바뀌었고, 1990년 서울 JPIC 이래로 "IC"가 급부상하기 시작하였다. 그리하여 1991년 캔버라의 전체 주제("성령이여 오소서. 전창조의 세계를 새롭게 하소서.")와 제 1분과의 주제("생명의 시여자시여, 당신의 창조세계를 지탱하소서.")에서 "IC"문제가 강조되고 있음이 보인다. 그리고 1993년 산티아고의 '신앙과 직제' 제 5차 세계대회 이후, WCC의 JPIC(Unit Ⅲ)는 '생명의 신학'(Theology of Life)에 관심을 집중하고 있다.

3. 1975년 나이로비 WCC에서 1983년 밴쿠버 WCC에 이르는 길목에서, 특기할 만한 것은 1979년 '교회와 사회' MIT 세계대회("Faith, Science and the Future")와 1981년 암스테르담의 "핵무기와 군비축소에 대한 국제적 공청회"였는데, 이 둘은 모두 오늘날 인류공동체가 당면한 문제는 환경문제라는 사실을 일깨워 주고 있으며, 1983년 밴쿠버 이래로 이 환경문제가 정의와 평화문제와 맞물릴 것을 예기하고 있다. 그리고 선진 강대국들의 과학기술의 발달은 제 3세계의 경제와 개발문제에 직결되는바, 제 1세계가 제 3세계를 과학기술에 있어서는 물론, 경제와 정치에 있어서도 자신들에게 종속시키는 결과를 낳게 되었다는 점이다. 그래서 이미 1970년대에 JPSS는 CCPD와 CCIA에게 어떤 방향제시를 해야 했고, 1980년대의 JPIC 역시 제 3세계의 정의와 개발문제에 골몰해야 했다. 이 '제 3세계'의 가난과 해방문제는 1960년대

말(1969년 Medellin 제 2차 주교총회) 해방신학의 등장으로 본격화되었지만 말이다.

4. 1983년 밴쿠버 WCC의 전체 주제("예수 그리스도 - 세상의 생명")와 그 소주제들(1. 하나님의 선물인 생명 2. 죽음에 직면하여 죽음을 극복하는 생명 3. 충만한 가운데 있는 생명 4. 일치 속의 생명)은 1980년대에 접어들면서 '생명' 문제가 크게 부상하고 있음을 웅변적으로 말해 주고 있다. 특히 밴쿠버는 MIT의 결과를 3가지 측면(1. 세계의 무기경쟁 2. 경제적 지배와 착취 3. 생태계의 위기)에서 수용하면서 JPSS를 역설하고 있다.

5. 1983년 밴쿠버가 JPSS에서 JPIC에로 전환하게 되는 데에는 1982년 오타와 WARC 총회가 크게 영향을 주었다. 특히 1982년 WARC의 "Called to Witness the Gospel Today"는 1989년 서울 WARC 총회의 제 3분과의 JPIC를 위한 신학적 근거를 마련해 주었고, 1990년 서울 JPIC를 준비하였다. 밴쿠버는 MIT를 수용하면서 다음과 같이 3가지 점을 역설하였다. 1. "하나님, 인류, 자연의 상호관계에 대한 신학적 이해가 일치하고 있다." 2. "과학은 가치중립적이 아니고, 윤리적 결단들과 가치의 세계에서 일어나고 있다." 3. "신학과 과학이 계속적으로 대화를 해야 한다." 그리고 밴쿠버는 JPIC가 단순한 사회윤리 차원의 과제가 아니라, 전 WCC 회원교회들과 기독교 단체들, 나아가서 모든 비WCC 교회들과 기독교 단체들 및 온 인류의 과제라고 천명하였다.

6. 1983년 밴쿠버에서 1990년 서울 JPIC 대회들에 이르는 길목에서 D. P. 나일즈가 제시한 대로 20개 이상의 교회들의 지역별 혹은 세계적인 JPIC 대회들이 있었으니, 기술로 인한 재난(체르노빌), 태평양에서의 핵실험, 중독성 산업 쓰레기, 핵에너지, 이상기온과 적도 지역의 원시림 파괴 등 자연파괴의 문제가 눈에 띈다. 이들 가운데 1988년 노르웨이 그렌볼렌에서 모인(개신교, 정교회, 로마 가톨릭교회 등) "창조 보존 협의회"가 지적한 "창조신학"에의 접근과 이 신학에 대한 태도에 있

어서 일어날 수 있는 5가지 잘못은 우리에게 시사하는 바가 크다. 그 중에 셋만 다시 열거하자. 1. 복음을 개인의 영혼 구원에만 국한시키고, 세계 속에서 일하시는 하나님에 관련시키지 않는 것 2. 생태학적 위기가 과학기술적 문제 이상의 문제가 아니라, 과학기술로만 해결될 수 있다고 보는 것 3. 생태학적 위기를 회개와 개선을 촉구하시는 하나님의 심판으로 보기보다는 이 세계의 종말로 보는 신묵시주의.

7. 서울 JPIC에서, 발전을 거듭해 온 제 1세계는 "IC"와 평화문제에, 개발을 계속적으로 필요로 하는 제 3세계는 '정의'와 '발전' 문제에 부심하여 서로 의견의 충돌을 보였으니, 일찍이 1925년 스톡홀름과 1937년 옥스퍼드의 '삶과 봉사'에서는 유럽대륙의 비관론과 앵글로 색슨의 낙관론이, 그리고 1960년대 말부터는 제 1세계의 전통적인 신학과 제 3세계의 해방신학이 갈등을 보였다. 하지만 JPIC 직후, JPIC(Unit Ⅲ)에서 JPIC 문제가 향후 세계 교회가 감당해야 할 21세기의 과제라는 점을 확실히 하였다. "생명이 지탱되는 미래사회"를 지향하는 JPIC의 과제는 "생명의 시여자시여, 당신의 창조세계를 지탱하소서."라고 하는 기도에 대해서 응답하는 경제, 정치, 사회 및 생태학적 구조의 변혁이다. 이는 전WCC, 아니 전인류의 과제인바, 우리는 모더니즘의 가치관들을 가지고 있는 정치, 경제, 사회, 문화의 재구조화를 요청하는 포스트모더니즘시대로 돌입하고 있다.

8. 1991년 캔버라 WCC의 제 1분과에 나오는 "창조의 신학 : 우리 시대의 도전"이 주장하는 삼위일체 하나님과 예수 그리스도, 무엇보다 창조세계 속에 현존하시는 성령에 대한 주장은 '창조의 신학', 나아가서 '생명의 신학'의 신학적 근거를 제시하고 있다. 캔버라 WCC를 위한 콸라룸푸르 준비대회가 밝힌 '성령'과 창조세계와의 관계는 '창조신학'에 새로운 비전을 열어 보여 주었다. 그리고 캔버라 역시 "세계적인 생태학적 위기"가 "세계적인 사회정의의 위기" 및 "세계적인 경제정의의 위기"와 맞물려 있는 것으로 보았다. 나아가서 캔버라는 세계

교회의 JPIC에 대한 책임을 논함에 있어서 "교회의 신앙, 정치 및 구조"를 비판적으로 재검토해야 하고, "교회의 정책들, 과제들의 우선순위들 및 프로그램의 재조정"을 촉구하고 있으며, "교회의 성경공부, 교리교육, 찬송, 예전, 기도, 성례 및 증거"에도 JPIC, 특히 "IC"에 대한 책임이 반영될 것을 요구하고 있다.

9. 산티아고의 '신앙과 직제' 제 5차 세계대회에서, '신앙과 직제' 는 "JPIC"(Unit Ⅲ)와 매우 가까워졌다. 즉, '신앙과 직제' 의 "The Church and World : The Unity of the Church and the Renewal of Human Community"(1990)가 교회의 사회참여를 주장하였고, 신앙과 직제 및 "JPIC"측의 공동연구의 결과물인 "Costly Unity"가 'koinonia'를 바탕으로 교회의 사회참여를 주장함으로써, 이 두 운동의 합류가 가시화되고 있는 것으로 나타난다. 산티아고 이후 교회론과 윤리학은 매우 근접하고 있다. 그래서 1995년의 *The Ecumenical Review*는 그 특집 주제를 "Ecclesiology and Ethics"로 하였다. 1994년 WCC 중앙위원회가 "생명의 신학 : JPIC 프로그램"을 인정한 이래, 이 프로그램은 1. 사회윤리 2. 교회론과 윤리학 3. 창조의 신학에 큰 관심을 보이고 있다. 그래서 우리는 Mudge와 더불어 '신앙과 직제' 가 "JPIC"와 함께 이러한 과제들을 풀어 나가는 것이 "에큐메니칼 세계의 새로운 패러다임"으로 볼 수 있을 것이다. 이처럼 '신앙과 직제' 와 '교회와 사회' 가 가까워지기 시작한 것은 1960년대부터였지만 말이다.

10. 1995년 할키 세미나 역시 큰 교훈을 준다. 1. 인간은 자연과 더불어 하나님의 창조물로서 하나님을 영화롭게 하고, 자연과 인간을 섬기기 위해서 부름받았다. 2. 인간 집중적 세계관은 극복되어야 한다. 3. 자연파괴와 자연보전 모두에 있어서 실용주의적 가치관은 포기되어야 한다. 4. 우리는 자연의 성스로움을 인정해야 한다. 5. 교회는 하나님의 창조세계를 위한 제사장이다. 6. 구원은 인류 뿐만 아니라, 나머

지 창조세계에도 일어나야 한다. 7. 소비지향적 삶을 회개해야 한다. 그리고 1997년에 열릴 "Sokoni JPIC"(UnitⅢ) 대회는 JPIC 프로그램이 향후 생명과 문화, 영성과 윤리, 그리고 지구촌 경제문제를 계속 연구할 것이다.

우리는 이상에서 1~9까지에서 주로 '삶과 봉사', '교회와 사회', 혹은 "JPIC"(UnitⅢ) 계통의 교회의 사회적 책임에 대해서 논했다. 물론 이러한 교회의 사회참여는 '신앙과 직제' 전통을 전제한다. 사실상 '신앙과 직제' 대표들과 '교회와 사회' 대표들이 세계 교회 차원에서 함께 일해야 할 필요성을 절감하면서 1938년 위트레히트에서 WCC를 구성하였다. 하지만 "10"에서 지적한 대로, 1960년대부터 '신앙과 직제'는 '교회와 사회'에 계속 접근하는 관계를 지향해 오다가, 1993년 산티아고에 와서는 그 거리를 매우 좁히고 있다. 교회의 사회참여에 있어서 가장 이상적인 구도는 '신앙과 직제' 전통이 "JPIC"(UnitⅢ)와 긴밀한 관계를 유지하는 것이다. 에큐메니칼운동과 WCC의 근본 성격을 규정하는 '신앙과 직제', "JPIC"(Unit Ⅲ), 그리고 '선교'(CWME)가 서로 삼위일체적 관계를 유지하는 것이리라.

2. 에큐메니칼운동과 WCC의 교회의 사회참여에 조명해 본 한국 교회의 사회적 책임

대한예수교장로회 통합측이 사용하고 있는 "12신조", "웨스트민스터 신앙고백"과 1986년의 "대한예수교장로회총회 신앙고백서"에서, 우리는 '신앙과 직제' 전통과 공유하는 부분들을 많이 발견하나, '삶과 봉사', '교회와 사회' 혹은 "JPIC"(Unit Ⅲ) 차원의 내용은 거의 발견할 수 없다. '신앙과 직제'는 '복음', '삼위일체 하나님', '예수 그리스도와 교회', '칭의와 성화', 그리고 세례, 성만찬, 직제 등을 교회의 사회참여와 선교에 연결시키고 있는 경향을 보이고 있는 반면, 이미 지적한 대한예수교장로회 통합측 신앙고백서들은 전혀 그렇지 못하다. 따라서 통합측의 신앙고백서들 안에 있는 모든 신학적인 주제들은 '교회와 사회' 계통의 내용은 물론, "전도와 선교" 차원의 내용과도 깊은 의미연관을 가져야 할 것이다. 이러한 작업은 100여 개가 넘는 대한예수교장로 교단들에 의해서 시도되어야 할 것이다. 이러한 사실은 설교, 기도, 찬송, 복음성가 등 실천적인 면들에 있어서도 마찬가지이다.

하지만 기독교 장로회의 경우는 좀 낫다. 기장은 1972년의 "새 신앙고백선언서"를 바탕으로, 1973년 "한국 그리스도인의 성명", 1976년 "우리의 신앙고백" 및 1987년 "제 5문서"에서 교회의 사회적 책임을 천명하고 있기 때문이다. 물론 해방신학적 경향과 Missio Dei에 대한 치우친 이해가 문제이기는 하지만 말이다.

감리교[131]가 제 2차 총회에서 선언한 8가지 교리선언 역시 JPSS와 JPIC를 포함한 교회의 사회적 책임을 전혀 싣고 있지 않으며, 전도와 Missio Dei 차원의 선교 역시 소홀히 하고 있다. 성결교, 침례교, 순복음교회, 루터교 등 한국의 대부분의 개신교들은 모두 동일한 약점을 지니고 있다. 아마도 그 이유는 한국 개신교회가 겨우 선교 100년을 넘긴 선교 초기의 '신생교회'(the younger churches)이기 때문일 것이다.

우리 한국 개신교는 에큐메니칼운동과 WCC에서처럼, 사도적 신앙과 예배(설교와 성례전 등), 모든 신학적 주제들과 교리교육, 기도, 성경공부, 찬송과 복음성가 등에 있어서 교회의 사회적 책임과 전도 및 Missio Dei 차원의 선교를 적극 반영시켜, 전교회적으로 전복음을 전 세계와 우주를 향해 증거해야 할 것이다.

그러면 우리 한국교회는 왜 그렇게도 예배와 신학, 무엇보다도 신앙 내용에 있어서 교회의 사회적 책임을 소홀히 여겨 왔는가? 그 이유를 6가지로 줄여서 제시하려고 한다.

---

131. 「교리와 장정」(서울 : 대한기독교감리회, 1989), pp. 31-32.

1. 선교사들이 전해 준 기독교와 한국인의 종교적 심성 : 미국으로부터 1880년대에 한국에 들어온 기독교는 미국의 제 1, 2차 대각성 부흥운동(미국적 경건주의) 전통과 개신교 정통주의 전통을 이어받은바, 한편 부흥회, 대형 복음전도집회(예컨대, 1965년 복음화운동, 1970년대의 빌리 그레이엄 전도집회)가 왕성하였고, 순복음교회, 침례교, 감리교 등이 부흥하였으며, 장로교마저도 오순절 교회적 특성을 지니게 되었고, 다른 한편 사경회를 통한 성경주의적 성경해석과 다양성을 전혀 인정하지 않는 정통성을 지향한 나머지, 교회의 사회적 책임과 Missio Dei 차원의 선교에 소홀히 하였다. 게다가 불교의 타계주의, 유교의 형식주의와 율법주의, 그리고 도교와 선(仙)이 추구하는 신비주의가 역시 한국교회의 사회적 책임과 Missio Dei 차원의 선교를 약화시켰을 것이다.

2. 복음전도와 교회성장 : 한국교회는 주로 믿지 않는 사람들에게 '복음'을 전하여 사죄와 중생, 그리고 영생을 얻게 하며, 이러한 사람들을 날로 증가시켜 큰 교회를 이룩하는 것을 목회의 최고 가치로 여겨 왔다. 선교역사를 겨우 100년 넘긴 한국교회는 아직도 인구의 4분의 3 이상이 불신자들이어서, 복음전도와 교회성장을 최우선의 목회철학으로 삼는 것 같다. 요즈음 "다락방 전도"가 큰 반응을 일으키고 있으며, 교회성장 세미나가 목회자들의 관심을 가장 많이 끈다. 물론 이와 같은 '복음전도'와 '교회성장'이 매우 중요한 것이 사실이지만, 이것이 '복음'을 정치, 경제, 사회, 문화에 깊숙이 스며들게 하는 것으로 이어져야 할 것이다. 누룩이 가루 서 말 속에 들어가 부풀어야 하듯이. 한국의 기독교는 인간의 구속, 그것도 개인의 구원문제로 축소되어 JPSS와 JPIC, 그리고 무엇보다 "IC" 문제에는 매우 소극적인 관심을 보여 왔다.

3. 구령사업과 개인 구원 : 한국교회는 개인 구원을 강조하면서, 특히 영혼에 초점을 맞춘다. 플라톤적 이분법과 영지주의적 이원론과 같은 그 무엇이 한국교회의 구원론과 세상 개념에서 발견된다. 몸의 부활을 약속받은 그리스도인들은 전인적 구원을 바라보고 나가며, 개인들

이 교회와 하나님 나라의 구성원임을 믿고, 교회가 이 땅 위에서 삼위일체 하나님의 세상을 향하신 의도와 목적을 따라 살아야 한다는 사실을 알아야 한다. 우리 한국교회에게는 교회공동체 의식, 보편교회와 하나님 나라에 대한 의식이 절실히 요청된다. 구원이 개인의 영혼이 몸에서 빠져 나오고, 개인 세상으로부터의 출애굽을 의미하는 한, 교회의 사회적 책임은 결코 강화될 수 없을 것이다.

4. 축복사상 : 한국교회는 복음과 성경해석을 5복을 비롯한 지극히 현세적이요, 물질적이요, 개인주의적인 샤머니즘적 축복 개념과 연결시키고 있다. 따라서 한국교회는 정의와 사랑이 강같이 흐르는 샬롬공동체, 그리고 하나님, 인간, 자연이 함께 어우러져 공존하는 샬롬공동체를 지향하기보다 개인의 현세적, 물질적 복을 위해서 금식기도와 철야기도에 힘쓰는 경향이 있다. 집단주의적 이기주의 혹은 이기주의적 집단주의 역시 JPSS와 JPIC와 같은 공동의 선(善)을 추구할 수 없게 만든다.

5. 세상 개념 : 한국교회는 이 '세상'을 하나님의 창조세계, 하나님의 섭리가 일어나는 하나님의 세계, 하나님이 이처럼 사랑하사 그의 독생자를 주신 세상으로 보기보다는 죄와 죽음과 흑암의 권세(사단) 아래 있는 세상, 그리고 장차 마지막 심판의 불로 멸망받을 세상으로 보는 경향이 짙다. 한국교회에는 영지주의적 세상 경멸사상과 묵시적(apocalyptic) 세상관이 지배적이다. 한국교회는 하나님 아버지께서 그의 영원하신 아들을 파송하사 십자가와 부활을 통하여 죄와 죽음과 흑암의 권세를 깨뜨리시고, 영생과 하나님 나라와 새 하늘과 새 땅을 약속하신 세상, 그리고 "하나님의 뜻이 하늘에서 이루어진 것같이 땅에서도 이루어지는" 세상에 대해서는 너무 소극적이다. 죄와 죽음과 흑암의 세력, 아마도 계시록의 모든 어둠의 세력까지도 예수 그리스도의 십자가상에서 몽땅 파멸되었을지도 모를 예수 그리스도의 승리, 이 땅 위에서 실현될 하나님의 나라, 그리고 예수 그리스도의 부활과 재림이

더욱 강조되어야 할 것이다.

6. 전천년설적 종말론 : 한국교회는 성경의 문자에 집착한 나머지, 전천년적 종말론에 관심이 많다. 문자적인 1000년(계 20 : 7 이하)과 문자적인 공중재림과 휴거, 그리고 문자적 환란과 예루살렘 중심의 천년왕국의 건설 등 문자적 성경이해에 따른 종말론적 시간표를 즐겨 주장한다. 그래서 시한부 종말론과 같은 이상한 종말론들이 출현하였다. 무천년설이나 비문자적 후천년설이 아닌 문자적 천년왕국설은 교회의 현재적, 사회적 책임수행을 소홀히 여기게 한다. 결국 이 세상은 휴거나 천년왕국의 도래를 기다리는 대기장소에 불과하기 때문이다.

V

교회론과 윤리학
― '신앙과 직제' 및 '교회와 사회'의 합류를 지향하는
1998년 제 8차 WCC를 바라보면서―

서 론

우리가 지금까지 기술한 대로, 에큐메니칼운동에는 세 흐름이 있다. 신앙과 직제(Faith and Order) 운동, 삶과 봉사(Life and Work) 운동, 그리고 세계선교(World Mission) 운동이 그것이다. 그런데 신앙과 직제 운동의 대표들과 삶과 봉사 운동의 대표들이 1938년 위트레히트에서 에큐메니칼운동의 도구인 WCC를 형성했다고 하는 것은 WCC 형성 초기에 이 두 운동이 얼마나 밀접한 관계에 있었던가를 말해 준다. 존 모트(John Mott), 죄더블롬(Soederblom), 올드햄(Oldham), 윌리엄 템플(William Temple), 페이튼(Paton) 및 다이스만(Deissmann) 등은 모두 어느 한 운동에만 관여한 것이 아니라, 또 다른 하나의 혹은 다른 두 운동에 깊숙이 관여하였다. 그리고 WCC가 출범하면서 이 WCC와 긴밀한 관계를 갖고 활동하던 IMC(국제선교협의회 : 이것의 전신은 1910년의 제 8차 에든버러 WMC이다.)가 1961년 WCC에 완전히 합류함으로써, 에큐메니칼운동은 WCC라는 기구를 통해서 삼위일체적 구조를 갖

게 되었다. 하지만 이 세 운동은 실제적으로 그렇게 삼위일체적인 관계를 유지해 오지 못했다. 특히 1930년대에서 1948년 이전까지의 '신앙과 직제'와 '삶과 봉사'는 한 동전의 양면임에도 불구하고, 전자는 복음과 교회에만 부심하는 동안, 후자는 복음과 교회를 이 세상에 현실 상부하게 하는 일에만 골몰하였으며, 세계선교는 복음과 교회, 그리고 교회의 일치에 관심하기보다 전도와 선교에 집중하였다. 삶과 봉사가 복음과 교회의 본질을 소홀히 한다면, 신앙과 직제는 교회의 사회참여를 도외시하는 경향이어서, 이 두 운동 사이에는 깊은 골이 생기게 되었다. 예컨대, 1930년대에 에큐메니칼운동은 유럽의 교회들을 연합시켜 재무장에 반대하도록 할 수 없었고, 독일 교회의 반나치투쟁 동안, 에큐메니칼운동은 독일에 있는 개신교 전체와의 관계가 깨어질까봐 고백교회를 지지할 수 없었다. 1937년 옥스퍼드 삶과 봉사 세계대회에 모인 에큐메니칼 지도자들은 제 2차 세계대전의 발발가능성을 눈앞에 보면서도 전쟁을 막는 일에 힘을 쓸 수가 없었다. 세계 교회의 도덕적, 윤리적 영향력은 전쟁을 막을 만큼 충분히 강하지 못했다. 하지만 1948년 WCC 제 1차 총회는 교회의 일치운동과 새로운 세계의 정의를 위한 투쟁, 이 양자 모두를 수행하려는 에큐메니칼 공동체의 결의를 보여 주었다.

1. 1948년 암스테르담에서 1954년 에반스턴까지

1948년 암스테르담은 파시즘과 나치즘, 그리고 제 2차 세계대전을 경험한 당시의 세계사적 무질서와 혼돈을 의식하면서 복음과 기독론에 근거한 하나님의 원대한 계획과 목적을 전제하고, 하나님 나라 추구 차원에서 교회일치와 선교와 사회참여를 주장한다. 암스테르담은 자본주의 나라이든, 공산주의 나라이든, 이 나라 안에 있는 국민과 기독교인들의 책임을 촉구하고 있다. 암스테르담은 세상에 참여하면서도 세상에 대하여 초월하는 입장을 고수했다. 이는 옥스퍼드(1937)의 긴장을 계속 유지하고 있음을 보여 주고 있다. 이처럼 이데올로기를 초월하는 암스테르담의 입장이 1980년대 말 공산권의 붕괴에 의하여 돋보이는 동시에, 오늘날 시장경제 원리에 의하여 지구촌을 하나의 시장으로 만들고 자본주의적 가치관에 대하여 무감각해진 20세기 말의 현대인들의 모습을 반성케 한다 하겠다. 이것이 암스테르담의 "세계 교회의 사회적 책임"(responsible society)이다.

세계는 1949년 중국이 공산화되는 사건을 계기로 동서 냉전체제로 접어들었고, 1950년의 한국전쟁, 1953년 베를린 혁명, 그리고 1956년 헝가리 혁명은 그 동안 쌓여 온 동서 긴장의 폭발이었다. 그리고 제 2차 세계대전 후, 제 3세계들이 탈제국주의의 흐름 속에서 독립과 민족주의를 내세웠다. 이 같은 상황에서 WCC의 '삶과 봉사'는 정치적 자유와 경제정의를 지향하되, 루크노우를 계기로 제 3세계에 대한 책임을 크게 느꼈다. 이 기간의 교회의 사회참여 신학은 1952년 빌링겐 IMC의 삼위일체론적, 종말론적 *Missio Dei*로부터 크게 영향받았다.

에반스턴(1954)의 주요 주제들은 복음과 삼위일체 하나님에 대한 신앙, 그리고 하나님 나라에 대한 종말론적 소망이라고 하는 신학적 틀 안에 있다. 에반스턴은 이와 같은 신학적 패러다임을 가지고 바로 위에서 지적한 세계적 상황에 대처하기 위해서 "교회의 사회적 책임"(responsible society)을 논했는데, 이것이 암스테르담의 그것과 어떻게 다른가? 에반스턴은 자본주의 사회이든, 공산주의 사회이든, 특히 제 3세계의 그 어느 사회에서든, '복음'과 '하나님의 나라'가 교회의 사회참여의 표준이요, 모든 사회들에 대한 비판의 척도임을 암시하였다. 그리하여 에반스턴은 보다 넓은 시야와 다차원적 의미에서 "책임적 사회"를 주장한다고 보여진다. 예컨대, 정치적 민주화, 경제적 정의, 국가에 대한 책임, 그리고 루크노우에서 지적된 제 3세계에 대한 책임이다. 그리고 평신도의 위상이 높아졌고, 교회와 세상을 다리놓는 이들의 직업과 노동의 의미가 강조되었다.

  그럼에도 불구하고, 신앙과 직제는 1927년 로잔 세계대회, 1937년 에든버러 세계대회 및 1952년 룬드 세계대회의 각 공식문서에서 교회의 사회참여에 관하여 별로 언급하고 있지 않다. 아래에서 소개하는 이 세 공식문서의 내용 차례에서 우리는 이 기간 동안의 신앙과 직제는 교회의 사회참여 문제는 완전히 삶과 봉사에 일임하고 있는 것으로 판단된다.

(1) 로잔, 1927
    Ⅰ. 일치에로의 부름
    Ⅱ. 세상에 대한 교회의 메시지 : 복음
    Ⅲ. 교회의 본성
    Ⅳ. 교회의 공동 신앙고백
    Ⅴ. 교회의 직제
    Ⅵ. 성례전

(2) 에든버러, 1937
    Ⅰ. 우리 주 예수 그리스도의 은총
    Ⅱ. 그리스도의 교회와 하나님의 말씀
    Ⅲ. 성도들의 교제
    Ⅳ. 그리스도의 교회 : 직제와 성례전

(3) 룬드, 1952
    Ⅰ. 교회들에게 고함
    Ⅱ. 그리스도와 그의 교회
    Ⅲ. 교회의 연속성과 일치
    Ⅳ. 예배의 방법들
    Ⅴ. 교파간 성만찬 교류[1]

우리는 "룬드원칙"("확신의 큰 차이들로 인하여 각각 행동하지 않으면 안 되는 상황들을 제외하고는 모든 상황들에 있어서 우리 교회들은 모두 함께 행동해야 하지 않을까?")을 제외하고는, 위의 목차들이 교회의 사회참여에 대하여 전혀 언급하고 있지 않음을 확인할 수 있으며, 실제로 각 장(章)의 내용들 역시 교회의 사회적 책임 차원을 말하고 있지 않다. 하지만 1963년 몬트리올 이래의 신앙과 직제 문서들은 교회의 사회참여 차원에 대하여 말하고 있는 것이 그 특징이다.

2. 1961년 뉴델리에서 1975년 나이로비까지

에반스턴 이후 1954년부터 1960년 어간의 세계사의 특징은 동서 냉전체제하에서도 제 3세계들의 탈식민지주의, 정치적 독립, 민족주의, 그리고 문화적 정체성 확립 등이 계속 이어지는 것이었다. 1961년 뉴델리는 "급격한 사회적 변화"를 의식하면서, 제 3세계에 대한 관심('발전')을 증대시키는 것 이외에 1950년대의 "책임적 사회"(responsible society)를 그렇게 크게 넘어서지 못했다. 하지만 창조세계의 파괴와 생태계의 위기를 암시하였다.

> 인간의 자연에 대한 점증하는 지배에 의해서 사회적 변화의 성격과 범위와 속도는 심오하게 영향을 받는다. 그리하여 과학적인 발전의 쇄도와 이에 근거한 기술의 결과들이 대단히 놀라와서, 많은 사람들이 하나님에 대한 신앙과 소망보다 과학에 대한 신앙과 소망을 더 갖고 있다.[2]

---

1. *A Documentary History of The Faith and Order Movement 1927-1963*, ed. by Lukas Vischer(St. Louis, Missouri : The Bethany Press, 1963), pp. 27-125.
2. *The New Delhi Report*(New York : Association Press, 1961), p. 96.

…… 과학과 기술은 사람의 손안에 있는 도구들이다. 사람들은 그것을 선한 목적 혹은 나쁜 목적을 위해서 사용한다. 핵에너지는 전쟁을 위해서도, 평화를 위해서도 사용되고, 자연자원은 남용될 수도 있고, 보존될 수도 있으며,…… 어떤 자연과학적 발견을 사용해야 하는가의 결정은 과학적 결정이 아니라 윤리적 결정이다.……[3]

이처럼 뉴델리는 1960년대 말부터 논의되는 과학과 기술의 자연파괴와 생명파괴를 미리 내다보고 있었다. 더욱 놀라운 일은 뉴델리(1961)의 전체 주제인 "예수 그리스도 - 세상의 빛"을 해설하는 주제강연자들 가운데 하나인 지틀러(Joseph Sittler)가 골로새서 1:15~20에 근거하여 우주적 기독론을 펼침으로써, 복음과 기독론을 인간 실존과 역사 개념을 넘어서서 '창조세계'에 관련시킨 것은 놀라운 일이 아닐 수 없다. 지틀러의 주장은 다음과 같다.

…… 구속 교리는 창조 교리라고 하는 보다 넓은 장(場) 안에서 논의될 때만이 의미가 있다. 그도 그럴 것이 하나님의 창조물인 땅(地球)은 우주(cosmos)에 관한 교리 없이는 구속받을 수 없기 때문이다. 이 우주는 인간의 집이요, 그의 삶의 장이요, 하나님의 주권하에 그의 자아를 펼칠 수 있는 극장인바, 이것은 인간이 이웃과 협력하고 그의 자매인 자연을 돌보는 관계 속에서 그렇다.[4]

물리적 자연은 무관심의 요인으로,…… 단순히 인격적 구속의 드라마의 무대로 취급될 수는 없다. 그것은 그 자체에 있어서 악한 것으로 정죄

---

3. Ibid.
4. "Called to Unity," Ecumenical Review xlv, 1962, pp. 178 이하, 재인용: Sustainable Growth-A Contradiction in Terms?, Report of the Visser't Hooft Memorial Consultation : The Ecumenical Institute, Chateau de Bosey, June 14-19(Geneva : The Viser't Hooft Endowment Fund for Leadership Development, 1993), p. 70.

를 받든지, 아니면 하나님의 구속사역의 범위 안으로 들어와야 한다.[5]

기독론으로부터 이 기독론의 우주적 차원에로 길이 열리고 확장되었다. 이 길은 위협받는 지구의 부르짖는 열정적 외침에 의하여 열정적이 되었고, 하나님의 사랑과 진노에 의하여 윤리적이 되었다.[6]

1963년 몬트리올 신앙과 직제의 분과보고서 중, 제 1분과 : "하나님의 목적을 이루는 교회"가 다루고 있는 "그리스도, 새 창조, 그리고 창조"는 교회의 관심을 교회 밖으로 돌려 놓았다. 여기에서 새 창조인 교회는 세속적인 창조의 세계 속에서 제자의 도를 실현하도록 요청받고 있다.

십자가에 달리셨다가 부활하신 그리스도에 대한 제자의 도의 자유는 하나님의 모든 피조물과의 새로운 연대성을 갖도록 인도한다. 무조건적인 그리스도의 사랑은 우리 자신을 모든 사람들(선한 사람들이든 악한 사람이든지, 종교인이든 무종교이든)과 동일시할 것을 강권한다. 그 사랑은 세속적인 인간세계 속에서 참다운 인간이 되도록 부르고 자유케 한다. 그리스도인들은 또한 전창조세계를 하나님께서 심판과 은총을 통하여 완성해 가시는 하나님의 선한 선물로 볼 수 있도록 자유함을 입었다.…… 전 피조물은 인간과 함께 탄식하며 고통하면서(롬 8 : 22), 피조물들을 썩어짐의 노예로 만드는 권세로부터 해방되기를 열망하고 있다.[7]

그리고 몬트리올의 제안으로 1964년 "창조, 새 창조, 그리고 교회의 일치"에 대한 연구가 시작되었고, 이것에 이어 1967년 브리스틀에서는

---

5. Ibid.
6. Ibid.
7. The Fourth World Conference on Faith and Order, ed. by P. C. Rodger and L. Vischer(SCM Press LTD, 1964), p. 43.

벌코프(Hendrikus Berkhof)에 의해서 초안된 "자연과 역사 속에 계신 하나님"(God in Nature and History)이 논의되었으며, 같은 해에 곧바로 "자연과 역사 속에 있는 인간"(Man in Nature and History)이 다루어졌다. 바야흐로 신앙과 직제는 복음을 통한 구원과 교회론적 차원을 넘어서서, 그리고 인류역사의 정의와 평화문제를 넘어서서 복음과 교회를 창조세계 전체와 연결시키기 시작했다. 비록 1968년 웁살라가 위의 신앙과 직제가 제기한 문제들을 진지하게 수용하지 않고, 대체로 사회정의와 경제정의, 그리고 정치적 자유 등 '역사'에만 관심하였으나, '교회와 사회'는 1960년대 말부터 창조세계에 대한 관심을 보이기 시작했다. 루카스 피셔는 로마 클럽의 보고서인 "성장의 한계"(the Limit to Growth)가 그 이정표였다고 본다.[8] 하지만 실제로 1970년대에 가서야 "창조세계의 보존"문제가 뜨거운 이슈가 되기 시작하지만 말이다. 이렇게 볼 때, 1948년에서 1950년대까지 주로 '삶과 봉사'가 염려하던 '자연파괴'와 '생태계의 위기'에 대한 관심은 1960년대에 들어서서는 신앙과 직제의 신학적 관심거리로 등장하기 시작했다는 말이다. 바로 이 점에서 이 두 운동의 근접가능성이 엿보인다.

이상에서처럼 신앙과 직제는 이미 1961년부터 생태계 파괴문제에 관심하기 시작했고, 삶과 봉사는 1960년대 말부터 창조세계의 보전에 관심하게 되면서 이 두 운동은 상호접근하기 시작하였다. 따라서 "창조세계의 보전"문제가 뜨거운 이슈로 등장하는 1970년에 오면, 이 두 운동이 더욱더 가까이 근접한다고 하겠다.

1970년대에는 무엇보다도 "WCC의 인종주의 척결을 위한 프로그램"(WCC's Program to Combat Racism)을 둘러싸고, 신앙과 직제 및 교회와 사회는 함께 일했다. 그리고 이미 언급한바, 바로 이 1970년대

---

8. Lukas Vischer, "The Theme of Humanity and Creation in the Ecumenical Movement," in *Ibid.*, p. 69.

에는 1968년 웁살라의 사회정의, 경제정의, 평화 이외에 창조세계의 보전문제가 크게 부각되기 시작한다. 바야흐로 이 두 운동은 창조세계의 보전문제를 포함한 교회의 사회참여에 함께 노력한다. 나이로비의 "기조연설 : 기도에로의 초대"는 환경파괴로 인한 인간의 생존에 대한 위협을 위해서 기도할 것을 권유하고 있다.

　　인간의 생존에 대하여 다시 한번 경종을 받으시는 창조자이시요, 생명의 근원이신 하나님께 우리는 서로간에 소외되었고, 창조세계로부터 소외되었으며, 당신이 생명을 부여하신 생명체들을 마치 죽은 것들인 양 착취하고 있음을 고백합니다. 우리는 당신으로부터 분리되어 공허한 가운데 살아가고 있습니다. 우리는 우리들의 삶에 있어서 새로운 영성으로 가득찬 의도, 생각, 그리고 행동을 갈망합니다. 하나님이시여, 우리를 도우사 미래세대들을 위해 땅을 보전하는 일에 힘쓰게 하소서. 그리고 모든 사람들이 자유함을 누리도록 우리로 하여금 이 땅을 함께 나누는 자유를 누리게 하소서.[9]

"예수 그리스도는 자유케 하시고 하나되게 하신다."라고 하는 나이로비의 전체 주제는 우리를 자유케 하시고 하나되게 하시는 예수 그리스도의 구속사역에 근거한 것으로 위와 같이 창조세계까지 포함하는 것으로 이해될 수 있다.

'교회와 사회'는 1966년 제네바 대회를 이어받아 1968년 웁살라와 1975년 나이로비 사이에 두 가지 분야의 일을 했는데, 하나는 1969년에 시작된 5년 연구 프로그램인 "과학에 기초한 기술세계 속에서 인간과 사회의 미래"였고, 다른 하나는 "폭력-비폭력"의 문제였다. 우리는 여기에서 첫 번째 것에 대해서만 논하려고 한다. 이 연구가 시작될 즈

---

9. *Breaking Barriers Nairobi 1975*, ed. by David M. Paton(London : S.P.C.K., Wm.B. Eerdmans, 1976), p. XI.

음은 1960년대 초로, 과학에 의해서 인간의 삶을 개선시킬 수 있다고 믿었던 널리 확산된 낙관주의가 환경의 악화와 자연자원의 고갈에 대한 두려움 및 제한성장에 대한 점증하는 논의로 바뀌고 있었던 때였다. 바야흐로 WCC는 새로운 과학과 기술의 발전으로 제기되는 윤리적이고 신학적인 이슈들을 다룰 신학자들과 자연과학자들과 사회학자들을 함께 불러모았다. 이에 관하여 벤트는 이렇게 주장한다.

> 신앙과 과학의 만남의 긴박성이 점점 더 명확해진다. 이것은 오늘과 내일에 있어서, 기독교적 사회참여를 정의함에 있어서 대단히 중요한 구성요소이다. 인간의 삶을 형성함에 있어서 과학과 기술의 역할이 지니는 지구촌 사회윤리적 함축에 대한 깨달음은 아직 미개척지에 해당한다.[10]

1970년 "기술, 신앙, 그리고 미래사회"라는 개척연구 제목으로 제네바에서 모인 대회에서 자연과학자들과 신학자들은 사회를 위해서 자연과학과 기술을 어떻게 사용해야 할 것인가에 대한 지침들을 확정지웠다. 이 대회가 집중한 주제는 다음과 같았다. (1) 자연과학과 삶의 질 (2) 기술지배의 시대에 있어서 정치적 선택과 경제적 선택 (3) 미래상들. 1971년 이탈리아의 네미(Nemi)에서 '교회와 사회' 확대회의가 새로운 에큐메니칼 초점을 위해서 회집된바, 신학자들, 자연과학자들, 자연과학자들에 대한 비평가들 및 제 3세계의 경제학자들을 포함하는 경제학자들이 대거 참석하였다. 바로 이 대회에서 유전공학에 관계된 윤리적 이슈에 대한 연구계획이 세워졌고, 인간 환경의 악화와 환경파괴에 대한 최초의 에큐메니칼 토론이 있었다. 그리고 특기할 사항은 MIT에서 온 과학자들 팀 중 한 과학자는 "제한성장"(Limits to Growth)을 주장했고, 제 3세계 경제학자들은 이에 대해 거부반응을 보였다.

1973년 쮜리히의 "유전학과 삶의 질"에서는 과학발전의 윤리적 도전

---

10. Ans van der Bent, *op. cit.*, p. 40.

이 논의되었고, 1974년 "자연과학적 합리성에 대한 비판"에서는 근대 자연과학의 전제들에 대한 비판적 분석을 위한 도구로서의 최근 신학이 평가되었다. 바야흐로 과학기술적 승리주의에서 과학기술적 묵시주의에로의 변화가 일어났다. 1972년 웨일스의 카디프(Cardiff)에서 개최된 "교회와 사회 협의회"에서는 "지구촌 환경, 경제성장, 그리고 사회정의"를 논했는데, 미래의 기술지배 사회에 대한 아주 새로운 접근방법에 대한 필요를 역설하였다.

> 자연자원의 탕진에 대한 입장이 불확실함에도 불구하고, 현단계는 기술의 방향조정, 특히 자연자원의 소모에 관한 결단이 요청되는 과도기적 시대임에는 틀림없다. 이 과도기의 기간이 확실하지는 않지만, 향후 100년 안에 결정적인 변화가 일어나고야 말 것이다. 하지만 기술적, 사회적 적응의 지연으로 말미암아 이 기간은 지금 시작되어야 한다.[11]

급기야 1974년 루마니아의 부카레스트에서 "인간의 발전을 위한 과학과 기술에 관한 세계대회"라는 주제로 열린 '교회와 사회' 세계대회는 "JPSS"라고 하는 새로운 패러다임을 제안했다. "지탱될 만한 사회"(sustainable society)라는 말을 처음 사용한 부카레스트는 이것을 아래와 같이 정의하는바, 이것이 1975년 나이로비에 의하여 수용됨으로써, "JPSS"의 기원을 이루었다. 그래서 부카레스트는 두 가지의 서로 다른 견해를 지닌 대표들을 한데 묶었다고 한다.

> 미래의 문제를 다만 혹은 주로 보다 큰 경제적, 사회적 정의를 성취하는 의미로 보는 사람들과 그것을 다만 혹은 주로 내다보이는 자연자원의 고갈과 점증하는 산업화에 의한 환경파괴의 파급에 의한 인간의 생존 위

---

11. Anticipation no. 13, December 1972, pp. 37-40, 재인용: Ans van der Bent, *op. cit.*, p. 42.

협의 의미로 보는 사람들.[12]

따라서 나이로비는 "정의로우면서도 지탱될 만한 사회"를 에큐메니칼운동의 목표로 삼았으니, 정의와 생태학적 책임은 이런 식으로 연결되었다. 이상이 1975년 나이로비의 "JPSS"의 전역사이다. 나이로비 WCC가 공헌한 교회의 사회참여에 관한 주장은 JPSS에 잘 나타나 있다. WCC는 1976년 이 JPSS를 향후 WCC의 4프로그램 가운데 하나로 정하고, 1977년 WCC 중앙위원회는 이 JPSS 주제를 신학적으로 계속 연구하도록 자문위원회에 맡겼고, 1983년 밴쿠버 WCC에로 넘겼다고 하는 사실에서 우리는 이 JPSS가 향후 그 중요성을 더해 갔다는 것을 알 수 있다. 이 "JPSS"는 여러 프로그램들을 한데 연결시켰고, 여러 다른 소분과들, 특히 사회참여 분야들을 통일시켰다. 그리고 이것은 점차 새로운 인간 사회에 대한 공동비전을 보여 주는 역할을 했다. 물론 '정의'와 '참여'와 '지탱가능성'은 삼위일체적으로 서로 맞물려 있지만 말이다.

JPSS는 결코 우연히 선택된 주제가 아니다. '정의'(Justice), '참여'(Participation), 그리고 '지탱'(Sustainability)은 이미 에큐메니칼 의사일정에 올라 있는 것들이다. '정의'는 WCC 이래 에큐메니칼 관심사로서 WCC 헌장에 명시되어 있는 WCC의 기능 가운데 하나이다. 그런데 1966년 제네바의 '교회와 사회' 세계대회와 1968년 웁살라 때 '정의' 추구의 긴급성이 부각된 후, "해방신학"을 거쳐 1970년대로 넘어온다. '정의'는 '발전'의 주된 목적이요, 가난의 뿌리인 조직적 부정의의 구조에 항거한다. 그리고 부정의의 상황이 항상 평화를 위협하기 때문에 정의는 항상 평화 개념을 요청한다. 특히 정의는 인종주의, 여성차별,

---

12. Ans van der Bent, *op. cit.*, p. 43.

그리고 인권문제 등에 관련된다.[13] 그런데 나이로비는 '구조적 부정의'를 셋으로 본다. (1) 인권 (2) 성차별 (3) 인종차별.

본래 '참여' 개념은 '발전' 개념과 관련하여 나왔다. 즉, 백성의 참여가 발전의 주된 목표이고, 발전을 증진시키는 가장 효과적인 수단으로 확인되었다. 이것이 1970년 해방신학을 거치면서, 특히 1975년 나이로비에 와서는 가난한 자들과 억눌린 자들이 행동의 주체가 되는 '참여'의 의미가 부상하였다. 이제 나이로비는 '인권', '성차별', 그리고 '인종차별'에 관련하여 '참여'를 말하고 있다.

끝으로, 우리는 S.Ⅳ. "인간의 발전 : 힘의 애매성, 기술, 그리고 삶의 질"에서 '지탱될 가능성', 즉 지탱될 만한 사회가 무엇인지 밝혀야 한다. '지탱될 가능성'(sustainability)의 문제는 아주 새로운 것이다. 이는 이미 언급한 1974년 부카레스트의 '교회와 사회'에서 기원한 개념이다. 이 개념은 사람들의 생명, 미래세대들의 생명, 모든 생물들, 그리고 자연 그 자체를 위협하는 현대사회의 여러 경종을 울리는 흐름들(환경 악화 : 물, 공기, 땅의 오염 : 원시림의 제거와 사막화 : 기름과 광물질 등, 재생 불가능한 자원의 고갈 : 생태계의 변화, 대기의 변화와 오존층의 파괴 등)에 직접 관련된다. 생산과 소비의 잘못된 구조가 바로 이러한 생존을 위협하는 것들의 출처이다. 그리하여 이 '지탱될 가능성'의 개념은 제한성장과 제한개발과 맞물리게 되었다. S.Ⅵ.는 '제한발전'과 '제한성장', 그리고 "생태학적으로 건강한 발전"을 내세우면서, 오늘의 인간 사회는 과학과 기술의 오용과 남용으로 지탱되기 어려운 사회라고 말한다. 이미 1975년 나이로비는 1990년 서울 "JPIC" 대회와 '지탱'과 '발전'을 창조적 긴장관계로 본 1992년 리우(Rio) UN 지구정상을 내다보았다고 하겠다.

---

13. *Dictionary of Ecumenical Movement*, pp. 550-551.

3. 1983년 밴쿠버로부터 1990년 서울 JPIC까지

나이로비와 밴쿠버 사이에 WCC의 주안점은 JPSS(a Just, Participatory, Sustainable Society)였다. 여기에서 주로 '참여'란 '제3세계'의 제1세계에 대한 것이요(남성지배 사회에 대한 여성의 참여, 그리고 백성들의 정부에의 참여), '지탱'이란 환경파괴에 관한 것이요, '정의'란 1948년 암스테르담 WCC 이래로 문제되어 온 '평화' 문제와 맞물려 있는 문제이다. 이 JPSS는 나이로비의 교회의 사회참여를 나타내는데, 1983년 밴쿠버는 이를 이어받아 JPIC(Justice, Peace and Integrity of Creation)를 출범시켰다.

나이로비 총회 직후, WCC 중앙위원회는 과학과 기술이 JPSS 추구에 어떻게 영향을 끼치는가에 대한 연구를 위해서 세계대회를 제안했다. 그리하여 1969년 5개년 계획으로 출발한 '교회와 사회'의 "The Future of Man and Society in a World of Science-based Technology"의 뒤를 이어 미국의 매사추세츠의 MIT에서 1979년 "Faith, Science and the Future"라는 주제로 '교회와 사회' 세계대회가 열렸다. 400명 이상의 공식대표들과 500명 정도의 참석자들이 신앙과 자연과학의 문제를 논의하면서, 과학이 윤리학과 신학의 말을 들어야 하는 시대가 열렸다. 생명에 대한 생물학적 조작 및 자연과학과 기술의 발전으로 야기된 환경파괴는 기독교 신학과 윤리에 대한 엄청난 도전이었다. 그리고 선진 강대국들과 저개발 국가들 사이에 과학과 기술발전의 불균형은 물론, 경제적 갈등이 큰 문제로 떠올랐다. 이처럼 JPSS와 MIT 대회는 서울 JPIC를 이미 내다보고 있었다.

MIT 교회와 사회 세계대회의 다음과 같은 분과 주제들에서, 우리는 환경문제가 오늘 현대인들의 과제로 부상하고 있음을 알 수 있다.

   I. 과학의 본성과 신앙의 본성

Ⅱ. 인류, 자연, 그리고 하나님
Ⅲ. 과학과 교육
Ⅳ. 생명에 대한 생물학적 조작에 있어서 윤리적 이슈들
Ⅴ. 기술, 자원, 환경, 그리고 인구
Ⅵ. 미래를 위한 에너지
Ⅶ. 산업환경과 도시환경의 재구조화
Ⅷ. JPSS의 경제
Ⅸ. 과학/기술, 정치권력, 그리고 보다 정의로운 사회
Ⅹ. 새로운 기독교 사회윤리와 교회들을 위한 새로운 사회정책들[14]

그런데 본 대회에서 제 3세계는 산업 선진국들이 그 동안 "과학과 기술을 제 3세계 사람들에게 큰 고통을 일으키는 군사적, 경제적 이익을 위해서 항상 사용해 왔다."[15]고 신랄하게 비판하였다.

다른 한편, 1979년 MIT 대회에 참석했던 많은 자연과학자들은 - 이 중 얼마는 핵무기 제조에 종사해 온 사람들인데 - "평화를 위한 자연과학"이라는 제목을 MIT 의사일정에 첨가할 것을 주장했었다. WCC 중앙위원회는 이것에 자극을 받아 "핵무기와 군비축소"에 대한 국제적 공청회를 열도록 했다. 그리하여 1981년 11월에 암스테르담에서 "an International Public Hearing on Nuclear Weapons and Disarmament"라는 주제로 국제적인 공청회가 있었다. 이 회의에서 WCC 계통의 교회지도자들은 신학, 기술과학, 정치, 군사를 대표하는 40명의 증인들로부터 들었다. 그래서 이 회의의 결과는 「너무 늦기 전

---

14. Ans van der Bent, *Commitment to God's World*(Geneva : WCC Publications, 1995), p. 235.
15. Marlin van Elderen, *And So Set Up Signs*…(Geneva : WCC Publications, 1988), p. 55.

에」라는 제목으로 출판되었다. 이 대회는 핵무기를 생산하고 사용하는 것은 반인륜적 죄악이라고 못박았으니, 이것이 1983년 밴쿠버 WCC에 의해서 수용되었다. 그리고 1978년과 1982년 WCC의 총무(Philip Potter)가 UN 총회의 군비축소 분과에서 무기경쟁과 군국주의에 대하여 연설을 할 수 있었던 것도 위와 같은 과정의 결과였다.[16]

이상의 논의에서 우리는 기술과학의 환경문제에 대한 위협이 날로 심화되고 있다는 사실을 알 수 있으며, 나아가서 이것이 제 3세계의 경제와 발전에 큰 영향을 미친다는 사실을 확인할 수 있다.

1975년 나이로비에서 1983년 밴쿠버에 이르는 길목에서 JPSS는 제 1세계와 제 3세계와의 갈등(저개발과 가난문제), 인권, 성차별, 인종문제를 포함하는 사회정치적, 그리고 경제적 구조악, 특히 자연과학과 기술의 발달로 인한 핵무기경쟁과 자연파괴 등 죽음의 세력에 항거하였다. 이런 점에서 1983년 밴쿠버의 전체 주제를 "예수 그리스도 - 세상의 생명"으로 정한 것은 매우 적절하다고 하겠다. 전체 주제는 4개의 소주제들로 나뉘었다. (1) 하나님의 선물인 생명 (2) 죽음에 직면하여 죽음을 극복하는 생명 (3) 충만한 가운데 있는 생명 (4) 일치 속의 생명. 이처럼 1983년 밴쿠버 WCC 총회 전체 주제는 생명 되찾기 운동, 죽음의 권세로부터 위협받고 있는 세상을 살리는 운동을 함축하고 있다. 밴쿠버는 나이로비와 그 이후 JPSS를 이어받고 있다. 밴쿠버는 MIT의 결과를 수용하면서, 특히 과학과 기술과 관련된 JPSS의 내용을 받아들이면서, JPIC(a Justice, Peace and Integrity of Creation)로 나아갔다. 밴쿠버는 WCC 회원교회들과 비WCC 교회들과 기독교 단체들에게 JPIC를 위한 "협의회적 과정 속에 있는 계약"(a covenant in a conciliar process)에 참여할 것을 촉구했고,[17] JPIC의 세 영역이 구조악들의 상

---

16. *Ibid.*
17. *Ibid.*, p. 89 : 논란을 많이 일으킨 '계약' 개념은 1979년 MIT 대회에서 나왔고,

호 맞물림처럼 서로 불가분리하게 얽혀 있다는 사실을 강조했다. 그리고 이 운동은 1990년 서울 JPIC는 물론, 1992년 "환경과 발전"을 위한 리우(Rio de Janeiro) UN 총회를 내다보았다.[18]

정의와 평화문제는 WCC 역사 이래 계속해서 논의된 주제이지만,[19] 창조세계의 보존문제, 특히 생태계의 문제는 1968년 이후 1970년대에 크게 부상되어, 1975년 나이로비의 JPSS와 1979년 MIT 및 1981년 암스테르담을 거쳐, 1983년 밴쿠버에서 JPIC의 이름으로 본격적인 논의(비WCC 교회들과 기독교 단체들까지도 포함)에 접어들었다. 밴쿠버 총회는 '교회와 사회'에게 "파괴적인 힘으로서 경험되는 기술, 기술발전의 적절한 체계, 생명윤리 및 재생 불가능한 에너지" 등 과학기술로 야기되는 이슈들이 신앙과 증거에 대해서 어떠한 관계를 갖고 있는가에 대해서 숙고하고 행동할 것을 촉구하였다. 그리하여 밴쿠버 이후 '교회와 사회'는 '환경보전'의 문제에 관하여 WCC 전체 차원의 이해와 참여를 촉구했다. 이 '교회와 사회'는 세계 여러 지역들에서 회집된 모임들과 협의회들의 연구결과들을 모았다. 여기에서 논의되는 이슈들에는 기술로 인한 재난(Bhopal과 체르노빌), 태평양에서 일어난 핵실험, 중독성 쓰레기, 핵에너지, 이상기온과 적도 지역의 원시림 파괴에 대한 반응으로서 '생명의 해방'과 동물의 권리도 포함되어 있다.[20]

이상에서 언급한 JPSS, JPIC 및 "IC"의 강조의 역사를 배경으로 1990년 서울에서 교회와 사회 운동에 해당하는 서울 JPIC 대회(서울 대회 이후 JPIC가 Unit Ⅲ가 됨.)가 서울에서 개최되었다. 서울 JPIC는

1989년 Ottawa WARC에서 신학적으로 정립되었다.
18. *Sustainable Growth*…, p. 81.
19. 참고 : Ans Van der Bent, *Vital Ecumenical Concerns : Sixteen Documentary Surveys*(Geneva : WCC, 1986), p. 116.
20. Ans van der Bent, *Commitment to God's World*, p. 52.

10개의 짧은 확언들(affirmations)에 이어 구체적인 문제들을 위한 4항목의 계약행동(act of covenant)에 돌입하였다. 바로 이 10개와 4개의 주장들 속에 JPIC의 전모가 드러나 있고, 향후 등장하게 될 '생명의 신학'(the Theology of Life)이 제시되어 있다. (1) 우리는 모든 권력행사가 하나님 앞에서 책임이 있다고 확언한다. (2) 우리는 하나님께서 가난한 사람들 편에 서신다고 확언한다. (3) 우리는 모든 인종들과 사람들의 평등함을 확언한다. (4) 우리는 남성과 여성이 모두 하나님의 형상대로 창조되었다는 사실을 확언한다. (5) 우리는 자유로운 사람들의 공동체란 진리에 기초하고 있음을 확언한다. (6) 우리는 예수 그리스도의 평화를 확언한다. (7) 우리는 창조세계가 하나님에 의하여 사랑받고 있음을 확언한다. (8) 우리는 이 지구가 주님의 것임을 확언한다. (9) 우리는 젊은 세대의 존엄성과 참여를 확언한다. (10) 우리는 인권이 하나님으로부터 주어진 것이라고 확언한다. 그리고 4개의 구체적인 이슈에 대한 참석자들의 '계약행위'는 다음과 같다. 1. 정의로운 경제질서와 외채로부터의 해방 2. 모든 나라들과 백성들의 진정한 안보와 비폭력의 문화 3. 창조의 보전과 조화를 이루며 살 수 있는 문화의 건설과 이 세계의 생명을 양육하고 지탱하는 지구환경에 대한 보존 4. 인종주의와 인종차별주의에 대한 근절.[21]

1990년 3월, 서울 JPIC가 열린 지 10일 후에 JPIC를 차기 캔버라 WCC 총회에서 우선과제로 추천하였고, Unit II의 WCC 중앙위원회에게 주는 보고서는 JPIC가 "다음 21세기 동안 에큐메니칼 비전의 심장"이 될 것이라고 했다.

서울 JPIC는 생명이 지탱되는 JPIC의 세계를 지향하고 있다. WCC

---

21. Now Is The Time : Final Document and Other Texts : World Convocation on Justice, Peace and The Integrity of Creation(Geneva : WCC, 1990), pp. 12-33.

중앙위원회는 캔버라 총회에 주는 보고서(Vancouver to Canberra, 1983-1990)에서 '교회와 사회'의 미래적 과제를 생명이 지탱되는 미래사회로 보고 있다. 우리는 여기에서 에큐메니칼 사회윤리가 역사상 유래 없이 확장되었음을 알 수 있다. 벤트는 이렇게 주장한다.

> 이 같은 에큐메니칼 사회윤리는 제 7차 WCC 총회의 "생명의 시여자시여! 당신의 창조세계를 지탱하소서."(제 1분과)로 표현된 기도에 응답할 수 있는 경제, 정치, 사회, 생태학적 구조들에 대한 변혁이어야 한다. 많은 사람들은 오늘의 세계가 생명이 지탱될 수 있는 미래를 갖기 위해서 북과 남에서 현대사회를 형성해 온 가치들이 재구성될 필요가 있는 '포스트모더니즘' 시대로 돌입하고 있다고 본다.[22]

1991년 2월, 호주의 캔버라에서 열린 제 7차 WCC는 그 전체 주제를 "성령이여, 오소서! 전창조의 세계를 새롭게 하소서!"로, 제 1분과의 제목은 "생명의 시여자시여, 당신의 창조세계를 지탱하소서!"로 했으니 JPIC의 정신, 특히 "IC"의 문제가 역사상 유래 없이 부각되었다. 1990년 서울 JPIC에서 1991년 캔버라로 오면서 "생태신학"이 크게 떠올랐다. 이제 우리는 제 1분과(Section I=S.I.)의 보고내용을 간단히 분석 검토하려고 한다.

S.I.의 1. "창조의 신학 : 우리 시대의 도전"은 생명의 신학을 삼위일체 하나님과 예수 그리스도에 기초시키고, 창조세계 속에 현존하시는 '성령'을 강조했다.

> 우주의 한량없는 신비, 창조세계와 특히 이 고귀한 지구의 풍요로움과 아름다움과 장엄함은 모두 하나님의 영광을 나타내고 있다. 전체 주제에서 우리의 기도를 받으시는 성령께서는 만물 속에 있는 생명을 위한 에너

---

22. Ans van der Bent, *op. cit.*, p. 53.

지를 공급하고 모든 것이 하나님께 의존하고 있음을 알리고 있다. 만물이 예수 그리스도를 통해서 창조되었고, 이분 안에서 하나님의 창조세계는 완성된다. 우리는 그리스도의 십자가와 부활을 통해서 전창조세계가 새롭게 되는 것을 확신한다. 모든 것이 예수 그리스도 안에서 하나님과 화해하였고, 우리는 성령을 통해서 하나님의 미래를 경험하기 시작한다.

성령께서 창조세계 속에 현존하시므로 우리 인간은 모든 생명체들과 함께 묶여 있다. 우리는 생명의 공동체 안에서, 그리고 이 생명의 공동체에 대하여 하나님 앞에 책임이 있다. 이 책임은 여러 가지로 생각할 수 있다. 섬기는 자들, 청지기들과 보호자들, 경작자들과 관리인들, 창조의 제사장들, 양육자들, 그리고 연합 창조자들(co-creators)로서 책임이 있다. 이것은 우리에게 애정과 겸손, 존경과 경외심을 요구한다.[23]

루카스 피셔는 "제 1분과는 전체 주제가 성령이기 때문에 성령의 사역의 관점에서 창조세계에 대한 관점을 발전시키고 있다."고 보고, 1990년 콸라룸푸르의 캔버라 준비대회의 보고서를 인용, "성령에 대한 이 같은 강조는 창조의 신학에 새로운 시야를 열어 놓았다."고 했다.

하나님의 성령은 창조되지 않은 에너지로서 창조세계 속에 살아 계신다. 모든 창조물은 이 신적 생명 안에서 살고, 움직이며, 존재한다. 이 성령은 만물(ta panta) 안에, 만물과 함께, 만물 밑에 계신다. 이 성령께서는 이 만물을 완성하시고, 완전케 하신다. 이처럼 성령께서는 창조세계 속에 편만해 계시므로, 우리는 이 우주가 거룩한 것에 참여하고 있지 않으며, 인간이 자연의 일부가 아니라고 하는 견해를 배격한다.…… 모든 것이, 특히 생명 있는 모든 것은 예수 그리스도를 통해서 성령의 능력으로 고통중에 신음하면서 만물의 완전한 구속을 고대하고 있다(롬 8장).[24]

---

23. *Signs of the Spirit, Official Report Seventh Assembly*, ed. by Michael Kinnamon(Geneva : WCC, 1991), pp. 54-55.
24. *Sustainable Growth - A Contradictory in Terms?*, pp. 82-83.

캔버라는 이어서 "세계적인 사회정의의 위기"와 "세계적인 생태학적, 환경적 위기"가 서로 맞물려 있는 것으로 보고 있다.

사회정의는 건강한 환경과 맞물려 있다. 그리고 지탱될 만하고, 지탱하는 환경은 보다 더 큰 사회정의 없이는 실현될 수 없다.…… 성경적 정의 개념은 창조세계 전체가 건강한 관계에 있어야 할 필요를 인정한다. 정의 개념을 이렇게 이해할 때 빈곤, 권력 없음, 사회적 갈등, 그리고 환경파괴가 서로 맞물려 있음을 우리는 쉽게 이해할 수 있다.[25]

그리고 캔버라는 '경제와 생태학'의 긴밀한 관계가 교회의 JPIC 과정에서 밝히 드러난 것으로 보고, "우리의 지구를 지탱시키는 것은 생산과 소비가 아니고, 인간의 생명을 유지시키고 있는 생태학적 체계이다."[26] 라고 한다.

끝으로, S.I.의 3. "교회 : 모든 창조세계의 생명을 위한 계약행동"에서 교회의 JPIC에 대한 책임을 신학적으로 역설하면서 교회의 예배와 조직, 그리고 교회적 요소들을 "IC"와 "JPIC"에 현실 상부하게 할 것을 역설하고 있다.

전생명공동체의 깨어짐에 의해서 부각된 위기는 교회로 하여금 JPIC를 갱신하도록 도전해 오고 있다. 교회들은 이 JPIC 참여를 구체화시키고, 실천해야 할 책임을 지고 있다.

교회는 깨어짐에서 온전함에로, 죽음에서 생명에로 구속받은 그리스도 안에 있는 '새 창조'의 징표이다. 그래서 교회는 구속받은 공동체로서 창조의 갱신에 있어서 결정적 역할을 한다. 그것은 교회의 예언자적 과제요, 교회는 신앙과 용기와 소망으로 응답하도록 부름받았다.

---

25. *Ibid.*, p. 55.
26. *Ibid.*, p. 60.

성령의 능력은 교회로 하여금 생명을 베풀고, 치료하며, 지탱되는 공동체가 되게 한다. 그래서 상처와 깨어짐은 이 공동체에서 온전함과 갱신을 얻는다. 이렇게 성령의 능력을 힘입은 교회는 정의롭고, 지탱될 만한 사회적, 경제적 질서를 탐구하고, 이러한 책임을 수행할 수 있는 창의적이고, 상황에 걸맞는 방법을 발견할 수 있게 한다.

만약 교회의 영적이고 제도적 자원이 인간의 필요와 생태학적 필요에 대응해야 할진대, 교회의 신앙, 정치 및 구조는 비판적으로 재검토되어야 한다. 이것은 교회의 정책들, 과제들의 우선순위들 및 프로그램의 재조정을 뜻한다.

창조신학과 경제 및 생태윤리의 이해가 성경공부, 교리교육, 찬송, 예전, 기도, 성례 및 증거를 통해서 교회의 생활과 봉사활동에 반영되어야 한다.[27]

1990년 서울 JPIC의 "10개의 확언들"과 1991년 캔버라의 "IC"는 향후 신앙과 직제가 WCC의 중앙위원회의 요구에 따라 캔버라에 제출한 "교회의 일치 : 선물과 과제로서 코이노니아"와 긴밀히 연결됨으로써 교회론과 맞물리게 된다. 왜냐하면 이 문서가 주장하는 '코이노니아' 개념은 이미 신앙과 직제, 세계선교 및 삶과 봉사를 하나로 묶고 있기 때문이다. 본 문서는 교회일치란,

사도적 신앙에 대한 공동고백으로써 주어지고 표현되는 코이노니아이다. 즉, 그것은 공동의 성례전적 삶이요……, 하나님의 은혜의 복음을 증거하고 창조세계 전체를 섬기는 하나의 공동의 선교이다.[28]

---

27. Ibid., pp. 67–68.
28. *Signs of the Spirit : Offical Report Seventh Assembly*, ed. by Michael Kinnamon(Geneva : WCC Publications, 1991), p. 173(para. 2.1).

그런데 1983년 밴쿠버로부터 1990년 서울 JPIC 사이에 나온 신앙과 직제의 공식문서들 가운데 가장 중요한 문서는 1982년에 출판된 BEM Text와 1991년에 출판된 *Confessing the One Faith : An Ecumenical Explication of the Apostolic Faith as it is Confessed in the Nicene-Constantinopolitan Creed*(381)이다. 우리는 이 두 문서에서 교회의 사회참여에 관한 내용을 예증하려고 한다. 먼저 BEM 문서에 나오는 '세례'와 '성만찬' 부분은 아래와 같이 말한다.

...... 그리스도의 죽음과 연합하는 세례는 개인의 성화를 요구할 뿐만 아니라 그리스도인들로 하여금 삶의 모든 차원에서 하나님의 뜻을 성취하도록 노력하게 하는 윤리적 함축을 가지고 있다(롬 6 : 9 이하, 갈 3 : 27 - 28, 벧전 2 : 21 - 4 : 6).[29]

...... 하나님께서 그리스도 안에서 인간의 상황 안으로 들어오셨듯이 성만찬 예전은 인간의 구체적이고도 특수한 상황에 밀착되어 있다.......[30]

우리들이 그리스도의 몸과 피를 나눌 때 온갖 종류의 부정의, 인종주의, 분열 및 자유의 결핍이 도전을 받는다.[31]

성만찬에 참여하는 우리가 이 세상의 상황과 인간의 삶의 조건의 지속적인 회복에 적극적으로 참여하지 않는다면, 우리는 자가당착에 떨어지고 있는 것이다....... 우리는 우리 사회 안에 있는 모든 종류의 끈질긴 부정의의 지속......에 의하여 계속적으로 심판을 받고 있는 것이다.[32]

---

29. *Baptism, Eucharist and Ministry*, Faith and Order Paper no. 111(Geneva : WCC Publications, 1982), p. 4. para. 4.
30. 「BEM문서 : 세례, 성만찬, 직제」, 이형기 역(서울 : 한국장로교출판사, 1993), p. 42.
31. *Ibid.*, p. 14. para. 20.
32. *Ibid.*

성만찬을 거행하는 자체가 교회가 이 세계에 대한 하나님의 선교 (*Missio Dei*)에 동참한다는 증거이다. 이 같은 참여는 복음선포, 이웃에 대한 봉사, 이 세계 안에서 성실하게 살아가는 것과 같은 일상적인 형태를 취한다.[33]

다음 *Confessing the One Faith* : ……의 제 1부 : "우리는 한 하나님을 믿습니다."는 창조신앙과 구속신앙을 환경파괴문제에 결부시키고 있다.

인간이 청지기직을 왜곡시키고 창조세계를 위협하는 것은 인간의 죄의 현실이다. 인간은 하나님 앞에 책임을 지고 창조세계에 대한 주권을 하나님께 돌리기를 거부하고, 이 주권을 자기 것으로 삼아 자기 자신을 하나님의 자리에 올려놓았다. 이 결과로 창조세계는 남용되고 인간 생명은 파괴된다.……[34]

그리스도 안에서 일어난 인간의 회복은 기독교인들에게 있어서 창조세계와 환경에 관한 윤리적 책임을 확립시킨다. 이와 같은 윤리는 남성들과 여성들이 자연을 제어하는 과정에서 자연에 가하는 오만하고도 지나친 남용과 착취를 포기하도록 요구한다. 기독교의 창조신앙은 과학과 기술에 대한 배려 깊고도 책임적인 사용, 인류의 파괴에 대한 항거 및 물질들보다 인간 생명과 인간 관계의 선호를 요구한다.[35]

4. 1991년 캔버라 이후

1961년 뉴델리 WCC 총회에서 Sittler의 주제강연이 "우주적 기독

---

33. *Ibid.*, p. 43.
34. 「세계 교회가 고백해야 할 하나의 신앙고백」, 이형기 역(서울 : 한국장로교출판사, 1996), p. 67.
35. *Ibid.*

론"(cosmic Christology)을 제시한 이래, 그리고 1963년 몬트리올 신앙과 직제가 제 1분과에서("The Church in the Purpose of God") 교회의 사회참여와 창조세계에 대한 책임을 주장한 이래, '신앙과 직제'는 교회와 사회에 가까이 오기 시작하여, 1991년 서울 JPIC를 계기로 이 두 운동은 매우 접근하였다.[36] 그리하여 1992년부터 1996년 사이에 신앙과 직제(Unit I)와 JPIC(Unit III)는 연합연구를 통하여 세 문서를 내놓았으니, 1993년 덴마크 뢴데(Rønde)에서 나온 "Costly Unity", 1994년 예루살렘 근교 탄투르에서 확정된 "Costly Commitment" 및 남아공의 요하네스버그에서 빛을 본 "Costly Obedience"는 이 두 운동을 가교(架橋)시키는 과정을 위해서 매우 중요한 길목들이다.[37] Thomas F. Best와 Martin Robra는 이 세 문서와 이에 대한 논의에 있어서 두 가지 확신이 밑에 깔려 있다고 말한다.

 첫 번째 확신은 윤리적(ethical) 숙고와 행동-진실로 에큐메니칼 윤리적 숙고와 행동-은 교회의 본성과 삶의 본질에 속한다. 이처럼 교회론적 숙고와 윤리적 숙고는 불가분리한 관계에 있다. 기독교적, 윤리적 참여는 우리의 심오한 교회론적 확신의 표현이요, 우리의 교회론은 우리의 윤리적 참여의 경험에 의해서 채워져야 하고, 이 세상의 복잡한 상황들 속에서 복음을 삶으로 옮김으로써 풍요로워진다.……

---

36. 참고 : Sustainable Growth…, p. 70 ; The Ecumenical Review(vol. 47, no. 2, April 1995) ; 이형기, "신앙과 직제 제 5차 세계대회의 분과보고서", 「교회와 신학」(제 26집, 1994) ; The Fourth World Conference on Faith and Order, ed. by P. C. Rodger and L. Vischer(London : SCM, 1994), p. 43.
37. 이 세 문서에서 '값비싼'(costly)이라는 말은 교회들이 일치와 헌신과 순종을 지향한다고 하면서도 JPIC 차원의 이슈들에 아랑곳하지 않는 것을 의미한다. 예컨대, 나치정권을 따르는 독일 루터교회나 인종차별 정책을 지지하는 남아공화국의 네덜란드 개혁교회는 WCC의 구성원이었고, 교리적으로는 이단이 아니었으나, 값싼 일치를 지향했고, 비세르트 후푸트가 지적하는 "도덕적 이단"(moral heresy)에 떨어졌던 것이다.

두 번째 확신은 교회론과 윤리학(ethics)이 긴밀한 대화 가운데 있으면서, 상호 상대방의 독특한 언어와 사고방식을 존중하고 배워야 한다는 것이다. 교회론 쪽에서는 코이노니아, 소망과 기억, 성만찬과 세례, 그리고 교회라는 언어가 있고, 윤리학 쪽에서는 '도덕적 공동체'(moral community)와 '도덕 형성'(moral formation)이라는 개념들이 중요하다. 윤리적 결단과 분별력은 교회의 공식적인 가르침을 통해서 오며, 보다 광범위하게는 교회의 전 삶을 통해서 오며, 교회의 예배를 통해서도 온다.[38]

바야흐로 1990년 서울 JPIC는 종전과 같이 단순한 삶과 봉사 전통 안에만 머물러 있지 아니하고 복음과 교회의 본성, 그리고 교회일치를 추구하는 신앙과 직제 운동과의 긴밀한 관계맺음을 필요로 하였다. 그리하여 이 두 운동의 합동연구위원회가 1993년에 내놓은 "Costly Unity"는 교회의 본성을 도덕적인 것으로 보고(the Church as Moral Community), JPIC의 문제가 교회론과 불가분리하다는 사실을 확실히 하였다. "Costly Unity"는 "JPIC에 있어서 교회의 본질이 문제된다."고 하면서, 이 양자의 관계를 정태적이 아니라 역동적으로 이해하고 있다. 즉, 기독교인들이 경험하는 JPIC의 과정과 교회의 본질은 상호 공통분모를 가질 뿐만 아니라 하나가 다른 하나를 요청한다고 본다. 다음의 인용은 이 같은 사실을 명쾌하게 말해 준다고 보여진다.

…… 이 두 세계의 경험을 한데 묶는 적절한 용어가 있으니, 그것은 코

---

38. Ecclesiology and Ethics : Ecumenical Ethical Engagement, Moral Formation and the Nature of the Church, ed. by Thomas F. Best and Martin Robra(Geneva : WCC Publications, 1997), Introduction, p. ix. "Costly Obedience"는 'morality'와 'ethics'의 구별에 대한 언급을 공식문서에 포함시키고 있다. "도덕은 실제적 행동유형들을 말하고, 윤리학은 이런 행동유형들에 대한 조직적이고, 종종 학문적인 숙고를 말한다."

이노니아이다. 예컨대, 어떤 특정 도덕적인 문제들과 대의들(causes)이 사람들 사이에 공동체를 창조한다는 사실은 경험적으로 실증될 수 있다. JPIC의 경험을 통해서 볼 때, 우리는 사람들이 코이노니아라고 묘사될 수 있는 사귐을 형성한다는 사실을 종종 확인할 수 있다. 다시 말하면, 우리가 공동체의 JPIC 투쟁에 참여할 때 이 같은 코이노니아가 창조되고, 종종 교리의 새로운 의미가 드러난다. 바로 여기에서 '교회-생성적' 힘이 작용하는바, 이는 종종 참여자들로 하여금 풍요로운 예전적 표현을 가능케 하며, 신앙과 현실참여와 같은 심오한 종교적 물음들을 묻게 한다. 성령의 능력이 여기에 역사하고 있는 것이다. 바로 이런 것이 증거이다.

동시에 신앙은 항상 교회의 본질 그 자체가 '도덕적 실재'라고 주장한다. 신앙과 제자의 도는 공동체적 삶의 방식 안에서, 그리고 공동체적 삶의 방식으로서 구체화된다. 교회 자체를 구축하는 예수 그리스도에 대한 기억(anamnesis)은 윤리적 실존을 형성시키는 힘이다. 삼위일체 역시 인간공동체를 위한 이미지와 사회적 교리(social doctrine)와 교회적 실재를 위한 초석으로 경험된다.……[39]

그리하여 "Costly Unity"는 "에큐메니칼운동이 JPIC와 일치 논의를 상호작용에로 이끌 수 없는 한 손상을 입는다."[40]고 주장한다.

1994년 탄투르의 "Costly Commitment"는 구소련 연방과 동구권의 몰락으로 야기된 민족주의와 민족분규, 중동과 발칸 반도 및 코카서스 지역의 갈등, 나아가서 서유럽과 북미 교회들의 사회윤리적 무력화 등이 교회공동체의 윤리적 숙고와 행동을 절실하게 요구하는 상황에서, 교회들 상호간의 헌신과 참여를 매우 강조하는 것으로 특징지워진다.

더욱이 교회들은 에큐메니칼 여정에 있어서 서로서로를 필요로 한다는 사실을 인식하면서 서로서로에게 헌신하고 참여해야 한다. 그러

---

39. *Ibid.*, pp. 4-5.
40. *Ibid.*, p. 18.

한 헌신과 참여는 교회들의 공동의 숙고와 행동을 위해서 꼭 필요한 기초이다. '값비싼 일치'(costly unity)가 교회들 상호간의 '값비싼 헌신과 참여'를 통해서 실현된다는 사실은 점점 더 분명해진다.[41] 그리고 이러한 탄투르의 "헌신과 참여"(commitment)는 두 가지 점에 의해서 표현되고 있다. 하나는 "교회의 윤리적 성격(ethical character)을 주장하고 강조해야 할 필요성에 대한 점증하는 합의"요, 다른 하나는 "윤리적 프락시스(ethical praxis)에 깊숙이 참여해 온 사람들 사이에 일어나는 교회의 갱신"[42]이다. 그런데 이 "헌신과 참여"는 "은혜와 제자의 도", "성만찬과 계약과 윤리적 참여", "윤리적 증거의 에큐메니칼 차원" 등에서 "도덕 형성으로서의 교회와 도덕적 공동체로서의 교회"를 전제하고 있다.

끝으로, 1996년 요하네스버그의 "Costly Obedience : Towards an Ecumenical Communion of Moral Witnessing"은 교회가 형성시키는 도덕(moral formation in the life of the churches)이 교회의 가시적 일치와 교회의 사회참여에 어떻게 기여하는가를 논하고 있다. 여기에서 '에큐메니칼 공동체'(ecumenical communion)라는 용어는 신앙과 직제의 관심사를, '윤리적 증거'(moral witnessing)라는 개념은 삶과 봉사 혹은 교회와 사회(혹은 JPIC=Unit Ⅲ)의 관심사를 나타내고 있다. 본 대회는 "도덕 형성"의 주제를 더욱 심화시켜 나가면서 교회를 "도덕적으로 증거하는 지구적 공동체"(a global communion of moral witnessing)라고 말하는 것이 무슨 의미가 있는가를 묻고 있다.[43] 본 문서는 "도덕적 형성의 의미"를 위해서 "교회 안에서의 도덕 형성", "세상 안에서, 그리고 세상에 의한 도덕 형성" 및 "교회적 도덕 형성과 세

---

41. *Ibid.*, p. 27.
42. *Ibid.*
43. *Ibid.*, p. 51.

상적 도덕 형성의 상호작용"을 논하고 있는데, 우리는 여기에서 "교회 안에서의 도덕 형성" 중 일부를 인용하려고 한다.

> 기독교적 도덕 형성의 핵심은 예배에 있다. 구원에 관한 이야기는 이 예배를 통해서 기도, 선포, 그리고 성례전의 양태로 재현된다. 함께 예배를 드린다고 하는 것은 공동의 신앙생활의 본질적이고 핵심적인 행동들을 포함한다. 이 행동들은 신앙생활의 중심으로서 신앙생활을 지탱하고 형성시킨다.……[44]

본 문서는 성만찬 예배에 의한 도덕 형성에 대하여 이렇게 주장한다.

> 성만찬 예전은 우리가 소위 제자의 도라고 부르는 근원적인 형성과정(the original formative process)의 교회적 연속이요 성취이다.……

> 성만찬 예전은 하나님 나라의 성취를 기대케 하는 변화산상을 '돌이켜보면서, 장차 다가올 메시야적 혼인잔치를 기대한다.…… 이 성만찬은 기억과 소망을 하나로 묶어, 우리로 하여금 예수님의 이야기에 참여하게 한다. 그것은 우리의 삶의 변화를 일으킨다. 그것은 교회와 인간 세계와 모든 창조세계 안에 성령의 현존을 실현시킨다. 이것은 삼위일체 하나님의 역사경륜에의 참여로 이해된다. 그것은 인류를 이미 하나님의 품속으로 옮겨 놓으신 예수 그리스도에 참여케 한다. 이 참여는 우리에게 세상을 볼 수 있는 새로운 눈과 이 세상 속에서 증거할 수 있는 새로운 힘을 준다. 따라서 성만찬 예전은 도덕적, 정치적 노력에 덧붙여진 그 무엇이 아니라 이 노력을 떠받들고 있는 초석이다.[45]

끝으로, 본 문서는 '세례'의 도덕적 형성에 대하여 다음과 같이 말한다.

---

44. *Ibid.*, pp. 66–67.
45. *Ibid.*, p. 67.

세례란 에큐메니칼 함의를 가진 지역적 사건이다. 우리는 세례를 통하여 지역교회의 회원이 되고, 동시에 보편교회의 구성원이 된다. 우리는 교파들 상호간에 상대 교파의 세례를 인정하는 단계에 도달하였다.······ 성만찬 예전에의 참여와 밀접히 관계되어 있는 도덕 형성의 주제는 에큐메니칼 공통분모인 우리의 공통의 세례를 통해서 에큐메니칼하게 공유된 실재가 된다.······ 우리가 세례 때에 가입되는 제자의 도는 교파적이고 신앙고백적인 경계선들을 넘어선다. 이로써 우리는 예수 그리스도와 연합하고, 우리들 상호간에 연합하며, 모든 시대와 모든 장소의 교회와 연합하는 것이다.[46]

1990년 서울 JPIC와 1991년 캔버라 WCC의 뒤를 이은 1993년 스페인의 산티아고 데 콤포스텔라에서 열린 제 5차 신앙과 직제 세계대회는 교회의 본질과 윤리를 동일귀속하는 것으로 본다.······

교회란 성령을 통하여 예수 그리스도와 연합하였고, 그의 제자들로서 하나님과 창조세계와의 화해, 하나님의 창조세계에 대한 치유 및 변혁을 증거하고, 이에 참여하도록 파송받는 하나님에 의하여 부름받은 사람들의 공동체이다.[47]

그러므로 JPIC를 위한 선포와 구체적 행동들을 통한 증거활동에는 교회의 본질과 사명이 걸려 있다. 이것은 코이노니아의 명백한 징표요, 우리의 교회론에 대한 이해에 있어서 중심적이다.······ 그리스도의 교회의 본연의 일치에 대한 우리의 신학적인 숙고는 불가피하게도 윤리학과 관련되어 있다.[48]

---

46. *Ibid.*, pp. 70-71.
47. Official Report of the Fifth World Conference on Faith and Order : On the Way to Fuller Koinonia, Faith and Order Paper, no. 166(Geneva : WCC Publications, 1994), p. 259.
48. *Ibid.*

그리고 위의 콤포스텔라 문서에서 '신앙과 직제'의 사회참여를 나타내는 "The Church and World : The Unity of the Church and the Renewal of Human Community"(1990)와 신앙과 직제 및 JPIC의 연합문서인 "Costly Unity"가 무엇보다도 교회론적 차원인 '코이노니아'를 바탕으로 합류하였으니, 이 두 운동의 가교가 가시적으로 드러난 것은 이 산티아고에서였다. 산티아고 문서인 "Towards Koinonia in Faith, Life and Witness"에 있어서 신앙은 사도적 신앙을, 삶은 세례, 성만찬, 직제를 중심한 교회적 삶을, 그리고 증거는 선교와 JPIC를 포함하는 교회의 사회참여를 말하고 있으니, 이 같은 구조는 신앙과 직제가 세계선교 및 JPIC(Life and Work이 1960년대에 Church and Society로, 그리고 1990년에는 JPIC로)로부터 분리해서 살지 않고, 재결합하여 살고 있는 모습을 보여 주고 있다. 이제 우리는 이 산티아고 문서 중 "증거"(witness) 부분이 신앙과 직제의 중심 개념인 "koinonia in faith and life"를 전제하고 있다는 사실과 WCC 중앙위원회의 요구에 따라 신앙과 직제 위원회가 캔버라 WCC에 제출한 "코이노니아로서 교회의 일치 : 선물과 과제"를 출발점(springboard)으로 하고 있다는 사실에서 이 두 운동의 불가분리의 관계성을 확인할 수 있다. "증거"(Witness) 분과가 다루고 있는 아래의 제목들은 JPIC, 나아가서 세계선교의 과제를 포함하고 있다.

ㄱ. 하나님의 나라를 바라보는 교회와 인류
ㄴ. 선교와 복음전도에 있어서 공동 증거
ㄷ. 타종교인들과의 대화에 있어서 공동 증거
ㄹ. 공동 증거 : 집단적, 윤리적 참여로서 제자의 도(Discipleship as Cor-porate Moral Commitment)
ㅁ. 창조세계의 보전을 위한 공동 증거[49]

위의 항목들 가운데 "ㄱ"은 "증거"의 종말론적 틀이요, "ㄴ"과 "ㄷ"은 선교(CWME)의 과제요, "ㄹ"과 "ㅁ"은 교회와 사회 혹은 JPIC(Unit Ⅲ)의 과제이다. 우리는 산티아고 신앙과 직제 문서에서 에큐메니칼운동의 세 흐름이 합류하고 있는 모습을 발견한다.

물론 JPIC가 상호 불가분리하게 얽혀져 있기는 하지만 최근에 들어서 JPIC 중 "IC"가 더욱 강조되고 있는 것도 사실이다. 그래서 '교회론'과 '윤리학'에서, '윤리학'은 '생명의 신학'의 윤리를 중심내용으로 갖는다. 1994년 1월, WCC 중앙위원회는 "생명의 신학 : JPIC 프로그램"을 인정하여, 풀뿌리와 국가들 차원의 JPIC 경험과 실천을 초국가적, 그리고 세계적 차원의 그것으로 끌어올릴 것을 요구하였다. 이 프로그램은 1) 사회윤리 2) 교회론과 윤리 3) 창조의 신학에 관심을 집중하였는데, 이는 서울 JPIC의 현안들이었다. Larry Rasmussen은 '생명의 신학'에 대한 사례연구들을 위한 그의 글 "생명의 신학과 에큐메니칼 윤리"에서 '청지기' 개념은 인간의 창조세계에 대한 책임을 나타냄에 있어서 약하다고 보고, "모든 창조세계의 과격한 통일성, 다양성 및 공동의 삶"을 강조하였으며, "지탱가능성, 참여, 충분성 및 연대성"을 생명 중심의 윤리를 위한 4가지 도덕적 규범으로 보았다. 그리하여 이러한 주장은 WCC 후원하에 열린 1996년 봄의 "창조 포럼"에 기여했다.[50] 그런데 이 포럼의 결과물은 WCC 중앙위원회의 주관하에 1996년 6월에 열린 신앙과 직제와 JPIC(Unit Ⅲ)의 협의회에서 받아들여졌다. Mudge는 이것을 "에큐메니칼 세계의 새로운 패러다임"으로 보았다. 즉, 교회의 일치가 세계 속에서의 하나님의 일과 분리될 수 없고, 인간의 보편사적 의미가 교회의 코이노니아 안에서만 적절히 생각

---

49. *Ibid.*, pp. 255–262.
50. Douglas L. Chial, "The Ecological Crisis", in *The Ecumenical Review*(vol. 48, no. 1, Jan. 1996), p. 57.

될 수 있다고 보았다.[51]

이미 1995년 여름 할키 세미나는 자연과 인간 모두가 하나님이 창조하시고 "좋다."고 하신 세계(cosmos)로 보고, 창세기 1 : 28 하반절을 하나님을 영화롭게 하기 위하여 인간이 창조의 세계, 즉 자연과 인간들을 섬기도록 부름받은 것이라고 한다. 여기에 참석한 사람들은 우리를 위기 가운데로 몰아넣었고, 모든 창조의 세계의 생존을 위협하는 인간 집중적 세계관을 비판하였다. Chial은 이 세미나의 주장에 관련하여 환경문제에 대해서 의식이 높아 가고 노력이 경주되고 있으나, 계속해서 환경이 악화되는 이유를 다음과 같이 말하고, 그 해결책을 신학에서 찾는다.

> 참석자들은 이 같은 역설은 자연파괴와 자연보존에 대한 인류의 모든 노력이 동일한 실용주의적 전제들과 세속적인 반응들을 흔히 사용하는 데에 뿌리를 내리고 있다고 관찰하였다. 이들은 그와 같은 반응은 자연의 성스러움과 우리 모두가 부름받은 하나님의 창조세계를 위한 제사장적 기능을 인정하지 않는 것이라고 입을 모았다. 그래서 이들은 구원이란 전체적이라고 하는 사실을 전제하는 새로운 윤리를 탐구하였다. 즉, 이들은 인간의 구원이란 나머지 창조세계로부터 동떨어진 채로는 도달되어질 수 없고, 환경위기의 심각성을 감소시킬 수 있는 지속적인 방법은 소비지향적인 삶을 회개하는 것이라고 했다.[52]

또한 1995년 *The Ecumenical Review*(vol. 47, no. 2)가 교회론과 윤리를 한데 묶어 여러 논문들을 싣고, 그 주제를 "Ecclesiology and Ethics"라고 한 것은 서울 JPIC 이래로 신앙과 직제가 JPIC와 더욱 가까워졌고, 가까워져야 한다는 사실을 말해 주고 있으며, 1996년

---

51. Lewis S. Mudge, "Ecclesiology and Ethics in Current Ecumenical Debate", in *The Ecumenical Review*(vol. 48, no. 1), p. 11.
52. *The Ecumenical Review*(vol. 48 no. 1, Jan. 1996), pp. 59-60.

The Ecumenical Review(vol. 48, no. 2)의 제목인 "Does Ethics Divide or Unite?"는 1925년 스톡홀름의 "Doctrines divide, service unites"를 숙고하고 있는 것을 보인다.

이상은 1990년 서울 JPIC 이래로, 1992년부터 1996년까지 논의된 "교회론과 윤리학"의 가교를 시도한 신앙과 직제와 JPIC(Unit Ⅲ)의 합동 연구과정에 관한 이야기이다. 이는 1993년 산티아고에서 가시화되고 무르익기 시작하여 1998년 WCC 총회에서의 수렴을 앞에 두고 있다. WCC 중앙위원회는 1966년 "정책문서"(a Policy Statement)로서 "Towards A Common Understanding and Vision Of The WCC" (C.U.V.)를 작성, 1997년에 회원교회들로부터 공식적인 논찬들을 수렴하여 1998년 하라레 WCC 총회에 제출케 하였는데, 본 문서는 WCC의 교리헌장("세계교회협의회란 성경을 따라 주 예수 그리스도를 하나님과 구세주로 고백하고, 나아가서 한 분 하나님, 곧 성부, 성자, 성령의 영광을 위한 교회들의 공동 소명을 이룩하려고 힘쓰는 교회들의 교제이다.")을 세 부분으로 나누어 해석한 후, WCC의 헌장 제 3항의 수정을 제시한다. 다시 말하면, "C.U.V."는 WCC 교리헌장의 내용을 "교회들의 교제", "공동 신앙고백의 교제", 그리고 "공동의 소명에 응답하는 교제"로 나누어 해석하면서, WCC의 헌장 중 제 3항(Article 3)의 수정보완을 제시하고 있다. 우리는 이 제 3항(WCC의 목적과 기능)의 수정보완의 과정에서 '신앙과 직제'와 "교회와 삶"이 어떻게 긴밀히 관계되어졌고, 나아가서 에큐메니칼운동의 세 흐름 혹은 네 흐름이 어떻게 하나의 에큐메니칼운동이 되어야 하는가를 알 수 있다.

첫째로, 1948년 암스테르담은 WCC의 목적과 기능에 대하여 다음과 같이 말한다.

- 교회들의 공동 행동을 진척시키고 ;
- 연구에 있어서 협력을 증진시키며 ;

- 모든 교회들의 구성원들의 에큐메니칼 의식의 성장을 촉진시키고 ;
- 세계적 크기의 교파연합체들 및 에큐메니칼운동의 다른 부분들과 관계를 형성하며 ;
- 교회들의 복음전도를 지원한다.[53]

위에서 언급된 WCC의 목적과 기능에서 우리는 제 1차 WCC 총회를 구축하는 세 운동의 유기적 관계나 세 운동의 통전성 혹은 유기적 일체성에 대한 그 어떤 언급도 찾아볼 수 없다. 위의 내용은 WCC의 매우 초보적인 목적과 기능을 기술하고 있다.

둘째로, 1975년 나이로비 WCC가 1948년 이후 그 동안의 에큐메니칼운동의 경험에 비추어 수정보완한 제 3항(목적과 기능)은 세 운동 혹은 네 운동의 기능들을 나열만 할 뿐 이들의 유기적 관계양상이나 그 어떤 통일성이나 통전성을 밝히지 않고 있다.

- 교회들을 가시적 일치라고 하는 목표에 이르도록 부르되, 예배 및 그리스도 안에서 살아가는 공동의 삶으로 표현되는 하나의 신앙과 하나의 성만찬적 교제 안에서 그 목표에 도달하게 하며, 이러한 일치에로 나아감으로써 세상으로 하여금 믿게 하려는 것이고 ;
- 각 장소와 모든 장소에 있는 교회들의 공동 증거를 진척시키며 ;
- 교회들의 세계적 차원의 선교와 전도를 지원하고 ;
- 인간의 필요에 봉사하고 사람들 사이의 장벽들을 무너뜨리며, 하나의 인류가족을 정의와 평화에로 이끌려는 교회들의 공동 관심을 표현하고 ;
- 일치, 예배, 선교 및 봉사에 있어서 교회의 갱신을 북돋아 주며 ;
- 국가별 교회협의회, 교회들의(초국가적) 지역별 대회들, 세계적인 교

---

53. "Towards a Common Understanding and Vision of the WCC : A Working Draft for a Policy Statement," in *The Ecumenical Review*, vol. 49, Number 1, January 1997, p. 22.

파연합체들 및 기타 다른 에큐메니칼 기구들과 관계를 형성하고 그
것들을 유지하고 ;
- 신앙과 직제, 삶과 봉사, 국제선교대회 및 기독교교육 세계협의회를
위한 세계적인 운동들을 추진케 한다.[54]

위에서 인용한 WCC 헌장 제 3항의 1975년 개정판은 '신앙과 직제',
'선교와 전도', 그리고 '교회와 사회' 순으로 각각의 목적과 기능을 나
열하고 있다. 본 개정판은 에큐메니칼운동의 네 흐름을 말하는 마지막
항목에서조차도 통전성이나 유기적인 통일성과 같은 그 무엇을 보여
주고 있지 않다.

세 번째로, 1998년 제 8차 WCC 총회를 위해서 제안된 C.U.V.에 나
타난 WCC의 목적과 기능(WCC 헌장 제 3항)은 다음과 같다.

세계교회협의회는 하나의 에큐메니칼운동에 봉사하려는 교회들에 의
해서 구성되어 있다. WCC는 신앙과 직제, 삶과 봉사, 국제선교협의회 및
기독교교육 세계협의회를 위한 세계적인 운동들의 과업을 체현시킨다.

WCC 내에서의 교회들의 교제의 제 1차적 목적은 교회들을 가시적 일
치라고 하는 목표에 이르도록 부르되 예배와 공동의 삶, 세상에 대한 증
거와 봉사로 표현된 하나의 신앙과 하나의 성만찬적 교제 안에서 이 목표
에 도달하게 하며, 이러한 일치에로 나아가게 함으로써 세상 사람들로 하
여금 믿게 하려는 것이다.

교회들은 가시적 일치의 목표를 추구함에 있어서 WCC를 통하여

- 신학적인 대화를 통하여 교회들 상호간의 관계를 심화시키고, 상호

---

54. *Breaking Barriers Nairobi 1975*, ed. by David M. Paton(Eerdman's, 1976),
pp. 317-318.

책임을 지는 정신으로 상호용서와 화해를 기도로써 추구하며, 인적, 영적, 그리고 물질적 자원을 서로 나누어야 할 것이고 ;
- 각 장소와 모든 장소들에서 교회들의 공동 증거를 진척시키고, 지역적, 국가적, 세계적 차원의 선교와 전도에 있어서 상호지원해야 할 것이며 ;
- 인간의 필요에 봉사하고 사람들 사이의 장벽들을 무너뜨리며, 하나의 인류가족을 정의와 평화에로 이끌고 창조세계의 보전을 지탱해 나가려는 교회들의 공동 관심을 표현하게 함으로써 모든 삶들로 하여금 충만한 삶을 경험케 해야 할 것이고 ;
- 에큐메니칼 의식이 성장하도록 하며, 각각의 특수 문화적 맥락에 뿌리내린 공동체 안에서 삶의 비전을 풍성히 갖도록 교회들을 양육시켜야 하며 ;
- 타종교 공동체들과 관계맺음에 있어서 교회들 상호간에 도움을 주도록 해야 하고 ;
- 일치, 예배, 선교, 그리고 봉사에 있어서 갱신과 성장을 북돋아 줄 것이다.

WCC는 하나의 에큐메니칼운동을 강화시키기 위하여

- 국가별 기독교협의회들, (초국가적) 지역별 교회대회들, 교파별 세계연합체들 및 기타 에큐메니칼 단체들과 관계를 수립하고 이런 관계를 유지해야 할 것이고 ;
- 지역적, 국가적 및 소지역적 차원에서 발생하는 에큐메니칼 창의성을 지원해야 하며 ;
- 에큐메니칼 단체들 사이의 관계망을 구축해야 하고 ;
- 다양하게 표출되는 한 에큐메니칼운동의 일관성과 통일성 유지를 지향해야 할 것이다.[55]

---

55. *op. cit.*, pp. 24-25.

우리는 이상의 인용 중 처음 단락과 끝 단락에서 "하나의 에큐메니칼 운동"이 강조되고 있는 것을 발견한다. 모든 것이 세분화되고 상호유기적 관계가 없이 고립되고 개별화되며 공동체의 해체를 경험하는 "포스트모더니즘"시대에 C.U.V.가 이와 같이 에큐메니칼운동의 다양성 속에서의 통일성, 그리고 유기체적 통전성을 지향하고 있는 것은 매우 적절한 일이 아닐 수 없다. 1975년 나이로비처럼 본 문서 역시 '신앙과 직제'를 제일 앞에 놓고, 그 다음 '선교와 전도', 나아가서 '삶과 봉사'를 언급하고 있으나, 본 문서의 특징은 본 논고가 지금까지 입증한바, '신앙과 직제'와 '삶과 봉사'('교회와 사회' 혹은 "JPIC")의 합류가 보다 더 현실화되고 있다 하겠다. 그리고 에큐메니칼운동의 세 흐름 혹은 네 흐름의 유기적 통전성도 강조되고 있는 것이 사실이지만 말이다.

결 론

1. 교회론('신앙과 직제' 운동)과 윤리학('삶과 봉사' 운동)을 긴밀히 연결시키려는 1998년 제 8차 하라레 WCC 총회를 바라보면서 :

지금까지 우리는 '신앙과 직제'와 '삶과 봉사' 두 운동이 1920년대 부터 1998년에 이르기까지 어떠한 관계를 가지고 왔는가에 대하여 논구하였다. 이 두 운동이 합류하여 1938년에 WCC가 탄생한 것은 이 두 운동의 긴밀한 관계성을 말해 주고 있다. 하지만 두 운동은 이러한 합류에도 불구하고, 1960년대 이전까지는 서로 소원한 관계를 유지해 왔다. 1930년대로부터 1948년 이전까지 어간은 1948년에서 1950년대 말까지 기간보다 이 두 운동의 관계가 더욱 소원하였지만 말이다.
1961년 뉴델리 WCC 총회의 전체 주제("예수 그리스도-세상의 빛")강연에서 골로새서 1 : 15~20에 근거하여 우주적 기독론을 펼침으로써, 복음과 기독론을 인간 실존과 역사 개념을 넘어서서 '창조세계'에 관련시킨 Sittler의 "우주적 기독론", 1963년 몬트리올 신앙과 직제의 분과보고서 중 교회의 관심을 교회 밖으로 돌려 놓은, 제 1분과 : "하나님의 목적을 이루는 교회", 1967년 브리스틀에서는 벌코프(Hendrikus Berkhof)에 의해서 초안된 "자연과 역사 속에 계신 하나님"(God in Nature and History) 및 "자연과 역사 속에 있는 인간"(Man in Nature and History)은 바야흐로 신앙과 직제 운동이 복음을 통한 구원과 교회론적 차원을 넘어서서, 그리고 인류역사의 정의와 평화문제를 넘어서서 복음과 교회를 창조세계 전체와 연결시키기 시작했음을 보여 주고 있다. 다시 말하면, 1960년대에 들어오면 예수 그리스도 안에서 일어난 '화해'의 의미가 교회와 역사 차원을 넘어서서 창조세계 전체에로 확장된다. 바로 이 같은 1960년대에 신앙과 직제는 삶과 봉사에 매우 접근하고 있다.

그리고 1975년 나이로비의 JPSS와 1979년 MIT 교회와 사회 세계대회의 환경, 개발, 그리고 경제정의 문제에 대한 논의는 1983년 밴쿠버의 JPIC로 이어지고, 이것은 곧바로 서울 JPIC 세계대회로 연결되었다. 그리하여 1975년에서 1990년에 이르면 "IC"의 문제가 사회정의 및 경제정의 문제와 맞물려 논의되어야 하는 것이 정론으로 확립되기에 이른다.

1983년 밴쿠버로부터 1990년 서울 JPIC 사이에 나온 신앙과 직제의 공식문서들 가운데 가장 중요한 문서는 1982년에 출판된 BEM Text와 1991년에 출판된 *Confessing the One Faith : An Ecumenical Explication of the Apostolic Faith as it is Confessed in the Nicene-Constantinopolitan Creed*(381)인데, 우리는 이 두 문서에서 교회의 사회참여에 관한 내용을 예증하였다. 그리고 1991년 서울 JPIC를 계기로 이 두 운동은 매우 접근하였고, 1990년 서울 JPIC에서 1991년 캔버라로 오면서 "생태신학"이 "경제정의"와 "세계적인 사회정의"와 더욱 긴밀하게 연결되었다. 그리고 1993년 산티아고 신앙과 직제 세계대회의 공식문서("Towards Koinonia in Faith, Life and Witness")에서 "Witness" 부분에 "Costly Unity" 문서가 전적으로 수용된 것으로 보아, 여기에서 신앙과 직제 역사상 이 두 운동의 연합이 가장 강하게 나타나고 있다. 1992년부터 1996년 사이에 신앙과 직제(Unit I)와 JPIC(Unit Ⅲ)는 연합연구를 통하여 세 문서를 내놓았으니, 1993년 덴마크 륀데(Rønde)에서 나온 "Costly Unity", 1994년 예루살렘 근교 탄투르에서 확정된 "Costly Commitment" 및 남아공의 요하네스버그에서 빛을 본 "Costly Obedience"는 이 두 운동을 가교(架橋)시키는 과정을 위해서 매우 중요한 길목들이다.

끝으로, 1998년 WCC를 위해서 사용될 "C.U.V."는 WCC 헌장 제 3항의 개정판에서 '신앙과 직제'와 "JPIC"(Unit Ⅲ)의 합류는 물론, 에큐메니칼운동의 세 흐름 혹은 네 흐름의 유기적 통일성을 역설하고 있다. 모든 것이 세분화되고 상호유기적 관계가 없이 고립되고 개별화되며 공동체의 해체를 경험하는 "포스트모더니즘"시대에, C.U.V.가 이와 같이 에큐메니칼운동의 다양성 속에서의 통일성, 그리고 유기체적 통전성을 지향하고 있는 것은 매우 적절한 일이 아닐 수 없다. "교회론과 윤리학" 이 둘은 서로가 서로를 위해서 있다. 향후 WCC의 과제인 JPIC는 말씀 설교, 세례, 성만찬, 코이노니아, 사도적 전통과 성경, 신앙과 '제자의 도' 등 교회론적 주장들 없이는 바르게 실현될 수 없을 것이다. 선교와 기독교교육 역시 '신앙과 직제' 운동 없이는 매우 부족할 것이다. 교회의 본질(what it is to be the Church)과 교회가 행해야 하는 것(what it is for the Church to do)은 불가분리한 관계에 있다. 교회의 가시적 일치추구(요 17 : 21)와 JPIC 및 세계선교와 전도(엡 1 : 10)는 서로 뗄래야 뗄 수 없는 관계에 있다. 기독교교육도 마찬가지이다.

2. 한국교회와 '도덕 형성'(moral formation)

한국교회의 선교 초기는 로마 가톨릭이든 개신교이든 간에 나라가 불가항력적인 외세에 의하여 압력을 받는 상황이었다. 청·일전쟁, 러·일전쟁, 미국, 영국, 프랑스 등의 통상압력, 그리고 이어지는 일본 군국주의의 침략은 초기 한국교회로 하여금 세상의 빛과 소금이 되게 하기보다는 이 세상으로부터 움츠러들게 만든 요인들이었다. 이 같은 상황에서 서재필과 윤치호 같은 기독교 지도자들의 독립협회를 통한 민족재건운동과 일제에 항거한 기독교인들의 3·1운동에의 참여는 교회의 사회윤리적 분별과 사회윤리적 순종에 해당한다고 보여진다. 그리고 개신교 선교 초기의 교육과 병원 선교 역시 기독교의 도덕적인 영향력을 발휘하였다. 하지만 해방을 맞이한 한국 기독교는 한꺼번에 안겨진 자유를 잘 활용하지 못하여 교파분열을 거듭하였고, 정치, 경제, 사회적으로 도덕적, 윤리적 영향력을 발휘하지 못했다. 그리고 6·25 동란과 남북 대치상황에서 박정희, 전두환 및 노태우로 이어지는 군사독재 치하에서 교회는 계속하여 이 세상에서 빛과 소금의 직분을 감당하기보다는 이 세상으로부터 움추러드는 경향을 유지해 왔다.

1970년대에 있었던 KNCC 및 한국 개신교 지도자들의 인권운동과 해방신학이 학생운동과 더불어 어느 정도 기독교의 도덕적 영향력을 발휘하였으나, 선교 초기의 사회참여 운동처럼 이것도 한국교회 전체의 '도덕 형성'(moral formation)과 '도덕적 분별'(moral discerment)훈련을 통한 사회윤리적 순종은 아니었다. 오늘에 이르는 우리 한국교회를 위해서 "Costly Unity", "Costly Commitment" 및 "Costly Obedience"는 매우 적절한 가르침이다. 교회론과 윤리학의 연합이 우리 한국교회의 역사와 사회참여를 위해서 꼭 필요하다. 우리 한국교회의 설교, 성만찬, 가르침, 코이노니아 등 교회론적 요소들은 교인들의 '도덕 형성'과 '도덕적 분별' 및 '윤리적 세계참여'(ethical engagement in the world)를 지향함으로써 한국 개신교가 IMF 프로그램하에 있는 한국의 정치와 경제와 사회에 도덕적 영향력을 주어야 한다. 탄투르의 "Costly

Commitment"는 '도덕 형성'과 '도덕적 분별' 및 '윤리적 세계참여'를 교회의 본질(esse ecclesiae)에 속한 것으로 본다.

> 우리는 이 탄투르에서 윤리학이 교회의 본질에 속한다고 하는 확신을 재확언하였다.……
>
> 도덕 형성과 도덕적 분별이라고 하는 범주들은 교회의 본성과 세상 속에서의 교회의 삶으로부터 나왔다. 교회들은 교회의 구성원들과 더 넓은 세상에게 중요한 도덕적 자원을 제공할 것으로 기대된다. 이 같은 자원은 영적 형성이라고 하는 교회의 전체적인 과제의 일부로서 믿는 사람들의 도덕 형성을 포함한다. 도덕적 분별력 훈련은 이와 같은 일의 중요한 부분으로서, 교회들은 교회 구성원들을 이렇게 훈련시킴으로써 복음의 시각에서 윤리적 이슈들을 분석하도록 도와 주고, 그들의 신앙에 비추어서 오늘날의 도덕적 투쟁들, 도덕적 복합성들 및 도덕적 도전들에 어떻게 참여하는 것이 최선의 방법인가를 판단하도록 도와 주는 것이다.……[56]

---

56. "Costly Commitment," in *Ecclesiology and Ethics*, ed. by Thomas F. Best and Martin Robra(Geneva : WCC Publications, 1997), p. 39.

VI

한국장로교회를 위한
일치와 협력의 신학적 가능성

서 론

우리는 여기에서 한국장로교회의 신학전통에 가장 영향력이 큰, 하지만 에큐메니칼운동에는 가장 큰 걸림돌로 작용하는 「웨스트민스터 신앙고백서」를 택하여 논했다. 따라서 이 신앙고백서에 포함된 신학적인 주제들 가운데 에큐메니칼 신학에 공헌할 수 있는 것이 있다면, 한국장로교회 교단들 가운데 가장 보수적인 교단들까지도 에큐메니칼운동에 참여하지 않을 신학적인 이유를 찾지 못할 것이다. 이런 목적으로 본 필자는 '복음', '삼위일체 하나님', '구원' 및 '교회'에 관한 신학적 주장들을 「웨스트민스터 신앙고백서」로부터 소개하였고, 이 주제들이 신앙과 직제 문서에 나타난 해당 주제들에 대한 주장들과 동일하다는 사실을 입증하였다. 때문에 제 1장 "한국장로교회의 신앙고백(신학전통)에 있어서 신학의 다양성과 통일성"에 이어, 제 2장 "에큐메니칼 교회공동체에 있어서 신학의 다양성과 통일성 – 사도적 신앙과 다양한 신학전통들"에서는 신앙과 직제 문서로부터 해당 주제들과 그에 관련된 본문들을 소개하였다.

1. 한국장로교회의 신앙고백(신학전통)에 있어서 신학의 다양성과 통일성

한국의 장로교회는「12신조」(1903)와「웨스트민스터 신앙고백」(1647)을 사용해 오다가 기장이 1972년에「새신앙고백선언문」을, 예장(통합)이 1986년에「대한예수교장로회 신앙고백」을 작성해 냈다. 이러한 신앙고백서들은 세계 교회들과 더불어 사도신경, 니케아-콘스탄티노플 신조, 칼케톤의 정통 기독론과 같은 에큐메니칼 신조를 공유하고 있거니와, 우리는 여기에서 대부분의 한국장로회들이 공유하고 있는「웨스트민스터 신앙고백」에 나타난 '복음', '삼위일체 하나님', '구원', '교회'에 대한 신학적인 정의와 1903년 미국 북장로교회에 의해서 첨가된 "제 34장", "제 35장" 및 "선언문"이 한국장로교단들의 연합과 일치, 그리고 타교파들과의 연합과 일치에 어떻게 기여하는가에 대하여 알아보려고 한다. 무엇보다도 이와 같은 근본적인 신학적 주장들이 WCC의 '신앙과 직제' 전통의 사도적 신앙내용과 어느 정도 일치하는가를 확인함으로써, 한국장로교회가 타교파들과의 연합과 일치의 가능성을 얼마나 가지고 있는가를 밝히려고 한다.

1) 복 음

본 신앙고백[1]은 칼케톤 공의회(451)의 정통 기독론을 따라 나사렛 예수께서 "참 하나님과 참 인간"(vere Deus, vere Homo)으로서, 하나님과 인간의 화해를 이룩하신 중보자(仲保者)라고 소개한다. 즉, 중보자

---

1. 이형기,「세계 개혁교회의 신앙고백서」(서울 : 한국장로교출판사, 1991), p. 257.

혹은 화해자의 자격을 성육신하신 하나님의 영원하신 아들로 보고, 이어서 이 중보자가 십자가와 부활사건으로 집중되는 화해사역을 통하여 인류의 죄와 죽음의 문제를 해결했다는 것이다. 위의 글 인용문에서 우리는 예수 그리스도께서 십자가상에서 단번에 드려진 유일회적 유일무이한 희생제사였다는 사실을 발견하는바, 그는 인류를 위한 유일무이한 제사장이시요, 제물 그 자체이시다. 그는 화해 뿐만 아니라 하늘에서의 영원한 상속을 확보하셨다. 그런데 다음의 인용에서 볼 때, 본 신앙고백서의 '복음'은 예정론에 입각한 제한속죄를 함축하고 있다.

> 하나님께서는 영원 전부터 모든 택함을 받은 자들을 칭의하실 것을 작정하셨다(갈 3:8, 벧전 1:2, 19-20, 롬 8:30). 그리스도께서 때가 무르익었을 때에 이들의 죄를 대신하여 죽으셨고, 이들을 의롭게 하시려고 부활하셨다(갈 4:4, 딤전 2:6, 롬 4:25).[2]

하지만 본 신앙고백서는 예정론과 제한속죄에 대한 주장에도 불구하고, 위 인용문들에서 보여진 대로 '복음'의 충만한 내용을 20세기에 사는 우리들에게 잘 전해 주고 있다 하겠다. 바로 이 '복음'은 사도적 신앙의 핵심내용이다. 성공회, 동방 정교회, 로마 가톨릭교회 등 오늘날 세계 교회들이 거의 모두 공유하고 있는 사도적 신앙이 있다면 그것은 '복음'이라고 할 수 있다. 앞으로 논할 '삼위일체 하나님', '구원' 및 '교회'에 관한 사도적 신앙도 '복음'과 불가분리의 관계에 있는 것으로 그 다음으로 중요한 사도적 신앙이지만 말이다.

2) 삼위일체 하나님

의심의 여지 없이 본 신앙고백서[3]는 사도신경과 니케아-콘스탄티

---

2. *Ibid.*, pp. 256, 263.

노플 신조의 삼위일체 하나님을 따르면서, 성령이 '아들에게서도' (filioque)를 인정하고 있다. 본 신앙고백서는 삼위 모두가 공유하고 있는 하나님되심에 관하여 성경적 증거에 근거하고, 서방 교회의 전통 (Augustine, Boethius, Thomas Aquinas)이 강조하는 삼위의 통일성을 강조하고 있다. 동방 정통교회는 삼위일체에 있어서 삼위의 구별과 삼위 각각의 역할과 삼위의 공동체성을 강조한다. 하지만 웨스트민스터 신앙고백서는 세계 보편교회와 함께 유대-기독교적 하나님이신 삼위일체 하나님을 예배하고, 찬송하고, 고백한다.

3) 구 원

「웨스트민스터 신앙고백서」[4]는 '복음'을 오직 은혜와 믿음으로 수용하는 루터와 칼빈의 이신칭의를 따르고, 이어서 성화를 논한다. 본 신앙고백서의 구원론은 로마 가톨릭교회와 동방 정교회의 그것과는 달리 이신칭의와 성화를 구별하나, 루터보다는 물론, 칼빈보다도 성화를 더 강조하고 있다. 엄격한 의미에서 구원은 '이신칭의'이지만, 이것이 '성화'와 불가분리의 관계에 있다는 말이다. 특히 이 구원의 신앙(the saving faith)은 말씀설교를 통해서 성령역사로 주어지는 순수 선물로서, 계속해서 설교말씀, 세례 및 성만찬을 통해서 강화된다. 성화 역시 이 같은 은총의 수단을 통해서 가능하고 강화되며 성장하지만 말이다.

이상의 이신칭의와 성화는 대체로 루터와 칼빈의 그것과 대동소이하나, 본 신앙고백서의 구원론의 특징은 예정론을 이 같은 구원론의 대전제로 삼는 데 있다. 칼빈이 그의 「기독교 강요」 최종판 제 3권에서 이신칭의와 성화를 논한 다음에 예정론을 논했고, 특히 제 4권 교회론에

---

3. *Ibid.*, pp. 247-248.
4. *Ibid.*, pp. 262-267.

와서 기독교인의 궁극적 정체성을 논하기 위하여 그것을 본격적으로 사용하고 있는 것을 볼 때, 웨스트민스터 신앙전통이 다분히 17세기 칼빈주의적 정통주의에 영향받았음을 우리는 쉽게 알 수 있다. 그리고 본 신앙고백서가 양자됨을 별개의 항목으로 부각시키고 있으나, 이것 역시 루터와 칼빈에게서는 그렇게 큰 의미를 갖지 못한다고 보여진다. 하지만 본 신앙문서의 구원론은 사도적 신앙의 내용으로서 성공회의 그것하고는 물론, 심지어 동방 정교회와 로마 가톨릭교회의 구원론하고도 양립할 수 있는 것이라 생각된다. 적어도 동방 정교회와 로마 가톨릭교회의 구원론이 431년 에베소 공의회에서 정죄된 펠라기우스주의자들의 구원론은 아니기 때문이다.

4) 교 회

고전적인 칼빈주의적 개혁신학의 교회론의 특징인 예정론에 입각한 "불가시적 보편적 교회"를 제외한 나머지 부분은 16세기 루터의 종교개혁 신학의 교회론과 별로 다를 바가 없다. 복음설교와 세례·성만찬이라고 하는 가시적 표지(標識=notae ecclesiae)를 지닌 모든 개교회들로 구성된 가시적 보편교회는 앞으로 논하게 될 성공회, 동방 정교회 및 로마 가톨릭교회의 교회론 안에서도 발견된다. 우리들이 직제론과 7성례전 및 이 7성례전의 해석상의 차이를 인정한다면, 위의 교회론적 표지는 모든 교파들의 본질적인 교회론적 공통분모라고 생각된다. 하지만 1982년 페루의 리마에서 작성된 BEM(Baptism, Eucharist and Ministry=세례, 성만찬, 직제)문서[5]는 종교개혁 전통의 교회 표지론을 인정하면서(말씀설교보다 세례, 성만찬에 비중이 더 주어져 있기는 하지만),

---

5. *Baptism, Eucharist and Ministry*, Faith and Order No. 111(Geneva : WCC, 1982).

성공회는 물론 동방 정교회 및 로마 가톨릭교회의 세례, 성만찬, 직제에 대한 에큐메니칼 신학을 펼치고 있다. 개신교가 주장하는 2가지 성례(세례, 성만찬)와 가톨릭교회(동방+로마)의 7가지 성례론이 서로 상충하는 것도 사실이나, 후자가 세례와 성만찬을 7개의 계층질서적 성례들 가운데 우선순위 제 1위에 놓기 때문에, 두 교회 사이에 에큐메니칼 대화가 그만큼 진전되어 온 것이 사실이다. 우리는 여기에서 1993년 신앙과 직제 제 5차 세계대회의 공식보고서(Koinonia in Faith Life and Witness)가 주장하는 '세례', '성만찬' 및 '직제'에 대한 상당한 신학적 일치를 아래에 소개한다. S.Ⅲ.16은 세례의 구원론적 의미가 대부분의 교회들에 의해서 인정되었다고 말한다.

…… 인간들이 복음을 듣고 신앙으로 반응할 때, 이들은 세례를 받아 그리스도의 몸의 코이노니아(고전 12 : 13) 속으로 돌입하고, 성령으로 말미암아 하나님의 양자됨(롬 8 : 15 이하)의 특권을 누리게 되며, 하나님께서 인류를 위해 약속하시고 계획하신 신적인 삶에의 참여를 미리 맛보면서 기뻐한다.……

그리고 세례의 상호인정 혹은 공동의 세례(a common baptism)는 이 세상에서 교회를 하나의 예증적인 포괄적 공동체가 되게 한다. 즉, 여러 다양한 문화와 인종들의 남자들과 여자들과 어린이들이 동일한 자격으로 이 하나의 세례에 참여하고, 이 하나의 세례로써 사회적, 경제적 불평등이 극복되고, 삼위일체 하나님에 대한 신앙과 형제자매에 대한 사랑의 줄로 묶여져서 서로 상대방의 전통들과 능력들을 존경할 수 있게 된다.[6]

S.Ⅲ.16에 의하면, 성만찬의 이해에 있어서도 교회들이 상당한 정도

---

6. Fifth World Conference on Faith and Order : Towards Koinonia in Faith, Life and Witness, Faith and Order Paper No. 164(Geneva : WCC, 1993), p. 24.

의 수렴과정 속에 있으며, 성만찬을 우리들이 추구하는 코이노니아의 본질적 표현으로 본다. S.Ⅲ.16은 세례와 성만찬이 예수 그리스도의 십자가와 부활과 어떤 관계를 가지고 있으며, 성만찬이 말씀선포와 성령 임재의 간구와 얼마나 긴밀한 관계에 있는가를 보여 준다.

…… 성만찬은 세례에서 시작된 것을 완성시킨다. 이 두 성례는 교회의 삶과 긴밀한 관계를 갖는다. 하나의 화해된 공동체요, 화해케 하는 공동체로 모인 기독교인들은 우리들 사이에 현존하시고 우리들과 연합하신 그리스도의 십자가와 부활을 축하한다. 우리는 말씀(the Word)을 선포하고, 하나님의 놀라운 일들에 대하여 감사를 올리며, 성령의 선물을 달라고 기도하고, 이 식탁에서 신천신지의 도래를 기대한다.[7]

세례, 성만찬, 직제 중 '직제'에 관한 문제가 교회일치에 가장 큰 걸림돌인데, 몬트리올(1963)에서 열린 신앙과 직제 제 4차 세계대회 이후 세계 교회들은 삼위일체 하나님의 이름으로 공동의 세례를 받은 모든 기독교인들은 "예수 그리스도와 그의 구원사역에 대한 증인이 되도록 도전받고 있다."(S.Ⅲ.20)는 사실에 의견 일치를 보았고, 동시에 세례받는 자들의 소명과 교역이 안수례받은 교역자들의 특수 소명과 교역과 달라야 한다는 사실에 동의했다(S.Ⅲ.20). 그리고 세계 교회들은 역사의 과정을 통하여 여러 교파들이 각각 나름대로 "안수례받은 직제의 권위부여를 위한 여러 형태들과 과정들을 발전시켜 왔다는 사실을 인정한다"(Ibid).[8]

그럼에도 불구하고, 1967년 교황 바오로 6세가 교황 산하 "기독교 일치추진국"에게 준 다음과 같은 메시지는 제 2바티칸 이후에도 개신교와 로마 가톨릭교회 사이를 갈라놓는 가장 큰 걸림돌은 교황문제라

---

7. *Ibid*, p. 25.
8. *Ibid*, p. 26.

는 사실을 말하고 있다.

우리로부터 갈라져 나간 형제들이 아직도 예민하게 느끼는 어려움을 우리는 무엇이라고 말해야 할까요? 나는 그것이 그리스도께서 하나님의 교회 안에 있는 우리들에게 위탁하신 기능, 그리고 우리의 전통이 그렇게나 권위 있는 것으로 여겨 온 그 기능에서 발생하는 어려움이라고 생각합니다. 우리들이 잘 아는 대로, 의심의 여지 없이 교황이 에큐메니즘에로 가는 길을 가장 크게 방해하는 장애물입니다.[9]

끝으로, 성도들의 교제에 관하여는 중세 로마 가톨릭교회가 이것을 약화시켜, 16세기 종교개혁(대체로 루터교와 개혁교회)이 이것을 강조한 것은 사실이지만, 오늘날 성공회, 동방 정교회, 그리고 로마 가톨릭교회는 이 '성도들의 교제'를 한결같이 강조하고 있다 하겠다. 1993년 스페인의 산티아고 데 콤포스텔라에서 열린 신앙과 직제 제 5차 세계대회의 주제인 "Koinonia in Faith, Life and Witness"는 모든 에큐메니칼 교회들이 '성도들의 교제'를 강조하고 있는 것을 포함한다.

우리는 기장의 「새신앙고백선언문」과 예장(통합)의 「대한예수교장로회 신앙고백」이 각각 위의 「웨스트민스터 신앙고백」의 4주제들과 첨가된 조항들(제 34장, 제 35장 및 선언문)을 공유하고 있는 것으로 보고, 그 나머지 사항들에 대해서 다양성을 인정해야 할 것이다. 예컨대, 「새신앙고백선언문」에서 *Missio Dei*를 가미시킨 제 6장 교회와 선교 중 3. "교회의 선교"와 저항권을 고려한 「대한예수교장로회 신앙고백」의 "제 8장 – 국가"에 관한 부분이 그렇다.[10]

이어서 우리는 기장의 「한국 그리스도인의 성명」(1973), 「우리의 신

---

9. Jean-Louis Leuba, "Papacy, Protestamitism and Ecumenism," in *The Ecumenical Review*, vol. 46, no. 4, Octover 1994(WCC, 1994), p. 468.
10. 이형기, 「세계 개혁교회의 신앙고백서」, pp. 421–422, 490–491.

앙고백」(1976), 「제 5문서」(1987)에 나타난 교회의 사회참여와 인권투쟁에 관련된 내용들을 다양성 차원에서 받아들여야 할 것이다.

무엇보다 우리 한국의 장로교단들은 세계 개혁교회들이 공유하고 있는 교회의 두 표지, 즉 말씀설교와 성례전(세례, 성만찬)을 공유하고 있으며, 세계 교회들의 교회일치 추구에 있어서 항상 문제가 되어 온 '세례, 성만찬, 직제'에 대한 신학과 실천에 있어서 하등의 문제를 갖고 있지 않기 때문에 일치에로의 밝은 전망을 가지고 있다 하겠다. 때문에 우리는 이미 '주어진 일치' (a God-given unity)를 누리고 있는 것이다. 그래서 우리에게 남은 과제는 가시적 일치추구이다. 다양성 속의 일치 추구, 나아가서 하나의 장로교 총회 아래 모이는 완전한 일치를 추구하면서 세계 개혁교회들 및 세계의 모든 교파들과 에큐메니칼 관계를 맺어 나가야 할 것이다. 우리는 아직 '화해된 공동체들의 다양성' (a reconciled diversity)에 머물러 있다. 우리는 우리 장로교파들 간의 '협의회를 통한 교제들' (a conciliar fellowships)과 '협의회들' (councils)을 통하여 유기체적 연합(an organic union 혹은 a corporate union)을, 나아가서 하나의 한국장로교단을 향해 전진해 나가야 하겠다. 이 같은 교회들의 연합과 일치 없이 어떻게 우리들이 선교와 사회참여에 함께 헌신할 수 있겠는가?

2. 에큐메니칼 교회공동체에 있어서 신학의 다양성과 통일성
   - 사도적 신앙과 다양한 신학전통들

에큐메니칼 교회들은 다양한 신학전통들에도 불구하고 WCC의 교리헌장에 동의한다. 1961년 뉴델리 WCC 때 보완된 WCC 교리헌장은 다음과 같다.

> 세계교회협의회란 성경을 따라 우리 주 예수 그리스도를 하나님과 구

세 주로 고백하고, 한 하나님, 곧 성부, 성자, 성령의 영광을 위한 공동의 소명을 함께 성취해 나가고자 하는 교회들의 공동체이다.

위의 헌장내용은 하나님의 아들의 성육신과 구속, 그리고 칼케돈 기독론을 생각나게 하며, 니케아-콘스탄티노플 신조의 삼위일체 하나님을 배후에 두고 있음을 생각케 한다. 우리는 여기에서 '복음'과 '삼위일체 하나님'이 WCC 회원교파들의 다양한 신학전통들을 한데 묶는 통일성으로서 가장 근본적인 사도적 신앙이라는 사실을 주장할 수 있다.

1963년 몬트리올 신앙과 직제 세계대회에서 성경(Scriptures)과 전통들(traditions-小文字 t)로부터, 구별되는 '복음전승'(the Tradition 혹은 the Gospel Tradition-大文字 T)을 가장 중요한 사도적 신앙으로 확정했고, 1981년 니케아-콘스탄티노플 공의회(381) 제 1600주년 기념예배 이래로 사도적 신앙의 공동표현으로서 확정된(filiogue 없는) 공동체 전체에게 복음이 위탁되었으며, 이 공동체의 지도자들이 사도들이었는바(S.Ⅱ.6), 성경에 규범적으로 증거된 이 근원적, 사도적 신앙(복음)은 니케아-콘스탄티노플 신조에 의해서 요약되었고, 교회사를 통해서 다양한 신앙고백서들로 표현되었다(S.Ⅱ.7). 따라서 한 사도적 신앙(복음과 니케아-콘스탄티노플 신조)은 보편적(catholic)이고 성육신적인 성격을 지녔기 때문에 여러 문화적, 사회적, 종교적 상황들에 대응하여 여러 다양한 신학적, 언어적, 문화적, 사회적 표현양식을 갖는다(S.Ⅱ.13). 따라서 교회들의 신학의 통일성과 다양성은 성경의 통일성(복음과 니케아-콘스탄티노플 신조)과 다양성(여러 다양한 상황에 대응하여 기록된 성경의 다양한 메시지들과 가르침들)에 근거하지만, 다음과 같은 다양성의 한계를 갖는다.

예수 그리스도를 어제와 오늘과 영원토록 동일하신(히 3 : 18) 하나님이시요 구주(Saviour)로 함께 고백할 수 없고, 성경 안에 선포되어 있고 사도적 공동체에 의해서 설교된 인류의 구원과 궁극적 운명에 대해서 함께 고백할 수 없는 교파는 WCC의 다양한 구성원들 가운데 하나가 될 수 없다.

성경이라고 하는 경전은 특히 복음진리(갈 2 : 5, 14)와 후에 니케아-콘스탄티노플 신조(A.D. 381)로 진술되었고 확장된 가르침들을 교회의 주어진(GOD-GIVEN) 일치의 근거로 삼는다. 이러한 일치와 이 같은 가르침들을 거부하는 것은 자신을 기독교 영역 밖에다 놓는 것이나 다름없다. 하지만 경전으로서의 성경은 교회의 다양성의 근거이기도 하다. 그 이유는 성경이 기록될 당시의 다양한 상황들과 성경 자체의 다양한 메시지들 때문만이 아니라, 접근과 해석의 다양성(한 단락에 대한 오랜 해석사가 있어 왔다.)과 개인과 공동체의 다양한 입장들 까닭에 그렇다. 교회들은 성경해석을 위한 표준적 원리들(예를 들어, 전통, 예전적 성례전적 맥락, 이신칭의, 경험 등)을 명시할 필요가 있다. 성경이라고 하는 하나의 경전이 그처럼 풍요로운 신학적인 다양성을 제시하는 까닭에, 이 성경은 교회들에게 성경적 증언들의 전체성을 자기 것으로 삼음으로써 보편성(catholicity)에 있어서 성장하도록 촉구한다.[11]

다음에 소개하는 1927년 로잔, 1937년 에든버러, 1952년 룬드 및 1963년 몬트리올의 신앙과 직제 세계대회들의 중요 신학적 주제들은 모든 WCC 회원교파들이 공유하고 있는 사도적 신앙에 해당하는바, 오늘날 세계 교회들은 이것을 신학적 통일성의 원리로 하면서 피차 자기 교파의 특수한 신학적인 주장과 타교파들의 신학적인 다양성을 인정해야 할 것이다.

1) 세상을 위한 교회의 메시지 : 복음(Lausanne 1927, 제 2분과)

---

11. Fifth World Conference on Faith and Order, pp. 17-18.

세상을 위한 교회의 메시지는 예수 그리스도의 복음이요, 항상 복음이어야 한다. 복음은 현재와 미래를 향한 구속의 기쁜 메시지인바, 그리스도 안에서 죄인에게 주어진 선물이다. 성령은 온 인류역사 속에서 활동하시사 그리스도의 오심을 준비하셨고, 무엇보다 구약 안에 주어진 그의 계시를 통해서 그의 오심을 준비하셨는데, 때가 차서 하나님의 영원한 말씀이 성육하사 인간이 되신 것이다. 바로 예수 그리스도는 하나님의 아들과 사람의 아들로서 은혜와 진리가 충만하신 분이시다.

이 예수 그리스도는 그의 삶과 가르침, 그의 회개에로의 부름, 그의 하나님 나라의 도래와 심판에 대한 선포, 그의 고난과 죽음, 그의 부활과 하나님 아버지 우편에로의 승귀 및 그의 성령의 파송을 통하여 우리에게 죄의 용서를 베풀어 주셨고, 살아 계신 하나님의 충만함과 우리를 향하신 하나님의 한없는 사랑을 계시하였다. 예수 그리스도는 십자가에서 보이신 완전한 사랑에 호소하시사 우리들을 신앙에로 부르시고, 하나님과 인간을 섬기기 위한 자기 희생과 헌신에로 부르신다.[12]

2) 교회의 본성(Lausanne 1927, 제 3분과)

세상의 구원을 위하여 우리들에게 복음을 주신 하나님께서는 그의 교회에게 이 복음의 구속능력에 대하여 삶과 말로써 증거하는 사명을 맡겨 주셨다. 살아 계신 하나님의 교회는 개인으로서든 집단들로서든 인간들의 의지나 동의나 신념들에 의해서가 아니라 하나님 자신의 의지에 의해서 구성되었다. 물론 하나님께서는 인간들의 의지를 그의 도구로 사용하시지만 말이다. 바로 이 교회의 머리는 예수 그리스도이시고, 성령은 이 교회를 지속시키는 능력이시다.

---

12. Faith and Order : Proceedings of the World Conference Lausanne, Aug. 3-21, 1927(London : 1927), pp. 461ff.

교회란 그리스도 예수 안에 있는 성도들의 교제로서 신약성경에 따르면 새 언약의 백성이요, 그리스도의 몸이요, 예수 그리스도를 초석으로 하고 사도들과 예언자들의 터 위에 세워진 하나님의 성전이다.

교회란 하나님의 선택된 도구이다. 그리스도께서는 이 도구를 가지고 성령을 통하여 사람들을 신앙으로 하나님과 화해케 하시며, 이 사람들의 의지들을 그의 주권에 복종시키시고, 은혜의 수단으로 이들을 성화시키시며, 이들을 사랑과 봉사로써 하나로 묶어 그의 나라가 영광 가운데 임할 때까지 이 땅 위에 그의 통치를 확장시키는 일을 위한 증인들과 동역자들로 삼으신다.

오직 하나의 그리스도, 이 그리스도 안에 오직 하나의 생명, 그리고 모든 진리에로 인도하시는 오직 한 성령이 계신 것처럼, 오직 하나의 교회, 거룩하고, 보편적이며, 사도적인 교회가 있을 뿐이다.

이 땅 위에 있는 교회는 어떤 표지(標識)들을 가지고 있어서 사람들은 이것을 보고 그것이 교회인 줄 안다. 사도시대 이래로 6가지 정도의 표지들이 있다.

① 교회는 성경 안에 포함되어 있는 하나님의 말씀을 소유하고 있으며 인정하고 있는데, 성령께서 이 교회와 개인에게 이 말씀을 해석해 주신다.
② 교회는 하나님께서 그리스도 안에서 성육신되셨고 계시되었다고 하는 하나님에 대한 신앙을 갖고 있다.
③ 교회는 복음을 모든 피조물들에게 설교하라고 하는 그리스도의 위임명령을 받았다.
④ 교회는 성례전(the Sacraments)을 지킨다.
⑤ 교회는 목양의 직무와 말씀설교와 성례전의 집례를 위한 교역직을 수행한다.
⑥ 교회는 기도, 예배, 모든 은혜의 수단들, 거룩함의 추구 및 인간을 봉사하는 일로써 코이노니아를 갖는다.[13]

에든버러에서 1937년에 열린 신앙과 직제 제 2차 세계대회는 제 1분과에서 "우리 주 예수 그리스도의 은혜"라는 제(題)하에 은혜의 의미, 칭의와 성화, 하나님의 주권과 인간의 반응, 교회와 은혜, 은혜 : 말씀 설교와 성례전, 오직 은혜로(sola gratia)를 다루었다.

3) 우리 주 예수 그리스도의 은혜(Edinburgh 1937, 제 1분과)

(1) 은혜의 의미

우리가 하나님의 은혜에 대해서 말할 때, 우리는 그의 아들 예수 그리스도 안에 계시된 하나님 자신에 대해서 생각하고 있는 것이다. 하나님이 사랑하시고, 그가 행하시는 모든 것은 그의 의로운 목적들을 사랑하고 성취하시는 것이라고 믿는 사람들만이 하나님의 은혜의 의미를 진실로 인식할 수 있다. 그의 은혜는 우리를 창조하셨고 보존하시고 축복하시는 일과, 무엇보다도 예수 그리스도의 삶과 죽음과 부활을 통한 우리의 구속과, 거룩하시고 생명을 주시는 성령의 파송 및 교회의 사귐과 말씀, 성례의 선물을 통해서 나타난다.

(2) 칭의와 성화

값없이 사랑을 베푸시는 하나님은 그리스도를 통해서 우리를 칭의하시고 성화시키신다. 우리는 이 하나님의 은혜를 믿음으로 받아들이는데, 이 믿음 자체는 하나님의 선물이다. 칭의와 성화는 죄인과 관계를 맺으시는 하나님의 은혜로우신 행동의 불가분리한 두 측면이다.

(3) 하나님의 주권과 인간의 반응

하나님의 은혜와 인간의 자유와의 관계에 관하여 우리 모두는 성경과 기독교적 경험에 기초하여 하나님의 주권이 최고라고 하는 사실에 동의한다. 우리가 의미하는 주권이란 하나님의 주권적인(all-controlling

---

13. *Ibid.*, pp. 463ff.

and all-embracing) 의지와 목적이다. 그리고 이 영원하신 목적이 하나님 자신의 사랑과 거룩한 본성의 표출이다. 이처럼 우리 인간은 전(全) 구원을 하나님의 은혜로우신 의지에 빚지고 있다. 그러나 다른 한편, 인간 자신의 의지는 이 하나님의 은혜를 적극적으로 수용해야 하고, 인간은 이같은 수용의 결단을 해야 할 책임이 있다.

(4) 교회와 은혜

우리는 교회가 그리스도의 몸이요, 모든 믿는 사람들의 축복된 사귐이요, 땅에 있든 하늘에 있든 성도들의 교제라고 하는 사실을 믿는다. 교회란 창조와 구속을 통해서 보여 주신 하나님의 은혜로운 목적들의 실현이요, 그리스도 안에 나타난 하나님의 은혜를 성령을 통해서 계속 매개시키는 기관인데, 이 성령이란 교회 속으로 침투해 들어오신 생명이시요, 끊임없이 교회에 속한 사람들을 거룩하게 하신다.

교회의 기능은 자신의 삶과 예배를 통하여 하나님을 영화롭게 하고, 모든 피조물에게 복음을 선포하고, 인종과 국적에 관계 없이 모든 믿는 사람들을 성령의 사귐과 생명 안에서 세워 나가는 것이다. 이 목적을 위하여 하나님께서는 말씀설교와 성례전을 통하여 교회 안에서 그의 지체들에게 은혜를 베푸시고, 성령의 항존 안에서 은혜를 베푸신다.

(5) 은혜, 말씀설교와 성례전

우리는 말씀설교와 성례전이 인류의 구원을 위해서, 예수 그리스도를 통해서 교회에게 주어진 하나님의 은혜라는 사실에 의견이 일치한다. 이 둘을 통하여 하나님의 은혜는 나타나고 주어지는데, 신앙에 의해서 수용된다. 이 은혜는 나뉠 수 없는 하나의 은혜이다

(6) 오직 은혜로

어떤 교회들은 "sola gratia"(오직 은혜로)를 강조하고, 어떤 교회들은 그것을 피한다. 이 구절은 논란을 불러일으켰다. 그러나 우리는 구원이 하나님의 선물이요, 그의 은혜의 열매라고 하는 점에서 의견이 일치한다. 그것은 인간의 공로에 근거하지 않고, 하나님께서 그의 은혜 가운데 죄인

에게 베푸시는 사죄와 성화에 달린 것이다. 하지만 하나님의 은혜의 행동은 인간의 자유와 책임을 무시하지 않는다. 신앙으로 하나님의 은혜에 응답할 때, 우리의 참 자유가 성취되는 것이다.[14]

이어서 에든버러는 "제 6분과 : 일치의 기초가 되는 신앙 혹은 신앙고백상의 유사성"에서 다음과 같이 사도적 신앙을 주장하고 있다.

> 우리는 신·구약성경에 포함되어 있고, 예수 그리스도 안에 요약되어 있는 하나님의 계시를 신앙의 최고 표준으로 받아들인다.
>
> 우리는 사도신경과 통상 니케아 신조라 불리는 신조가 사도적 신앙을 증거하고 보존한다는 사실을 인정하면서, 이 같은 신조에 담긴 사도적 신앙은 교회와 교회의 구성원들의 영적 경험으로 계속해서 진리임이 증명된다는 사실을 주장한다. 그리고 우리는 이 같은 문서들이 율법주의적인 표준서라기보다 기독교 신앙에 대한 거룩한 표지들이요 증거들이라는 사실을 기억한다.
>
> 우리는 성령의 인도하심이 성경의 경전화와 위 신조들의 형성이 끝난 이후에도 계속 있다는 사실과 교회 안에는 수세기를 통해서, 그리고 지금도 하나님에 의해서 지탱되는바, 살아 계신 그리스도에 대한 현존의식이 있다는 사실을 주장한다.[15]

1948년 암스테르담 제 1차 WCC는 모든 교회가 이미 공유하고 있을 가장 근본적인 교회의 공동 신앙(사도적 신앙내용)을 그 교리헌장에 담고 있다. 세계교회협의회란 우리 주 예수 그리스도를 하나님과 구세주(Saviour)로 고백하는 교회들의 코이노니아이다.[16]

---

14. *Apostolic Faith : A Handbook for Study*, ed by Hans-Georg Link, Faith and Order Paper No. 124(Geneva : WCC, 1985), pp. 71-73.
15. *Ibid.*, p. 70.
16. *The Dictoinary of Ecumenical Movement*, ed. by Nicholar Lossky and

그런데 1961년 제 3차 뉴델리 WCC는 성공회의 제안에 따라 "성경에 따라"를 첨가하였고, 동방 정교회의 제안을 따라 "한 분 하나님, 성부, 성자, 성령의 영광을 위한 공동의 부르심을 함께 성취해 나가고자 하는 교회들의 코이노니아이다."를 덧붙였다. 이로써 WCC 교리헌장은 칼케톤(451)의 기독론과 니케아-콘스탄티노플 신조(381)의 삼위일체론을 배경으로 깔고 있다 하겠다. 이 내용은 전적으로 사도적 신앙에 대한 증거요 표현인 것이다.

1952년 룬드에서 열린 제 3차 신앙과 직제 세계대회는 그 동안 은혜와 주어진 불가시적 일치에 머물면서 비교교회론적 차원을 유지해 온 신앙과 직제의 교회일치 추구를 지양(止揚)하고, "깊은 확신의 차이로 개별적으로 행동하는 경우들을 제외하고는 교회들이 함께 행동해야 한다."는[17] 룬드원칙을 내세우면서 기독론 중심의 교회의 가시적 일치추구를 시도하기 시작하였다. 특히 제 1분과의 "그리스도와 그의 교회"는 복음과 교회, 삼위일체 하나님 및 교회의 기본 사명을 주장하고 있는데, 이는 교회의 공동 신앙이요, 사도적 신앙내용이다.

4) 그리스도와 그의 교회(Lund 1952, 제 1분과)

(1) 예수 그리스도는 하나님의 새 백성의 왕이시다. "그는 친히 모퉁이 돌이 되셨다. 그 안에서 건물마다 서로 연결하여 주 안에서 성전이 되어 간다." 그는 그의 몸인 교회의 머리이시다. 예수 그리스도는 그의 성령을 통하여 그의 교회 안에 현존하신다. 그리스도는 교회 안에 사시고, 교회는 그리스도 안에 산다. 우리를 위한 그리스도의 단회적인 죽음과 부활 안에서 그리스도께 일어났던 일이 그리스도의 몸인 그의 교회에게도 일어난다. 즉, 교회는 그리스도의 십자가에 달린 몸에 참여하고 동시에 동

Others(Geneva : WCC, 1991), p. 1084.
17. *Ibid.*, p. 633.

일한 주님의 부활하신 몸에 참여한다. 이는 교회가 예수 그리스도의 선교를 이 세상에서 계속 수행하는 것을 의미한다. 그래서 그리스도의 길이 교회의 길이다.

(2) 성부, 성자, 성령에 대한 교회의 신앙

아버지께서 그의 영원한 사랑 안에서 창조의 세계를 죄와 죽음으로부터 구속하기 위하여 그의 아들을 보내셨다. 이 하나님의 아들은 예수 그리스도 안에서 인간이 되셨다. 그런데 이 예수 그리스도께서는 이 지상에서 말씀과 행동으로 하나님 나라의 도래를 선포하셨고, 십자가상에서 세상 죄를 짊어지셨고, 죽은 자들로부터 부활하셔서 하늘에 오르사 하나님의 우편, 즉 하나님 보좌에 앉으셨다. 하나님께서는 오순절날 그의 교회 위에 성령을 부어 주셨으니 예수 그리스도를 믿는 모든 사람들에게 하나님의 자녀가 되는 권세를 주셨다. 예수 그리스도는 주님과 왕으로서 산 자와 죽은 자를 심판하러 오실 것이며, 하나님의 영원한 나라를 전 창조 세계 속에서 완성하실 것이다.

(3) 교회의 본성과 사명

① 주 예수 그리스도는 그의 말씀과 성령을 통하여 그의 교회를 세상으로부터 부르신다. 그는 죄를 용서하시고, 인간들을 파괴와 권세의 주권으로부터 구출하시고, 이 깨어진 세계로부터 칭의받고 성화된 사람들의 공동체인 하나님의 한 백성을 모으신다. 이들의 시민권은 하늘에 있고, 이들의 생명은 그리스도와 함께 하나님 안에 숨겨져 있다.

② 예수 그리스도는 그의 말씀과 성령을 통하여 그의 교회를 세상 속으로 파송하사 이 땅의 소금과 이 세상의 빛이 되게 하신다. 예수 그리스도는 예언자, 제사장, 왕으로서 그의 교회로 하여금 자신의 화해사역에 참여케 하시고,

③ 예수 그리스도는 그의 백성을 부르시고 보내시며, 이들에게 다양한 영적 은사들을 베풀어 주사 교역하게 하시므로 그의 교회를 하나님의 살아 있는 성전이 되게 하신다.[18]

룬드의 제 3분과는 "교리에 있어서의 일치"(consensus in doctrine)를 논할 때, 역시 모든 세계 교회들이 공유하고 있는 공동 신앙 혹은 사도적 신앙내용을 언급하고 있다.

> 모든 교회들은 성경을 교리에 대한 유일한 권위 혹은 모든 교회들이 의존하고 있는, 모든 권위들 위에 있는 권위로 받아들인다. 대부분의 교회들은 에큐메니칼 신조들을 성경의 진리의 한 해석으로 받아들이거나, 정통 신앙의 형성에 있어서 결정적인 것으로 본다.······
> 많은 교파들은 자신들이 나름대로 성경을 읽어서 기독교 신앙을 신앙고백서들로 표현했다. 하지만 이런 신앙고백서들은 항상 다시 형성될 수 있고, 모든 교회들의 신앙규범(The Rule of Faith of all Churches)과 같은 위치에 놓일 수 없다.[19]

끝으로, 1963년 몬트리올에서 열린 제 4차 신앙과 직제 세계대회는 제 2분과에서 "성경, 전승, 전통들"(Scripture, Tradition and traditions)을 논했는데, 여기에서 큰 글자 Tradition(The Gospel)은 성경 안에서 원초적으로 증거되었고, 신조들, 설교, 성례전, 신학, 교회의 공동체적인 삶 등에 의해서 다양하게 표현되는바, 다양한 교회들의 다양한 신학전통들과 교회적 전통들로 표현된다.

5) 성경, 전승, 전통들(Montreal 1963, 제 2분과)

우리 모두는 기독교인으로서 하나님께서 구약 안에 있는 하나님의 백성의 역사를 통하여, 그리고 하나님과 인간을 중보하시는 그의 아들 그리스도 예수를 통하여 자기 자신을 계시하였음을 믿는다. 하나님의 자비와 하나님의 영광이 우리들 자신의 역사의 시작이요 끝이다. 예언자들과 사

---

18. *Apostolic Faith*, pp. 75-77.
19. *Ibid.*, p. 74.

도들의 증언이 그의 계시전승(the tradition of His Revelation)을 등장시켰다. 예수 그리스도 안에 나타난 하나님의 단회 유일적인 자기 노출은 사도들과 제자들을 감동시켜서, 이들로 하여금 그리스도의 위격과 사역 안에 나타난 계시를 증거케 했다. "성령에 의하지 않고는 그 누구도 예수님을 주님이라."(고전 12:3)고 과거에도 말할 수 없었고, 지금도 말할 수 없다. 성령의 지도를 받은 예언자들과 사도들의 구전과 기록된 전승은 성경을 이룩하였고, 구약과 신약을 교회의 책으로 경전화시켰다. 전승(Tradition : 복음전승-역자주)의 의미를 이해케 하고, 성경을 하나님의 말씀의 보화로 보게 한다.

그러나 성령의 결과인 이 전승(Tradition)은 전통들에 의하여 구체화된다(이 traditions은 표현형식의 다양성과 여러 교파의 전통을 의미한다.). 기독교 역사를 통해서 주어진 전통들(traditions)은 저 전승(the Tradition)과 상이하면서도 관계되어 있다. 이 전통들이란 그리스도라고 하는 하나의 진리와 실제의 여러 다양한 역사적 표현이다.[20]

전승과정을 통해서 전승되어진 것이 기독교 신앙인데 이는 단순히 명제, 즉 진리들의 총화가 아니라 성령의 역사를 통해서 전승된 하나의 살아 있는 실재이다. 우리는 기독교적 전승(Tradition : 큰 글자 T)에 대해서 말할 수 있는바, 이것의 내용은 그리스도 안에 나타난 하나님의 계시요, 하나님께서 자기를 내어 주심으로써 교회의 삶 속에 현존하고 있다.[21]

위의 인용에서 우리는 큰 글자 Tradition과 성경이 교회의 공동 유산이요, 큰 글자 Tradition이 소문자 traditions으로 다양하게 표현되고 있는 것을 다시 확인하며, 설교와 성례전에 의해서 큰 글자 Tradition(the Gospel)이 해석되듯이, 그것이 또한 신조(예컨대, 사도신

---

20. Ibid., p. 74.
21. The Fourth World Conference on Faith and Order : The Report from Montreal 1963, ed by P. C. Roger and L. Visher(SCM Press, 1964).

경이나 니케아-콘스탄티노플 신조)에 의해서 해석되어 있다.

큰 글자 Tradition은 기록된 형식인 성경(구약과 신약) 안에 있는데, 교회는 이 전승(Tradition)을 항상 새로운 상황에 걸맞게 해석해야 한다. 이러한 전승(Tradition)에 대한 해석은 신조들, 성례전들의 예식서, 다른 형태의 예배, 말씀설교 및 교회의 교리에 대한 신학적인 해석들과 같은 굳어진 전통들(traditions : 작은 글자 't')에서 발견된다. 성경말씀들을 단순히 반복해서 말하는 것은 복음(Tradition)에 대한 반역이다. 이 복음은 이 세상 사람들에게 이해되어야 하고, 이 세상 사람들에게 도전이 되어야 한다.

문서로서의 성경은 문자에 불과하다. 성령께서 주님이시요 생명의 시여자이시다.

따라서 우리는 성령에 의해서 인도받는 해석이라야 올바른 해석이다라고 말해도 좋다.……[22]

결 론

대부분의 한국장로교단들이 공유하고 있는 「웨스트민스터 신앙고백서」(1647)에 나타난 복음, 삼위일체 하나님, 구원, 교회에 대한 신학적인 정의와 1903년 미국 북장로교회가 "제 34장 : 성령에 관하여", "제 35장 : 하나님의 사랑의 복음과 선교에 관하여" 및 "선언문"은 한국장로교의 연합에 크게 공헌할 수 있다. 더욱이 우리는 개혁주의 전통이 주장하는 가시적 교회의 두 표지인 말씀설교와 성례전(세례, 성만찬)을 공유하고 있고, 나아가서 세계 교회의 역사를 통해서 교회일치에 걸림돌로 작용해 온 세례, 성만찬, 직제문제에 있어서도 일치하고 있기 때

---

22. *Ibid.*, p. 53.

문에 우리는 이미 '주어진 일치'(a God-given unity)를 누리고 있는 것이다. 그리고 우리는 사도신경, 니케아-콘스탄티노플 신조 및 칼케톤 신조를 공유하고 있다.

그러나 우리의 문제는 다양성을 인정하지 않고, 어느 하나의 또는 그 이상의 신앙고백서나 신학전통을 절대화하는 데 있다. 우리 한국장로 교회들은 이미 위에서 언급한 신학과 실천에 있어서의 공통지반을 인정하고, 기장의 「새신앙고백선언문」(1972)과 예장(통합)의 「대한예수교장로회 신앙고백서」(1986) 등이 내포하고 있는 신학적인 주장들을 다양성 차원에서 인정해야 할 것이다. 그리하여 우리는 계속적인 '협의회를 통한 교제'(conciliar fellowships)와 '협의회들'(councils)을 통하여 현재의 '화해된 공동체'(a reconciled diversity)에 머물러 있을 것이 아니라 '유기체적 연합'(an organic union 혹은 a corporate union) 차원에로, 그리고 하나의 장로교 총회 밑에 하나를 이룩하는 명실공히 "한국장로교회"가 되어야 할 것이다.

우리 한국장로교회는 세계 장로교회들에 대해서 뿐만 아니라 세계의 모든 교회들에 대해서도 열려 있어야 하겠다. WCC의 교리헌장과 WCC의 신앙과 직제가 보여 주고 있는 기독교 신앙과 신학의 통일성을 받아들이면서, 우리 한국장로교회의 신학적 특수성을 유지해 나가야 하고, 따라서 타교파들의 신앙과 신학의 다양성을 인정해야 할 것이다. 우리가 이미 지적한 '복음'과 '삼위일체 하나님', 그리고 기타 사도적 신앙과 신학의 주제들을 세계 교회들과 에큐메니칼 공동체가 공유해야 할 통일성의 원리로 받아들일 때, 우리는 명실공히 에큐메니칼 교회공동체 혹은 하나의 예수 그리스도의 교회의 구성원이 될 수 있을 것이다. "하나의, 거룩한, 보편적, 사도적 교회"(381)는 교회들의 연속성과 다양성 속의 일치를 지향한다. 아마도 한국장로교회들의 연합과 일치 추구는 세계 장로교회들, 나아가서는 세계 에큐메니칼 교회들과의 연합과 일치추구를 통해서 더 빨리 성취될 수 있을 것이다. '보편교회'

(the Church Universal)에 대한 의식과 이 '보편교회'와의 연합과 일치 추구 없이 어떻게 한국장로교회의 일치추구가 가능할까? 이 같은 연합과 일치추구는 한국 안에서와 세계 교회들과의 관계에서 동시적으로 일어나야 할 것이다. 반드시 한국의 장로교회들의 연합과 일치가 선행될 필요는 없다. 각 장로교단들은 나름대로 WARC와 WCC 등에 참여하여 세계 교회들과 유기적인 관계를 맺으면서 또한 한국 내에서의 교회연합과 교회일치를 추구해야 하겠다.

끝으로, 부언하고 싶은 것은 우리가 논한 한국장로교의 에큐메니칼 신학적 주제들이 WCC의 '삶과 봉사'(1961년 뉴델리 이후는 '교회와 사회', 1990년 이후는 "JPIC"=Unit Ⅲ)가 주장해 온 교회의 사회적 책임 및 '선교'(WMC, IMC, CWME)가 제시해 온 전도와 선교에 관한 내용을 수용해야 할 것이다. "교리는 분열을, 봉사는 일치를 가져온다."라고 하는 1927년 스톡홀름의 '삶과 봉사'의 주장이 교회의 사회참여가 첨예화되던 1968년 웁살라 WCC에서 문제되기 시작한 이상, 그리고 1952년 빌링겐의 *Missio Dei* 이래 CWME의 선교 개념이 문제되어 오기 때문에, 한국장로교회의 위의 4가지 주제들은 교회의 사회참여 문제와 전도와 선교문제에 관한 현실 상부한 내용을 반드시 포함해야 할 것이다. 현재의 통합측 신앙고백서는 이 두 가지 주제들에 관하여 거의 언급을 하고 있지 않다. 에큐메니칼운동과 WCC의 성격을 규정하는 흐름은 '신앙과 직제'(Unity and Renewal), "JPIC"(Unit Ⅲ), 그리고 '선교'(CWME)이기 때문이다. 우리 보편교회는 예수 그리스도와 삼위일체 하나님과의 코이노니아(Faith and Order)를 누리면서 인류공동체에 봉사(JPIC)하고, 나아가서 전도와 선교(CWME)에 힘써야 할 것이다.

전체 결론

우리는 우선 여기에서 각 장(章)의 끝부분에 있는 결론들을 모으고 난 다음에 전체에 대한 결론을 내리려고 한다.

I. 복음주의와 에큐메니칼운동 : 역사적인 연속성을 찾아서

한국교회는 해방되던 해에 30~40만 명에 불과하던 기독교인의 수가 오늘에 이르러 1,200만 명 이상을 헤아릴 만큼 엄청난 성장을 경험하였다. 그리고 한국교회는 1980년대에 들어와 오늘에 이르러 4,400명 이상의 선교사를 135개국에 파송한 세계 5위 선교국으로 발돋움하고 있다.

하지만 대체로 한국교회는 개인의 회심과 성화, 개교회의 개척과 성장에 힘쓰고, 해외선교에 있어서도 각개전투식 혹은 자영업식 선교에 머물고 있어, 교회의 세계화에는 아직도 크게 미치지 못하고 있다. 18세기의 경건주의, 복음주의 각성운동, 그리고 선교활동이 개인의 회심과 성화, 그리고 개교회의 개척과 성장에 엄청나게 기여했고, 19세기의 기독교는 이 같은 18세기의 기독교 전통을 이어받아 개교회의 성장을 포함한 역사상 유래가 없는 기독교의 확장을 경험한바, 우리 한국교회는 이와 같은 18~19세기 서양 기독교의 흐름과 맥을 같이하고 있다. 사실상 한국의 경우 교회성장에 이어 해외 선교활동이 활발히 전개되고 있는 것이다. 하지만 한국의 개신교는 18~19세기의 개인의 회심과 성장, 그리고 개교회의 개척과 성장을 강조하고 있으며, 게다가 선교 초기에 받아들인 19세기 말과 20세기 초 미국의 근본주의적 개신교 전통으로 말미암아 개교회주의와 교파주의의 색깔을 더하고 있다. 결국 한국교회는 18~19세기의 서양 교회사가 필연적으로 에큐메니칼운동으로 이어지고 있다는 사실을 아랑곳하고 있지 않다. 환언하면, 한국교회는 18~19세기의 복음주의 전통과 선교활동과는 연속성을 유지하지만, 이 18~19세기의 기독교 전통이 에큐메니칼운동을 낳았다는 사실은 도외시하고 있는 것이다.

한국 개신교는 서양 교회사에 있었던 교파별 연합추구와 교파 대 교파의 연합추구에 있어서는 매우 약하고, 20세기 에큐메니칼운동과 WCC가 추구해 온 교회의 세계화에는 더더욱 미치지 못하고 있는 형편이다. 즉, 우리는 개인의 회심과 성화, 그리고 개교회의 개척과 성장을 강조하는 18~19세기 기독교에 머물러 있으므로 교회의 개교회화와 지역화에는 공헌하고 있으나, 교회의 세계화에는 전적으로 실패하고 있는 형편이다. 우리는 본 소고에서 '신앙과 직제' 문서가 개교회들과 지역교회들의 다양성과 연속성을 매우 귀하게 여기면서 교회의 연합과 일치(세계화)를 추구하고 있으며, CWME의 문서인 *Ecumenical Affirmation-Mission and Evangelism*(1982)이 개인과 개교회의 기독교적 정체성, 그리고 심지어는 개교회 개척과 성장까지를 선교 개념에 포함시키고 있다는 사실을 언급하였다.

오늘날 세계는 급변하고 있다. 제 2차 세계대전 이전까지만 해도 서양(유럽과 미국)이 정치·군사적, 경제·문화적 지배권을 누렸으나, 1950년대 이후 우리는 힘의 다변화 시대 혹은 다중심의 세계에 살고 있다.

1980년대 말에서 1990년에 이르면, 구소련 공산연방과 동구 공산권의 붕괴로 탈이데올로기와 탈냉전시대가 등장하고, 다원화된 힘들의 균형 속에서 화해와 협력을 추구하는 시대가 열린다. 동시에 소련과 동구권에서는 다민족 국가들이 자신들의 핏줄과 문화의 고유성을 찾으려고 몸부림치고 있다. 뿐만 아니라 세계 경제의 블록화 현상과 상호협력의 필요, 그리고 WTO, OECD 등 국제 무역기구와 이데올로기를 넘어선 국제무역활동은 오늘의 세계를 하나의 지구촌 시장으로 만드는 동시에, 각 나라와 지역들은 시장경제 원리에 입각한 무한경쟁 체제에 돌입하고 있다. 즉, 오늘날 인류는 지역화와 세계화의 긴장 속에서 살고 있다. 또한 동서양을 막론하고, 오늘날에는 과학기술과 산업화가 문화의 기본적인 힘으로 작용하고 있고, 교통과 통신기술의 발달, 컴퓨터기술에 의한 정보화 지식의 증가 및 과학기술의 교류와 협력, 특히 인공위성과 멀티미디어는 오늘의 세계를 국경 없는 하나의 지구촌 가족으로 만들어 가고 있는 동시에 각 나라와 민족, 그리고 유럽권, 북미권, 태평양권, 아시아권 등 시장경제 원리에 의해서 재편된 초국가적, 초민족적 블록들은 다원화의 세계 혹은 지역화를 지향하고 있다.

한국 개신교는 지역화에도 불구하고 세계화를 지향하고 있는 21세기를 바라보면서, 교회의 지역화에만 머물러 있지 말고 세계화에 참여해야 할 것이다. 우리는 '신앙과 직제'의 전통을 따라 교회들의 통일성과 다양성을 추구하면서 '삶과 봉사' 전통을 따른 교회의 사회참여에 있어서, 그리고 "세계선교"(CWME)의 전통을 따른 교회의 선교에 있어서 각각 교회의 세계화를 추진해야 할 것이다. "하나의, 거룩한, 보편적, 사도적 교회"(니케아-콘스탄티노플 신조, 381)는 결코 개인의 회심과 성화, 그리고 개교회의 개척과 성장을 배제시키는 것이 아니다. 하나의 교회는 개교회적이고 동시에 보편교회적(The Church Local and Universal)이다. 보편교회는 개교회의 온전성을 통해서 나타난다. 진정한 개교회들 없이는 보편교회가 있을 수 없다. 개인의 회심과 성화, 그리고 개교회의 목양과 개교회의 성장에만 관심하는 사람들은 에큐메니칼 정신으로부터 빗나감으로써, 하나의 예수 그리스도의 교회를 부분적으로만 이루어 가고 있는 것이다.

한국 개신교의 다수를 차지하고 있는 복음주의 교회들은 서양 교회사 속에 나타난 복음주의와 에큐메니칼운동의 필연적인 역사적 연속성을 교훈삼아 에큐메니칼운동과 WCC에 적극적으로 참여해야 할 것이다. 에큐메니칼운동과 WCC에 반대하는 복음주의 전통 중 미국의 근본주의와 기타 복음주의는 18~19세기 영국과 미국과 유럽대륙의 주류 복음주의와 구별되지 않으면 안 된다.

II. 신앙과 직제 운동이 추구하는 교회일치 신학

20세기 교회론은 교회들의 가시적 일치, 선교 및 사회참여(봉사)에서 그 특징이 뚜렷하다. 18~19세기의 복음주의 부흥운동과 대각성운동은 선교활동을 불러일으켰고, 교회의 사회봉사를 촉구하였고, 결국 에큐메니칼운동을 일으켰다. 여러 다양한 "세계선교회의"들, "신앙과 직제" 운동, "생활과 봉사" 운동 등이 WCC를 탄생시킨바, 이는 20세기 교회론 형성에 큰 영향을 주었다. 그런데 우리는 여기서 '교회일치'의 측면에 대해서만 논했다.

1948년 암스테르담 WCC의 교회론만 하여도 여러 교회들을 그냥 나열하는 비교교회론에 머물러 있었다. 기독론에 입각하여 교회론들의 가시적 통일성을 추구한 것은 1954년 에반스턴 WCC였고, 삼위일체 하나님에 근거하여 각 지역의 모든 기독교인들(all in each place)의 일치와 이 개교회 혹은 지역교회들의 가시적 일치를 구축하는 징표들을 제시한 것은 1961년 뉴델리 WCC였다. 1968년 웁살라 WCC는 개교회 혹은 지역교회를 넘어선 교회의 보편성(catholicity)을 사회참여와 인류의 보편성에 관련시켜 논했고, 1975년 나이로비 WCC는 진정으로 연합된 개교회와 지역교회들의 '협의회를 통한 친교'(conciliar fellowship)로서 웁살라의 '보편성'을 더욱 구체화시켰고, 1983년 밴쿠버 WCC는 BEM 문서를 인정함으로써 개교회와 보편교회의 구체성을 더욱 내실있게 하였다.

그리고 1990년 캔버라 WCC는 신앙과 직제의 연구보고서인 *The Unity of the Church as Koinonia : Gift and Calling*에서 코이노니아(Koinonia)를 부각시킴으로써 BEM에 의해 확립된 개교회들과 보편교회의 정체성 차원에 머물지 아니하고 친교와 나눔과 참여로 나아갔다. 또한 1982년 리마(페루) 신앙과 직제 이래 중요시되어 온 사도적 신앙의 공동고백인 "니케아-콘스탄티노플 신조"(381)와 「교회일치와 인류공동체의 갱신」 및 1993년 8월 스페인에서 열린 신앙과 직제 제 5차 세계대회의 주제인 "Koinonia in Faith, Life and Witness"는 교회의 가시적 일치와 교회의 사회참여에 박차를 가하고 있다. 이처럼 우리는 "비교교회론"에만 머물러 있을 것이 아니라 '다양성을 통한 가시적 일치' 혹은 '화해된 다양성'(reconciled diversity)을 통한 가시적이고 유기적인 일체성을 추구하면서 복음을 증거하고 봉사해야 할 것이다. 우리는 이를 위해서 이미 나이로비(1975)가 바라보았던 "진정으로 보편적인 에큐메니칼 협의회"(a genuinely universal ecumenical Council)를 향해 전진해야 한다.

1990년 JWG의 *The Church : Local and Universal*은 로마 가톨릭교회(동방 정교회 포함)와 개신교의 교회론이 공통분모를 가지고 있음을 보여 준다. JWG의 Ⅰ. "코이노니아의 교회론"이 말하는 성령을 통한 예수 그리스도와의 코이노니아 및 나아가서 삼위일체 하나님과의 코이노니아는 제 2바티칸 공의회의 Lumen Gentium Ⅰ과 동방 정교회의 교회론 및 칼 바르트의 교회론에서도 공통분모이고, 제 2바티칸 공의회의 Lumen Gentium Ⅱ(하나님의 백성) 역시 에큐메니칼운동의 공통분모이며, JWG의 Ⅱ. "개교회와 보편교회" 역시 제 2바티칸 공의회와 칼 바르트와 정교회의 교회론에서도 각각 나름대로 인정되고 있고, JWG의 Ⅲ. "코이노니아의 교회적 요소들"은 오늘날 모든 에큐메니칼 교회들이 충만한 친교를 위해서 받아들여야 할 '교회적 요소들'이다.

1990년 The Unity of the Church and the Renewal of Human Community(신앙과 직제, No. 151)는 종말론적인 하나님 나라에 대한 비전의 시각에서 교회와 인류의 관계를 다루고 있다. 오늘날 에큐메니칼 교회론은 The Church as Mystery and Prophetic Sign(1985년)이 말해 주듯이, 교회는 종말론적인 하나님 나라를 보여 주는 신비요 표징으로서, 인류공동체 속에서 이 하나님의 나라를 실현해 가는 도구로 보는 것이다. 이 같은 종말론적 하나님 나라와 교회의 관계는 제 2 바티칸과 The Unity of the Church and the Renewal of Human Community(1990), 모두에게서 발견된다. 이들 모두에게 있어서 교회의 존재 이유와 목적은 종말론적인 하나님 나라 혹은 삼위일체 하나님의 인류 구원계획에 봉사하는 데 있다고 하겠다.

Ⅲ. 에큐메니칼 선교역사에 나타난 선교신학

1910년 에든버러 WMC는 18~19세기의 낙관주의적 하나님 나라의 실현을 앞에 바라보면서 믿지 않는 족속들에 대한 복음전도를 열광적으로 밀고 나가려는 분위기였다. 에든버러는 19세기 독일의 자유주의 개신교 신학의 영향하에 인류의 최선의 윤리적 성취들을 새 하늘과 새 땅의 건축자재로 사용하는 데에 이의가 없었다. 하지만 에든버러는 십자가에 계시된 세상에 대한 하나님의 가차없는 심판과 부활을 통한 새 창조의 세계(새 하늘과 새 땅)에 대한 소망의 역동적인 이해를 결핍하고 있었다. 19세기 복음주의 부흥운동과 선교운동 역시 낙관주의적 인간 이해와 산업혁명, 과학기술(science and technology)의 발전에 따른 낙관주의적 세계관의 영향하에 낙관적인 인간의 회심과 지상에서의 도덕적 왕국 건설을 기대했지만 말이다.

우리는 보쉬 및 한스 큉과 함께 제 1차 세계대전을 계기로 신학 일반과 선교신학에 있어서 '패러다임 변화'(paradigm shift)가 왔다고 주장하는바, 칼 바르트의「로마서 강해」(1921)와 슈펭글러의「서구문명의 몰락」(1922-1923)은 이와 같은 '패러다임 변화'의 상징적 저작들이다. 우리는 1928년 예루살렘 IMC의 문서를 검토하기에 앞서 이 '패러다임 변화'에 대하여 언급하였다.

선교신학은 18~19세기적 선교 개념의 유산을 물려받은 1910년 에든버러 WMC의 그것과 1928년 예루살렘 IMC의 그것 사이에 패러다임 변화를 보인다. 전자는 유럽의 18세기 계몽주의의 유산과 19세기 낙관주의의 유산을 물려받은 모더니즘 패러다임의 선교 개념을, 후자는 제 1차 세계대전 이후, 곧 포스트모더니즘의 선교 개념을 보이고 있다. 우리는 여기에서 1910년을 계기로 선교 개념의 엄청난 패러다임 변화가 온 것으로 보고, 1928년 예루살렘 IMC의 선교신학을 소개하기에 앞서 선교신학의 패러다임 변화를 서술하였다.

그래서 우리는 보쉬, 큉, 그리고 몰트만과 더불어 모더니즘의 시대를 18세기 계몽주의로부터 제 1차 세계대전과 1917년 러시아 혁명까지로 보고, 1918년 이후, 특히 1945년 이후의 시대는 그 이전의 모더니즘시대와 확실히 구별되는 포스트모던 패러다임을 보여 주고 있는 시대로 본다. 보쉬가 지적하는 모더니즘의 7가지 특징들과 1983년 튀빙겐에서 모인 "국제 에큐메니칼 심포지엄"이 제시한 포스트모더니즘의 9가지 특징들은 확실히 시대의 패러다임 이동을 말해 주고 있다. 그러한 시대구분에 따른 모더니즘시대의 8가지 선교신학적 특징들과 1928년 예루살렘 IMC 이래의 포스트모던시대의 선교신학적 특징들은 확실히 패러다임의 이동을 보여 주고 있다.

우리는 우선 1928년 예루살렘 IMC문서에서 선교신학의 패러다임 이동을 지적하였다. 예루살렘 IMC의 '복음'과 선교 개념은 18~19세기의 그것으로부터의 패러다임의 변화를 보여 주고 있다. 신정통주의 신학이 제시한 '복음' 개념과 기독론에 집중하는 선교신학, 그리고 복음의 대사회적인 관련성은 18~19세기의 그것과 다르다. 무엇보다도 예루살렘은 "인종관계", "아시아와 아프리카의 산업화에 따른 문제들과 관련된 기독교 선교의 문제", "아시아와 아프리카의 농촌문제에 관련된 기독교 선교"와 같은 제목들에서 교회의 대(對)사회적 책임을 '선교' 개념에 포함시켰다.

다음에 예루살렘으로부터 탐바람에로의 여정에서는 어떤 패러다임 이동이 일어났을까? 예루살렘의 복음이해가 탐바람에서는 삼위일체론의 틀 안으로 들어왔고, 교회의 본성론이 부각되지 않았던 예루살렘과는 달리 탐바람은 파시즘과 히틀러주의 등 1930년대의 세계사적 도전들에 대한 응전으로서 교회의 본성(삶과 봉사 세계대회는 "Let the Church Be the Church"에 집중하였음.)을 신앙과 직제의 교회론적 진술에 의거하여 정립하였다. 그리고 탐바람은 18~19세기의 복음전도 개념을 따라 개교회의 선교적 책임을 말하면서도 교회일치를 향한 보편교회 차원의 선교를 역설하며, 나아가서 교회가 일치하여 정치, 경제, 사회 및 과학기술의 차원에서 하나님 나라를 이 땅 위에 실현할 것을 강조하고 있다. 그리고 가장 특기할 만한 것은 18~19세기적 개인의 회심과 경건을 구조악의 개선을 위한 기독교 운동들과 연결시킨 점일 것이다.

1952년 빌링겐 IMC는 1928년 예루살렘 IMC 이래로 "*Missio Dei*"의 의미에서 교회의 사회참여를 가장 강조하는 선교 개념을 제시하였다. 빌링겐은 1948년 암스테르담에서 1954년 에반스턴에 이르는 "책임적 사회"에 걸맞은 *Missio Dei*를 역설했다. 1938년 탐바람을 잇는 삼위일체론적 복음이해와 무엇보다도 삼위일체론적 기독론 중심의 파송의 신학(*Missio Dei*)은 18~19세기의 복음전도 개념을 훨씬 넘어서 정치, 경제, 사회, 문화 등 삶의 모든 차원을 선교의 대상으로 삼았다. 그리하여 빌링겐은 개인의 회심과 개교회의 개척과 성장을 소홀히 할 정도여서, 1982년 「선교와 복음전도 - 하나의 에큐메니칼 확언」에 오면 이에 대한 큰 수정이 있게 된다. 그리고 끝으로 에큐메니칼 선교신학에 있어서 빌링겐부터 종말론적 시야가 확보되어, 1954년 에반스턴 WCC 총회는 그 전체 주제를 "예수 그리스도 - 세상의 소망"이라 하였다.

1960년대 말 WCC를 통한 에큐메니칼운동의 선교 개념에 대한 거부반응으로 등장한 복음주의자들의 세계대회들은 1974년 로잔을 계기로, 그리고 1989년 마닐라 Manifesto에 오면 종전의 "교회 대 세상"이라고 하는 이분법을 지양하고 1952년 빌링겐의 *Missio Dei* 이래의 에큐메니칼 선교 개념을 대폭 수용한다. 그리하여 복음주의 선교 개념에 있어서도 삼위일체론적 복음이해와 삼위일체론적 *Missio Dei*, 그리고 종말론적 시야를 가진 하나님 나라 사상이 지배적이 된다. 복음주의자들 역시 하나의 선교 개념 속에 교회의 사회참여를 포함시키고 있다.

1973년 방콕 CWME는 한편 1968년 웁살라에서 절정에 도달했던 *Missio Dei* 전통을 1969년에 동터 오른 해방신학에 가미시켜 더욱 추진시켰고, 다른 한편 1960년대의 복음주의 세계대회들의 소리를 귀담아들어 1968년의 지나친 점들을 극복하였다. 이 같은 경향은 1928년 예루살렘 IMC 이래로 내려오는 포괄적 선교 개념이지, 결코 부정적인 의미에서 선교의 두 얼굴이 아니다. 그리하여 1975년 나이로비 WCC는 이러한 두 흐름을 그대로 수용한 것으로 보여진다. 바야흐로 JPSS를 WCC 전체의 목표로 내세운 나이로비는 결코 "전복음", "전인격", "전교회"를 "전세계"로부터 격리시킬 수 없었다. 구조악의 문제를 웁살라보다 더 심각하게 논하는 나이로비는 예배, 말씀, 세례, 성만찬을 통한 개인의 신앙과 회심, 부활하신 주님, 나아가서 삼위일체 하나님과의 만남을 결코 제외시킨 것이 아니었다.

우리는 1980년 멜버른 CWME에서도 방콕과 나이로비에서 발견되었던 복음주의적 요소들이 없지 않아 있음을 확인할 수 있다. 이 점에서 멜버른은 1910년 에든버러 및 18~19세기적 유산을 어느 정도 물려받고 있다 하겠다. 그럼에도 불구하고, 1970년대 이후 본격적으로 등장한 해방신학적 요소들이 더 강세를 보이고 있다는 사실을 알 수 있다. 자크 마티, 나바산, 포터, 카스트로, 케제만 및 스탕달의 글들에서 복음과 교회와 하나님 나라 등의 의미는 역시 새로운 패러다임의 선교신학적 기초를 제공하는 것으로 보인다. 무엇보다도 멜버른은 하나님 나라를 지역별 해방운동과 인권운동들에 결부시켜 구체화시키고 있다. 이 문서에서 복음은 하나님 나라의 복음이다. 이제 우리는 1982년 에큐메니칼 세계선교 문서에서는 멜버른에서 보다 더 복음주의 전통이 매우 강조되고 있다는 사실을 알 수 있게 될 것이다.

1982년 「선교와 복음전도 - 하나의 에큐메니칼 확언」은 직접적으로는 1980년 멜버른 CWME의 치우침을 수정하였고, 간접적으로는 1975년 나이로비의 통전성을 이어받았다고 보여진다. 다시 말하면, 예수 그리스도께서 성령의 능력으로 믿지 않는 사람들을 예배하는 공동체(복음설교, 세례, 성만찬, 가르침 등)로 불러모으시사, 회심과 이신칭의와 성화를 일으키신다고 하는 18~19세기적 복음주의적 전통과 1952년 빌링겐의 *Missio Dei*와 1975년 나이로비의 해방신학적 요소와 구조악에 대한 주장들을 함께 엮어내고 있다 하겠다. 그리고 본 문서는 1952년 빌링겐 이래로 강조되어 온 종말론적 비전을 명쾌하게 제시함으로써 하나님 나라와 교회의 긴장관계를 잘 포착하고 있다. 교회는 새 하늘과 새 땅의 미리 맛봄이요, 징표요, 이것을 이 땅 위에 실현시키는 도구인 것이다. 그런데 본 문서는 이 하나님 나라의 실현에 있어서 복음주의적 복음전도, *Missio Dei*, 해방신학 및 구조악의 극복만을 논의할 뿐, 창조세계의 보전문제에 관하여는 1989년 산 안토니오 CWME까지 기다려야 했다.

우리는 1989년 산 안토니오의 CWME에 대하여 1975년의 JPSS,

1983년의 JPIC, 1990년의 서울 JPIC 및 1991년 캔버라 WCC의 연속성과 발전을 염두에 두면서 논구하였다. 특히 "IC"문제가 크게 부상하고 있는 것이 산 안토니오의 특징이다. 에밀리오 카스트로의 객관적, 우주적(보편적), 종말론적 '화해' 개념은 "IC"문제에 대한 신학적 근거를 제공하며, 아나스타시오스의 5가지 주장들은 해방신학의 오도를 바로잡는 매우 전통적, 교의적 특성들을 갖고 있다. 우리는 1989년 산 안토니오의 선교 개념에 포함된 '창조세계의 보전'이 1990년 서울 JPIC로 이어지는 사실을 확인할 수 있으며, '삶과 봉사' 혹은 '교회와 사회' 전통을 이어받은 서울 JPIC가 CWME 전통과 거의 합류하고 있고, 1993년 스페인의 산티아고 데 콤포스텔라 제 5차 신앙과 직제 세계대회가 JPIC와 긴밀히 연결되어 있다는 사실을 보면서, WCC를 구축하고 있는 이 세 기둥들이 서로 유기적인 관계 속으로 돌입하고 있다는 사실을 알 수 있다. 복음주의 계통은 아직 창조세계의 보전문제를 선교개념에 포함시키지 않고 있지만 말이다. 1990년 3월, 서울 JPIC가 열린 지 10일 후에 JPIC를 차기 캔버라 WCC 총회에서 우선과제로 추천하였고, Unit Ⅱ의 WCC 중앙위원회에게 주는 보고서는 JPIC가 "다음 21세기 동안 에큐메니칼 비전의 심장"이 될 것이라고 했다.

Ⅳ. 에큐메니칼운동에 나타난 교회의 사회참여 신학

A. WCC 총회 분과보고서에 나타난 교회의 사회참여 – 1948년 암스테르담, 1954년 에반스턴, 1961년 뉴델리, 1968년 웁살라 및 1975년 나이로비

1. 에큐메니칼운동의 도구인 WCC 형성과정에서 교회의 사회참여에 해당하는 '삶과 봉사'(Life and Work)는 교회들의 신학적 일치추구를 힘쓰는 '신앙과 직제'(Faith and Order)만큼 중요하고, 이 두 운동의 원

동력이기도 한 "세계선교"(WMC)가 중요한 것은 말할 것도 없다. 세계 교회는 다양성 속에서 일치를 지향하면서 선교와 사회참여로 나가야 한다는 말이다. 그런데 세계 교회의 사회참여에 관하여, 1948년 암스테르담에 이르는 길목에는 1925년 스톡홀름의 제 1차 '삶과 봉사' 세계대회와 1937년 옥스퍼드의 제 2차 '삶과 봉사' 세계대회가 있었다. 우리는 이 두 세계대회를 통해서 세계 교회가 제 1차 세계대전, 볼셰비키 공산혁명, 파시즘과 나치즘, 그리고 제 2차 세계대전 전야에 대하여 어떻게 반응했는지를 지적하였고, 이 반응과정에서 서유럽과 영미계통의 신학자들이 하나님 나라와 역사의 관계양상에 있어서 의견을 달리했다는 점을 지적하였다. 특히 1937년 옥스퍼드에서는 교회의 국가와 사회참여의 기본적인 틀을 마련해 주는 고전적 관계양태가 제시되었다.

2. 1948년 암스테르담은 파시즘과 나치즘, 그리고 제 2차 세계대전을 경험한 당시의 세계사적 무질서와 혼돈을 의식하면서 복음과 기독론에 근거한 하나님의 원대한 계획과 목적을 전제하고, 하나님 나라 추구 차원에서 교회일치와 선교와 사회참여를 주장한다. 암스테르담은 자본주의 나라이든, 공산주의 나라이든, 이 나라 안에 있는 국민과 기독교인들의 책임을 촉구하고 있다. 암스테르담은 세상에 참여하면서도 세상에 대하여 초월하는 입장을 고수했다. 이는 이미 지적한 옥스퍼드 (1937)의 긴장을 계속 유지하고 있음을 보여 주고 있다. 이처럼 이데올로기를 초월하는 암스테르담의 입장이 1980년대 말 공산권의 붕괴에 의하여 돋보이는 동시에, 오늘날 시장경제 원리에 의하여 지구촌을 하나의 시장으로 만들고 자본주의적 가치관에 대하여 무감각해진 20세기 말의 현대인들의 모습을 반성케 한다고 하겠다. 이것이 암스테르담의 "세계 교회의 사회적 책임"(responsible society)이다.

3. 세계는 1949년 중국이 공산화되는 사건을 계기로 동서 냉전체제로 접어들었고, 1950년의 한국전쟁, 1953년의 베를린 혁명, 그리고 1956년의 헝가리 혁명은 그 동안 쌓여 온 동서 긴장의 폭발이었다. 그

리고 제 2차 세계대전 후, 제 3세계들이 탈제국주의의 흐름 속에서 독립과 민족주의를 내세웠다. 이 같은 상황에서 WCC의 '삶과 봉사'는 정치적 자유와 경제정의를 지향하되, 루크노우를 계기로 제 3세계에 대한 책임을 크게 느꼈다. 이 기간의 교회의 사회참여 신학은 1952년 빌링겐 IMC의 삼위일체론적, 종말론적 *Missio Dei*로부터 크게 영향 받았다.

4. 에반스턴의 주요 주제들은 복음과 삼위일체 하나님에 대한 신앙, 그리고 하나님 나라에 대한 종말론적 소망이라고 하는 신학적 틀 안에 있다. 에반스턴은 이와 같은 신학적 패러다임을 가지고 바로 위에서 지적한 세계적 상황에 대처하기 위해서 "교회의 사회적 책임" (responsible society)을 논했는데, 이것이 암스테르담의 그것과 어떻게 다른가? 에반스턴은 자본주의 사회이든, 공산주의 사회이든, 특히 제 3세계의 그 어느 사회에서든, '복음'과 '하나님 나라'가 교회의 사회참여의 표준이요, 모든 사회들에 대한 비판의 척도임을 암시하였다. 그리하여 에반스턴은 보다 넓은 시야와 다차원적 의미에서 '책임적 사회'를 주장한다고 보여진다. 예컨대, 정치적 민주화, 경제적 정의, 국가에 대한 책임, 그리고 루크노우에서 지적된 제 3세계에 대한 책임이다. 그리고 평신도의 위상이 높아졌고, 교회와 세상을 다리 놓는 이들의 직업과 노동의 의미가 강조되었다.

5. 에반스턴 이후 1954년부터 1960년 어간의 세계사의 특징은 동서 냉전체제하에서도 제 3세계들의 탈식민지주의, 정치적 독립, 민족주의, 그리고 문화적 정체성 확립 등으로 계속 이어지는 것이었다. 이미 언급한 루크노우(1952)는 냉전과 제 3세계의 급격한 정치적, 사회적, 경제적 변혁을 연결시켰다. 즉, 이 대회는 공산주의의 도전을 극복하는 길은 동아시아에서 일어나는 사회혁명에 대하여 적극적으로 대처하는 것으로 보았다. 그리고 1955년 인도의 네루 수상과 인도네시아의 수카르노 대통령이 인도네시아의 반둥에서 가진 대회는 새로 독립한 아프

리카와 아시아의 나라들이 정치적, 경제적 영향력을 세계에 행사해야 한다는 결의를 보여 주었다. 이어서 1959년 WCC는 희랍의 데살로니가에서 "the Rapid Social Change Study"라는 국제연구대회에서 제3세계와 접촉하였다. 본대회는 파시즘과 나치즘을 경험한 1937년 옥스퍼드(Life and Work)와 그 이전 서구가 이해해 온 민족주의가 아니라 제 3세계의 시각에서의 민족주의를 내세웠고, 급변하는 시대에 있어서의 '세계 경제정의'와 '복지'를 주장하였다.

6. 1961년 뉴델리는 '급격한 사회적 변화'를 의식하면서, "교회와 사회 세계대회"를 1966년에 개최할 것을 제안하였다. 하지만 뉴델리는 제 3세계에 대한 관심을 증대시키는 것 이외에 1950년대의 "책임적 사회"(responsible society)를 그렇게 크게 넘어서지 못했다. 그런데 뉴델리는 창조세계의 파괴와 생태계의 위기를 이미 암시하였고, 지틀러의 복음과 기독론에 대한 우주적 이해(골 1 : 15 – 20)와 WCC헌장에 삽입된 삼위일체 하나님 신앙으로 창조세계와 생명보전을 위한 신학적 기틀을 마련하였다. 그리고 1963년 몬트리올 신앙과 직제의 제안으로 시작된 1964년의 "창조, 새 창조, 그리고 교회의 일치" 연구와 1967년 브리스틀에서 행해진 벌코프의 "자연과 역사 속에 계신 하나님" 및 1960년대 말 "성장의 한계"는 바야흐로 "창조 보전"의 신학을 태동시켰다.

7. 뉴델리에서 웁살라에 이르는 이정표들은 무엇인가? 베트남 전쟁(1964)에서 제 2차 메델린 주교총회(1968)에 이르는 일련의 사건들은 1960년대 후반의 세계사적 격동을 나타낸다. 결국 1966년 제네바에서 "오늘의 기술혁명과 사회혁명 시대에 사는 기독교인들"이라는 제목으로 제네바에서 모인 "교회와 사회 세계대회"는 1960년대 후반의 세계사적 격변에 대한 세계 교회의 사회참여를 말하고 있다. 그리고 요한 23세의 "Mater et Magister"(1961)와 "Pacem in Terris"(1963)에 이어서 나온 제 2바티칸 교의회의 "Gaudium et Spes"는 1960년대의 로마 가톨릭교회의 사회참여를 말하고 있으며, WCC와 로마 가톨릭교

회는 JWG와 SODEPAX를 통하여 보다 넓은 의미의 사회참여를 시도하였다. 그리고 1961년 뉴델리에서 IMC가 WCC에 합류하여 세계 교회 차원에서 선교가 논의되기 시작한 이래, 1963년에 이르면 *Missio Dei* 차원에서의 교회의 사회참여가 매우 강조된다. 무엇보다도 *Missio Dei*에 걸맞게 개교회의 구조를 변형시켜야 할 것을 주장한 1963년 멕시코의 CWME의 "The Missionary Structure of the Congregation"과 이것의 결과로 나온 "The Church for Others"야 말로 이미 논한 1960년대 말의 교회의 과격한 사회참여를 미리 암시하고 있었다고 하겠다.

8. 1968년에는 "하나님의 선교"(*Missio Dei*)가 절정에 도달하였고, 교회의 사회적 책임수행이 역사상 그 유래를 찾아볼 수 없을 만큼 첨예화되었다. 1968년에는 맑시즘과 같은 사회학적 통찰이 기독교 신학에 적극 수용되기 시작하였고(1968년 Medellin), 적절한 폭력까지 정당화되었으며, 선교의 개념이 '인간화'와 동일시되는 측면도 있었다. 무엇보다도 1948년부터 1960년대 초까지의 "책임적 사회"(responsible society)가 "세계적 크기의 책임적 사회"로 확장되었다. 그런데 1968년 베이루트까지만 해도 제 3세계가 경제 강대국의 신제국주의로부터 어떻게 '해방'되는가를 문제삼은 것이 아니라, 제 3세계의 개발과 발전을 문제삼으면서, 특히 발전의 도덕적 측면에 대한 신학교육, 선진 강대국의 경제구조에 대한 이해를 돕는 경제교육, 기독교적 양심에 부합하는 정치적 의지를 위한 정치교육 및 사회로 하여금 세계적 경제발전을 위해서 치뤄야 할 값을 감수하게 하기 위한 사회교육을 내세웠다. 그러나 "해방신학"은 1968년 웁살라 WCC에서 싹터 올랐다. 이미 웁살라의 '발전'에 관한 내용들은 단순히 강대국이 저개발 국가들에게 '자본과 기술'을 이전하는 정도의 도움은 결코 아니었다. 대체로 우리는 구티에레즈(Gustavo Gutierrez)도 주제연설을 했던 1968년 메델린(Columbia)의 제 2차 라틴 아메리카 주교총회를 "해방신학"의 태동기

로 보고, 1971년 구티에레즈의 「해방의 신학」(The Theology of Liberation)을 해방신학의 고전으로 볼 수 있는바, 우리는 이미 웁살라의 보고서에서 해방신학적 요소들을 발견할 수 있었다. 그러나 웁살라는 1960년대 말 '신앙과 직제'의 창조세계 보전에 대한 신학에는 거의 귀를 기울이지 않았고, '역사'에 대해서만 관심을 보였다.

9. 1970년대에는 1968년 웁살라의 사회정의, 경제정의, 평화 이외에 창조세계의 보전문제가 크게 부각되기 시작한다. 나이로비의 "기조연설 : 기도에로의 초대"는 환경파괴로 인한 인간의 생존에 대한 위협을 위해서 기도할 것을 권유하고 있다. '교회와 사회'는 1966년 제네바 대회를 이어받아 1968년 웁살라와 1975년 나이로비 사이에 두 가지 분야의 일을 했는데, 하나는 1969년에 시작된 5년 연구 프로그램인 "과학에 기초한 기술세계 속에서 인간과 사회의 미래"였고, 다른 하나는 "폭력-비폭력"의 문제였다. 바야흐로 WCC는 새로운 과학과 기술의 발전으로 제기되는 윤리적이고 신학적인 이슈들을 다룰 신학자들과 자연과학자들과 사회학자들을 함께 불러모았다.

1970년 "기술, 신앙, 그리고 미래사회"라는 개척연구 제목으로 제네바에서 모인 대회에서 자연과학자들과 신학자들은 사회를 위해서 자연과학과 기술을 어떻게 사용해야 할 것인가에 대한 지침들을 확정지었다. 그리고 1971년 이탈리아의 네미(Nemi)에서 '교회와 사회' 확대회의는 새로운 에큐메니칼 초점을 위해서 회집된바, 신학자들, 자연과학자들, 자연과학자들에 대한 비평가들 및 제 3세계의 경제학자들을 포함하는 경제학자들이 대거 참석하였다. 바로 이 대회에서 유전공학에 관계된 윤리적 이슈에 대한 연구계획이 세워졌고, 인간 환경의 악화와 환경파괴에 대한 최초의 에큐메니칼 토론이 있었다. 그리고 특기할 사항은 MIT에서 온 과학자들 팀 중 한 과학자는 "제한성장"(Limits to Growth)을 주장했고, 제 3세계 경제학자들은 이에 대해 거부반응을 보였다.

1973년 취리히의 "유전학과 삶의 질"에서는 과학발전의 윤리적 도전이 논의되었고, 1974년 "자연과학적 합리성에 대한 비판"에서는 근대 자연과학의 전제들에 대한 비판적 분석을 위한 도구로서의 최근 신학이 평가되었다. 바야흐로 과학기술적 승리주의에서 과학기술적 묵시주의에로의 변화가 일어났다. 급기야 1974년 루마니아의 부카레스트에서 "인간의 발전을 위한 과학과 기술에 관한 세계대회"라는 주제로 열린 '교회와 사회' 세계대회는 "JPSS"라고 하는 새로운 패러다임을 제안했다. '지탱될 만한 사회'(sustainable society)라는 말을 처음 사용한 부카레스트는 이것을 아래와 같이 정의하는바, 이것이 1975년 나이로비에 의하여 수용됨으로써 "JPSS"의 기원을 이룩하였다.

하지만 다른 한편, 1968년 웁살라와 1970년대의 해방신학 전통을 이어받은 1975년에 이르는 길목에서 세계 교회의 사회참여는 전혀 후퇴한 것이 아니었다. 1969년 WCC 중앙위원회는 "인종차별 철폐 프로그램"(Programme to Combat Racism=PCR)을 출범시켜, 1974년에는 이를 WCC 구조의 영구적 기구로 만들었다. 그리고 PCR 이외에 1968년 웁살라에서 기원한 또 다른 WCC 주요 프로그램은 "교회들의 발전에의 참여에 관한 위원회"(the Commission on the Church's Participation in Devekopment=CCPD)였다. 그리고 CCPD는 사회과학적 통찰들도 사용했으나 그것들을 절대화하지는 않았고, 가난한 자들과 억눌린 자들과 자신을 완전히 동일시하신 예수 그리스도 안에 나타난 하나님의 의를 정의의 절대적 근원으로 보았다. 이와 같은 교회의 사회참여에 있어서 *Missio Dei* 전통을 이어받은 1973년 방콕의 CWME의 "Salvation Today"도 역시 큰 몫을 하였다.

10. 나이로비 총회는 긴장들과 새로운 아이디어들을 분출시켰던 웁살라와는 달리 "확고히 지반다지기"(consolidation)에 접어들었다. 하지만 나이로비가 자신의 새로운 통찰들과 아이디어들 없이 옛 것들만을 되풀이했던 것은 아니었다. 나이로비는 "확고히 지반다지기"의 경

향 속에서도 삼위일체 하나님 신앙과 사회, 정치적 참여는 불가분리한 것으로 주장하면서 종전의 인권투쟁과 불의에 대한 항거에서 한 발자국도 물러서지 않았다. 나이로비는 1969년 이래의 해방신학 전통을 자기 것으로 삼은 것이 확실하다.

나이로비 WCC가 공헌한 교회의 사회참여에 관한 주장은 JPSS에 잘 나타나 있다. JPSS는 결코 우연히 선택된 주제가 아니다. '정의'(Justice), '참여'(Participation), 그리고 '지탱'(Sustainability)은 삼위일체적으로 서로 맞물려 있는 것으로서 이미 에큐메니칼 의사일정에 올라 있는 것들이다. '정의'는 WCC 이래 에큐메니칼 관심사로서 WCC 헌장에 명시되어 있는 WCC의 기능 가운데 하나이다. 그런데 1966년 제네바의 '교회와 사회' 세계대회와 1968년 웁살라 때 '정의' 추구의 긴급성이 일어났고, "해방신학"을 거쳐 1970년대로 넘어온다. 나이로비는 '정의'를 '발전'(제 3세계)의 주된 목적으로 보고, 조직적 혹은 구조적 부정의에 대한 대립 개념으로 보며, 이 같은 부정의의 상황이 평화를 위협하기 때문에 항상 평화 개념을 요청한다고 본다. 그리고 본 문서는 '정의'와 '참여'를 인종주의, 여성차별 및 인권문제 등에 관련시킨다. 끝으로, '지탱될 가능성'(sustainability)은 과학과 기술의 오용과 남용으로 지탱되기 어려운 인간 사회가 '제한발전', '제한성장', 그리고 "생태학적으로 건강한 발전"에 의해서 지탱가능한 사회를 말한다. 이미 1975년 나이로비는 "창조세계의 보전"을 '정의'와 '평화'와 맞물린 1990년 서울 "JPIC" 대회와 '지탱'과 '발전'을 창조적 긴장관계로 본 1992년 리우(Rio) UN 지구정상을 내다보았다고 하겠다.

B. WCC 총회 분과보고서에 나타난 교회의 사회참여 – 1983년 밴쿠버, 1990년 서울 JPIC, 1991년 캔버라 및 1993년 산티아고

1. 1975년 나이로비의 JPSS는 1966년 제네바 "교회와 사회 세계대

회"의 "Christians in the Technological and Social Revloutions of our Time"을 수용한 1968년 웁살라 WCC를 이어받았고, '교회와 사회'가 1969년에 5개년 계획으로 출범시킨 "The Future of Man and Society in a World of Science-based Technology"의 영향을 크게 받으면서, 제 1세계와 제 3세계의 갈등(저개발과 가난), 인권, 성차별, 인종문제를 포함한 사회정치적, 그리고 경제적 구조악, 무엇보다도 자연과학과 기술의 발달로 인한 핵무기전쟁과 자연파괴 등의 죽음의 세력에 항거하였다. 그래서 JPSS는 세계 교회가 지구촌 공동체를 지탱하기 위해서 무엇을 어떻게 해야 하는가를 문제삼았다. 바야흐로 1975년 나이로비는 그 이전 어느 때보다도 구조악에 대해서 크게 관심한다.

2. 1975년 나이로비의 JPSS가 1983년 밴쿠버에서는 JPIC로 바뀌었고, 1990년 서울 JPIC 이래로 "IC"가 급부상하기 시작하였다. 그리하여 1991년 캔버라의 전체 주제("성령이여, 오소서. 전창조의 세계를 새롭게 하소서.")와 제 1분과의 주제("생명의 시여자시여, 당신의 창조세계를 지탱하소서.")에서 "IC"문제가 강조되고 있음이 보인다. 그리고 1993년 산티아고의 '신앙과 직제' 제 5차 세계대회 이후, WCC의 JPIC(Unit Ⅲ)는 '생명의 신학'(Theology of Life)에 관심을 집중하고 있다.

3. 1975년 나이로비 WCC에서 1983년 밴쿠버 WCC에 이르는 길목에서 특기할 만한 것은 1979년 '교회와 사회' MIT 세계대회("Faith, Science and the Future")와 1981년 암스테르담의 "핵무기와 군비축소에 대한 국제적 공청회"였는데, 이 둘은 모두 오늘날 인류공동체가 당면한 문제는 환경문제라는 사실을 일깨워 주고 있으며, 1983년 밴쿠버 이래로 이 환경문제가 정의와 평화문제와 맞물릴 것을 예기하고 있다. 그리고 선진 강대국들의 과학기술의 발달은 제 3세계의 경제와 개발문제에 직결되는바, 제 1세계가 제 3세계를 과학기술에 있어서는 물론, 경제와 정치에 있어서도 자신들에게 종속시키는 결과를 낳게 되었다는

점이다. 그래서 이미 1970년대에 JPSS는 CCPD와 CCIA에게 어떤 방향제시를 해야 했고, 1980년대의 JPIC 역시 제 3세계의 정의와 개발 문제에 골몰해야 했다. 이 '제 3세계'의 가난과 해방문제는 1960년대 말(1969년 Medellin 제 2차 주교총회) 해방신학의 등장으로 본격화되었지만 말이다.

4. 1983년 밴쿠버 WCC의 전체 주제("예수 그리스도 – 세상의 생명")와 그 소주제들(1. 하나님의 선물인 생명 2. 죽음에 직면하여 죽음을 극복하는 생명 3. 충만한 가운데 있는 생명 4. 일치 속의 생명)은 1980년대에 접어들면서 '생명' 문제가 크게 부상하고 있음을 웅변적으로 말해 주고 있다. 특히, 밴쿠버는 MIT의 결과를 3가지 측면(1. 세계의 무기경쟁 2. 경제적 지배와 착취 3. 생태계의 위기)에서 수용하면서 JPSS를 역설하고 있다.

5. 1983년 밴쿠버가 JPSS에서 JPIC에로 전환하게 되는 데에는 1982년 오타와 WARC 총회가 크게 영향을 주었다. 특히 1982년 WARC의 "Called to Witness the Gospel Today"는 1989년 서울 WARC 총회의 제 3분과의 JPIC를 위한 신학적 근거를 마련해 주었고, 1990년 서울 JPIC를 준비하였다. 밴쿠버는 MIT를 수용하면서 다음과 같이 3가지 점을 역설하였다. 1. "하나님, 인류, 자연의 상호관계에 대한 신학적 이해가 일치하고 있다." 2. "과학은 가치중립적이 아니고, 윤리적 결단들과 가치의 세계에서 일어나고 있다." 3. "신학과 과학이 계속적으로 대화를 해야 한다." 그리고 밴쿠버는 JPIC가 단순한 사회윤리 차원의 과제가 아니라, 전WCC 회원교회들과 기독교 단체들, 나아가서 모든 비WCC 교회들과 기독교 단체들 및 온 인류의 과제라고 천명하였다.

6. 1983년 밴쿠버에서 1990년 서울 JPIC 대회들에 이르는 길목에서, D. P. 나일즈가 제시한 대로 20개 이상의 교회들의 지역별 혹은 세계적인 JPIC 대회들이 있었으니, 기술로 인한 재난(체르노빌), 태평양에서의 핵실험, 중독성 산업 쓰레기, 핵에너지, 이상기온과 적도 지역

의 원시림 파괴 등 자연파괴의 문제가 눈에 띈다. 이들 가운데 1988년 노르웨이 그렌볼렌에서 모인(개신교, 정교회, 로마 가톨릭교회 등) "창조 보존 협의회"가 지적한 "창조신학"에의 접근과 이 신학에 대한 태도에 있어서 일어날 수 있는 5가지 잘못은 우리에게 시사하는 바가 크다. 그 중에 셋만 다시 열거하자. 1. 복음을 개인의 영혼 구원에만 국한시키고, 세계 속에서 일하시는 하나님에 관련시키지 않는 것 2. 생태학적 위기가 과학기술적 문제 이상의 문제가 아니라, 과학기술로만 해결될 수 있다고 보는 것 3. 생태학적 위기를 회개와 개선을 촉구하시는 하나님의 심판으로 보기보다는 이 세계의 종말로 보는 신묵시주의.

7. 서울 JPIC에서, 발전을 거듭해 온 제 1세계는 "IC"와 평화문제에, 개발을 계속적으로 필요로 하는 제 3세계는 '정의'와 '발전' 문제에 부심하여 서로 의견의 충돌을 보였으니, 일찍이 1925년 스톡홀름과 1937년 옥스퍼드의 '삶과 봉사'에서는 유럽대륙의 비관론과 앵글로 섹슨의 낙관론이, 그리고 1960년대 말부터는 제 1세계의 전통적인 신학과 제 3세계의 해방신학이 갈등을 보였다. 하지만 JPIC 직후, JPIC(Unit Ⅲ)에서 JPIC의 문제가 향후 세계 교회가 감당해야 할 21세기의 과제라는 점을 확실히 하였다. "생명이 지탱되는 미래사회"를 지향하는 JPIC의 과제는 "생명의 시여자시여, 당신의 창조세계를 지탱하소서."라고 하는 기도에 대해서 응답하는 경제, 정치, 사회 및 생태학적 구조의 변혁이다. 이는 전WCC, 아니 전인류의 과제인바, 우리는 모더니즘의 가치관들을 가지고 있는 정치, 경제, 사회, 문화의 재구조화를 요청하는 포스트모더니즘시대로 돌입하고 있다.

8. 1991년 캔버라 WCC의 제 1분과에 나오는 "창조의 신학 : 우리 시대의 도전"이 주장하는 삼위일체 하나님과 예수 그리스도, 무엇보다 창조세계 속에 현존하시는 성령에 대한 주장은 '창조의 신학', 나아가서 '생명의 신학'의 신학적 근거를 제시하고 있다. 캔버라 WCC를 위한 쿠알라룸푸르 준비대회가 밝힌 '성령'과 창조세계와의 관계는 "창조

신학"에 새로운 비전을 열어 보여 주었다. 그리고 캔버라 역시 "세계적인 생태학적 위기"가 "세계적인 사회정의의 위기" 및 "세계적인 경제 정의의 위기"와 맞물려 있는 것으로 보았다. 나아가서 캔버라는 세계교회의 JPIC에 대한 책임을 논함에 있어서 "교회의 신앙, 정치 및 구조"를 비판적으로 재검토해야 하고, "교회의 정책들, 과제들의 우선순위들 및 프로그램의 재조정"을 촉구하고 있으며, "교회의 성경공부, 교리교육, 찬송, 예전, 기도, 성례 및 증거"에도 JPIC, 특히 "IC"에 대한 책임이 반영될 것을 요구하고 있다.

9. 산티아고의 '신앙과 직제' 제 5차 세계대회에서, '신앙과 직제'는 "JPIC"(Unit Ⅲ)와 매우 가까워졌다. 즉, '신앙과 직제'의 "The Church and World : The Unity of the Church and the Renewal of Human Community"(1990)가 교회의 사회참여를 주장하였고, 신앙과 직제 및 "JPIC"의 공동연구의 결과물인 "Costly Unity"가 '코이노니아'를 바탕으로 교회의 사회참여를 주장함으로써 두 운동은 매우 가까워졌다. 그래서 산티아고 이후 교회론과 윤리학은 매우 근접하고 있다. 그래서 1995년의 *The Ecumenical Review*는 그 특집 주제를 "Ecclesiology and Ethics"로 하였다. 1994년 WCC 중앙위원회가 "생명의 신학 : JPIC 프로그램"을 인정한 이래, 이 프로그램은 1. 사회윤리 2. 교회론과 윤리학 3. 창조의 신학에 큰 관심을 보이고 있다. 그래서 우리는 Mudge와 더불어 '신앙과 직제'가 "JPIC"와 함께 이러한 과제들을 풀어 나가는 것이 "에큐메니칼 세계의 새로운 패러다임"으로 볼 수 있을 것이다. 이처럼 '신앙과 직제'와 '교회와 사회'가 가까워지기 시작한 것은 1960년대부터였지만 말이다.

10. 1995년 할키 세미나 역시 큰 교훈을 준다. 1) 인간은 자연과 더불어 하나님의 창조물로서 하나님을 영화롭게 하고, 자연과 인간을 섬기기 위해서 부름받았다. 2) 인간 집중적 세계관은 극복되어야 한다. 3) 자연파괴와 자연보전 모두에 있어서 실용주의적 가치관은 포기되어

야 한다. 4) 우리는 자연의 성스러움을 인정해야 한다. 5) 교회는 하나님의 창조세계를 위한 제사장이다. 6) 구원은 인류 뿐만 아니라 나머지 창조세계에도 일어나야 한다. 7) 소비지향적 삶을 회개해야 한다. 그리고 1997년에 열릴 "Sokoni JPIC"(Unit Ⅲ) 대회는 JPIC 프로그램이 향후 생명과 문화, 영성과 윤리, 그리고 지구촌 경제문제를 계속 연구할 것이다.

우리는 이상의 "1~9"까지에서 주로 '삶과 봉사', '교회와 사회', 혹은 "JPIC"(Unit Ⅲ) 계통의 교회의 사회적 책임에 대해서 논했다. 물론 이러한 교회의 사회참여는 '신앙과 직제' 전통을 전제한다. 사실상 '신앙과 직제' 대표들과 '교회와 사회' 대표들이 세계 교회 차원에서 함께 일해야 할 필요성을 절감하면서 1938년 위트레히트에서 WCC를 구성하였다. 하지만 "10"에서 지적한 대로, 1960년대 이래로 '신앙과 직제'는 '교회와 사회'에 계속 접근하는 관계를 지향해 오다가, 1993년 산티아고에 와서는 그 거리를 매우 좁히고 있다. 교회의 사회참여에 있어서 가장 이상적인 구도는 '신앙과 직제' 전통이 "JPIC"(Unit Ⅲ)와 긴밀한 관계를 유지하는 것이다. 에큐메니칼운동과 WCC의 근본 성격을 규정하는 '신앙과 직제', "JPIC"(Unit Ⅲ), 그리고 '선교'(CWME)가 서로 삼위일체적 관계를 유지하는 것이리라 본다.

C. 에큐메니칼운동과 WCC의 교회의 사회참여에 조명해 본 한국교회의 사회적 책임

대한예수교장로회 통합측이 사용하고 있는 "12신조", 「웨스트민스터 신앙고백」과 1986년의 「대한예수교장로회총회 신앙고백서」에서, 우리는 '신앙과 직제' 전통과 공유하는 부분들을 많이 발견하나 '삶과 봉사', '교회와 사회' 혹은 "JPIC"(Unit Ⅲ) 차원의 내용은 거의 발견할 수 없다. '신앙과 직제'는 '복음', '삼위일체 하나님', '예수 그리스도와 교회', '칭의와 성화', 그리고 세례, 성만찬, 직제 등을 교회의 사회참여와 선교에 연결시키고 있는 경향을 보이고 있는 반면, 이미 지적한 대한예수교장로회 통합측 신앙고백서들은 전혀 그렇지 못하다. 따라서 통합측의 신앙고백서들 안에 있는 모든 신학적인 주제들은 '교회와 사회' 계통의 내용은 물론, '전도와 선교' 차원의 내용과도 깊은 의미연관을 가져야 할 것이다. 이러한 작업은 100여 개가 넘는 대한예수교장로회 교단들에 의해서 시도되어야 할 것이다. 이러한 사실은 설교, 기도, 찬송, 복음성가 등 실천적인 면들에 있어서도 마찬가지이다.

하지만 기독교 장로회의 경우는 좀 낫다. 기장은 1972년의 「새신앙고백선언서」를 바탕으로, 1973년 "한국 그리스도인의 성명", 1976년 "우리의 신앙고백" 및 1987년 "제 5문서"에서 교회의 사회적 책임을 천명하고 있기 때문이다. 물론 해방신학적 경향과 Missio Dei에 대한 치우친 이해가 문제이기는 하지만 말이다.

감리교[1]가 제 2차 총회에서 선언한 8가지 교리선언 역시 JPSS와 JPIC를 포함한 교회의 사회적 책임을 전혀 싣고 있지 않으며, 전도와 Missio Dei 차원의 선교 역시 소홀히 하고 있다. 성결교, 침례교, 순복음교회, 루터교 등 한국의 대부분의 개신교들은 모두 동일한 약점을 지니고 있다. 아마도 그 이유는 한국 개신교회가 겨우 선교 100주년을 넘긴 선교 초기의 '신생교회'(the younger churches)이기 때문일 것이다.

우리 한국 개신교는 에큐메니칼운동과 WCC에서처럼, 사도적 신앙과 예배(설교와 성례전 등), 모든 신학적 주제들과 교리교육, 기도, 성경공부, 찬송과 복음성가 등에 있어서 교회의 사회적 책임과 전도 및 Missio Dei 차원의 선교를 적극 반영시켜, 전교회적으로 전복음을 전

---

1. 「교리와 장정」(서울 : 대한기독교감리회, 1989), pp. 31-32.

세계와 우주를 향해 증거해야 할 것이다.
  그러면 우리 한국교회는 왜 그렇게도 예배와 신학, 무엇보다도 신앙 내용에 있어서 교회의 사회적 책임을 소홀히 여겨 왔는가? 그 이유를 6가지로 줄여서 제시하려고 한다.

  1. 선교사들이 전해 준 기독교와 한국인의 종교적 심성 : 미국으로부터 1880년대에 한국에 들어온 기독교는 미국의 제 1, 2차 대각성 부흥운동(미국적 경건주의) 전통과 개신교 정통주의 전통을 이어받은 바, 한편 부흥회, 대형 복음전도집회(예컨대, 1965년 복음화운동, 1970년대의 빌리 그레이엄 전도집회)가 왕성하였고, 순복음교회, 침례교, 감리교 등이 부흥하였으며, 장로교마저도 오순절 교회적 특성을 지니게 되었고, 다른 한편 사경회를 통한 성경주의적 성경해석과 다양성을 전혀 인정하지 않는 정통성을 지향한 나머지, 교회의 사회적 책임과 Missio Dei 차원의 선교에 소홀히 하였다. 게다가 불교의 타계주의, 유교의 형식주의와 율법주의, 그리고 도교와 선(仙)이 추구하는 신비주의가 역시 한국교회의 사회적 책임과 Missio Dei 차원의 선교를 약화시켰을 것이다.

  2. 복음전도와 교회성장 : 한국교회는 주로 믿지 않는 사람들에게 '복음'을 전하여 사죄와 중생, 그리고 영생을 얻게 하며, 이러한 사람들을 날로 증가시켜 큰 교회를 이룩하는 것을 목회의 최고 가치로 여겨 왔다. 선교역사를 겨우 100년 넘긴 한국교회는 아직도 인구의 4분의 3 이상이 불신자들이어서, 복음전도와 교회성장을 최우선의 목회철학으로 삼는 것 같다. 요즈음 "다락방 전도"가 큰 반응을 일으키고 있으며, 교회성장 세미나가 목회자들의 관심을 가장 많이 끈다. 물론 이와 같은 '복음전도'와 '교회성장'이 매우 중요한 것이 사실이지만, 이것이 '복음'을 정치, 경제, 사회, 문화에 깊숙이 스며들게 하는 것으로 이어져야 할 것이다. 누룩이 가루 서 말 속에 들어가 부풀어야 하듯이. 한국의 기독교는 인간의 구속, 그것도 개인의 구원문제로 축소되어 JPSS와

JPIC, 그리고 무엇보다 "IC" 문제에는 매우 소극적인 관심을 보여 왔다.

3. 구령사업과 개인 구원 : 한국교회는 개인 구원을 강조하면서, 특히 영혼에 초점을 맞춘다. 플라톤적 이분법과 영지주의적 이원론과 같은 그 무엇이 한국교회의 구원론과 세상 개념에서 발견된다. 몸의 부활을 약속받은 그리스도인들은 전인적 구원을 바라보고 나가며, 개인들이 교회와 하나님 나라의 구성원임을 믿고, 교회가 이 땅 위에서 삼위일체 하나님의 세상을 향하신 의도와 목적을 따라 살아야 한다는 사실을 알아야 한다. 우리 한국교회에게는 교회공동체 의식, 보편교회와 하나님 나라에 대한 의식이 절실히 요청된다. 구원이 개인의 영혼이 몸에서 빠져 나오고, 개인 세상으로부터의 출애굽만을 의미하는 한, 교회의 사회적 책임은 결코 강화될 수 없을 것이다.

4. 축복사상 : 한국교회는 복음과 성경해석을 오복을 비롯한 지극히 현세적이요, 물질적이요, 개인주의적인 샤머니즘적 축복 개념과 연결시키고 있다. 따라서 한국교회는 정의와 사랑이 강같이 흐르는 샬롬공동체, 그리고 하나님, 인간, 자연이 함께 어우러져 공존하는 샬롬공동체를 지향하기보다 개인의 현세적, 물질적 복을 위해서 금식기도와 철야기도에 힘쓰는 경향이 있다. 집단주의적 이기주의 혹은 이기주의적 집단주의 역시 JPSS와 JPIC와 같은 공동의 선(善)을 추구할 수 없게 만든다.

5. 세상 개념 : 한국교회는 이 '세상'을 하나님의 창조의 세계, 하나님의 섭리가 일어나는 하나님의 세계, 하나님이 이처럼 사랑하사 그의 독생자를 주신 세상으로 보기보다는 죄와 죽음과 흑암의 권세(사단) 아래 있는 세상, 그리고 장차 마지막 심판의 불로 멸망받을 세상으로 보는 경향이 짙다. 한국교회에는 영지주의적 세상 경멸사상과 묵시적(apocalyptic) 세상관이 지배적이다. 한국교회는 하나님 아버지께서 그의 영원하신 아들을 파송하사 십자가와 부활을 통하여 죄와 죽음과 흑암의 권세를 깨뜨리시고, 영생과 하나님 나라와 신천신지를 약속하신

세상, 그리고 "하나님의 뜻이 하늘에서 이루어진 것같이 땅에서도 이루어지는" 세상에 대해서는 너무 소극적이다. 죄와 죽음과 흑암의 세력, 아마도 계시록의 모든 어둠의 세력까지도 예수 그리스도의 십자가상에서 몽땅 파멸되었을지도 모를 예수 그리스도의 승리, 이 땅 위에서 실현될 하나님의 나라, 그리고 예수 그리스도의 부활과 재림이 더욱 강조되어야 할 것이다.

6. 전천년설적 종말론 : 한국교회는 성경의 문자에 집착한 나머지 전천년적 종말론에 관심이 많다. 문자적인 천년(계 20 : 7 이하)과 문자적인 공중재림과 휴거, 그리고 문자적 환란과 예루살렘 중심의 천년왕국의 건설 등 문자적 성경이해에 따른 종말론적 시간표를 즐겨 주장한다. 그래서 시한부 종말론과 같은 이상한 종말론들이 출현하였다. 무천년설이나 비문자적 후천년설이 아닌 문자적 천년왕국설은 교회의 현재적, 사회적 책임수행을 소홀히 여기게 한다. 결국 이 세상은 휴거나 천년왕국의 도래를 기다리는 대기장소에 불과하기 때문이다.

V. 교회론과 윤리학- '신앙과 직제' 및 '교회와 사회'의 합류를 지향하는 1998년 제 8차 WCC를 바라보면서

1. 교회론('신앙과 직제' 운동)과 윤리학('삶과 봉사' 운동)을 긴밀히 연결시키려는 1998년 제 8차 하라레 WCC 총회를 바라보면서

여기에서 우리는 '신앙과 직제'와 '삶과 봉사' 두 운동이 1920년대부터 1998년에 이르기까지 어떠한 관계를 가지고 왔는가에 대하여 논구하였다. 이 두 운동이 합류하여 1938년에 WCC가 탄생한 것은 두 운동의 긴밀한 관계성을 말해 주고 있다. 하지만 두 운동은 이러한 합류에도 불구하고 1960년대 이전까지는 서로 소원한 관계를 유지해 왔다. 1930년대로부터 1948년 이전까지 어간은 1948년에서 1950년대 말까지 기간보다 두 운동의 관계가 더욱 소원하였지만 말이다.

Sittler는 1961년 뉴델리 WCC 총회의 전체 주제("예수 그리스도-세상의 빛")강연에서 골로새서 1 : 15~20에 근거하여 우주적 기독론을 펼침으로써, 복음과 기독론을 인간 실존과 역사 개념을 넘어서서 '창조세계'에 관련시키는 "우주적 기독론"을 제시했다. 이어서 1963년 몬트리올 신앙과 직제의 분과보고서 중, 교회의 관심을 교회 밖으로 돌려 놓은, 제 1분과 : "하나님의 목적을 이루는 교회", 1967년 브리스틀에서는 벌코프(Hendrikus Berkhof)에 의해서 초안된 "자연과 역사 속에 계신 하나님"(God in Nature and History) 및 "자연과 역사 속에 있는 인간"(Man in Nature and History)은 바야흐로 신앙과 직제 운동이 복음을 통한 구원과 교회론적 차원을 넘어서서, 그리고 인류역사의 정의와 평화문제를 넘어서서 복음과 교회를 창조세계 전체와 연결시키기 시작했음을 보여 주고 있다. 다시 말하면, 1960년대에 들어오면 예수 그리스도 안에서 일어난 '화해'의 의미가 교회와 역사 차원을 넘어서서 창조세계 전체에로 확장된다. 바로 이 같은 1960년대의 신앙과 직제는 삶과 봉사에 매우 접근하고 있다.

그리고 1975년 나이로비의 JPSS와 1979년 MIT 교회와 사회 세계대회의 환경, 개발, 그리고 경제정의문제에 대한 논의는 1983년 밴쿠버의 JPIC로 이어지고, 이것은 곧바로 서울 JPIC 세계대회로 연결되었다. 그리하여 1975년에서 1990년에 이르면 "IC"의 문제가 사회정의 및 경제정의문제와 맞물려 논의되어야 하는 것이 정론으로 확립되기에 이른다.

1983년 밴쿠버로부터 1990년 서울 JPIC 사이에 나온 신앙과 직제의 공식문서들 가운데 가장 중요한 문서는 1982년에 출판된 *BEM Text*와 1991년에 출판된 *Confessing the One Faith : An Ecumenical Explication of the Apostolic Faith as it is Confessed in the Nicene-Constantinopolitan Creed*(381)인데, 우리는 이 두 문서에

서 교회의 사회참여에 관한 내용을 예증하였다. 그리고 1991년 서울 JPIC를 계기로 이 두 운동은 매우 접근하였고, 1990년 서울 JPIC에서 1991년 캔버라로 오면서 "생태신학"이 '경제정의'와 '세계적인 사회정의'와 더욱 긴밀하게 연결되었다. 그리고 1993년 산티아고 신앙과 직제 세계대회의 공식문서("Towards Koinonia in Faith, Life and Witness")에서 "Witness" 부분에 "Costly Unity" 문서가 전적으로 수용된 것으로 보아, 여기에서 신앙과 직제 역사상 이 두 운동의 연합이 가장 강하게 나타나고 있음을 우리는 확인하였다. 1992년부터 1996년 사이에 신앙과 직제(Unit I)와 JPIC(Unit Ⅲ)는 연합연구를 통하여 세 문서를 내놓았느니, 1993년 덴마크 뢴데(Rønde)에서 나온 "Costly Unity", 1994년 예루살렘 근교 탄투르에서 확정된 "Costly Commitment" 및 남아공의 요하네스버그에서 빛을 본 "Costly Obedience"는 이 두 운동을 가교(架橋)시키는 과정을 위해서 매우 중요한 길목들이다.

끝으로, 1998년 WCC를 위해서 사용될 "C.U.V."는 WCC헌장 제 3항의 개정판에서 '신앙과 직제'와 "JPIC"(Unit Ⅲ)의 합류는 물론, 에큐메니칼운동의 세 흐름 혹은 네 흐름의 유기적 통일성을 역설하고 있다. 모든 것이 세분화되고 상호유기적 관계가 없이 고립되고 개별화되며, 공동체의 해체를 경험하는 "포스트모더니즘"시대에 C.U.V.가 이와 같이 에큐메니칼운동의 다양성 속에서의 통일성, 그리고 유기체적 통전성을 지향하고 있는 것은 매우 적절한 일이 아닐 수 없다. "교회론과 윤리학", 이 둘은 서로가 서로를 위해서 있다. 향후 WCC의 과제인 JPIC는 말씀설교, 세례, 성만찬, 코이노니아, 사도적 전통과 성경, 신앙과 '제자의 도' 등 교회론적 주장들 없이는 바르게 실현될 수 없을 것이다. 선교와 기독교교육 역시 '신앙과 직제' 운동 없이는 매우 부족할 것이다. 교회의 본질(what it is to be the Church)과 교회가 행해야 하는 것(what it is for the Church to do)은 불가분리한 관계에 있다. 교회의 가시적 일치추구(요 17 : 21)와 JPIC 및 세계선교와 전도(엡 1 : 10)는 서로 뗄래야 뗄 수 없는 관계에 있다. 기독교교육도 마찬가지이다.

2. 한국교회와 '도덕 형성'

한국교회의 선교 초기는 로마 가톨릭이든 개신교이든 간에 나라가 불가항력적인 외세에 의하여 압력을 받는 상황이었다. 청·일전쟁, 러·일전쟁, 미국, 영국, 프랑스 등의 통상압력, 그리고 이어지는 일본 군국주의의 침략은 초기 한국교회로 하여금 세상의 빛과 소금이 되게 하기보다는 이 세상으로부터 움츠러들게 만든 요인들이었다. 이 같은 상황에서 서재필과 윤치호 같은 기독교 지도자들의 독립협회를 통한 민족재건운동과 일제에 항거한 기독교인들의 3·1운동에의 참여는 교회의 사회윤리적 분별과 사회윤리적 순종에 해당한다고 보여진다. 그리고 개신교 선교 초기의 교육과 병원선교 역시 기독교의 도덕적인 영향력을 발휘하였다. 하지만 해방을 맞이한 한국 기독교는 한꺼번에 안겨진 자유를 잘 활용하지 못한 채 교파 분열을 거듭하였고, 정치, 경제, 사회적으로 도덕적, 윤리적 영향력을 발휘하지 못했다. 그리고 6·25동란과 남북 대치상황에서 박정희, 전두환 및 노태우로 이어지는 군사독재 치하에서 교회는 계속하여 이 세상에서 빛과 소금의 직분을 감당하기보다는 이 세상으로부터 움츠러드는 경향을 유지해 왔다.

1970년대에 있었던 KNCC 및 한국 개신교 지도자들의 인권운동과 해방신학이 학생운동과 더불어 어느 정도 기독교의 사회윤리적 영향력을 발휘하였으나, 선교 초기의 사회참여운동처럼 이것도 한국교회 전체의 '도덕 형성'(moral formation)과 '도덕적 분별'(moral discerment)훈련을 통한 사회윤리적 순종은 아니었다. 오늘에 이르는 우리 한국교회를 위해서 "Costly Unity", "Costly Commitment" 및 "Costly Obedience"는 매우 적절한 가르침이다. 교회론과 윤리학의 연합이 우리 한국교회의 역사와 사회참여를 위해서 꼭 필요하다. 우리 한국교회의 설교, 성만찬, 가르침, 코이노니아 등 교회론적 요소들은 교인들의 '도덕 형성'과 '도덕적 분별' 및 '윤리적 세계참여'(ethical engagement in the world)를 지향함으로써 한국 개신교가 IMF 프로그램하에 있는 한국의 정치와 경제와 사회에 도덕적 영향력을 주어야 한다. 탄투르의 "Costly Commitment"는 '도덕 형성'과 '도덕적 분별' 및 '윤리적 세계참여'를 교회의 본질(esse ecclesiae)에 속한 것으로 본다.

우리는 이 탄투르에서 윤리학이 교회의 본질에 속한다고 하는 확신을 재확언하였다.……

> 도덕 형성과 도덕적 분별이라고 하는 범주들은 교회의 본성과 세상 속에서의 교회의 삶으로부터 나왔다. 교회들은 교회의 구성원들과 더 넓은 세상에게 중요한 도덕적 자원을 제공할 것으로 기대된다. 이 같은 자원은 영적 형성이라고 하는 교회의 전체적인 과제의 일부로서 믿는 사람들의 도덕 형성을 포함한다. 도덕적 분별력 훈련은 이와 같은 일의 중요한 부분으로서, 교회들은 교회 구성원들을 이렇게 훈련시킴으로써 복음의 시각에서 윤리적 이슈들을 분석하도록 도와 주고, 그들의 신앙에 비추어서 오늘날의 도덕적 투쟁들, 도덕적 복합성들 및 도덕적 도전들에 어떻게 참여하는 것이 최선의 방법인가를 판단하도록 도와 주는 것이다.……[2]

VI. 한국장로교회를 위한 일치와 협력의 신학적 가능성

대부분의 한국 장로교단들이 공유하고 있는「웨스트민스터 신앙고백」(1647)에 나타난 복음, 삼위일체 하나님, 구원, 교회에 대한 신학적인 정의와 1903년 미국 북장로교회가 "제 34장 : 성령에 관하여", "제 35장 : 하나님의 사랑의 복음과 선교에 관하여" 및 "선언문"은 한국장

---

2. "Costly Commitment", in *Ecclesiology and Ethics*, ed. by Thomas F. Best and Martin Robra(Geneva : WCC Publications, 1997), p. 39.

로교의 연합에 크게 공헌할 수 있다. 더욱이 우리는 개혁주의 전통이 주장하는 가시적 교회의 두 표지인 말씀설교와 성례전(세례, 성만찬)을 공유하고 있고, 나아가서 세계 교회의 역사를 통해서 교회일치에 걸림돌로 작용해 온 세례, 성만찬, 직제문제에 있어서도 일치하고 있기 때문에 우리는 이미 주어진 일치(a God-given unity)를 누리고 있는 것이다. 그리고 우리는 사도신경, 니케아-콘스탄티노플 신조 및 칼케돈 신조를 공유하고 있다.

그러나 우리의 문제는 다양성을 인정하지 않고, 어느 하나의 또는 그 이상의 신앙고백이나 신학전통을 절대화하는 데 있다. 우리 한국장로교회들은 이미 위에서 언급한 신학과 실천에 있어서의 공통지반을 인정하고, 기장의 「새신앙고백선언서」(1972)와 예장(통합)의 「대한예수교장로회 신앙고백서」(1986) 등이 내포하고 있는 신학적인 주장들을 다양성 차원에서 인정해야 할 것이다. 그리하여 우리는 계속적인 '협의회를 통한 교제'(conciliar fellowships)와 '협의회들'(councils)을 통하여 현재의 '화해된 공동체'(a reconciled diversity)에 머물러 있을 것이 아니라 '유기체적 연합'(an organic union 혹은 a corporate union) 차원에로, 그리고 하나의 장로교 총회 밑에 하나를 이룩하는 명실공히 "한국장로교회"가 되어야 할 것이다.

우리 한국장로교회는 세계 장로교회들에 대해서 뿐만 아니라 세계의 모든 교회들에 대해서도 열려 있어야 하겠다. WCC의 교리헌장과 WCC의 신앙과 직제가 보여 주고 있는 기독교 신앙과 신학의 통일성을 받아들이면서, 우리 한국장로교회의 신학적 특수성을 유지해 나가야 하고, 따라서 타교파들의 신앙과 신학의 다양성을 인정해야 할 것이다. 우리가 이미 지적한 '복음'과 '삼위일체 하나님', 그리고 기타 사도적 신앙과 신학의 주제들을 세계 교회들과 에큐메니칼 공동체가 공유해야 할 통일성의 원리로 받아들일 때, 우리는 명실공히 에큐메니칼 교회공동체 혹은 하나의 예수 그리스도의 교회의 구성원이 될 수 있을 것이다. "하나의, 거룩한, 보편적, 사도적 교회"(381)는 교회들의 연속성과 다양성 속의 일치를 지향한다. 아마도 한국장로교회들의 연합과 일치추구는 세계 장로교회들, 나아가서는 세계 에큐메니칼 교회들과의 연합과 일치추구를 통해서 더 빨리 성취될 수 있을 것이다. '보편교회'(the Church Universal)에 대한 의식과 이 '보편교회'와의 연합과 일치추구 없이 어떻게 한국장로교회의 일치추구가 가능할까? 이 같은 연합과 일치추구는 한국교회들 안에서와 세계 교회들과의 관계에서 동시적으로 일어나야 할 것이다. 반드시 한국의 장로교회들의 연합과 일치가 선행될 필요는 없다. 각 장로교단들은 나름대로 WARC와 WCC 등에 참여하여 세계 교회들과 유기적인 관계를 맺으면서 또한 한국 내에서의 교회연합과 교회일치를 추구해야 하겠다.

끝으로, 부언하고 싶은 것은 우리가 논한 한국장로교의 에큐메니칼 신학적 주제들이 WCC의 '삶과 봉사'(1961년 뉴델리 이후는 '교회와 사회', 1990년 이후는 "JPIC"=Unit Ⅲ)가 주장해 온 교회의 사회적 책임 및 '선교'(WMC, IMC, CWME)가 제시해 온 전도와 선교에 관한 내용을 수용해야 할 것이다. "교리는 분열을, 봉사는 일치를 가져온다."라고 하는 1927년 스톡홀름의 '삶과 봉사'의 주장이 교회의 사회참여가 첨예화되던 1968년 웁살라 WCC에서 문제되기 시작한 이상, 그리고 1952년 빌링겐의 *Missio Dei* 이래 CWME의 선교 개념이 문제되어 오기 때문에, 한국장로교회의 위의 4가지 주제들은 교회의 사회참여 문제와 전도와 선교문제에 관한 현실 상부한 내용을 반드시 포함해야 할 것이다. 현재의 통합측 신앙고백서는 이 두 가지 주제들에 관하여 거의 언급을 하고 있지 않다. 에큐메니칼운동과 WCC의 성격을 규정하는 흐름은 '신앙과 직제'(Unity and Renewal), "JPIC"(Unit Ⅲ), 그리고 '선교'(CWME)이기 때문이다. 우리가 참여하고 있는 보편교회는 예수 그리스도와 삼위일체 하나님과의 코이노니아(Faith and Order)를 누리면서, 인류공동체에 봉사(JPIC)하고, 나아가서 전도와 선교(CWME)에 힘써야 할 것이다.

맺는 말

우리는 지금까지 6가지 주제들에 대하여 논하고, 그 각각에 대한 결론을 정리하였다. 즉, Ⅰ. 복음주의와 에큐메니칼운동 : 역사적인 연속성을 찾아서 Ⅱ. 신앙과 직제 운동이 추구하는 교회일치 신학 Ⅲ. 에큐메니칼 선교역사에 나타난 선교신학 Ⅳ. 에큐메니칼운동에 나타난 교회의 사회참여 신학 Ⅴ. 교회론과 윤리학 – '신앙과 직제' 및 '교회와 사회'의 합류를 지향하는 1998년 제 8차 WCC를 바라보면서 및 Ⅵ. 한국장로교회를 위한 일치와 협력의 신학적 가능성.

이미 전체 서론에서 밝힌 대로, 본 저서의 목적은 에큐메니칼운동을 구축하는 세 흐름 혹은 에큐메니칼운동의 세 기둥이라고 할 수 있는 신앙과 직제, 삶과 봉사 및 세계선교운동이 지향해 온 신학을 소개하려는데 있었다. 어떤 의미에서 이 세 흐름의 신학은 20세기 에큐메니칼 신학 전체를 대표한다고 보여지기 때문이기도 하다. 누구든지 오늘날 에큐메니칼 신학을 논하려면, 여기에서 우리가 다룬 에큐메니칼 신학의 세 기둥에 대하여 잘 알지 않으면 안 된다.

그런데 20세기 에큐메니칼운동은 18~19세기 복음주의 부흥운동과 이것에 힘입은 18~19세기의 선교운동을 모태(母胎)로 하고 있다. 그래서 본 저서는 제 1장에서 "복음주의와 에큐메니칼운동 : 역사적 연속성을 찾아서"를 논했다. 본문에서 지적한 대로, 1910년 에든버러 제 8차 세계선교대회를 계기로 동터 오르기 시작하여 제 1차 세계대전 직후인 1920년대에 본격화된 20세기 에큐메니칼운동은 별안간에 하늘에서 떨어진 것이 아니라 18~19세기를 전주곡으로 하고 있다. 특히 이 부분이 한국 개신교의 상황에서 중요한 것은 우리 한국 개신교는 18~19세기의 복음주의 부흥운동과 선교운동에 크게 빚지고 있는바, 복음주의적 부흥주의를 지향하고, 1980년대 이후로는 해외선교에도 크게 열을 올리고 있으나, 이러한 18~19세기 운동의 자연스러운 열매인 20세기 에큐메니칼운동에 대하여는 거부반응을 느끼고 있는 형편이기 때문이다. 그래서 본 저서는 18~19세기의 복음주의 역사와 선교역사가 20세기 에큐메니칼운동과 연속성을 가지고 있다는 점을 역설하였다. 20세기 에큐메니칼운동의 세 흐름이 제시하는 신학이 21세기에 대응하는 새로운 패러다임의 신학임에 틀림없으나, 18~19세기 기독교의 주요 흐름과 어느 정도의 연속선상에서 그렇다고 보여진다. 때문에 우리는 제 1장을 논했다.

그리고 제 5장에서 "교회론과 윤리학-'신앙과 직제' 및 '교회와 사회'의 합류를 지향하는 1998년 제 8차 WCC를 바라보면서"를 논한 이유는 1998년 제 8차 하라레 WCC가 세 기둥을 하나의 운동으로 묶는 하나의 에큐메니칼운동을 지향하기 때문이다. 그래서 본 저서는 무엇보다도 '신앙과 직제' 운동과 '삶과 봉사' 운동이 언제부터 접근하기 시작하였고, 현재 이 두 운동이 어느 정도로 합류하고 있는가를 논구하였다. 이 두 운동은 1960년대부터 상호근접하기 시작하여 1992년부터 1996년 사이에 내용상으로 거의 합류한 것이나 다름없게 되었다. 본문에서 지적한 바 "Costly Unity"(1993), "Costly Commitment"(1994) 및 "Costly Obedience"(1996)는 두 운동의 공동 연구결과로 나온 연합문서로서 교회론과 윤리학을 하나의 에큐메니칼운동 안에 넣고 있는 것이다. 이미 1993년 산티아고 데 콤포스텔라의 "Towards Koinonia in Faith, Life and Witness"가 "Costly Unity" 문서를 자체 내에 포함시키고 있거니와, 1998년 하라레 WCC 총회 역시 "Costly Commitment"와 "Costly Obedience" 문서를 공식적으로 총회보고서에 확실히 받아들일 것으로 기대된다. 그런데 WCC가 에큐메니칼운동의 세 기둥 가운데 나머지 하나, 즉 "세계선교와 복음전도"(CWME) 운동을 이미 논한 두 운동에 구체적으로 합류시키는 일을 시작하지는 않았다. 아마도 그 이유는 역사적으로 신앙과 직제 운동과 삶과 봉사 운동이 더 많은 갈등의 역사를 가지고 있기 때문일 것이다. CWME의 *Missio Dei* 차원이 '삶과 봉사' 운동이 지향하는 내용과 상당부분 중첩되는 것으로 보여진다면, 일단 신앙과 직제와 삶과 봉사가 우선 합류하는 것이 결정적으로 더 중요할 것이다.

끝으로 본 저서에서 Ⅵ. "한국장로교회를 위한 일치와 협력의 신학적 가능성"을 논한 이유는 에큐메니칼 공동체의 에큐메니칼 신학의 세 흐름을 한국 개신교회, 특히 본 저자가 몸담고 있는 대한예수교장로교회에 연결시키려는 목적에서였다. 그런데 아쉬운 점은 '신앙과 직제' 운동 차원과 이어지는 한국장로교회의 일치문제만을 취급하였다는 점이다. 물론 한국 개신교회가 에큐메니칼한 신앙고백서를 작성하기 위해서는 신앙과 직제 계통의 일치신학 뿐만 아니라 세계선교(CWME)와 JPIC(Unit Ⅲ) 차원의 내용도 충분히 담아야 한다는 주장을 펼치기는 하였지만 말이다.

본 저서는 CWME와 JPIC를 한국교회에 연결시켜 논하지 못하고, 다만 후자에 관하여는 Ⅳ. "에큐메니칼운동에 나타난 교회의 사회참여신학"의 결론부분에서만 논하였다. 앞으로 누군가가 Ⅲ. "에큐메니칼 선교역사에 나타난 선교신학"을 한국 개신교의 선교활동과 관련하여 연구하기를 바란다. 본 필자가 장신대 교지(「장신논단」, 제 12집, 1996)에 발표한 "대한예수교장로회 선교신학 지침"(초안)이 이것을 연구하는 사람에게 도움이 되었으면 한다.

복음주의와 에큐메니칼운동의
세 흐름에 나타난 신학

초판인쇄 · 1999년 3월 20일
초판 2쇄 · 2003년 8월 20일
지 은 이 · 이 형 기
펴 낸 이 · 박 노 원
펴 낸 곳 · **한국장로교출판사**
주   소 · 110-470 / 서울 종로구 연지동 135
           한국교회100주년기념관(별관)
전   화 · (02)741-4381~2/Fax. (02)741-7886
등   록 · No. 1-84(1951. 8. 3.)
홈페이지 · www.pckbook.com/E-mail · center@pckbook.com
영 업 국 · (031)944-4340/Fax. (031)944-2623
ISBN · 89-398-0321-3 / Printed in Korea

값 15,000원